该教材为

陕西高等教育教学改革研究项目（项目编号：15J23）

《高等继续教育法学特色专业研究与实践》

阶段性成果之一

高等政法院校法学系列教材

经济法案例评析

义海忠　倪　楠　薛　亮◎编著

中国政法大学出版社

2016·北京

图书在版编目（ＣＩＰ）数据

经济法案例评析 / 义海忠，倪楠，薛亮编著.—北京：中国政法大学出版社，2016.5
ISBN 978-7-5620-6691-0

Ⅰ. ①经… Ⅱ. ①义…②倪… ③薛… Ⅲ. ①经济法—案例—中国—高等学校—教材
Ⅳ. ①D922.290.5

中国版本图书馆CIP数据核字(2016)第086410号

出　版　者　　中国政法大学出版社

地　　　址　　北京市海淀区西土城路 25 号

邮　　　箱　　fadapress@163.com

网　　　址　　http://www.cuplpress.com（网络实名：中国政法大学出版社）

电　　　话　　010-58908435(第一编辑部)　58908334(邮购部)

承　　　印　　固安华明印业有限公司

开　　　本　　720mm×960mm　1/16

印　　　张　　19.75

字　　　数　　365 千字

版　　　次　　2016 年 5 月第 1 版

印　　　次　　2016 年 5 月第 1 次印刷

印　　　数　　1～3000 册

定　　　价　　39.00 元

作者简介

义海忠 西北政法大学经济法学院教授。

倪　楠 西北政法大学经济法学院副教授。

薛　亮 西北政法大学经济法学院副教授。

前　言

　　《管子·权修》有云："一年之计，莫如树谷；十年之计，莫如树木；百年之计，莫如树人。"人才培养的重要性和艰巨性可见一斑，尤其是在全面推进社会主义法治建设的背景下，培养有坚定法治信仰、知法懂法并善于用法的法律人，更成为各高等院校法学专业和专门性政法院校孜孜以求的目标和方向。要完成法学教育的使命，其工作千头万绪，但认真抓好教材建设无疑具有提纲挈领和固本立基之功效。日本著名学者我妻荣曾有云："大学教授有两大任务：一是写出自己熟悉的专业及学术领域的讲义乃至教科书；二是选择自己最有兴趣、最看重的题目，集中精力进行终生的研究。"由此，一部好的教材，必须是著者在对相关专业领域形成完整知识体系的基础上以深入浅出的语言予以表达后的成果。

　　党的十八大以来，面对国内外形势，党中央、国务院作出科学判断和决策，坚持稳中求进、稳中有为，以转变政府职能为突破口深化改革，正确处理政府和市场、社会的关系，努力释放改革红利，激发市场活力，发展内生动力和社会创造力，统筹稳增长、调结构、促改革，实施一系列既利当前、更惠长远的政策措施。有鉴于此，作为调整带有国家干预性质的法律关系的法律规范，经济法律规范也出现了新变化和新发展。在此背景下，本教材意图通过选取案例，努力从多领域、多视角审视变化中的中国经济及其法律问题，启发读者通过实践中丰富多彩的案例和实例，用经济法的逻辑思维对法律制度活学活用，并对其中存在的法律问题进行深入思辨。

　　本教材按照"主体—行为""政府—市场"的逻辑关系构架全书。每章的案例分为两个部分：主案例和探讨案例。主案例围绕案情，介绍基本知识点、理论和制度规范；探讨案例则在主案例的基础上补充和深化相关内容。此外，每章设置"阅读"部分，引导读者通过相关学术专著和学术论文的阅读将对某一个学术问题的兴趣转化为深入的探究。

　　书中错漏和不妥之处在所难免，作为编著者，我们诚恳地盼望学术界同仁与广大读者能够不吝批评指教。

编　者

2016 年 1 月

| 目 录 |

第二编 经济法主体制度

第三编　宏观调控法

第一编　经济法总论

第一章

经济法的历史

本章提要

调整经济关系的法律规范古已有之，然而其与现代意义上的经济法概念相比仍有着鲜明的区别。社会化大生产和垄断资本主义经济的发展成为经济法产生的重要基础。如果将经济法的历史发展高度浓缩概括，可以提炼出如下几个关键词："发源地""发展主线""发展阶段""主流经济学思想""国家干预""市场机制""国有化和私有化"。对经济法历史的学习，就是通过历史分析的方法，夯实对经济法缘起、发展的深入理解，为贯通对经济法的概念、调整对象、地位、理念和基本原则等基本理论问题的认识打下坚实的基础。

知识要点

1. 经济法为什么会发源在德国、美国。
2. 西方资本主义国家经济法不同发展阶段的立法背景、立法内容和立法特点。
3. 西方资本主义国家经济法发展所依托的主流经济学理论。
4. 比较西方资本主义国家与苏联东欧社会主义国家经济法的发展演进轨迹。

主案例

现代意义上的经济法在西方资本主义国家的发展演进史

19 世纪最后 30 年发生的技术革命，以及由此引起的以重工业为中心的经济巨大发展，为实现向垄断资本主义过渡奠定了物质基础。西方资本主义国家（典型代表包括美、德、日等国）相继进入了垄断资本主义阶段。工业的迅速发展，特别是重工业的迅速发展，使资本主义所固有的生产社会化和资本家私人占有之间的矛盾进一步加深，从而使生产过剩经济危机更加频繁、深刻和持久。

一战期间，为了防止垄断资产阶级损害国家经济，德国政府颁布了一系列战时管理和分配的法律，并将这些法律汇集成册，统称为"战争时期经济统制法规"。战争结束后，由于德国战败，需要支付巨额战争赔款，但本国经济却十分困难，各种社会矛盾尖锐。为了摆脱困境，德国政府吸取了战争时期用法律来统制经济的经验，以直接干预的手段组织各种经济活动，其典型代表就是1917年7月的《魏玛宪法》，除此以外，德国还颁布了许多直接以经济法命名的经济法律，如《煤炭经济法》《钾盐经济法》等。当时的德国开始有意识地摆脱资产阶级私有财产神圣不可侵犯的原则，确立了国家通过法律直接对社会经济进行干预的干预性组织。于是，经济法部门在德国产生，随后的几十年中，德国经济法著作大量涌现，这样，经济法不但作为法律部门得以确立，而且也作为一门科学建立起来，并被迅速介绍到其他国家。

日本作为后进的帝国主义国家，其战前经济也具有强烈的国家主义和军国主义色彩，更在战时颁布种种经济统制法令，较之德国有过之而无不及。明治维新时，日本推行"殖产兴业"政策，由政府特许经营或派给任务，或建立公营模范工厂并将其出售给民间等，扶植了一批"政商"，如"三井"和"三菱"，并通过立法在金融部门设立了日本银行、日本兴业银行、日本劝业银行、横滨正金银行、北海道拓殖银行等特殊企业，借助政府力量积累起巨额资本。甲午战争后，日本强迫中国赔偿军费，支付赎回辽东半岛的巨款，将其中近90%的款项都投入了发展军需、航运、造船、通信和铁路等的建设。日本学者称之为"准经济法时代"。第一次世界大战时，日本则颁布了《有关战时工业原料出口取缔事宜》（1914年）、《对敌交易禁止令》（1917年）、《黄金出口禁令》（1917年）、《战时船舶管理令》（1917年）、《军需工业动员法》（1918年）等一系列管制经济的法律。

美国自独立战争和南北战争以后，全国统一市场逐步形成。19世纪后期，产业革命的完成推动生产社会化迅速发展，其市场由自由竞争阶段进入社会化市场阶段。社会化使得企业迅速集中、规模扩大，市场内部联系更加紧密，但垄断组织和垄断行为也由此滋生。1879年美国出现了第一家托拉斯——美孚石油公司，不久在全国掀起了企业合并浪潮。到了20世纪初期，各重要工业部门都被一或两个大托拉斯垄断。这些托拉斯组织垄断市场、操纵价格，排斥其他经营者特别是中小经营者，并肆意损害广大消费者的合法权益，破坏了美国传统的自由竞争秩序。此外，垄断资本家不仅凭借雄厚经济实力实施垄断，还豢养政客、贿赂官员、操纵立法、渗入政治领域。这些情况引起社会各界的关注和不安，各地爆发了大规模的反对托拉斯的群众性运动。1890年国会通过议员谢尔曼提出的反托拉斯法案《谢尔曼法》，连同后来于1914年通过的《克莱顿法》和《联邦贸易委员会法》共同构成了美国反垄断法的主干，也标志了现代意义上的经济法在美国的发端。

一战结束后，各国政府对经济的干预曾一度有所放松。但是几年以后，资本主义世界爆发了 1929～1933 年的经济危机，危机进一步暴露了资本主义社会的生产社会化同无政府主义之间的矛盾，为了度过危机，德、日、美等典型西方资本主义国家选择了以下不同的道路：

在那次世界性经济危机期间，德国希特勒纳粹集团于 1933 年夺取了政权，开始了法西斯独裁统治。他们先用紧急命令宣布《魏玛宪法》中的关于民众权利的条款停止生效，继而颁布《消除国民与国家危机的法律》（《授权法》），规定政府可以自行制定同宪法相抵触的法律。这个时期先后颁布了不少有关政府管制经济的法律，其中包括在 1930、1932、1933 年多次修改的《防止滥用经济权法令》，以加强卡特尔；1933 年制定了《强制卡特尔法》，扶助和强制卡特尔的建立，利用卡特尔来统制市场；1934 年还颁布了《经济有机机构条例》等。这个时期德国颁布的许多法律虽然从广义上说具有某种经济法性质，但更多地属于行政法或军事法性质，这种情况一直延续到二战结束以后。

1937 年，日本全面发动侵略战争，制定了以《国家总动员法》为核心的战时经济法，根据国家主义的法学原理全面扼杀"私人自治"，规定对资金、物资、企业、物价、劳动等方面全面实行统制。在两次世界大战之间及第二次世界大战时，日本强行扶持垄断组织和财阀，国家开始全面以干预性手段组织经济，推行《强制卡特尔法》《军需公司法》（1943 年）等一系列与市场机制和规律背道而驰的法律法令。

1929～1933 年的经济危机把美国资本主义制度推到了崩溃的边缘，在这种情况下，罗斯福战胜了仍然固守自由放任主义的胡佛当选美国总统并开始了大刀阔斧的改革。1933 年国会授予总统"紧急全权"，推行新的经济调节政策，即罗斯福新政改革。罗斯福新政可以分为两个阶段：第一阶段的主要立法是在 1933 年 3 月 9 日～6 月 16 日内完成的所谓"百日新政"；第二阶段是 1935～1939 年。第一阶段侧重于解决当务之急，即遏制萧条，挽救已经崩溃的金融体系和濒于崩溃的农业危机，复兴工业，消除普遍的失业和饥饿。第二阶段注重长远意义的立法，如确立现代银行体系，建立相对公正的税收和福利制度等。整个新政期间共颁布了 700 多部重要法律，如《国家产业复兴法》（1933 年）、《农业调整法》、一系列的银行法和 1933 年的《证券法》、1934 年的《证券交易法》等，并通过专门机构予以贯彻。新政彻底改变了日本过去自由放任、全凭市场自发作用的局面，国家在危急关头充分担负起经济和社会调节职能。

【案例分析】

透过现代意义上的经济法在西方资本主义国家的发展演进史，我们应该对蕴含其中的以下经济法理论问题有透彻的认识：

一、何谓现代意义上的经济法？经济法产生的社会经济基础何在？

现代意义上的经济法是以国家干预为特征的，只能产生于相当发展的社会化大生产和商品经济的基础上。经济法作为一个独立的法律部门，产生于较发达的垄断资本主义阶段。资本主义的发展不是直线均匀式的发展，而是呈现出很强的阶段性特征的发展。

从宏观上讲，资本主义的发展经历了三个显著阶段：①资本主义的形成和巩固时期；②自由资本主义时期；③垄断资本主义时期。这三个时期反映了资本主义社会经济生活的不同状况，也反映了资本主义社会经济关系的不同特点。其实，从某种程度上说，法律只不过是特定社会经济生活和社会经济关系的反映和记载而已，另外，法律制度的形成也会受到社会主流思潮和理论的深刻影响。现代意义上的经济法作为资产阶级政府对资本主义社会经济关系进行干预而形成的法律规范，同样也受到了西方主流经济学理论和思想的深刻影响。

具体来说：①在资本主义的形成和巩固时期，占据主导地位的经济学理论是重商主义。在重商主义的指导下，维护经济秩序，用资产阶级专政的力量来打击封建势力对国内市场形成的阻挠，为资本的原始积累创造稳定的社会环境、维护国内市场不被外国势力冲击、提供公共物品，为市场运行创造条件成为这一时期资产阶级政府的主要任务。为此，各个资本主义国家相继颁布了一系列体现国家干预经济的法律法规，为资本主义的原始积累提供了可靠的法律保障。②在自由资本主义时期，整个社会要求建立一种较为自由的社会经济结构，英国的反谷物法联盟率先举起经济自由的大旗，继而重农学派深化并发展其主张，提出了经济发展中的自由放任原则。而作为集大成者，亚当·斯密的古典市场经济理论成为这一时期的主流经济学理论。亚当·斯密在其巨著《关于国民财富的原因和性质的研究》中提出了"经济人"的命题，并深刻论述了"市场之手"的理论，强调了市场机制的作用，认为市场在价值规律的作用下自动引导资本的合理使用及资源的有效配置，在追求个人利益最大化的前提下促进社会利益的扩大化，而国家应当尊重个人自由与权利，从大多数经济领域中退出来。他认为"管的最好的政府是管的最少的政府，最无为而治的政府"。在这些思想的影响下，资产阶级政府对社会经济生活采取了"放任主义"的立场，与此相适应，在这一时期以自愿、平等、等价有偿为主要标志的民法得到了充分的发展，而以国家干预经济为主要标志的经济法则是很难得到发展的。③在垄断资本主义时期，由于自由竞争的加剧、资本的高度集中、垄断组织竞相出现，使得资本主义固有的矛盾空前激化，生产关系对生产力发展所起的阻碍作用也越来越大，这就迫使资产阶级政府意识到无限制的自由竞争、生产的无政府状态、经济的高度垄断，必然影响资本主义经济的发展，最终将危及整个资产阶级的统治。为了摆脱周期性经济危机，为了能在一定程度上缓和垄断资产阶级和中小资产阶级的矛盾以及垄断资产阶级与人民的矛盾，也为了在一定程度上既保护又控制垄断资本的活动，维护整个资产阶级的利益，资产阶级政府不得不拿起了国家干预经济的武器。这样一来，在垄断资本主义阶段的资产阶级国家中就出现了一种新的经济关系，即带有国家干预性质的经济关系，这种新的经济关系是传统的民法、商法都无法调整的，于是，调整新的经济关系的迫切任务就历史性地落在了经济法的肩上。

二、现代意义上的经济法为什么最先发端于德国？作为西方资本主义国家经济法的另一个发端，美国经济法的特殊性何在？

德国之所以作为经济法的发源地具备两方面的条件：

1. 社会化大生产和垄断资本主义为经济法部门的产生提供了客观条件。一方面是社会化大生产的影响。19 世纪末 20 世纪初，伴随着科学技术的进步，生产社会化程度日益提高，社会分工越来越细，出现了越来越多的经济部门，亟待相应的法律部门进行调整。另外，各部门、行业的联系也更为密切，向着综合性的方向发展，也需要一些综合性法律来调整那些暂未形成部门又急需调整的关系。另一方面是垄断资本主义的影响。与之相应，在第一次世界大战期间和以后的一段时间里，德国出现了以李斯特为代表的经济学的历史学派。这一学派以反对经济自由、大力倡导国家干预而成名，为经济法首先在德国产生做好了理论准备。

2. 第一次世界大战结束后的德国经济现实为经济法部门在该国的产生提供了必要的前提。经济法部门首先在德国产生是因为在当时，德国是世界上资本主义矛盾最尖锐的国家，同时，一战也为经济法的迅速发展起到了推波助澜的作用。战争期间，为了防止垄断资产阶级损害国家经济，德国政府颁布了一系列战时管理和分配的法律，并将这些法律汇集成册，统称为"战争时期经济统制法规"。战争结束后，由于德国战败，需要支付巨额战争赔款，但本国经济却十分困难，各种社会矛盾尖锐，为了摆脱困境，德国政府吸取了战争时期用法律来统制经济的经验，以直接干预的手段组织各种经济活动。

与德、日不同，美国是资本主义国家中奉行自由放任经济政策最典型的国家之一，这一特质贯穿了美国经济法发展的始终。19 世纪末期，美国法律授权国家介入社会经济生活反垄断，标志着过去传统的重大改变。人们可能会感到奇怪：既然美国是最重视自由放任的，为什么美国民众却最早同意国家出面干预"私人经济"呢？这看似一个悖论，其实正是由于美国长期的自由放任经济传统，使人们对于垄断和限制自由竞争最为敏感，所以国家只有通过"国家之手"反对限制竞争来谋求自由竞争，这是民众赞同国家改变自由放任传统而干预经济生活的重要原因。当然，从另一方面说，也正是由于美国的自由放任主义传统，在国家开始介入之初，国家调控的力度和方式都是非常有限，仅限于反垄断，因而其经济法体系也基本上限于反垄断法。在美国最早出现的经济法，由于当时基本上仅限于反垄断法，加上美国人并不注重从法理上对法的体系构成加以区分，所以相较于德国，美国经济法在其他国家的传播和影响并不突出。后来，为了应对1929～1933年的经济危机，美国的"罗斯福新政"彻底改变了过去自由放任、全凭市场自发作用的局面，在危急关头国家充分担负起经济和社会调节职能。由于美国是法治国家，国家调节职能活动必须有法律依据，得到法律的保障，并受法律的约束，所以国家颁布了大量相关的法律。这些法律所规范的是国家调节，调整因国家调节而发生的社会关系，从性质上说显然不同于民商法或一般行政法，而属于经济法的范畴，只是由于英美法系传统，人们不重视从理论上划分部门法，故没有将这些立法统称为"经济法"罢了。罗斯福新政期间颁布的经济法无论从立法的数量、内容、体系或其实施的社会效果和影响等方面看，都标志着它作为事实上的一个独立部门法走向成熟，它的产生及其立法上的许多特质，集中体现了经济法这个部门法的本质属性和一般规律。作为各国经济法中的一个模块，美国经济法是最为典型的一个范式。

三、西方资本主义国家经济法的发展演进史呈现出哪些特征鲜明的发展阶段？

纵观西方资本主义国家经济法的发展演进史，呈现出如下特征鲜明的发展阶段：①战时经济法。这是一种处于初级阶段的经济法，以德国和日本为典型代表。总的来说，这种经济法是为侵略扩张或战争需要服务的，国家全面以干预性手段组织经济，推行一系列与市场机制和规律背道而驰的法律法令。②危机对策经济法。这种经济法是为了应付经济不景气或其他意想不到的危机而被动制定的经济法，以美国1929～1933年为了应对经济危机所实施的"罗斯福新政"为典型代表。③自觉维护经济协调发展的经济法。④国际趋同化的经济法。

【知识拓展】

第二次世界大战结束后西方资本主义国家
经济法的发展演进概要[1]

第二次世界大战结束以来，随着资本主义世界政治民主化和经济民主化浪潮的到来，自解散德、日的卡特尔和财阀开始，以维护自由竞争的市场秩序，促进社会经济协调发展为目的的较为成熟的经济法，在西方发达国家日益形成。其主要标志是经济法据以解决社会经济矛盾的宗旨和方式，已由干预、管制市场主体的自由意志和行为，转向以多种手段（如调节、引导等）尽可能创造充分、适度、公平的竞争环境上来。这一情况的出现也是与特定的理论研究密不可分的。我们知道，20世纪70年代的石油危机及其后在各主要资本主义国家引起的价格上涨和竞争加剧，即所谓的"滞胀"的出现标志着凯恩斯理论的破产，因为凯恩斯理论所强调的国家干预并未完全地、真正意义上地解决危机，其在弥补市场缺陷的同时导致了比市场失灵更为严重的政府失灵。在此时，以供给学派为代表的新自由主义卷土重来。供给学派把经济分析的重点放在供给方面，其不反对国家对社会经济生活进行必要的干预，但坚决反对国家"全面、过细、过分"地干预，认为经济生活应以市场直接的自我调节为主，国家间接的宏观调控为辅，认为政府的目标不应当放在刺激需求上而应该放在刺激供给上。在这一理论的影响下，《反垄断法》《反不正当竞争法》等一批维护市场公平竞争环境的法律得以出现，自觉维护经济协调发展的经济法才得以发展，有学者将这一时期的经济法称之为"自觉维护经济协调的经济法"（二战结束后～20世纪70年代末期）。

进入20世纪80年代以来，从撒切尔夫人执政的英国保守党政府开始，在全球范围内掀起了私有化浪潮。这股私有化浪潮对于经济法的影响和意义在于：作为国家干预经济的一种方式和手段的国家投资经营国有企业，不能无节制地运用，否则会妨害国民经济的正常运行和效益。其主要原因是若国家参与或干预过多，会制约市场调节机制的作用。在市场经济社会，市场调节本来应是其基础性调节机制，排斥它的作用难免使经济运行偏离正常轨道。二战结束后，又经过了几十年经济和平发展，制约经济的许多非经济性因素逐渐减少。20世纪80年代末期～90年代初期，世界冷战局面基本结束，经济更加需要按其自身规律运行。西方经济学界出现对凯恩斯国家干预学说修正和批判的各种流派，

---

[1] 该部分内容的撰写在诸多方面参考了漆多俊老师所撰写的《经济法基础理论》（法律出版社2008年版）的内容，在此向漆老师表示感谢！

他们对各国政府的经济政策产生一定的影响，其中有些学说被当政者采纳作为制定经济政策的基本理论基础。当代社会经济仍需要国家调节，但应将其控制在必要的范围内，并选取更加合适的方式，这引起各国经济法立法在内容和体系上某些明显变化。另外，由于现代高科技领域突飞猛进，国内、国际经济联系日益密切，生产更加社会化和国际化，更加需要各国政府从全国乃至世界范围的宏观高度，来规划经济发展战略和策略，协调各种经济关系，指导和促进本国经济发展。在调节方式上需要综合运用各种手段，特别是运用计划、各种经济政策和经济杠杆，建立科学的宏观调控体系，以引导调控方式为主，改变过去政府过多直接参与和干预的做法。对于国际的经济交往，需要遵循国际准则和国际惯例，需要各国协商，各国政府行为也需要受到一定约束，更不能动辄运用强制做法。这些都是当代国家的经济调节方式需要改进的因素，再加上许多年来各国在宏观调控方面已积累了丰富的经验，现在能够建立起一套较为完整和科学的体系，并使之成为当前各国调节经济的主要手段。由于这些原因，这一时期各国加强了对经济宏观调控方面的立法，逐步完善其内部体系，并使这方面的立法在经济法立法体系中的地位上升，使之逐步成为经济法体系中最主要、起主导作用的构成部分。经济法体系中的其他方面的立法，甚至包括反垄断法和国家投资经营法，也往往被纳入宏观调控体系予以统筹规划。有学者将这一时期的经济法称之为"经济法的国际趋同化"（20 世纪 80 年代至今）。

▶ 探讨案例

苏联东欧社会主义国家经济法的发展演进史

苏联东欧社会主义国家经济法的发展有三个典型代表，即苏联、捷克斯洛伐克和南斯拉夫。

捷克斯洛伐克是奥匈帝国的一个组成部分，1945 年人民政权建立之初，按照苏联的经验建立起高度集中的计划经济管理体制。但是不久后，由于权力过分集中和政策失误，从 1953 年起，捷克斯洛伐克的经济就陷入了困境，所以被迫于 1958～1959 年进行经济体制改革。改革的主要内容是扩大企业自主权，开始在较大范围内利用商品货币关系和各种经济调节手段，并着手进行经济立法工作，颁布了《社会主义组织间的经济关系法》（1958 年）等一系列法律法规。但是，20 世纪 60 年代初，经济体制改革的失败使捷克斯洛伐克的国民经济遇到了更大的困难，而经济改革也被错误地认为是导致困难的重要原因。因而，捷克斯洛伐克放弃了经济改革计划，并重新回到了高度集中的经济管理体制之中。虽然捷克斯洛伐克的经济立法工作进展比较迟缓，所颁布的经济法规数量不多，仅有的一些经济法规所反映的也是指令性计划和经济的高度集中管理，但捷克斯洛伐克于 1964 年 6 月 4 日颁布了世界上迄今为止第一部、也是唯一的一部经济法典，即《捷克斯洛伐克社会主义共和国经济法典》，该法典由序言、经济法关系原则和本文组成。本文共 12 篇、28 章、400 条。法典第 1 条规定了经济法的调整对象，即"在国民经济管理和社会主义组织的经济活动中所发生的关系"。按照捷克斯洛伐克的法律体系，社会组织和公民在劳动中发生的社会关系由劳动法典调整；公民为满足自身的生活需要而发生的关系由民法典调整；国家在对国民经济实行计划领导和对社会主义公有财产进行管理过程中发生的关系，国家在确立社会组织的地位和社会组织在经济活动中所发生的关系，社会主义组织之间的协作、支付和信贷关系，均由经济法统一调整。自此，在捷克斯洛伐克划清了经济法和民法的界限，民法只是调整公民个人之间所发生的财产关系和人身关系。这种民经分家、各司其责也是该国法律制度的特点之一。

南斯拉夫原也是奥匈帝国的一个组成部分，1943 年人民政权建立之初，按照苏联的经验建立起高度集中的计划经济管理体制。1946 年后，南斯拉夫开始有步骤地进行经济体制改革，实行一种独特的公有制形式——社会所有制。所谓社会所有制，是指生产资料既不属于国家，也不属于集体，当然更不属于私人，而是属于整体社会所有。社会所有的生产资料归使用这些生产资料的、从事劳动的劳动人民直接管理，企业占有和使用社会所有的生产资料，对产品和经济收入享有支配权。南斯拉夫的这种所有制形式是一种根据本国特点，将个人、集体、国家利益妥善结合的尝试，目的在于赋予企业和劳动者极大的自主权，调动企业和职工的生产积极性。实际上，南斯拉夫的社会所有制建立的基础是社会自治计划。所谓社会自治计划，就是企业根据市场而制订的计划，这种计划不是通过国家强制力而是通过企业之间进行协商、签订社会契约来实现的，履行社会契约就是实现计划。南斯拉夫认为，无产阶级夺取政权后，应立即着手国家的消亡工作，国家应当把经济的权力逐步、彻底地交给联合劳动组织，国家对经济过程不必多加干预。为了促进经济体制改革，南斯拉夫十分重视经济立法。早在 1950 年，南斯拉夫议会就通过了《关于全体工人管理国家经济企业和高级经济联合组织的基本法》，根据这个基本法，国家把企业交给工人管理，开始实行工人自治，工人获得了管理国家经济企业的民主权利。与此相适应，对国家机关也进行了改组，联邦政府的许多职能下放给了各加盟共和国及其下一级机构，国家机关管理经济的职能缩小到主要指导全国性的和某些经济领域的发展和监督经济组织的工作。这样，南斯拉夫就由行政管理经济的制度，过渡到了工人管理经济的自治制度。这种工人自治制得到了 1953 年南斯拉夫宪法的充分肯定。1976 年，南斯拉夫又制定了《联合劳动法》，这是仅次于宪法的重要法律，是联合劳动和工人自治的基本法。以此法为基础，随后几年，南斯拉夫又陆续颁布了一系列从属于该法的具体经济法规，例如《联合劳动基层组织全部收入的决定和分配法》《关于联合劳动组织联合成为同业总会和南斯拉夫经济协会的法律》以及《劳动关系法》等。此外，南斯拉夫还制定了大量的其他经济法规，例如，社会计划法、财政法、银行法、收入分配法、信贷金融法、社会簿记法、税收法、外贸法、外汇法、海关法、外国人投资法、专利法、海运河运法、空运法等 600 多个经济法规，占南斯拉夫立法的 80%。

在苏联政权初建时，相当多的马克思主义者并未认识以法律手段治理经济的道理。他们往往把法律视为与资本主义相关，同社会主义格格不入的怪物，在很大程度上否定社会主义国家应该以体现人民意志，反映客观经济规律的法律治理经济的原则。在短暂的军事共产主义时期，由于货币被取缔，商品交换被禁止，整个经济生活完全由国家通过行政手段加以管理，以法律治理经济无论从理论上还是从实践上都是不存在的。然而，这种实践给新生的、世界上第一个社会主义国家的经济带来了灾难性的损失。1922 年，列宁及时总结了这方面的教训，毅然抛弃了军事共产主义政策，坚定不移地转到新经济政策和以法律手段治理经济的轨道上来。在列宁的亲自倡导和主持下，民法典、土地法典、劳动法典等重要法典及时地被制定出来，苏联开始了国家依法管理经济，经济组织依法从事经济活动的新时期。在这一时期，苏联在计划、信贷、财政方面颁布了一些经济法规，其中最为重要的是 1927 年颁布的《国营工业托拉斯条例》，此条例，对苏联的经济起了推动作用。但是，从 1927 年起，苏联逐步建立起了权力高度集中的经济管理体制。由于对斯大林个人崇拜的逐步膨胀，加之对列宁所说的无产阶级政权是"不受任何法律约束的政权"的误解，法律虚无主义越来越猖行，经济领域里的法制遭到了严重的削弱。尽管过去制定的经济法律并未禁止，而且还陆续制定了一些新的经济法规，但是以言代法、以权代法、有法不依的现象，在经济生活中却十分严重。这种状况一直持续到 20 世纪 50 年代末期。20 世纪 50 年代末期，苏联对在经济领域建立法制的态度有了很大的改变。赫鲁晓夫上台后，一方面，从政治上对以往破坏法制的严重错误行为进行了严肃的批判；另一方面，对僵化的经济管理体制进行了改革，从而使苏联经济法的发展步入了新的时期。20 世纪 60 年代以后，苏联勃列日涅夫政府开始推行计划工作与经济刺激的新体制。1965 年 10 月，苏联部长会议颁布了《社会主义国家生产企业条例》，对各经济部门的国营企业的法律地位及其活动原则作出了规定。此后，还颁布了相当数量的经济法规，例如，1968 年制定的《土地立法纲要》，1970 年制定的《水利法纲要》，1975 年制定的《地下资源立法纲要》《森林立法纲要》等。与此同时，苏联共中央和部长会议作出的《关于进一步完善经济立法措施》的决议，把经济立法工作提到了很高的位置。所有这些都可以看出苏联对经济立法的重视程度。20世纪80年代以后，苏联根据经济关系的新变化，又制定了《企业法》《农业合作社法》，以及《个体劳动法》等一批经济法规。据统计，苏联从20世纪50年代末起，制定的大大小小经济法规就有800多个。

【深度思考】

1. 试将苏联东欧社会主义国家经济法的发展演进史与西方资本主义国家经济法的发展演进史进行对比，看看是否能总结出规律性的认识？

2. 试探寻和总结苏联东欧社会主义国家在建立社会主义政权之前的社会经济发展情况和经济法的发展演进情况，看看是否能总结出规律性的认识？

3. 试探寻和总结苏联东欧社会主义国家解体之后经济法的发展演进情况，看看是否能总结出规律性的认识？

4. 试探寻和总结西方资本主义国家在"自觉维护经济协调发展的经济法"阶段和"经济法的国际趋同化"阶段的具体的经济法立法情况，看看是否能总结出规律性的认识？

5. 西方资本主义国家以及苏联东欧社会主义国家经济法的发展演进史对中国经济法的产生和发展有何启示？看看是否能总结出规律性的认识？

▷ 阅　读

1. 漆多俊：《经济法基础理论》，法律出版社2008年版。

2. 孙晋："市场经济与现代西方国家经济职能理论的同步演变——经济法产生与发展的新视野"，载《法学评论》2001年第1期。

第二章
经济法的概念和调整对象

▷ **本章提要**

作为一个独立的法律部门，经济法必然有其鲜明而独具特色的调整对象。关于经济法的概念，虽然学界有诸多不同观点，但是，我们认为，经济法就是调整国家干预的影响国民经济运行的经济关系的法律规范的总称。经济法的本质属性在于其国家干预性。当然，国家干预的出现是有其基础和条件的，即是针对"市场失灵"和"政府失灵"。此外，国家干预的范围是影响国民经济运行的经济关系，包括经济法主体关系、市场秩序调控关系和宏观调控关系。

▷ **知识要点**

1. "市场失灵"和"政府失灵"的表现样态。
2. 对"国家干预"的理解。

▷ **主案例**

长春汇律污水直排松花江事件

1999 年长春市政府对污水处理项目招商，2000 年 3 月 8 日，长春市排水公司（以下简称"长春排水"）与香港汇律污水处理有限公司（以下简称"香港汇律"）签署《合作企业合同》，约定长春排水将长春市北郊污水处理设施的在建工程和项目所需的全部土地使用权以 5000 万人民币出资，香港汇律以 2.7 亿元人民币投资建立并经营中外合作企业——汇律中国（长春）污水处理有限公司（以下简称"长春汇律"）。长春汇律注册资本为 32 亿元人民币，其中长春排水占 15.6%，香港汇律占 84.4%。同年 7 月 14 日，长春市政府专门为该项目制定了《长春汇律污水处理专营管理办法》（以下简称《专营办法》）[1]。该办法

---

[1]　参见长春市人民政府印发的《长春汇律污水处理专营管理办法》（长府发［2000］42 号），载 http：//law. lawtime. cn/d441984447078＿1＿p1. htm1.

规定，长春汇律负责对长春市北郊污水处理项目进行专项经营，经营期为 21 年；北郊污水处理项目设施由长春排水负责建设，建成后的污水处理设施移交给长春汇律经营；长春汇律经营期满解散并依法处理债权、债务后，香港汇律在长春汇率的资产应当无偿转让给长春排水；长春排水应当履行合作合同中规定的支付污水处理费、提供污水等全部义务。

2000 年底，项目投产并正常运行。2002 年中期，长春排水开始拖欠长春汇律污水处理费，并自 2003 年 3 月起停止向长春汇律支付任何污水处理费。在吉林省外经贸厅多次调解均无果的情况下，长春汇律于 8 月 21 日以长春市人民政府为被告向长春市中级人民法院提起行政诉讼，希望被告纠正其违法行为，并请求判令被告承担拖欠污水处理费及滞纳金的赔偿责任。12 月 24 日，一审判决认定被告废止《专营办法》合法有效，驳回原告的诉讼请求。原告不服，于 2004 年 1 月 18 日上诉至吉林省高级人民法院。2 月 26 日，在案件二审进程中，长春汇律所负责运营的北郊污水处理项目正式停产，39 万吨/日的污水直接排入松花江，形成当时轰动一时的"长春汇律污水直排松花江事件"。直至 5 月 1 日，北郊污水处理项目才恢复生产运行。

【案例分析】

长春市北郊污水处理项目实际上是我国在推行公用事业市场化改革过程中的一个缩影。在第一章"经济法的历史"中曾经谈到，从 20 世纪 80 年代至今，西方资本主义国家经济法的发展正在经历第四个阶段，即"经济法的国际趋同化"，在这一阶段中，以席卷西方世界的"民营化浪潮"为起始，经济法发展的鲜明特点和趋势是，作为国家干预经济的一种方式和手段的国家投资经营国有企业，不能无节制地运用，否则会妨害国民经济的正常运行和效益。其主要原因是国家参与或干预过多，制约了市场调节机制的作用。虽然我国不论是学术界还是实务界一直较少使用"民营化"这个词眼，但是与之相类似的"市场化"改革从 20 世纪 90 年代开始就已经出现在市政公用事业领域中了。自原建设部于 2002 年 12 月 27 日颁行的《关于加快市政公用行业市场化进程的意见》以及 2004 年 3 月 19 日颁行的《市政公用事业特许经营管理办法》以来，特许经营已经成为推进市政公用事业市场化改革的主要制度实施工具。本案中，长春市北郊污水处理项目实际上是由长春市政府将特许经营权授予由长春排水和香港汇律共同出资设立的中外合作企业——长春汇律，作为北郊污水处理项目的运营主体，长春汇律无疑承担的是为社会公众提供污水处理服务的重任，长春汇律将污水不经处理直接排入松花江，当然地损害了社会公共利益，然而，是什么原因导致这一公共利益受损的结果发生才是我们需要追究和探索的，而这些追究和探索的基础则是经济法的概念和调整对象。

一、从经济法的概念出发透析"长春汇律污水直排松花江事件"

从对"现代意义上的经济法在西方资本主义国家的发展演进史"的阐述中我们会发现，经济法的本质属性在于"国家干预性"，而承载"国家干预性"的根本在于"市场调节机制的基础性作用"。因此，所谓经济法，就是调整国家干预的影响国民经济运行的经济关系的法律规范的总称。反观"长春汇律污水直排松花江事件"，反映出如下两点问题：

（一）事件反映出了我国在公用事业领域进行"市场化改革"的锐意进取

近年来，随着城市规模的扩大、密度的增加和空间变异性的增强，一方面，增长的人口和经济活动对于自然资源和环境服务的需求与日俱增；另一方面，提供洁净饮用水和完善的污水处理需要大规模的投资以改善基础设施。城市污水处理属于城市水务的一个有机组成部分（所谓城市水务业，是指以水资源的收集、开采、加工、利用、保护等为核心内容构成的产业链），而无论是城市污水处理还是城市水务，都是为了满足社会公众的生活需要，通过输送网络或者其他基础设施提供公共产品或服务的行业，符合公用事业的基本特征。鉴于公用事业本身的自然垄断性，长期以来，我国相关行业长期存在设施建设严重滞后、人浮于事、缺乏创新的活力和动力、损害消费者合法权益等问题。实际上，鉴于公用事业的自然垄断性特征，这种情况在美国等西方发达国家也不鲜见。作为应对策略，与之相应的经济法律制度的产生、发展仍然是与经济学理论密不可分的。最早在公用事业与管制之间建立起联系的是经济学家瓦尔拉斯，他建议国家以公共商品和自然垄断为理由对铁路业进行干预，期望政府的管理能够维护公共利益。在1970年以前，大部分早期的经济学管制文献都将焦点放在公用事业的管制上。在实践中，美国政府对公用事业的价格和市场准入一直实行全行业的严格管制。与之相适应，美国1934年制定的《通讯法》将政府的管制发挥到极致。然而，自20世纪中叶以来，随着"可竞争性市场理论"的发展，加上美国政府在管制过程中暴露出大量的问题，传统由政府管制公用事业以维持其市场垄断特权的理论基础逐渐得到削弱，一场以放松管制为特点的管理改革波及许多公用事业领域，"民营化浪潮"风起云涌，例如，美国于1976年制定的《管制改革法》是其中的典型代表。由此，我们不能因"长春汇律污水直排松花江事件"的发生而将所有问题推向在公用事业领域进行的市场化改革，恰恰相反，改革符合发挥"市场调节机制的基础性作用"，是符合经济发展的客观规律的。

（二）事件反映出作为经济法本质属性的"国家干预性"在经济法实施中的缺陷

"国家干预性"作为经济法的本质属性，其内涵至少应该包括以下几个方面：

1. 从法的意志性上说，经济法所体现的是有关国家干预经济的意志。现代国家出面干预经济，诚然是一种国家职能，是国家意志的体现。但是从历史发展规律来看，国家干预之所以需要和出现，乃是社会公共利益和总体利益的要求，是一种社会意志。国家干预实际上是国家在代表着全社会进行干预，国家职能已经在"社会公共职能化"了。从这个意义上，国家干预也可以说就是一种社会干预，体现着社会意志，国家干预是国家意志和社会意志的统一。本案中，长春排水拖欠甚至拒绝支付污水处理费在先，长春汇律将污水直接排入松花江在后，其中，长春市政府之所以废止《专营办法》，乃是依据国务院办公厅于 2002 年 9 月 10 日颁行的《关于妥善处理现有保证外方投资固定回报项目有关问题的通知》，然而依据原国家计委和原建设部于 1998 年 9 月 23 日联合颁行的《城市供水价格管理办法》的第 11 条的规定，8% ~ 12% 的企业盈利水平恰恰是将外资完全排除在市场风险和财务风险之外，却让中方公司和地方财政付出沉重代价的尚方宝剑。由此，我们会发现，在采用特许经营作为制度实施工具推进公用事业市场化改革的进程中，特许经营异变为地方政府将特定公用事业作为包袱甩出并将外国资本和民营资本作为政府财政"新来源"的工具，而为了吸引外国资本和民营资本，"固定回报"又成为政府的一种承诺。其实，从本质上说，通过公用事业向社会公众提供公共产品和服务本来就是政府义不容辞的义务和责任，不论是固定回报还是拒绝支付污水处理费，政府的干预行为都偏离了经济法的本质属性——"国家干预性"的本真，所实现和保护的仅仅是"政府利益""企业利益"，而与社会公共利益无涉。

2. 既然国家干预实现的是社会公共利益，那么国家干预职能活动必须有法律依据，得到法律的保障，并受法律的约束。反观本案，长春市政府废止作为地方政府规章的《专营办法》所依据的竟然是作为行政规范性文件的国务院办公厅《关于妥善处理现有保证外方投资固定回报项目有关问题的通知》，二者的法律位阶孰高孰低是不言自明的。另外，原国家计委和原建设部于 1998 年 9 月 23 日联合颁行的《城市供水价格管理办法》与原建设部于 2000 年 5 月 27 日颁行的《城市市政公用事业利用外资暂行规定》（已失效）以及国务院办公厅于 2002 年 9 月 10 日颁行的《关于妥善处理现有保证外方投资固定回报项目有关问题的通知》在固定回报问题上的规定也是相互抵触和冲突的。从中我们不难发现，在推进公用事业市场化改革进程中的经济立法位阶偏低，甚至于市场化改革的一些关键节点不是通过立法而是以行政规范性文件的形式出现的。当然，在改革初期，这种在"摸着石头过河"的立法理念指导下的立法模式是符合处于探索期的改革发展的实际需要的，但纵观"长春汇律污水直排松花江事件"，相关政府的做法以及相关法院的判决无疑传递出两个信号：其一，向外商传递的信号是，中国大陆的立法是随着政策文件的变动而变动的，法律政策的变动风险极大。由此，外商所应汲取的经验教训必然是在今后的投资实践中如何利用法律政策漏洞趋利避害，如何在通过权力寻租争取政府恩宠中将法律政策风险降至最低。其二，向社会公众传递的信号是，对公用事业采取特许经营模式所带来的并非是公共产品和服务质量的提高和价格的降低，反而是污染事件的发生以及社会公众环境权益的受损，相比于原有公用事业由事业单位或国有企业经营反而是一种倒退。

二、从经济法的调整对象出发透析"长春汇律污水直排松花江事件"

所谓经济法的调整对象，是指经济法促进、限制、取缔和保护的社会关系的范围，简而言之，就是国家用经济法的形式干预社会经济关系的范围，或者说经济法律规范效力所及的范围。对经济法调整对象的理解，可以分为内涵和外延两个层面。所谓外延，是指经济法调整对象的范围，包括市场主体规制关系、市场秩序规制关系和宏观调控关系；所谓内涵，是指经济法调整对象的核心，解决的是"国家干预"的起因与对象的问题。以下主要从内涵方面结合本案进行阐述：

简而言之，经济法调整对象的核心是对两种失灵的克服，即对"市场失灵"和"政府失灵"的克服。

（一）"市场失灵"

质言之，"市场失灵"就是市场本身所不能解决的固有矛盾，包括市场障碍、市场机制的唯利性以及市场机制的被动性和滞后性。[1]

1. 所谓"市场障碍"，是指由于市场上存在着种种限制竞争、不正当竞争和其他不公平交易行为，使市场机制不能充分发挥作用，妨害经济结构和运行。因引起其他社会问题，国家对经济进行干预，就必须对市场进行干预，以国家强制力反对垄断和限制竞争，反对不正当竞争和其他不公平交易，以排除市场障碍，让市场机制恢复其应有调节机能。本案中，长春市政府引入香港汇律的出发点是好的，也是符合市场运行规律的，即鉴于公用事业领域的自然垄断性，通过引入"可竞争性市场理论"将特许经营作为公用事业市场化改革的制度实施工具，人为地在自然垄断领域中通过引入竞争来克服由于垄断带来的设施建设严重滞后、人浮于事、缺乏创新的活力和动力、损害消费者合法权益等公用事业的痼疾。

2. 所谓"市场机制的唯利性"，是指对于有些经济领域，民间投资不愿进

---

〔1〕 漆多俊：《经济法基础理论》，法律出版社 2008 年版，第 20 页。

入，市场机制也发挥不了调节作用。针对这种情况，国家干预经济以后，便只能以国家拥有和可支配的资产参与直接投资经营，以促进那些对于国计民生和国民经济总体利益与长远发展关系重大，而民间投资不愿进入的行业、产品或地区的经济发展，借此以调节社会经济的结构和运行。本案中，长春汇律拿到的是长春市北郊污水处理项目的特许经营权，也就是污水处理厂的特许运营权，至于污水集中收集管网仍然是由国家投资建设的，这也是典型的"厂网分离"模式。当然，比之于其他公用事业，水务业的属地化特征明显，因此有些地方政府或是出于投资规模、方向和重点的调整方面的考虑，或是出于本地财政状况和投资能力的限制，也有选择"厂网合一"模式的，即外资或民资通过招投标拿到的是污水处理厂和污水集中收集管网兼有的特许经营权。

3. 所谓"市场机制的被动性和滞后性"，是指市场不能预见和防止经济结构失衡、经济运行波动和经济危机的发生，不能避免周期性出现的经济和社会问题的严重后果。针对这一情况，国家干预的任务是需要随时调查了解全社会及各部门、各行业、各地区的经济和市场情况，掌握各种经济数据和信息，做出科学分析和预测。本案中，引爆长春汇律停产直接排污的主要诱因是"价格问题"：一方面，污水处理费的支付不到位；另一方面，固定回报率的清理打破了既有的利益格局。实际上，这是由在许多公用事业行业中都存在的因成本会计制度以及披露制度的滞后所引发的。支付给长春汇律的污水处理费其价格构成是怎样的？长春汇律在污水处理中的运营成本是多少？污水处理费的支付机制是怎样的？污水处理费的制定和调整需要怎样的价格听证制度相因应？这些问题的解答都需要在国家干预中突出"信息收集"以弥补由于政府与相关经营者之间"信息不对称"所造成的"市场机制的被动性和滞后性"问题。

（二）"政府失灵"

质言之，"市场失灵"是市场本身所不能解决的固有矛盾，解决"市场失灵"需要政府主动拿起国家干预的武器。然而，政府在履行国家干预职能的过程中也不可避免地会发生由于滥用干预行为而导致的调控、规制失败的问题，简称"政府失灵"，包括政府的内部性、权力寻租、政府干预手段的有限性、官僚机构的膨胀和政策效率的递减、干预行为的失当以及国家行为的帕金森定律等。综观本案，在"政府失灵"方面至少反映出如下问题：

1. 政府的内部性。政府作为公共机构，本应以公共利益作为依归，但作为实体，有其组织机构和官员，为了地方利益、部门利益都会使其行为有悖国家干预的目标。本案中，长春市政府当初将长春汇律引入来承接长春市北郊污水处理项目，就是看到了长春排水或由于体制原因或由于资金原因而显现的能力不足。既然已经颁行了《专营办法》，政府所做的工作就应该是通过相应的规制手段来矫正长春汇律在运营中所可能发生的"市场失灵"问题，然而，当长春排水拖延甚至拒绝支付污水处理费而导致长春汇律无法正常运营时，吉林省外经贸厅采取的方法是多次调解，其结果当然是"无效"的，因为作为市场主体，长春汇律是以追求经济利益作为根本价值期许的，当问题发生时没有去追究长春排水拖延甚至拒绝支付污水处理费的责任而希冀通过"协调"来解决问题是行不通的。直至后来长春市政府废止《专营办法》直接导致长春汇律停产将污水直排入江，不得不说政府的干预行为是出于地方利益和部门利益的考虑，最终的结果只能是社会公共利益被罔顾。

2. 政府干预行为的失当。既然通过政府干预要实现的是社会公共利益，政府的干预行为就必须有明确的法律界限，明晰政府的权力和职责。反观本案，从表面上看，被搁置在罔顾社会公共利益将污水直排入江的仍然是作为经营者的长春汇律和长春排水，然而引发污水入江这个"结果"的"起因"是什么？恐怕在"政府失灵"中政府的责任以及义务的履行是长期以来被忽视的所谓"死角"，如果对有关公用事业行业规制的经济法律制度做一个系统的梳理和检审，不难发现在法律责任的章节中更多出现的是经营者的责任，而有关政府的责任则是寥寥数语或疏于粗疏。

【知识拓展】

学术界对自然垄断规制的认识

有的学者认为，学术界原有的对自然垄断的态度是，对自然垄断的政策和法律控制被赋予一项主要目标——建立垄断以此来确保规模经济的实现。[1] 20世纪后半期西方国家大规模的放松及解除管制运动导致对自然垄断控制理论的重新审视，越来越多的学者认为，传统的主流经济学派理论中关于通过法律控制来防止市场过度进入和避免资源重复设置这一目标的合理性是非常值得怀疑的，即仅注意到了形成自然垄断简单的经济条件，如规模经济等，却忽视了市场竞争在自然垄断行程过程中的决定性作用。因此，应该对自然垄断进行重新审视：①自然垄断仅仅是一种"非人格化的市场结构"，但垄断地位获取之后权力的滥用却来源于"人格化的市场主体"。从理论角度剖析，垄断可以分为自然和人为两种类型：前者产生于市场竞争后的"自然化"集中，属于经济型垄断的范畴；后者产生于人为强制的"授权性"集中，属于行政性垄断的范畴。当垄断由市场竞争的必然结果异化为行政特权的强制结果时，就从根本上违反了

---

〔1〕　王俊豪：《政府管制经济学导论——基本理论及其在政府管制实践中的应用》，商务印书馆2001年版，第7页。

自然垄断的经济学原理。②自然垄断体现了市场自由竞争中的"适者生存"规律，属于自由竞争之后形成的市场"自然结果"，与通过事前限制竞争而形成的市场"强制结果"有着本质区别。③自然垄断是竞争的必然结局，竞争在不断的自我否定中产生垄断，垄断的起源就证明竞争的正当。④产业竞争—产业集中过程中产生的垄断属于市场自发性的或"后天行为性"的，而产业管制—产业集中属于制度强制性的或"先天生理性"的，先天可以直接治疗，后天除了治疗还要对母体进行基因治疗，将制度性的人为垄断置之其外，而这是《反垄断法》必须回答的问题。由此，对于自然垄断的法律控制、管制和《反垄断法》不应该成为相互之间消极替代的方法，而应该共同构成对垄断者行为和结果的"双重法律控制"。管制与《反垄断法》的一个重要区别在于：前者是控制性和政策性的，通过法律规范来控制行为的过程，目的在于维护"事前"和"事中"的市场秩序；《反垄断法》是救济性的，通过法律规制来救济行为的结果，目的在于校正"事后"的市场秩序。[1]

▶ 探讨案例

兰州4·11饮用水苯污染事件

2014年3月初，很多兰州市民发现自来水中有强烈的异味，遂纷纷通过电话、网络等渠道向环保部门、供水企业等机构咨询自来水水质是否正常，仅3月6日一天就有200多个投诉电话。3月7日傍晚，兰州市环保、疾控部门和供水企业公布了监测数据，宣布自来水水质符合安全饮用标准，但对于产生异味的原因并没有作出任何解释。据兰州威立雅水务集团称，2014年3月8日，集团下属的水厂已经进行了水质检测，下次的检测时间应该是9月8日，之所以4月再次进行检测，是因为接到了上级布置的任务。截至2014年3月16日，兰州市政府仍每天向市民通报水质数据。当时，兰州市政府协调了甘肃省水利厅、黄委会，调水增加黄河上游水流量，并对黄河上游涉水的47家企业、23条河洪道进行了全面排查。兰州威立雅水务公司还对内部设备、工艺和供水管网进行了检查。

2014年4月10日17时，兰州威立雅水务公司发现出厂水苯含量高达118微克/升（据《第一财经日报》报道，在4月2日也曾检出自来水苯含量为13微克/升左右，超过国家限制标准，但外界并不知情），2014年4月11日早5时，确认第二水厂出水口自来水苯含量严重超标并报告兰州市政府（按照政府

---

[1] 周林军、曹远征、张智主编：《中国公用事业改革：从理论到实践》，知识产权出版社2009年版，第17页。

说法是早 7 点才接到报告）。11 日 16 时，兰州市政府发布通告称，未来 24 小时兰州市自来水不宜饮用，兰州市区将降压供水、限制生产性通水，并向市民提供免费饮用水。官方确认自来水苯超标消息加剧了市民的恐慌，市区内各大超市的瓶装水被抢购一空，一些商家趁机提高矿泉水价格。为应对这一事件，兰州市成立了以市长为组长的应急处置领导小组，启动应急预案，采取停运北线自流沟、排空受到污染的自来水等措施，进行应急处置。4 月 13 日晚，政府认定含油污水的成因是原兰化公司原料动力厂原油蒸馏车间分别在 1987 年和 2002 年发生物理爆破事故造成的渣油泄出。4 月 14 日，兰州市政府新闻办通报称，根据甘肃省环境监测站、甘肃省疾控中心 4 月 13 日 7 时~14 日 5 时以来对西固区每隔两小时所取的 10 个批次水样的监测数据结果显示，西固区自来水苯指标范围在 8.47 微克/升~0 微克/升，均符合国家相关标准。经征求专家意见，从 14 日 7 时开始，兰州市"4·11"局部自来水苯指标超标事件应急处置领导小组对西固区解除应急措施，停止应急拉运送水和瓶装水、罐装水的免费发放。经事故应急处置领导小组及专家研判，全市自来水已稳定达到国家标准。至 14 日上午 7 时，兰州全市解除应急措施，自来水恢复正常供水。

【深度思考】

1. 在兰州 4·11 饮用水苯污染事件中，政府在历次信息公开中涉及的内容是否存在矛盾和冲突？政府信息公开的依据何在？

2. 在兰州 4·11 饮用水苯污染事件中，兰州威立雅公司在信息公开中存在什么样的问题？

3. 按照规定，大城市及特大城市的水源地主输水管道周边 50 米内是保护区，不允许有任何与饮水设施无关的工厂、企业存在，而一旦出现可能影响到饮水安全的污染物更是要及时清除。本案中，兰州石化应该履行的责任和义务何在？

4. 管网建设应该是由谁负责？当兰州市政府在威立雅特许经营权案中收入 6 亿元国有股转让款后，这些款项是否用在了管网建设和自流沟周边环境的治理上？

5. 作为大型国有企业的兰州石化和作为地方公共利益维护者的兰州市政府，在地方环境问题上的博弈体现出什么问题？

▶ 阅　读

1. 张穹：《反垄断理论研究》，中国法制出版社 2007 年版。

2. 章志远："公用事业特许经营及其政府规制——兼论公私合作背景下行政法研究之转变"，载《法商研究》2007 年第 2 期。

3. 薛亮："城市水务业市场化改革法制建设的历史演进及启示"，载《国家行政学院学报》2014 年第 2 期。

▶ **相关法津法规**

1. 《全民所有制工业企业转换经营机制条例》（国务院，1992 年 6 月 30 日通过，1992 年 7 月 23 日实施，2011 年 1 月 8 日修订）

2. 《指导外商投资方向规定》（国务院，2002 年 2 月 11 日颁布，2002 年 4 月 1 日实施）

3. 《城市供水价格管理办法》（原国家计委和原建设部，1998 年 9 月 23 日颁布实施，2004 年 11 月 29 日修订）

4. 《城市市政公用事业利用外资暂行规定》（原建设部，2000 年 5 月 27 日颁布实施，已失效）

5. 《市政公用事业特许经营管理办法》（原建设部，2004 年 2 月 24 日通过，2004 年 3 月 19 日颁布实施，已被修改）

6. 《关于以 BOT 方式吸收外商投资有关问题的通知》（原外经贸部，1995 年 1 月 16 日发布实施）

7. 《关于妥善处理现有保证外方投资固定回报项目有关问题的通知》（国务院办公厅，2002 年 9 月 10 日发布实施）

8. 《关于加快市政公用行业市场化进程的意见》（原建设部，2002 年 12 月 27 日发布实施）

第三章

经济法的地位

本章提要

经济法的地位，是指经济法在法律体系中的地位，也就是经济法在整个法律体系中是不是一个独立的法律部门，以及它与其他法律部门之间的相互关系及其在法律体系中的重要性。经济法学术界一致认为，经济法是一个独立的法律部门，其与行政法、民法、环境与资源保护法、劳动和社会保障法之间既有一定联系，又有显著区别。

知识要点

1. 经济法的概念、调整对象对经济法地位的影响。

2. 对"公私混合型社会经济关系"的理解。

主案例

《中华人民共和国可再生能源法》的制定与修改沿革

我国的工业化、现代化发展离不开能源的支撑，传统化石能源的高污染性和不可持续性与建设资源节约型和环境友好型社会的要求是格格不入的。调整和优化能源结构，大力发展可再生能源，是我国能源与环境经济协调发展的客观需要和战略要求。可再生能源法正是在对可再生能源的开发、利用活动进行法律调整的基础上产生的。在这一背景下，备受各方关注的《中华人民共和国可再生能源法》（以下简称《可再生能源法》）终于在 2005 年 2 月 28 日通过，并于 2006 年 1 月 1 日起施行。《可再生能源法》是一部经济法特色鲜明的法律制度，其中许多条款都体现着经济法特色：

1. 《可再生能源法》第 1 条规定："为了促进可再生能源的开发利用，增加能源供应，改善能源结构，保障能源安全，保护环境，实现经济社会的可持续发展，制定本法。"

2. 《可再生能源法》第 4 条规定："国家将可再生能源的开发利用列为能源

发展的优先领域，通过制定可再生能源开发利用总量目标和采取相应措施，推动可再生能源市场的建立和发展。国家鼓励各种所有制经济主体参与可再生能源的开发利用，依法保护可再生能源开发利用者的合法权益。"

3. 《可再生能源法》第13条第3款规定："建设应当取得行政许可的可再生能源并网发电项目，有多人申请同一项目许可的，应当依法通过招标确定被许可人。"

4. 《可再生能源法》第14条规定："电网企业应当与依法取得行政许可或者报送备案的可再生能源发电企业签订并网协议，全额收购其电网覆盖范围内可再生能源并网发电项目的上网电量，并为可再生能源发电提供上网服务。"

5. 《可再生能源法》第24条规定："国家财政设立可再生能源发展专项资金，用于支持以下活动：①可再生能源开发利用的科学技术研究、标准制定和示范工程；②农村、牧区生活用能的可再生能源利用项目；③偏远地区和海岛可再生能源独立电力系统建设；④可再生能源的资源勘查、评价和相关信息系统建设；⑤促进可再生能源开发利用设备的本地化生产。"

6. 《可再生能源法》第29条规定："违反本法第14条规定，电网企业未全额收购可再生能源电量，造成可再生能源发电企业经济损失的，应当承担赔偿责任，并由国家电力监管机构责令限期改正；拒不改正的，处以可再生能源发电企业经济损失额1倍以下的罚款。"

《可再生能源法》的颁布实施对于促进我国可再生能源产业的发展、促进节能减排发挥了重要作用。然而，该法自2005年通过之后也遇到了难以实施的尴尬，比如：

1. 《可再生能源法》第14条规定了电网企业的义务，即"全额收购"发电企业的可再生能源电能并提供上网服务，而没有对发电企业的义务作出相应规定。在现实操作中，电网企业基于利益考量、机制掣肘以及新能源发展现状等主客观原因，往往以电网安全为理由拒绝新能源并入电网，使"全额收购"的法条形同虚设。

2. 《可再生能源法》第24条规定了国家设立可再生能源发展专项资金制度，可再生能源发展资金包括国家财政的专项资金和可再生能源电价附加收入两大部分。以后者为例，在实践中，是从电费收入中抽取0.002元/千瓦时用于补贴可再生能源，但是该专项补贴的结算周期长，流程复杂，有时还存在资金不到位的情况。

2009年底哥本哈根气候大会召开之际，严重依赖于煤电的中国在此前向全世界宣布节能减排的目标是在2010年单位GDP能源消耗量减少20%的基础上，进一步承诺到2020年单位GDP二氧化碳排放比2005年下降40%～45%，非化石能源占一次能源消费的比重达到 15% 左右。在此宏伟目标下，再加上煤价大涨，可再生能源产业的矛盾积累已到了"刻不容缓"的程度。2009 年，国家发改委能源局、全国人大环境与资源委员会等部门召集产业各界商讨修正《可再生能源法》，《可再生能源法（修正案）》（以下简称《修正案》）最终于 2009 年 12 月 28 日通过。《修正案》对备受争议的《可再生能源法》第 14 条进行了修改，将"全额收购"表述修改为"国家全额保障性收购"，其中的"保障性"含义即明确了电网企业、发电企业以及政府三方的责任和义务，使"全额收购"可操作性更强。

《修正案》第 14 条中规定电网企业的义务有两点：其一，"应当与按照可再生能源开发利用规划建设，依法取得行政许可或者报送备案的可再生能源发电企业签订并网协议，全额收购其电网覆盖范围内符合并网技术标准的可再生能源并网发电项目的上网电量"。其二，"应当加强电网建设，扩大可再生能源电力配置范围，发展和应用智能电网、储能等技术，完善电网运行管理，提高吸纳可再生能源电力的能力，为可再生能源发电提供上网服务"。而发电企业的义务除了上述要"按照可再生能源开发利用规划建设，依法取得行政许可或者报送备案"，和供应"符合并网技术标准"的电能之外，还"有义务配合电网企业保障电网安全"。

《修正案》第 24 条中变原来的"可再生能源发展专项资金"为"可再生能源基金"，并明确了基金的来源为国家财政补贴和电价附加费。在实践中，"可再生能源发展专项资金"实际上提高了可再生能源的上网电价，电网公司除了电费要交税，这个税金实际上收自社会公众，把这些电力附加、财政拨款以及其他收入都变成基金后，用来支付增量成本，同时也可以用来支持产业链的完善等，更加符合取之于民用之于民的原则。

【案例分析】

对该案的分析以《修正案》的颁布作为分水岭，即对原有的《可再生能源法》的分析以及对《修正案》的分析。

一、对原有的《可再生能源法》的分析

（一）对《可再生能源法》第 14 条的分析

任何法律规范都是以法律关系这条主线展开的，经济法律规范也不例外。《可再生能源法》作为一部经济法特色鲜明的经济法律规范，必然体现了经济法律关系主体在特定经济活动（即可再生能源科研、规划、开发、推广、应用以及监管，以及以此保障能源安全，改善能源结构，保护环境，实现经济社会的可持续发展）中所形成的权利义务关系。

1. 权利义务的安排凸显了经济法特色。以《可再生能源法》第 14 条为例，该条中电网企业被赋予了"强制缔约义务",即全额收购可再生能源企业上网电量。与这项义务相对应的,则是可再生能源企业的"要求全额收购能源"的法定权利。强制缔约义务,从根本上说是作为经济法基本原则的"社会本位原则"的要求。而在民事法律关系中,"契约自由"是民法基本原则,按照民法意思自治原则的要求,电网企业有权依据竞价原则,自主决定缔约相对人。以 2010 年为例,传统煤电的上网电价约为风电的一半,太阳能发电的 1/4,生物质能发电成本则更高。如果绝然以缔约自由作为出发点,电网企业作为合同的一方自然无权强行他方交易。然而,《可再生能源法》关于法定权利义务的安排却旨在实现实质正义。这一点从《可再生能源法》第 1 条中即可发现,这是国家"为了促进可再生能源的开发利用,增加能源供应,改善能源结构,保障能源安全,保护环境,实现经济社会的可持续发展"而选择的一种通过国家干预而实现社会整体经济利益的模式。

2. 法律调整机制凸显了经济法特色。在民事法律关系中,即使电网企业未收购而违约,其法律后果无非是承担合同违约责任,这种责任形态的目的,即是使非违约方如合同被如约履行一样。然而,在《可再生能源法》中,电网企业如未履行强制缔约义务,收购可再生能源企业的全部上网电量,不仅仅是承担合同违约责任,甚至还会承担行政责任,被处以"可再生能源发电企业经济损失额 1 倍以下的罚款"。这种责任形态,已经不再是以救济个体利益为目标了,而是以救济社会公共利益为使命。

(二) 对《可再生能源法》第 4、13 条的分析

可再生能源是在自然界中以天然形式存在并没有经过加工或转换的能量资源,属于一次能源。尽管这些一次能源与化石能源一起构成了能源的基础,但它们很少能作为终端能源供消费和直接使用,大多数情况下需要转化为二次能源,而在二次能源中最为普遍的就是电力,而电力的输送要借助电网。因此,可再生能源是否能够得到长足发展,某种程度上取决于其通过转化而形成的电力能源总量以及通过上网电价而体现的经济效益大小,即发展可再生能源的一个重要条件是电力产业相关制度的完善。传统观念一直将电力产业视为典型的自然垄断产业,即为了避免社会资源的浪费或市场秩序的混乱,只能由一家企业独占市场,市场才能有效运行的市场状况。各个国家对电力产业的管制一般都是采取建立公用企业或对私人垄断企业进行管控的专门机构而实现的。然而,20 世纪 70 年代末 80 年代初,在美国经济学家以一般网络经济学的方式提出网络开放引进新的竞争方式,特别是为电网引进"第三者参与"电网经营模式之后,将电力产业视为自然垄断产业的传统观念开始动摇,全球范围内掀起了电力产业竞争性改革的热潮。《可再生能源法》第 4 条的规定,实质上是"公私合

作理念"在经济法律制度中的具体体现，在供电领域引入可竞争性市场理论打破自然垄断的背景下，通过"厂网分离"将供电企业与电网企业剥离，在供电领域通过引入各种所有制经济主体、通过多样化的方式（传统煤电型和可再生能源发电型）人为地在自然垄断领域引入竞争机制，这样既克服了传统自然垄断行业人浮于事、效率低下、缺乏创新、随意损害消费者权益的弊端，同时又最大可能地在将私人部门引入供电这种公共产品的供给中，以私人部门在人员、资金、渠道、技术等方面的禀赋优势弥补传统公共部门的不足，双方之间不仅仅是命令与服从关系，而更是合作关系。

当然，公部门与私部门之间的合作大量增加，好似"公"与"私"之间的界限已经消弭，但正如有的学者所指出的，"公共机构运用私法手段完成公共任务或通过私人完成公共任务的控制问题很突出，因为私法手段和私法主体的灵活性不仅蕴含了政府裁量的固有风险，而且以私利为合法目标的私人组织行为与公共任务和目标发生冲突的可能性也会大大增加"[1] 因此，一方面要强化竞争，另一方面要强化管制，这就是《可再生能源法》第13条规定通过"招标"来确定被许可人的原因。"招标"实质上是通过开放式的公平竞争手段在"可再生能源发电市场准入"环节设置了必要的门槛，通过"资格性"的控制手段防止"市场失灵"的发生。

二、对《修正案》的分析

《修正案》对原《可再生能源法》中"保障性收购制度"和"可再生能源发展专项资金制度"的修改弥补了原有法律难以实施的尴尬，夯实了法律实施基础。然而，从经济法理来分析《修正案》，仍然存在诸多亟待完善的地方。

（一）宏观调控力度的彰显

宏观调控以市场为中介，是对市场的宏观调控。离开市场谈所谓的宏观调控的力度，无可避免地要沦为计划经济统配统支、事无巨细的行政管理权，因此，电力产业市场化改革和电力市场机制的培育是对可再生能源发展实施宏观调控的前提。但从另一个角度来说，宏观调控权的力度不够，也无法达成促进可再生能源发展的目标。

1. 宏观调控内容应细化。虽然从性质上讲，宏观调控权是一种宏观性权力，即不作用于微观领域，但"宏观性权力"不等同于"空洞性权力"，没有详细内容支撑的宏观调控权的调控效果必然十分有限。比如，《可再生能源法》在颁行之初就建立了强制上网和全额收购制度，但在实施过程中效果并不理想。首先，

---

[1] 金自宁："'公法私法化'诸观念反思——以公共行政改革运动为背景"，载《浙江学刊》2007年第5期。

在中国电网企业能源销售网络实施垄断经营的条件下，强制上网制度起到更多的是宣示意义，因为如果电网企业和可再生能源发电企业之间利益关系的调控机制长期存在缺失，强制上网制度就无法形成长效机制，最终会挫伤可再生能源发电企业的积极性从而影响整个行业的发展。其次，全额收购制度的实施空间主要是在电网覆盖范围内，通过发电企业与电网企业履行并网协议来解决，然而实施中由于双方企业利益关系和责任关系不明确，特别是缺乏对电网企业具有可操作性的保障性收购指标要求，所以难以落实有关全额收购的规定，限制了可再生能源的并网发电和发电能力，在制度上无法保证合理的可再生能源项目建设速度。[1] 最后，现行《可再生能源法》仅就可再生能源开发利用规划编制作出了规定，并没有把可再生能源开发利用的规划编制同其他能源的规划编制衔接起来，也没有对规划编制的原则和内容作出必要的规范，从而造成了可再生能源开发利用的规划同能源规划以及电力、电网规划相脱节。

2. 应注重价格杠杆的运用。《可再生能源法》明确提出了"全额保障性收购制度"，为可再生能源发电企业并网发电提供了制度保障，但该制度实施的效果如何其实在很大程度上取决于上网电价的跟踪调整。上网电价过低，无法带动相关行业发展。上网电价补贴过高，又容易出现企业丧失技术进步的动力，从而出现一哄而上的局面。目前在实践中，我国可再生能源行业的上网电价还不能很好地发挥对"全额保障性收购制度"的支撑作用，原因如下：①总体上网电价偏低，这个"偏低"既体现在招标电价、政府核准定价上，也体现在特许权项目中。许多可再生能源发电企业为了扩展自身发展空间和装机比例，对有限的项目资源通过压低电价展开恶性竞争。②上网电费结算滞后。众多可再生能源发电企业的电费采取逐月按照当地脱硫燃煤机组标杆上网电价结算，高于标杆上网电价的部分按照半年度结算，这使得这些企业无法在短时间内回收资金。③电价附加征收补贴标准偏低，电价补贴不足。目前的电价附加中有较大一部分是通过税收形式上交国家财政，导致可再生能源补贴资金不足。此外，可再生能源电价补贴（发展基金）在全国是按照统一标准征收的，但各地的可再生能源发展水平不同，导致补贴无法做到公平。[2] 而反观发达国家的上网电价政策一般都具有如下特点：①强制入网。②固定入网价格，即电网企业根据法律规定的固定费率收购发电企业的电力，发到电网的价格一般是常规电价的

---

〔1〕 薛惠锋、王海宁："《中华人民共和国可再生能源法》的实施回顾及展望"，载《中外能源》2010年第3期。

〔2〕 中国价格协会能源供水价格专业委员会课题组："对我国风电行业发展及其上网电价的研究"，载《价格理论与实践》2010年第4期。

几倍，以此提高投资人的积极性。③政府对上网电价的补贴逐年递减。政府补贴是为了拉动市场，在相关产业迅速发展，上网电价随之下降的情况下，补贴也随之逐年下降。因此，当务之急是进一步理顺可再生能源上网电价机制，特别是要适当提高电价附加水平和补贴额度，尽快出台可再生能源发展基金管理办法，在确定可再生能源电价附加（发展基金）水平时，考虑地区差异性，不同地区执行不同标准，提高可再生能源发电补贴额度，缩短补贴发放周期。

3. 设立政府基金性质的可再生能源发展基金。可再生能源产业既是幼稚产业又是新兴产业，其中蕴含着巨大的商机和利润。市场机制的培育固然是促使可再生能源产业发展的重要基础，但如果核心的技术、标准、品牌都掌握在外国企业手中，可再生能源产业仍然会重蹈汽车、彩电、冰箱等产业的覆辙，即虽然产量巨大，但利润微小。因此，可再生能源法必须从制度设计上给予核心技术的创造和产业化最大的扶持和保障。令人可喜的是，我们在 2009 年修订的《可再生能源法》中看到了立法者的回应，即该法第 24 条规定，政府基金来源包括国家财政年度安排专项资金和征收的可再生能源电价附加等，用来支持的活动包括可再生能源的开发利用和并网的科学技术研究、标准制定、检测认证和示范工程，并促进可再生能源开发利用设备的本地化生产。然而，目前的问题是，这笔看似诱人的可再生能源发展基金无疑仍将进入传统的科研资金分配机制中进行流转。政府从公共财政中拨付的各种名目的科研经费在各个产业中并不算少，但是科研经费如何转化成为科研成果，科研成果又将如何转化成全球领先的具备商业价值的核心技术，这一系列联系紧密的问题在我国大部分行业中都没有得到有效的解决，在可再生能源的发展中，这样的制度设计能否有效解决科技创造力的问题，是否仍然需要制定具体而缜密的规范性法律文件予以落实都非常值得探讨。

（二）标准与认证检测制度的完善

从技术成熟的角度来看，可再生能源技术可以分为经济可行的技术、靠政府激励实现产业化的技术、正在研发的技术和未来技术等四种类型。就中国可再生能源产业在全球格局中的定位来看，小水电技术、太阳能光热利用两个领域已经进入产业化发展阶段，在全世界也都处于技术领先地位。在这样的背景下，我们发现，可再生能源技术标准和监测认证体系的缺乏已经成为加快其产业化发展速度的障碍。

1. 技术标准。我国目前的《标准化法》实施于 1989 年，仍有浓厚的计划经济色彩，其中标准基本类型和标准管理体制的相关规定均有待发展。标准基本类型的焦点主要集中在行业标准的存废和协会标准的建立以及地方标准的合理性问题上；标准管理体制的难点则主要集中在标准化活动中标准管理权限如何改革及重新定位问题，以及新确立的标准化管理职能是统一由标准化主管部门行使，还是标准化主管部门统一行使和其他行业主管部门分散行使相结合的问题。这些不完善的地方给可再生能源产品技术的发展造成的障碍是：一方面，越来越多的技术产品需要新的标准，而标准的制定远远跟不上要求，现有的标准标龄过长，已经不能胜任技术和产品发展的需求；另一方面，"九龙治水"式的标准体制使得标准之间的矛盾、冲突不断，部门利益的作祟往往拖住的是技术创新和产品升级换代、具备国际竞争力的后腿。

2. 监测认证管理体系。比如，由于缺乏太阳能光伏产品认证体系，许多不具备技术条件的企业为了追求眼前的经济利益，在消费者不具备辨识产品质量优劣知识的前提下，以低劣的产品抢占市场，严重干扰了市场秩序，使高技术、高质量产品销售不畅。再比如，随着原油价格的上涨，各路资本对生物柴油的投资热情一路上涨，虽然国家只批准了河南天冠、安徽丰原等四家企业作为生物柴油的试点公司，但实际上，宣称掌握了生物柴油技术，并已经投入规模化生产的企业已经超过 10 家，无序竞争不但导致生物柴油成为"劣质柴油"的代名词，更导致在能源的转化过程中，无端产生新的浪费。随着市场经济的发展，认证服务市场已经蓬勃发展，但与之相对的是，能够提供这项带有唯一性和特定性活动的专门性服务机构远远无法满足实践的需求。另外，脱胎于计划管理体制的认证机构在提供认证服务的过程中离客观独立和公开公正的认证基本原则还有相当的差距，导致一方面"李鬼式"的认证机构仍然在违法提供认证服务，扰乱了认证服务市场的秩序，另一方面很多认证机构"官"的色彩浓重，人为设置较高的认证门槛，将众多企业拒之于千里之外，导致企业认证无门并阻碍了规模经济效应的形成。

对于可再生能源技术和产品标准以及监测认证的完善，从微观上讲是市场规制法律制度的完善问题，然而从宏观上讲，则涉及了整个国家的行政体制改革、政府角色的重新定位以及新型社会主体的诞生问题。在人类社会发展的历史长河中，每一次经济生产方式的重大变革都伴随着社会运行机制的相应变动[1] 第一次工业革命时期，市场主导着社会经济发展的机制和方向。第二次工业革命以来，这种带有显著一元化色彩的社会运行机制的局限和缺陷日渐凸显，市场需要政府干预，社会需要国家介入，"二元"机制应运而生。20 世纪70 年代以来，伴随着新技术革命的深化发展，社会分工的精细化和政府失灵的显现，市场和政府相互渗透，融合发展催生了新型社会主体的诞生——社会中

---

[1]　孟庆瑜、徐超："论社会中间层及其在经济法中的角色定位"，载《河北大学学报（哲学社会科学版）》2009 年第 1 期。

间层。所谓社会中间层，是指独立于政府与市场主体，为政府干预市场、市场影响政府以及市场主体之间相互联系起中介作用的主体。提供可再生能源技术、产品标准和监测认证服务的机构正属于事业性社会中间层主体，该类主体通常是指依法设立，不以营利为目的，拥有独立资产，并向社会自主从事提供准公共产品经营活动的社会基本组织形式。正是在政府将自身的社会管理职能有选择地赋予市场主体行使，而市场主体出于自身发展需要向政府不断挤入的背景下，事业性社会中间层主体才应运而生，一方面吸收从政府中分离出的管理社会公共事务的职能；另一方面包容从市场主体中升华而挤入社会公共管理的社会团体，不仅与政府一起共同作用以防止市场失灵的出现，而且还与市场主体一道联合协作以防范政府失灵的发生。因此，允许、鼓励和促进事业性社会中间层主体的发展，"纯化"政府职能的履行，防止政府干预行为的"缺位""越位"问题的产生，才是整个可再生能源立法的完善中需要解决的制度本源性问题。超越"政府—市场"的二元框架，做到"市场的归之于市场，政府的归之于政府，社会的归之于社会"必然是可再生能源法乃至于许多法律制度的完善中带有共通性质的一项艰巨任务。

【知识拓展】

拓展一：　　　　　　　　公私混合型社会经济关系

所谓公私混合型社会经济关系，是一种由三方主体参与的三元互动的关系。具体地说，国家以干预者的身份介入社会经济生活，此时就会形成两种法律关系：一种是以国家为一方干预主体，以市场主体为被干预的另一方主体的经济干预法律关系，是一种不平权型法律关系；另一种是分别以特定市场主体为一方主体，不特定社会公众为另一方主体的平权型法律关系。这两种法律关系，并不是按照传统"公私分治""民行分立"而被分属于民事法律关系和行政法律关系，而是有机"合成"为一个三维的公私混合型法律关系。

公私混合型法律关系的特征包括如下几点：

1. 公私混合型法律关系是由两种法律关系合成的。公私混合型法律关系由两种法律关系合成的基础是由经济法的本质属性——"国家干预性"所决定的，前文中提到过，"国家干预"的核心是对"两种失灵"（"市场失灵"和"政府失灵"）的克服，这不仅仅牵涉具体的个体利益，更关系着社会公共利益。以竞争关系为例，我国《反不正当竞争法》第2条第2款规定，"本法所称的不正当竞争，是指经营者违反本法规定，损害其他经营者的合法权益，扰乱社会经济秩序的行为"。从这条对不正当竞争行为的界定我们可以清晰地发现，虽然不正当竞争是一种侵权行为，但《反不正当竞争法》的立法落脚点并非仅仅在特定经营者身上，而是在社会经济秩序上，也就是在由于"市场失灵"所导致的由社会经济秩序失衡所引发的社会公共利益受损上。比如，误导宣传行为就是经营者利用广告或者其他方法，在商品外对商品（包括服务）的质量、制作成分、性能、用途、生产者、有效期限、产地等作引人误解的宣传（包括令人误解的宣传和虚假宣传），该种行为是针对社会公众的不当宣传，尽管没有针对特定经营者，但直接侵害的是社会公众的知情权和选择权，损害的是社会公共利益，因此必须予以规制。[1]

以消费关系为例，在社会化大生产的条件下，经营者生产、销售的产品或提供的服务，面对的不是特定的消费者，而是众多的消费者，虽然"直接损害"针对的是特定消费者，但是"潜在损害"针对的是消费者的整体，即社会公共利益。因此，经营者的生产经营行为已不再仅仅是一种个体行为，其本质上已经成为一种社会经济行为。因此，虽然经营者和消费者之间形成的是平等的消费合同关系，但这种消费合同关系的当事方除了经营者与具体消费者以外，还包括经营者与不特定消费者（社会公共利益）。因此，当工商行政管理部门、质量技术监督部门等政府部门代表国家履行干预职权进行市场规制时，除了在"消费者与经营者"之间产生的平等消费关系之外，还产生了第二层关系，即在"干预主体（政府）与被干预主体（经营者）"之间形成的国家干预消费关系。由此，调整这种混合型经济关系的经济法律由此产生。

2. 公私混合型法律关系是在三方主体间形成的。在公私混合型法律关系中，处于三角形底端位置两端的是"经营者"和"消费者"，双方之间属于平权型法律关系。当然，在这种法律关系中，一方义务往往是因为促成社会整体经济利益的实现的要求而被法定化的。另一方的权利也往往不是专属于其自身所享有的权利，而是社会整体经济权利的具体化。从根本上说，经济法是解决个人利益与社会公共利益相冲突的法律制度，并且在调整冲突的过程中，经济法始终是以社会公共利益为本位的。然而，社会作为一方主体往往是缺位的，这就好比作为干预主体的国家一样，二者作为"抽象存在"一定要有"具体存在"来具体落实。因此，法律制度在立法技术上采取赋予市场主体一定的实体义务的方式以保护社会公共利益。此外，经济法的市场主体义务本位性还表现在，在

---

[1] 比如，某市一家生产保温瓶的企业召开新闻发布会，宣称有着近百年历史并且沿用至今的保温瓶"银胆"内含"有毒砷化物"，"据专家测定，当水温较高时，砷化物渗出，对人身有伤害，包括对皮肤都有伤害。"并称该厂"首创无毒金胆"，可"保健保命"。"金胆的成功，打破了本行业几十年来必用剧毒砷化物做澄清剂的神话"，"消除了砷化物残留在玻璃中对人体的危害"等。然而，根据国家有关部门检测，"银胆"完全符合国家标准，对人体无害。而"金胆"在内在质量上并无过人之处。

某一社会经济活动中的义务主体相对方所拥有的权利实际上是一种反射性权利，即不是其自身的权利，而是社会公众作为一方主体所拥有的权利的反射。[1]　公私混合型社会经济关系是由三方主体参与的关系，是以三者的契约作为出发点的，这种公共人格和普遍意志的加入是经济法所维护的社会公共利益的真实体现，也是实现社会公共利益的需要。

拓展二：　　　　　　　　什么是公私合作？

公私合作即政府在履行国家干预任务时，引入私人的资金、技术和管理经验等优势。国家干预任务不再仅由政府机关单独完成，而是由政府机关为代表的公部门和私人团体及个人为代表的私部门合作完成，二者为提供公共服务而建立一种长期合作关系。公私合作是国家与社会从二元对抗走向合作，国家任务演变与国家角色变迁的必然结果。在"公私合作"理念支配下，国家要求社会"参与"，开始利用私人部门的资金、技术、管理经验等优势。在公私合作中，国家不再单方面定义公共福祉与实现公共利益，而是透过与社会上私人团体或个人合作，共同分担达成法律目的的责任，以实现公共利益。

拓展三：　　　　　　　　什么是认证？

所谓"认证"，是指认证机构依据有关规范、规程和标准对某项产品或者服务的质量以及管理体系进行评价，并对评价合格的产品、服务或者企业颁发认证标志的过程。认证有下列特征：①是由认证机构进行的一种合格评定活动；②认证的对象是产品、服务和管理体系；③认证的依据是相关技术规范、相关技术规范的强制性要求或者标准；④认证的内容是证明产品、服务、管理体系符合相关技术规范、相关技术规范的强制性要求或者标准。目前有关认证的分类一般采取"三分法"，即分为产品认证、服务认证和管理体系认证。对于产品

---

[1]　比如，2005 年 6 月，法学博士李某看到一份牙膏认证情况混乱的报告，随即在民政部和国家认监委网站上查询有关认证情况。李某查询后发现，全国牙防组没有进行相关登记。7 月，李某向国家认监委写信投诉全国牙防组违法认证情况。两个月后，在未得到答复的情况下，李某向北京一中院提起行政诉讼，法院未予受理。9 月 16 日，李某在北京物美大卖场家和店购买了乐天木糖醇无糖口香糖（其产品包装上标有全国牙防组推荐的标志）后，以消费者侵权为由，将乐天（中国）食品有限公司、北京家和物美商业有限公司、全国牙防组作为被告诉至北京西城区人民法院。诉称，全国牙防组不具有口腔保健品认证资质，其对乐天木糖醇进行认证属于违法行为，北京家和物美商业有限公司作为销售者未能履行验收义务，对产品流通负有一定责任。本案中，乐天公司拥有对其产品进行宣传的权利，这实际上是便于消费者在多样化的产品社会中行使选择权的一种反射性权利，然而，将违法认证用于产品宣传反过来恰恰损害了社会公共利益。

认证，按其性质，可以分为强制性产品认证和自愿性产品认证。按其目的，可以分为安全认证、品质认证、EMC 认证、节能认证和节水认证等。对于管理体系的认证，一般有以 ISO9001 标准为依据所开展的质量管理体系认证、以 ISO14001 为依据所开展的环境管理体系认证、以 GB/T28001 为依据所开展的职业健康安全管理体系认证、以 HACCP 为依据所开展的食品安全管理体系认证等分类。我国的《认证认可条例》对于认证采取强制性与自愿性相结合的认证原则。

【深度思考】

1. 在整个法的体系中，经济法为什么是一个独立的法律部门？
2. 经济法与行政法、民法等相邻法律部门之间的关系是怎样的？
3. 经济法独立法律部门的地位与经济法的调整对象之间有什么关系？
4. 公私混合型社会经济关系对传统公私法划分提出的挑战何在？
5. 当公私合作已在包括公用事业在内的诸多行业和领域发展成为一种趋势的情况下，从法律制度的层面应该作出何种回应？

阅　　读

1. 蔡守秋主编：《环境与资源保护法学》，湖南大学出版社 2011 年版。
2. 黄振中、赵秋雁、谭柏平：《中国能源法学》，法律出版社 2009 年版。
3. 金自宁、薛亮编著：《环境与能源法学》，环境科学出版社 2014 年版。

相关法律法规

1. 《可再生能源法》（2005 年 2 月 28 日通过，2006 年 1 月 1 日实施，2009 年 12 月 26 日修订）
2. 《指导外商投资方向规定》（国务院，2002 年 2 月 11 日颁布，2002 年 4 月 1 日实施）
3. 《可再生能源发电有关管理规定》（国家发改委，2006 年 1 月 5 日颁布实施）
4. 《可再生能源发电价格和费用分摊管理试行办法》（国家发改委，2006 年 1 月 4 日颁布实施）
5. 《可再生能源电价附加收入调配暂行办法》（国家发改委，2007 年 1 月 11 日颁布，2006 年 1 月 1 日实施）
6. 《可再生能源产业发展指导目录》（国家发改委，2005 年 1 月 29 日颁布实施）
7. 《可再生能源中长期发展规划》（国家发改委，2007 年 8 月 31 日颁布实施）
8. 《可再生能源发展专项资金管理暂行办法》（财政部，2006 年 5 月 30 日

颁布实施，已失效）

9.《电网企业全额收购可再生能源电量监管办法》（国家电力监管委员会，2007 年 7 月 25 日颁布，2007 年 9 月 1 日实施）

第四章
经济法的理念和基本原则

▶ **本章提要**

经济法的理念是国家通过经济立法调整国民经济生活过程中所体现的价值、目标，渗透在经济立法、执法、司法和守法过程中。经济法的基本原则是经济法理念的反映，是在经济立法、执法、司法、守法中促进经济法理念实现，弥补制度缺陷的准则和思想。经济法的基本原则与国民经济发展息息相关，是反映并融合市场经济体制改革特质和成果的。与经济法的理念相比，经济法的基本原则更具工具性和操作性。

▶ **知识要点**

1. 经济法的理念。
2. 经济法的基本原则在部门经济法律制度中的具体体现。

▶ **主案例**

国家发改委依法查处博士伦等眼镜商涉嫌垄断案

2013 年 8 月，接到群众举报，国家发展改革委组织力量对眼镜行业主要镜片生产企业进行了调查，在调查中发现了如下问题：其一，有的框架镜片生产企业与经销商签订《销售合同》，并要求经销商严格按照其制定的"建议零售价"销售镜片。其二，有的隐形眼镜片生产企业与其在全国或重点城市的直供零售商常年统一开展"买三送一"促销活动，相当于各零售商按照生产企业"建议零售价"的七五折销售隐形眼镜片。为确保镜片市场价格体系得到维持，涉案企业通常采取惩罚性措施加以约束，如扣减保证金、取消销售返利、罚款、停止供货、口头（邮件）警告等。一旦经销商或零售商突破限定的价格（折扣）或擅自加大促销力度，就会遭到警告、停止供货等惩罚；反之，如果经销商或零售商严格遵守限定的价格或促销力度，则会获得销售返利等奖励。各涉案企业接受调查后，均采取了有针对性的整改措施：一是立即停止违法行为；二是立即按照《反垄断法》的相关规定对销售合同进行修改，废除维持转售价格的所有措施；三是组织开展反垄断法规培训，确保经营行为依法合规；四是主动降低旗下主流产品的出厂价，减轻、消除违法行为危害后果及影响，使消费者切实受益。

据悉，眼镜行业的价格垄断问题早已存在多年，且不仅限于眼镜品牌商之间价格垄断协议的订立。2005年以"平价超市"杀入广州的眼镜直通车即遭遇广州市眼镜行业商会的"集体封杀"，而在2009年，广州另一家平价眼镜店——美多眼镜超市入穗，由于被指动摇了广州眼镜市场的根基，同样也遭受了前所未有的打压。

【案例分析】

从本案来看，博士伦等眼镜商具体涉嫌价格垄断违法。具体地说：①作为眼镜行业市场规模较大、占据较大市场份额的知名品牌商，涉案企业的上述行为限制了经销商的自主定价权，违反了《反垄断法》第14条的相关规定，达成并实施了销售镜片的价格垄断协议，达到了固定转售镜片价格或限定镜片最低转售价格的效果，排除和削弱了镜片市场价格竞争，破坏了公平竞争的市场秩序，使相关镜片价格长期维持在较高水平，损害了消费者利益。②眼镜属于市场调节价商品，经营者依法享有自主定价权，但经营者的价格行为应该严格遵守《反垄断法》《反价格垄断规定》等法律法规和规章的规定，上游经营者不得剥夺、干预下游经营者的定价自由，排除、限制市场价格竞争，侵害消费者利益。所有经营者要引以为戒，增强守法经营意识，自觉规范自身价格行为，维护公平竞争的市场秩序。

经济法的理念是国家通过经济立法干预国民经济运行过程中所体现出来的价值、目标，渗透在经济立法、执法、司法的全过程中。经济立法具有法普遍具有的正义、效率、秩序等价值，但因其以国民经济运行的整体利益、秩序作为规范对象，由各个部门经济法律制度所抽象出来的经济法的理念就具有了诸多宏观因素的思想，这些思想在国家的宏观经济政策中都有较为充分的体现，甚至这些宏观经济政策相互之间也有此消彼长、相互博弈的关系。但无论如何，经济法的基本理念是经济社会化条件下的实质公平和正义，其核心是社会公共利益的实现。作为经济法理念的具体表现，经济法有社会本位、兼顾公平与效率、可持续发展等基本原则。从世界各主要市场经济国家的历史发展演进来看，衡量一国的经济发展成熟与否，竞争秩序是一个至关重要的因素。在本书第一章关于"现代意义上的经济法在西方资本主义国家的发展演进史"的阐述中我们可以发现，现代意义上的经济法在西方资本主义国家的发展之所以有"德日"和"美国"两种模式，固然与诸多因素相关，但更重要的是由于美国从19世纪晚期开始在大规模的群众性反托拉斯运动之后通过了以《谢尔曼法》《克莱顿法》和《联邦贸易委员会法》三部法律制度为主干的反垄断法，实质上为美国"以市场调节为主，国家干预为辅"的市场经济发展路径奠定了基调并打下了坚实的基础。德、日虽然在二战以前在市场经济和经济法的发展上走过弯路，但是自二战结束之后，两国也高度重视反垄断法律制度的重要作用并不断对之加以细化和完善。我国自改革开放以后逐步开始发展具有中国特色的社会主义市场经济，与此相适应，制定和颁行了一些带有反垄断内容的法律制度，如《关于开展和保护社会主义竞争的暂行规定》（国务院，1980 年，已失效）、《价格管理条例》（国务院，1987 年）、《重要生产资料和交通运输价格管理暂行规定》（国务院，1988 年，已失效）、《关于企业兼并的暂行办法》（原国家体改委、原国家计委、财政部、国家国有资产管理局，1989 年）和《反不正当竞争法》（全国人大常委会，1993 年，第 6、7、12、15 条）等。但总体来说，反垄断立法呈现碎片化、不成体系、部门利益立法等特点。虽然国务院法制局自 1987 年8 月就成立了反垄断法起草小组，但无论是学术界还是立法界，都对产业政策优先还是竞争政策优先存在争议，相当普遍的看法认为中国正处于市场经济发展初期，企业规模偏小，规模经济效应尚未显现，过早订定《反垄断法》有作茧自缚之忧。在这种认知的左右下，《反垄断法》的制定工作一直被搁浅下来。2007 年 8 月 30 日第十届全国人大常委会第二十九次会议表决通过了《反垄断法》，从而为这部自 1994 年就列入全国人大立法计划、酝酿达 13 年之久的法律出台画上了圆满的句号。

　　反观本案，恰是通过《反垄断法》的实施实现经济法的理念和基本原则的典型代表：①博士伦等眼镜商作为眼镜行业市场规模较大、占据较大市场份额的知名品牌商，发改委运用《反垄断法》对之进行查处，并不是因为"市场规模"和"市场份额"。事实上，经济学意义上的垄断与法学意义上的垄断的区别就在于：首先，前者是对事实状态的关注，而后者是对合法与否的聚焦。其次，在前者的语境下探讨垄断，状态大于行为；在后者的语境下探讨垄断，行为大于状态。最后，前者将效率作为主要的价值追求，后者则将效率和公平的衡平作为价值考量。②本案中博士伦等眼镜商与销售商或直供零售商签订的《销售合同》实质上就是"垄断协议"。所谓垄断协议，是指两个或两个以上的企业，采取协议或默契等形式，共同对特定市场的竞争加以限制的行为。学理中对于垄断协议的分类多种多样，本案中所涉的主要是纵向垄断协议。所谓纵向垄断，是指涉嫌垄断的各个主体处于上下游的位置，角色是不相同的。这些垄断协议的达成都有一个共同的特征，即目的的非法性：首先，阻碍、削弱或破坏市场机制的有效建立；其次，妨碍现实或潜在竞争者的公平竞争；最后，误导消费者，使消费者选择权的行使落空。由此，从表面上看，博士伦等眼镜商实现了经济效益的最大化、提高了经济效率，但这种效率的提高仅仅是特定个体利益的满足，是建立在其他眼镜生产企业、未与博士伦等眼镜商达成垄断协议的销售商以及广大消费者的经济利益受损的基础上的。而经济法所要实现的效率，一方面是要使各单个经济主体能够充分发挥其能力，不必付出无谓的生产交易成本；另一方面则要保证由各主体组成的整个社会经济协调运行，减少摩擦，实现整体的最佳利益。此外，博士伦等眼镜商达成垄断协议的做法不仅有违效率，而且有违公平。经济法中的公平，是指经济法确保进入市场的经营主体经济机会均等和经济平等：首先，主体地位平等。无论是眼镜的生产商还是销售商都是平等的市场主体，任何一方不得对其他主体进行歧视，更不得以大欺小、恃强凌弱，而本案中的博士伦等眼镜商的做法恰恰背道而驰。其次，交易机会均等。这一方面要求经济法所提供的交易机会必须向所有经济主体开放，除了这种经济活动本质所必然需要的条件外，不得以任何理由或附加任何条件阻止某些主体的机会享有。另一方面要求经济法不得为某一或某些经济主体创造特别优越的条件，也不得给某一或某些主体提供独占市场的交易机会。本案的查处，恰恰就是为了保障所有眼镜生产商、销售商都拥有均等的交易机会。最后，权利义务对等。在现代市场经济条件下，任何市场主体都拥有订立合同的权利和自由，但合同的订定一方面需要遵守合同内容中有关的义务要求，另一方面也必须遵守国家赋予市场主体的特定义务，具体地说，就是市场主体行使权利的边界。具体到本案中，除了以下"出于合法性目的"所订定的垄断协议之外，市场主体在订定协议中都要仔细考量是否实质性地限制了市场竞争：①为改进技术、研发新产品；②为提高产品质量、降低成本、增进效率，统一产品规格、标准或实行专业化分工；③为提高中小经营者经营效率，增强中小经营者竞争力的；④为实现节约能源、保护环境、救灾救助等社会公共利益的；⑤因经济不景气，为缓解销售量严重下降或生产明显过剩的；⑥为保障对外贸易和经济合作中的正当利益的；⑦其他垄断协议的例外情形。

【知识拓展】

什么是垄断协议？

所谓垄断协议，是指两个或两个以上的企业，采取协议或默契等形式，共同对特定市场的竞争加以限制的行为。从垄断协议在实践中的表现看，旨在排除、限制竞争或实际上具有排除、限制竞争的效果；相对于垄断状态，垄断协议属于垄断行为；相对于滥用市场支配地位和经营者集中等结构性垄断而言，属于非结构性垄断行为；相对于滥用市场支配地位在多数情况下由单个经营者所实施而言，总是由双方或多方所实施，因此又叫共同行为或联合行为。

关于垄断协议的种类一般有以下四种分类：①从垄断协议的内容来看，可以分为价格垄断协议和非价格垄断协议；②从主体意思表达来看，可以分为协议型联合行为和默契型联合行为；③从垄断协议的主体来看，可以分为企业之间达成的垄断协议和企业联合组织、企业团体等实施的垄断协议；④从参与主体之间的相互关系来看，可以分为横向垄断协议和纵向垄断协议。

关于垄断协议的构成，有如下要件：①主体要件。达成垄断协议的主体具有复合性，即必须为两个或两个以上的经营者，单个主体无法形成协议或者实施联合一致的行为（行业协会和股东会的决定也可能被视为企业之间的协议）。其中，主体意思必须具有独立性（即具有法律上的独立决策能力和事实上的独立决策能力的统一），行为功能必须具有经济性，行为领域必须具有广泛性。②意思要件。垄断协议的实施必须基于主体之间的意思表示一致，即"共谋"。③后果要件。垄断协议对竞争的限制，可能体现在内容上，也可能体现在目的或后果上。垄断协议对竞争的限制，可能已经现实发生，也可能具有限制竞争的可能性。④形式要件。包括：企业之间的合同、协议（不管是否达到合同约定的程度，只要采取了约定的方式即可）；行业协会、企业协会或企业团体的决议；企业之间的协同行为—协调一致的共同行为。

达成垄断协议的经济效果，包括两个方面：①垄断协议的消极后果。包括：一系列排斥、限制或妨碍市场竞争的行为，会阻碍、削弱或破坏市场机制的有效建立；会妨碍现实或潜在竞争者的公平竞争；误导消费者，造成消费者行使选择权的落空。②垄断协议的积极后果。对于避免过度竞争、减少资源浪费、促进社会整体经济发展和社会公共利益具有一定的积极作用。

▶ 探讨案例

案例一：　　　日韩产业政策法律制度与竞争政策法律制度的博弈演进

日本自二战以后解散卡特尔和财阀，以维护自由竞争的市场秩序，促进社会经济协调发展的较为成熟的经济法日益形成。其主要标志是经济法据以解决社会经济矛盾的宗旨和方式，已由干预、管制市场主体的自由意志和行为，转向以多种手段（如调节、引导等）尽可能创造充分、适度、公平的竞争环境。然而，在战后日本经济以及经济法的发展历程中，却呈现出在产业政策与竞争政策相博弈的鲜明特征。如果将这段历史加以分段，可以分为以下几个特征鲜明的阶段：①战后复兴时期（1945～1960年），这一时期日本社会的主要任务是恢复生产、重建秩序、稳定物价。日本提出"产业立国"，实行倾斜性产业政策，大力促进煤炭、钢铁等基础产业的发展，先后制定了《企业合理化促进法》

《水产资源保护法》《电力资源开发法》等产业政策法律制度，通过鼓励扩大企业规模，推进企业联合，通过产业立法推动合理化卡特尔的形成。②经济的高速增长时期（1955~1979年），这一时期日本全力推进重化工业化，使经济效益高的产业如钢铁、石油、化工、汽车、机械、电力、家电工业等高速发展，以便实现日本经济自立，为了振兴机械工业，制定颁行了《机械工业振兴临时措施法》。为了改善农林渔业体制，制定颁行了《沿海渔业等振兴法》。为了加速中小企业的现代化，制定颁行了《中小企业现代化促进法》为了促进产业布局的均衡，制定颁行了《低开发地区工业开发促进法》。这一时期，为了促进特定产业的发展，被豁免的垄断行为达到1000个。[1] ③产业结构调整期（1980~1990年），经过近30年的发展，日本宣布完成"追赶型现代化任务"，今后将着力促进"创造性和知识密集化产业"的发展，由此，微电子、机械信息工业、生物工程、计算机、新材料、宇宙和海洋开发等产业勃兴。相应地，日本也从政府直接干预（常通过审批制度实现）转向提供完善的信息和技术，制定颁行了《促进信息处理法》等法律制度。④国际化进展期（20世纪90年代至今），由于亚洲金融危机的打击，日本的产业政策显现出其自身的局限性，日本在体现国家干预的法律制度上由指令、决定、通知等强制性规范转向展望、劝告等诱导性规范，同时把信息技术、尖端产业、环保产业列为支柱产业，制定颁行了《新事业创业促进法》，还进一步强化了《禁止垄断法》的实施强度。[2]

韩国产业政策法律制度与竞争政策法律制度的博弈演进可以大致分为四个时期：①经济起飞期（20世纪60年代~70年代），韩国政府确定了积极引进外资，以出口导向型替代进口导向型的贸易政策，主要以轻工业产品为主，以出口带动其他产业发展，如棉纺品、毛织品、皮革制品、工艺品、服装等劳动密集型产业得到发展。韩国于1966年制定颁行了《外资引进法》，《反垄断法》经历了1964、1966、1969年和1971年四次立法尝试，但均以失败告终。②经济增长期（1970~1980年），为具备发达国家产业结构的现代化，在20世纪80年代初期赶上中等发达国家水平，进一步促进经济自立，韩国选择重点发展机械、石化、钢铁、造船、有色金属等部门的重化工业，颁布了一系列"特定产业培育立法"，如《机械工业振兴法》等，这些立法中大都包含有限制竞争的内容（通过设置审批、登记、注册等市场准入条件来限制竞争）。③调整期（20世纪

---

〔1〕 ［日］村上政博：《日本禁止垄断法》，姜姗译，法律出版社2008年版，第74~79页。

〔2〕 日本的《禁止垄断法》早在1947年就制定颁行了，然而，其实施在20世纪70年代以前都是大打折扣的，这其中的一个重要掣肘就是日本在产业政策和竞争政策的博弈中偏重于通过竞争政策在较短的时期内形成规模经济效应以恢复并重建日本经济。

80 年代~90 年代)，随着倾斜性和限制竞争性产业政策法的运用，韩国出现了大财阀寡头垄断的格局，阻碍了市场机制的运行。韩国于 1980 年底公布《公正交易法》，废除了 7 个特定产业培育法。1986 年制定颁行了《工业发展法》，该法放松了政府管制，政府不再频繁运用许可、指示、命令等强制性调控手段。④强化期（20 世纪 90 年代以后），韩国以高新产业和高新技术作为产业发展重点，产业政策立法更注重产业技术法，并于 1992 年、1994 年两度修订《公正交易法》，以求进一步抑制垄断，促进产业的国际竞争力。同时，韩国废除了 20 种卡特尔，使得市场机制的作用进一步得到加强。[1]

【深度思考】

1. 如何从经济法理念的角度认识日韩产业政策法律制度与竞争政策法律制度的博弈？

2. 日韩产业政策法律制度与竞争政策法律制度博弈的发展演进有何异同？是什么原因造成了这种异同？

3. 产业政策法律制度与竞争政策法律制度是否绝然是矛盾的？从经济法的角度如何认识政策与法律之间的关系？

案例二：　　　　　　　　日本环保产业发展的法律保障[2]

日本在环保产业方面之所以能取得巨大的成果，首先应该归功于政府建立起了完备的法律体系并严格执法。1971 年，日本出台了废物处理法，之后又出台了再生资源利用促进法、包装容器再生利用法等，2000 年颁布和实施了《循环型社会形成推动基本法》《废弃物处理法（修订）》《资源有效利用促进法（修订）》《建筑材料循环法》《可循环食品资源循环法》和《绿色采购法》6 部法律，形成了目前世界上最先进、最完备的环保及循环经济法律体系。从效果上看，法律对产业发展的强制保障作用明显：

第一，法律法规明确界定了国家、地方政府、企业、协会、公众各方的责任和义务，强制各方开展资源循环利用。比如，法律规定企业有对资源进行恰当处理的产出者的责任，产品、容器等的设计研究、回收、循环利用等扩大生产者的责任，为建立回收、处理、再资源化网络体系提供了保障。

第二，强制收费制度使得回收处理企业可以营利。据介绍，报废汽车处理工厂在《汽车再利用法》实施前，营利比较困难，主要靠出售部分较好的零部

---

[1]　宾雪花："日韩产业政策立法与反垄断法关系探析——两种制度博弈"，载《政治与法律》2010 年第 10 期。

[2]　郭怀英："日本力促环保产业推动经济转型的经验与启示"，载《中国投资》2010 年第 4 期。

件获利。

第三，强制绿色采购为产业发展提供了市场需求，《绿色采购法》要求政府企事业单位对环境友好型产品优先购买，调动了企业发展环保产业的积极性。

第四，法律实施准备充分，制定的目标切实可行，保证了循环经济能逐步推进并取得实质进展。

【深度思考】

1. 从经济法的理念分析，日本环保产业发展的法律保障体现了日本在产业政策立法中的何种特点？

2. 中国产业政策立法的现状如何？与产业政策立法发达国家相比有何缺陷与不足？从经济法的理念来看，未来中国产业政策立法应该注意什么问题？

案例三：　中国电信和中国网通签署《合作协议》涉嫌垄断案

2002 年 5 月，中国电信和中国网通挂牌成立，其中电信占据南方 21 省市的电信资源，网通据守包括北京在内的北方 10 省市固定电话业务。在过去几年里，为进入对方领地，两家竞争不断升级，设备投资不断加重，价格战也屡屡发生。同时，手机资费的大幅下降和接听免费的实现让移动网络对固定网络的替代达到前所未有的高峰，固定电话运营商面临越来越大的压力。

为避免竞争给双方带来的损害，2007 年 2 月，两家的《合作协议》在北京签订，其中包括：

1. 从 2007 年 3 月起，双方停止在非主导区域发展新用户，包括传统固定电话用户、大灵通、小灵通等无线市话用户，宽带用户，呼叫中心等所有类型客户。

对于政企客户，如果客户需求不涉及跨南北，一律由主导方提供服务，非主导方不得进行投标和提供服务。如果需求涉及跨南北，由主导方投标，中标后，长途段由中标方提供，本地段南方 21 省由中国电信提供，北方 10 省由中国网通提供。

2. 对于公众客户，自 2007 年 3 月 1 日起，非主导方在各本地网不再增加新的端局号，在各省不再增加新的 IP 地址段；非主导方不再进行针对公众客户的基础电信业务的宣传及促销，不再推行新的套餐，不再增加代理商。

3. 控制重复建设，加强资源合作。①自 2007 年 3 月 1 日起，双方停止在非主导区域的所有项目投资。②双方在电信基础设施方面开展资源合作。双方在非主导区域内现有资源无法满足需求时，应优先租用主导方本地网网络元素和设施，各自在本主导区域内以提供给大客户的最低价格向对方出租基础电信设施资源。③保证网间互联畅通。一方向另一方提出互联申请后，另一方应积极配合，给予优先安排，保证在规定时限内完成网络互联和业务开放。

注：主导方——南方21省市的中国电信各省级公司和北方10省市的中国网通各省级公司；非主导方——南方21省市的中国网通各省级公司和北方10省市的中国电信各省级公司。

【深度思考】

1. 试从《反垄断法》的角度审视中国电信和中国网通所达成的《合作协议》，评估该《合作协议》所产生的经济效果。

2. 试从经济法的理念和基本原则角度切入，谈谈你对垄断协议的认识。

阅　　读

1. 李昌麒主编：《经济法理念研究》，法律出版社2009年版。

2. 宾雪花："改革开放30年中国产业政策法研究述评"，载《河北法学》2010年第8期。

3. 尚明主编：《〈中华人民共和国反垄断法〉理解与适用》，法律出版社2007年版。

相关法律法规

1.《中华人民共和国反垄断法》（2007年8月30日发布，2008年8月1日起施行）

2.《最高人民法院关于审理因垄断行为引发的民事纠纷案件应用法律若干问题的规定》（2012年5月3日发布，2012年6月1日实施）

第五章
经济法的体系和渊源

▶ 本章提要

经济法的体系是由多层次的、门类齐全的经济法部门组成的有机联系的统一整体。经济法学术界大多数人认为，经济法体系是由经济法主体规制法、市场秩序规制法和宏观调控法三部分组成的。经济法的渊源，则是经济法的外在表现形式和根本来源，也是经济法体系的重要组成部分。

▶ 知识要点

1. 经济法渊源的基本形式。
2. 经济法的体系构成。

▶ 主案例

危险的电动自行车[1]

作为新型的交通工具，近年来电动自行车受到了不少消费者的青睐，根据中国自行车协会的统计，仅 2012 年一年，我国电动自行车的总产量就达到了 3500 多万辆，而市场保有量更是高达 1.62 亿辆，大约平均每 8 个人就有一辆电动自行车。2014 年初，中国消费者协会组织实施了电动自行车质量安全比较实验，根据国家标准 GB17761 - 1999《电动自行车通用技术条件》和《2013 年电动自行车商品比较实验方案》，这次电动自行车比较试验测试了 10 个项目，其中最高车速、制动性能、车架及前叉组合件强度 3 项是"否决项目"（判定产品是否合格的项目）；其余 7 项为"重要项目"（不作为判定产品是否合格的依据）。在中消协组织的这次电动自行车比较实验测试中，有多达 7 项被测出存在不同程度的问题，分别为 2 个否决项目（最高车速和车架及前叉组合件振动强

---

[1]　该案例内容是在中央电视台《每周质量报告》节目内容基础上删改而来的，原文请参照 http://news.cntv.cn/2014/01/19/VIDE1390108141150936.shtml。

度）和 5 个重要项目（整车质量、把立管静负荷、脚蹬间隙、欠压、过流保护功能）。

整车质量，也就是电动自行车的重量，是电动自行车检测中的重要项目。在国家自行车电动自行车质量监督检验中心实验室，检测整车质量的方法就是用电子秤——检验样品的重量。实验结果显示，这次中消协送检的 20 个样品中，不合格率最高的项目就是整车质量，高达 85%。按照 GB17761-1999《电动自行车通用技术条件》，电动自行车的整车质量应该不大于 40 公斤，但在这次的 20 个批次当中有 17 个不合格，有的甚至达到了 53.3 公斤。电动自行车超重的危险是在紧急情况下会刹不住车，造成由于整车碰撞导致的人身危险。电动自行车之所以超重，主要是因为厂家为迎合市场需求，增加行驶里程，就要加大蓄电池容量。由于蓄电池容量增大，厂家又不得不增加电动自行车车架的管壁厚度。

最高车速，是电动自行车检测中的否决项目。GB17761-1999《电动自行车通用技术条件》明确规定，电动自行车最高车速应不大于 20 公里/小时，并且把最高车速作为判定电动自行车是否合格的三大否决项之一。而在这次检测实验过程中，标称为"远豪"牌、型号为"远豪炫丽"的电动自行车，车速则达到了 26 公里/小时，超过了国家标准规定的 30%。电动自行车时速过快，在行驶过程中容易导致车辆失控，从而酿成交通事故。我国《道路交通安全法》第 58 条规定，电动自行车在非机动车道内行驶时，最高时速不得超过 15 公里。由于国家强制标准规定了电动自行车行驶速度不得大于 20 公里/小时，为了符合标准要求，一些电动自行车生产厂家都为产品安装了限速器，限速器也是电动自行车保护系统中最重要的安全控制部件之一。然而在实践中，一些电动自行车上安装的限速器，却有类似开关的装置，只有开关打开时，才能起到限速作用。目前的限速器装置有两种类型，一种是外露式插接头限速器装置。拔开插头限速装置解除，速度随之增快。插上插头限速装置启动，速度随之减慢。另一种是隐藏式插接头限速器装置。鉴于消费者无法直接接触到该种装置，销售商在销售前就已经破坏了装置取消了限速功能。中国消费者协会在市场调查中发现，销售商在市场销售中擅自改装限速器装置的现象较为常见，取消了限速功能的电动自行车行驶速度可以达到 35 公里每小时。

把立管，是电动自行车检测中的重要项目，是连接车把和车身实现方向改变的所谓"脖子"，把立管是否坚强牢固，决定了车辆行驶方向的可操作性，也直接关系着驾车人的人身安全。因此，在电动自行车检测过程中，就有一项专门针对把立管的实验，叫把立管静负荷。根据国家标准，把立管必须承受 2000 牛顿的拉力而不变形或断裂，但在中消协送检的 20 个样品中，有 10 个都达不到要求，要么变形，要么弯曲。把立管不合格的危害是，当电动自行车驾驶人在骑行中遇到颠簸，在整个重心前移的情况下会使车把整个失控，造成重大人身伤害。一些生产企业为了节省生产成本，使用价格更为便宜的薄壁钢管，是把立管不合格的最主要原因。

车架，是电动自行车的整体框架，正是这个整体框架，支撑着骑车人在车辆上面驾驶。车架及前叉组合件振动强度是电动自行车检测中的否决项目。牢固可靠的车架，对于骑车人的安全至关重要。正在进行的这个实验叫车架及前叉组合件振动强度，目的就是检测车架及前叉是否合格。在国家自行车电动自行车质量监督检验中心实验室针对车架及前叉组合件振动强度所做的比较实验中发现，标称为天津市远豪电动车有限公司生产的远豪牌电动自行车，发生了车架立管与后减震器连接处断裂的情况。导致车架连接处断裂，主要有两个原因，一是焊接工艺不过关，二是使用的材质过于劣质。车架及前叉组合件振动强度达不到要求，极有可能对骑车人造成不可逆的伤害。

注：据专家介绍，目前我国生产电动自行车的企业大大小小有2000多家，产品质量良莠不齐。为了迎合市场需求，许多企业甚至包括一些规模较大的企业，也会生产不符合国家标准的产品。至于一些生产规模较小或质量保证体系还不健全的中小企业，零部件采购渠道不严、偷工减料、片面满足部分消费者对于速度和行驶里程等方面的要求而忽视安全因素等现象都较为常见。

【案例分析】

从本案中可以看出，随着电动自行车保有量的增大，电动自行车市场的发展从无到有、从小到大渐趋成熟，然而"市场失灵"也随之产生。在国家自行车电动自行车质量监督检验中心实验室对中国消费者协会送检的20个样品的比较实验中，无论是作为"否决项目"的最高车速和车架及前叉组合件振动强度，还是作为"重要项目"的整车质量和把立管，都不同程度地存在着质量问题。之所以存在以上质量问题，有以下几个方面的原因：①信息不对称。在新技术革命风起云涌的今天，产品构成的多元化、复杂化已经成为一种趋势，社会分工的细化导致任何一个专业领域如果没有扎实的知识准备和技能训练，要想透析其中的原理绝非易事。由此，以本案中的电动自行车为例，有关信息的分布从生产者到销售者至消费者呈现出鲜明的"衰减"趋势。比如，本案中提到的控制最高车速的限速器装置，如果说对于外露式插接头限速器装置，消费者可以较为清晰明了地通过开关选择来控制车速的话，那么对于隐藏式插接头限速器装置，一旦销售者对限速功能进行破坏，那么消费者只能被动地对这种"不合理危险"选择接受。②市场障碍。本案中，一些生产规模较小或质量保证体系还不健全的电动自行车生产中小企业存在零部件采购渠道不严、偷工减料等问题，而一些规模较大的企业也有生产不符合国家标准的产品的问题，实质上，这反映出我国在产品质量的监督管理和对不合格产品的强制退市的制度建设和实施上仍然存在缺失。如果无法在现有的法律制度框架下对生产不合格产品的企业形成必要的威慑，在情节严重的情况下无法令其退出市场，其带来的影响是十分恶劣的，因为市场机制能够充分发挥其对于资源、资本等市场要素的有效合理配置发挥基础性作用的前提，是必须存在一个健康有序的市场竞争机制。"违法成本低，守法成本高"将最终在市场上制造"劣币驱逐良币"的恶果，这也就是在本案中一些规模较大的企业也有生产不符合国家标准的电动自行车的原因之一。

对于"市场失灵"的矫正当然要靠完善经济立法、执法和司法来实现，然而在本案中我们会发现，标准在社会经济发展中扮演着多么重要的角色。标准是否应该被列入到现行经济法的体系和渊源中成为一个迫切需要关注的问题。

【知识拓展】

关于标准

根据国际标准化组织（ISO）和国际电工委员会（IEC）以及国家标准委给出的界定，所谓标准，是指为了在一定范围内获得最佳秩序，经协商一致制定并由公认机构批准、共同使用的和重复使用的一种规范性文件。关于标准与法律的关系形成了两种认识和实践的模式：①在现代市场经济国家，标准是自愿性的、不具有强制性的文件。根据WTO/TBT的界定，"标准是被公认机构批准的、非强制性的，为了反复使用的目的，为产品或其加工或生产方法提供规则、指南或者特征的文件"。标准不是法律法规，不具有法律的约束性和强制力。②在苏联，法律调整标准化的组织及实施，标准化是法令体系不可分割的组成部分。

与标准相关的活动标准化不仅是技术经济活动，也是法律活动。标准化工作的结果是在标准法令中规定对产品质量和其他标准化对象的强制性要求。

我国在1983年颁布的国家标准《标准化基本术语第一部分》（GB39351.1 - 1983）中，将"标准"定义为"对重复性事物和概念所作的统一规定。它以科学、技术和实践经验的综合成果为基础，经有关方面协商一致，由主管机构批准，以特定形式发布，作为共同遵守的准则和依据"。有学者认为，"这一界定相当巧妙，一方面概括了各种标准所共同具有的三项一般特征（标准是一种行为规范、标准通常包含基于专门知识和经验的判断、有些标准属于正式法律有些则不是），同时又通过经过有关方面协商一致（未明确哪些有关方面）、特定形式（未明确何种形式）、作为共同遵守的准则和依据（未明确谁来共同遵守）

等包含不确定性的表达，容纳了标准的多样性"。[1]

标准的分类多种多样，不同的标准在适用范围和执行手段方面的差异可能极大，这一现实使得类型化的研究既显得极其必要又十分困难。关于标准的传统分类，是依据标准得以实施的方式，分为强制性标准和非强制性标准两类，其中，强制性标准指以国家强制力保障其实施的标准，被纳入标准调整范围内的法律关系主体有遵守标准的义务，否则要承担相应的法律责任。非强制性标准则指不具有强制执行力的标准，被纳入标准调整范围内的法律关系主体可以自主选择是否遵从标准，即使相关法律关系主体不遵从标准也不会承担相应的法律责任。我国《标准化法》将标准作了"四级两性"的划分，即标准从层级上分为国家标准、行业标准、地方标准和企业标准四级，从性质上分为强制性标准和推荐性标准两类。企业标准即企业自身制定的作为组织生产依据的标准，没有强制性与推荐性之分，全部的地方标准都是强制性标准，因此，有关强制性和推荐性的划分仅对于国家标准和行业标准有意义。根据《标准化法》的规定，"强制性标准是指保障人体健康、人身财产安全的标准以及法律、行政法规规定强制执行的标准，其他行业标准和国家标准为推荐性标准"。近来，有学者依据标准的实质内容的不同[2]，将标准划分为控制过程/行为标准和控制目标/结果两类。控制过程/行为标准确切地指示被规制者如何行为，控制目标/结果的标准则直接将必须实现的最终目标或应当追求的结果当作行为人的义务，被规制者可以自行决定以何种方式来达成目标或结果。

▶ 探讨案例

案例一：　　　　　　　　　　标准实施中的"尴尬"

2010 年 9 月，浙江一些厂家将贝壳粉冒充珍珠粉销售节目播出后，当地政府组织相关执法部门对珍珠粉市场进行了清理整顿，并多方筹资 5000 多万元建立了产业技术创新服务平台，然而在实践中研究人员发现：虽然作为药用的珍珠粉可以通过《中国药典》来衡量它质量的好坏，但比药品质量要求低一层次的化妆品用珍珠粉却没有相关的国家质量标准，而这一层次的珍珠粉的市场需求却是最大的。没有国家标准作为认定的依据，即使能将珍珠粉和贝壳粉区分开来，其结果也不具备法律效力，不能作为执法的依据。

珍珠粉、调和油行业由于缺乏相关的质量标准，导致行业产品质量良莠不齐，监督管理缺乏依据的现状不同，在一些行业，虽然已经有了相关的质量标

---

〔1〕 金自宁、薛亮编著：《环境与能源法学》，科学出版社 2014 年版，第 104 页。

〔2〕 金自宁、薛亮编著：《环境与能源法学》，科学出版社 2014 年版，第 104 页。

准，但由于造假技术的不断更新，原来的标准已经不能作为判定产品合不合格的依据。2012年《每周质量报告》曾经报道的蜂胶造假事件就是典型的例子。在调查中，记者发现，在被曝光企业提供的原料蜂胶的检测报告上显示：所谓提纯蜂胶的总黄酮含量完全符合国家标准。而事实上，造假者是在树胶里添加了芦丁、槲皮素等黄酮类物质，人为提高了总黄酮含量。正是因为蜂胶国家标准规定，只要总黄酮含量达标，蜂胶就判定为合格，才让造假者钻了空子。

1998年7月1日起施行的《速冻米面食品国家标准》中对于速冻生制品菌落数的要求是每克不大于300万个。原卫生部制定并于2004年5月1日起施行的《速冻预包装米面食品卫生标准》中规定，生制品菌落数每克不大于30万个。按《肉制品国家标准》的规定，用于加工速冻食品的生肉中，菌落数每克不大于500万个。在实践中就出现了一个突出的问题，即用符合《肉制品国家标准》规定的肉是不能生产出符合原卫生部颁行的《速冻预包装米面食品卫生标准》中的速冻米面食品的。

【深度思考】

1. 以上案例反映出我国目前的标准化管理体制有何不足之处？

2. 行业协会、学会等社会中间层在标准制定中应该发挥何种作用？

3. 根据世界贸易组织TBT协议的规定，所谓的"正当目标"的要求应该如何体现在强制性标准的制定中？我国目前的强制性标准范围应该如何界定？

案例二：　　　　南航"超售"是否遵循了"国际惯例"？

2006年7月21日，肖某以1300元的价格向南航购买了当日20时10分飞往广州的CZ3112航班七折机票。在办理登机手续时，南航北京地服公司工作人员确认，肖某机票为超售票，航班已满员无法乘坐。南航地服先安排肖某转签其他航空公司班机，后发现该航班延误，遂将其唤回转签至南航CZ3110头等舱（票价为2300元）。在等候期间肖某被安排在头等舱休息室休息。当晚22时39分，肖某乘坐该班飞机离港。肖某认为南航构成欺诈，要求双倍赔偿、承担律师费并公开赔礼道歉。

注：在中国民用航空总局网站上登载有《航空旅行指南》，其中有中国民用航空总局对机票超售情况的介绍。该文章在网站上所载情况为：中文版首页，左侧项目内容为"专题""统计数据""业务系统"；中间项目内容为"新闻动态""安全动态""宏观调控""国际合作""空管动态""行业动态"；右侧项目内容为"政务公告""公务员招考""服务指南""公众留言""网上调查""相关链接"；其中"服务指南"中下级子目录有"航空旅行指南""航空价格信息""气象查询""抵/离港动态""市场监管举报信箱""消费者投诉信箱"6

项；点击"航空旅行指南"目录后，进入其页面，可以看到关于航空旅行指南的说明及共20项图示"术语释义"，图示中的第7项术语为"超售"。

对"超售"图标进行点击进入后，出现下列文字："旅客订票后并未购买或购票后在不通知航空公司的情况下放弃旅行，从而造成航班座位虚耗。为了满足更多旅客的出行需要和避免航空公司作为浪费，航空公司会在部分容易出现座位虚耗的航班上进行适当的超售。这种做法对旅客和航空公司都有益，也是国际航空界的通行做法。超售也不一定意味着已经购票的旅客无法乘机，对于超售的航班，持有订妥座位的有效客票的乘客，在绝大多数情况下都能成行。但在特殊情况下，可能会有个别旅客不能按时成行。对未成行的旅客，公司将酌情采取弥补措施。目前尚没有明确规定航空公司必须给自愿放弃订票的旅客多少补偿。旅客可以与航空公司谈判，达到双方都可接受的价钱或其他条件。"

【深度思考】

1. "超售"是否是国际惯例？有关"超售"的国际惯例是怎样规定的？

2. 国际惯例是不是经济法的渊源？国际惯例在何种情况下才具有法的约束力？

3. 本案中南航的做法是否属于国际惯例？从本案出发，国际惯例在我国的援引应该注意什么问题？

▶ 阅　　读

1. 王艳林：《质检法教程》，中国政法大学出版社2010年版。

2. 杜建嵩："对《标准化法》修改的再建议"，载《中国标准化》2006年第6期。

▶ 相关法律法规

1. 《中华人民共和国标准化法》（1988年12月29日通过，1989年4月1日起施行）

2. 《中华人民共和国消费者权益保护法》（1993年10月31日通过，2009年8月27日第一次修正，2013年10月25日第二次修正）

3. 《中华人民共和国标准化法实施条例》（国务院，1990年4月6日颁布并施行）

4. 《侵害消费者权益行为处罚办法》（国家工商行政管理总局，2015年3月15日起施行）

第六章
经济法的制定和实施

▶ **本章提要**

　　经济法的制定，是指一定的国家机关依照法定的职权和程序创制、认可、补充、修改和废止经济法律和其他规范性经济法律文件的一项专门活动。经济法的创制必须遵循社会本位原则、经济安全原则、经济效益原则和经济公平原则。经济法的实施，是指实现经济法律规范的活动，包括国家机关及其公务人员的经济执法活动，同时还包括一切国家机关、社会组织和个人遵守经济法的活动。

▶ **知识要点**

　　1. 经济法制定中应该注意的问题。

　　2. 保障经济法实施的制度机制。

▶ **主案例**

基础设施和公用事业特许经营立法加速推进

　　近年来，我国宏观经济运行总体基本平稳，经济增长保持在合理区间，经济运行中出现了一些积极变化与亮点。但投资增长后劲儿不足、融资瓶颈约束明显、企业经营困难等问题突出，经济下行压力和风险依然较大。2013 年 11 月中共十八届三中全会从 16 个方面阐述了中共中央对全面深化改革重大问题的决定，其中有如下亮点：[1]

　　第一，关于政府与市场的关系。十八届三中全会提出了"处理好政府与市场关系"的命题。政府与市场的关系，其难点和重点主要在如何深化国资国企改革，如何寻求打破垄断、国企退出和交还市场的路径，让市场机制发挥基础

---

〔1〕 "对三中全会有关基础设施和公共服务改革的解读"，载财政部网，http：//jrs. mof. gov. cn/ppp/zcjdppp/201410/t20141030_ 1155115. html.

性作用，增进社会公众福祉。基础设施和公共服务既具有公共物品特性、关涉社会民生福祉，同时又是国民经济活动的中间投入要素，具有可收费属性和一定程度的可经营性。传统认识认为但凡公共物品都应该是政府投资运营或政府的国有企业来提供。但随着可竞争性市场理论等制度经济学的理论研究成果在实践中的运用，政府和市场在这个领域的关系和边界划分需要重新来认识。

第二，重新认识政府责任和基础设施提供方式。在现代国家治理体系中，政府有责任向市场和社会公众供给基础设施和民生公共服务等准公共物品，但是这种责任应该是规划、财力投入保证和实施中的服务监管，具体的建设、生产和运营，并非政府的当然之责，完全可以引入市场力量和民营部门的资本、技术、人才及管理，采用政府购买公共服务的方式摆脱政府兼任"运动员"和"裁判员"的角色冲突。十八届三中全会提出政府应该着力建立"以国家发展战略和规划为导向、以财政政策和货币政策为主要手段的宏观调控体系"，政府的职能是"加强发展战略、规划、政策、标准等制定和实施，加强市场活动监管，加强各类公共服务提供，加强中央政府宏观调控职责和能力，加强地方政府公共服务、市场监管、社会管理、环境保护等职责"。对于如何提供公共服务和基础设施，全会进一步提出，"推广政府购买服务，凡属事务性管理服务，原则上都要引入竞争机制，通过合同、委托等方式向社会购买"。"加快事业单位分类改革，加大政府购买公共服务力度，推动公办事业单位与主管部门理顺关系和去行政化。"因此，政府在基础设施和民生类公共服务的提供和安排上责无旁贷，而具体提供方式上应该是向包括鼓励政府更多向社会（市场）购买公共服务、政府直接提供、政府与市场协作共同提供（即 PPP，Public – Private Partnership）等在内的多种方式并存的方向转变。

第三，自然垄断行业的改革方向。基础设施和公用事业，绝大多数属于自然垄断行业，十八届三中全会对此提出了方向性的要求，"自然垄断行业，实行以政企分开、政资分开、特许经营、政府监管为主要内容的改革，根据不同行业特点实行网运分开、放开竞争性业务，推进公共资源配置市场化，进一步破除各种形式的行政垄断"。实质上，自然垄断行业的全面深化改革，应该按照三中全会精神，采取更坚决的措施落实"打破国企或行政垄断、政企分开"，在这些行业普遍建立以特许经营制度为特征的科学监管体系，加强行业服务管理和投资、价格管理的协调性，甚至推进监管机构的一体化。

为落实党的十八届三中全会精神，自进入 2014 年以来，有关基础设施和公用事业特许经营的立法进程明显加快。[1]

2014年3月13日上午，国家发改委法规司负责同志带队赴全国工商联法律部调研，听取有关商会和企业意见建议。与会人员一致认为，基础设施和公用事业特许经营立法有利于规范特许经营行为，解决目前民间投资的"玻璃门""弹簧门""旋转门"问题，更好地发挥非公经济的重要作用，建议抓紧出台。结合目前存在的问题，与会人员对保证各方平等、提升审批效率、加强监督管理、完善融资机制、明确退出机制、推动信息公开等提出立法建议，并希望发改委能继续深入调研，充分听取有关方面特别是行业商会意见。法规司与全国工商联法律部初步商定，拟建立立法协作机制，包括联合调研和征求意见、组织专家修改完善等，共同推动一部体现改革方向、符合各方利益、解决实际问题的基础设施和公用事业特许经营法尽快出台。

2014年4月22日，国家发改委向新闻媒体透露了近期组织开展的一系列调研和座谈的成果。发改委有关负责人表示，在调研和座谈中，政府部门、企业都提出了积极有益的意见和建议，如：

（1）有关政府部门提出，这部立法为推进现代城镇化、实现全面建成小康社会奋斗目标提供制度保障，要通过立法确保特许经营者提供合格的服务和产品，并以此做好现有规定的衔接，促进法制统一。例如，住房城乡建设部有关人士提出，我国在特许经营领域特别是市政公用事业方面出台了不少部门规章和地方性规定，发挥了积极作用，但要在合同条款、收费机制、监督管理、经营权移转等方面进一步规范双方权利义务和风险分担，并做好与现有法律规定的衔接，有必要在总结经验的基础上，将部门和地方的规章规范性文件上升为法律规范。

（2）从事特许经营业务的企业反映，我国多年的特许经营实践中，最大的障碍仍然是各种"玻璃门""弹簧门""旋转门"，最大的风险来自政府不守信，包括不履行合同义务、不兑现与项目有关的承诺、在合同之外增加特许经营者义务等。因此，亟需通过立法明确准入标准，切实打破"三门"，以法律的形式对各方行为形成硬约束，保障投资者合法权益。

（3）一些能源企业表示积极支持特许经营立法，同时提出需要进一步研究的具体问题。例如，特许经营的项目范围应综合是否属于自然垄断性质、是否已经市场化等方面进行判断，在此基础上确定基本标准和原则；特许经营既可针对某一项目，也可针对项目中的某项业务或某一环节；国有企业如何参与特

---

[1] 郑汉星："国家发改委：将推动基础设施和公用事业特许经营法尽快出台"，载中国经济网，ht-tp：//www. ce. cn/xwzx/gnsz/gdxw/201404/22/t20140422_ 2702824. shtml.

许经营，既要参考国际惯例，也要结合我国国情等。

（4）财政部有关负责同志表示，开展特许经营立法，将为发展混合所有制经济打开新的空间。为提高立法的科学性和可操作性，需要抓紧对特许经营项目范围、准入标准、决策程序、权利义务和风险分配等方面做进一步研究。

（5）国家发展改革委法规司负责同志表示，加快基础设施和公用事业特许经营立法，是落实中央全面深化改革战略部署的重要举措，对鼓励非公有制企业进入特许经营领域，发挥市场配置资源的决定性作用，具有重要意义，各方面普遍呼吁加快推进。这部立法要贯彻中央精神，体现改革要求，创新管理机制，搞好制度设计。国家发展改革委法规司将结合调研和座谈会情况，抓紧形成立法草案征求意见稿征求国务院有关部门、各省发展改革部门、有关行业协会等方面意见，并组织力量修改完善，推动这部立法尽快出台。

除了加快推进有关基础设施和公用事业特许经营的立法进程之外，国家发改委和财政部均在力推政府和社会资本合作（Public - Private Partnership，PPP）模式运作的指导意见、操作指南等文件（所不同者，财政部是为了化解地方债务压力，偏向于存量项目处理；发改委主管新项目审批，主要是兼顾公平性，对政府和投资人进行充分提示，避免信息不对称，防止出现任何一方风险不可控或利润分配不公的情况）。当然，操作指南等文件仅属于 PPP 制度建设的一个环节。与 PPP 相关的法律法规应该有层次区分，顶层的法律规定大的原则性问题，下面还有一系列操作指南、实施细则等法规和文件来搭建一个制度框架。

根据 2011 年亚洲开发银行一份对亚太地区 15 个国家及英国的 PPP 制度环境成熟度的评估报告，中国综合得分 49.8 分，排在本地区的韩国（71.3 分）、印度（64.8 分）和日本（63.7 分）之后，与国际上 PPP 应用成熟的国家，如澳大利亚（92.3 分）和英国（89.7 分）更有不小的差距。与英国、澳大利亚等国不同，上榜的亚洲国家大都有专门的 PPP 立法。韩国在 1994 年 8 月颁布首部 PPP 法——《促进民间资本参与社会间接资本设施投资法》，2005 年 1 月韩国再次修订该法，并更名为《民间参与基础设施法》，在原来的基础上，拓展了适合采用 PPP 采购方式的设施类型。中国台湾地区则于 2000 年通过《促进民间参与公共建设法》，这是台湾地区基础设施项目采用 PPP 模式运作的基本法。[1]

中国的 PPP 立法亟待解决的是与现行法律法规的衔接问题。比如：①关于市场准入的方式还有待斟酌。PPP 项目通常在评选出最具竞争力的候选投资人名单后，可以依优先顺序进行竞争性谈判，但这与现行招投标法律中的"在确定

---

〔1〕　金微："特许经营法八次修稿，管理办法有望先行一步"，载每经网，http://www.nbd.com.cn/articles/2014 - 11 - 28/879153.html.

中标人前，招标人不得与投标人就投标价格、投标方案等实质性内容进行谈判"的规定有冲突。在实践中，一些地方不得不采用"招商"或"招募"的提法而避谈"招标"来规避违规风险。因此，中国大陆地区PPP立法相关机构应考虑PPP项目的复杂性，调整已有《招标投标法》或《政府采购法》，在相应法律中明确：鼓励采购阶段采购人与投标者的交流沟通，在必要的情况下增加资格预审，以保证政企之间长期和高效的合作关系，为PPP项目选择最佳投资者提供法律依据和可行操作方法。②关于"基础设施和公用事业的范围"还存在颇多争议。发改委牵头起草的《特许经营法》已列入全国人大的立法计划，自负责起草《特许经营法》以来，已先后经过了8次讨论和修改，其中，像第五稿意见针对"基础设施和公用事业的范围"一项，共列出9大类项目，其中不光有煤炭、石油、天然气等能源项目，还有铁路、公路、水运等交通运输项目。不过，这次最新下发征求意见稿则没有列出详细的范围，而是称"国家鼓励和引导能源、交通运输、水利、环境保护、市政工程等基础设施和公用事业领域的项目实施特许经营"。其中的原因就是，有专家认为前面几稿里设的正面清单不合适，而应该从项目特点和物有所值来描述，意见提出5个鼓励的领域，将来还可以出台管理办法或者指南进一步细化。③关于部门权利义务的划分尚需明确。此前，参加征求意见的专家委员会成员表示，从国家层面制定的PPP法律，内容应该包括但不限于PPP及其应用范围的界定，政府审批权限、流程和管理程序等问题，从而使之具备全国统一的原则性做法和较强的法律效力，避免由中央部门或地方法规政策所带来的冲突。而这次发改委征求意见对实施特许经营的基础设施和公用事业项目具备的条件作了规范：包括符合内外资准入等有关法律法规规定；具有公益性、长期性、可经营性，风险可分担等。财政部76号文则提到，适宜采用政府和社会资本合作模式的项目，具有价格调整机制相对灵活、市场化程度相对较高、投资规模相对较大、需求长期稳定等特点。各级财政部门要重点关注城市基础设施及公共服务领域。发改委征求意见稿还提到，省级政府发展改革部门会同本级财政和有关行业主管部门，制定本地区基础设施和公用事业特许经营指导性目录，报本级政府批准后发布。基础设施和公用事业特许经营指导性目录制定过程中，应当向社会公开征求意见。由于PPP项目涉及多个部门，因此多部门的分工合作显得尤其重要。有专家认为，一个PPP项目能否成功，至少会涉及财政、土地、规划、住建等部门，"中国的公私合作法，应是一个综合性的法律，各个政府部门的协同及能力建设至关重要"。在职责分工方面，发改委征求意见稿指出，国务院发展改革部门负责指导协调、监督管理全国基础设施和公共事业特许经营工作，会同有关部门制定基础设施和公用事业特许经营综合性政策措施。国务院财政、国土资源、住房城乡建设、交通运输等有关主管部门按照各自职责负责有关基础设施和公共事业特许经营政策的制定和监督管理工作。

截至本书撰写修正收笔之时，恰逢国家发改委、国家财政部、国家住房和城乡建设部、国家交通运输部、国家水利部和中国人民银行等六部委共同发布《基础设施和公用事业特许经营管理办法》（2015 年 4 月 25 日），该部立法于2015 年 6 月 1 日起正式施行。可以预见，该部立法将对进一步推进我国基础设施和公用事业市场化改革进程起到积极作用。当然，对于法律实施中可能遇到的问题，我们也应紧密追踪并加强理论和对策研究。

【案例分析】

基础设施和公用事业历来自然垄断特征明显，如何引入竞争，在公私合作中实现公共产品供给效率的最大化是世界各国面临的共同课题。我国在基础设施和公用事业领域推行打破自然垄断的市场化改革始于 20 世纪 90 年代，自2004 年原建设部颁行《市政公用事业特许经营管理办法》以来，特许经营已经成为推进基础设施和公用事业市场化改革的主要制度实施工具。此次加速推进基础设施和公用事业特许经营的立法进程，恰恰是经济法制定的典型代表。

所谓经济法的制定，是指一定的国家机关依照法定的职权和程序创制、补充、修改、废止和认可经济法律和其他规范性经济法律文件的一项专门性活动。这里所说的经济法的"制定"，指的是一种广义上的法的制定，包括法的创制、补充、修改、废止和认可，其与立法的概念是相当的。这里所说的"法律"，指的是狭义的法律，即由全国人大及其常委会所制定的法律。"其他规范性法律文件"，指的是行政法规、地方性法规、部门规章和地方政府规章。所谓"一定的国家机关"，不但包括拥有国家立法权的全国人大及其常委会，而且包括被授权的国务院。另外，省、自治区、直辖市的人大及其常委会，较大的市的人大及其常委会，国务院各部委和具有行政管理职能的直属机构，省、自治区、直辖市和较大的市的人民政府都可以成为不同效力层次的经济法的制定机关。

本案中，《基础设施和公共事业特许经营管理办法》已被列入第十二届全国人大常委会立法规划，也就是说，该部法律制度是属于"经济法律"层级。然而，一部法律制度要上升到此种层级，一方面需要时间的积累，另一方面也需要与其他法律制度相互之间的协调统一。从本案中可知，目前关于该部立法的前期草案制定和意见征集工作仍然是采用"部委先导模式"，即以国家发改委为主，国家财政部为辅。换句话说，该部立法从目前的工作推进情况来看极有可能仍然停留在"其他规范性法律文件"层面上。实质上，有关公用事业的法律规制，早在 2004 年原建设部就已经颁行了《市政公用事业特许经营管理办法》，这部立法虽然为推进市政公用事业的发展贡献匪浅，但是也存在诸多问题，尤其是此后各地颁布的有关市政公用事业特许经营的地方性立法，存在政府"撇脂""竞争机制缺失"等诸多问题。因此，一方面是各地希望通过特许经营立法尽快将外国资本、民营资本引入以便融资，实现"经济效率"的最大化。但是，另一方面提供公共产品和服务本来就是政府必须担负的责任和义务，没有科学的权利义务分配制度设计导致"政府失灵"频现，使得象征"公私合作"的特许经营立法（也就是上文中提到的 PPP 立法）面临合理性质疑。正如有学者所指出的，"公共机构运用私法手段完成公共任务或通过私人完成公共任务的控制问题很突出，因为私法手段和私法主体的灵活性不仅蕴含了政府裁量的固有风险，而且以私利为合法目标的私人组织行为与公共任务和目标发生冲突的可能性也会大大增加"。[1]

　　因此，作为权宜之计，国家发改委和财政部在政府和社会资本合作（Public -Private Partnership，PPP）模式运作方面制定的指导意见、操作指南等文件在事实上担负起了指导基础设施和公用事业特许经营实务运作的重任。这也突出地反映了经济法所具有的法律规范的政策性、法律规范的不稳定性等一系列政策特征。但是，国家干预毕竟是依法干预，政策文件频繁作为国家干预的主要实现方式本身就隐藏着"政府失灵"的固有风险。[2]另外，本案还反映出目前在经济法的制定中所突出表现的"部门博弈"问题。有关基础设施和公用事业特许经营的相关规范性文件的制定主体同时有国家发改委和国家财政部，就难免有在规范性文件的制定中"塞入"部门利益之忧。由于 PPP 项目涉及多个部门，因此多部门的分工合作显得尤其重要。一个 PPP 项目能否成功，至少会涉及财政、土地、规划、住建等部门，由此，不仅会牵涉以上部门的分工合作问题，更为重要的是这些部门在特许经营中的权利义务划分如何处理，这些问题单靠指导意见、操作指南等文件是无论如何都无法得到妥善解决的。从本质上说，"经济法的法律化""国家干预的法治化"是影响今后经济法制定、立法成效的关键因素。

　　当然，经济法的制定并非空穴来风，必然要遵循一定的原则。所谓经济法制定的原则，是指在经济法的制定过程中所应当遵循的基本行为准则。基础设施和公用事业历来都是各国关乎国计民生的重要产业和行业，以特许经营为主要制度实施工具打破自然垄断的市场化改革在世界各国都方兴未艾，然而，

---

〔1〕　金自宁："'公法私法化'诸观念反思——以公共行政改革运动为背景"，载《浙江学刊》2007 年第 5 期。

〔2〕　薛亮："城市水务业市场化改革法制建设的历史演进及启示"，载《国家行政学院学报》2014 年第 2 期。

2009 年的经济危机引发了一轮全球性的政府强势主导经济模式的蔓延。世界各主要经济体政府在严重危机下达成了空前一致：大幅降低利率，制订耗资庞大的拯救计划，扩大政府开支，强势干预市场。西方发达国家在金融、产业等诸多领域实行的危机时期的国有化现象也似乎成了证明中国"政府主导型市场经济"的正当理由，"国进民退"日益明显，基础设施和公用事业的特许经营呈现萎缩态势。比如，在公路交通领域，现在不单单采用 BOT、收费经营权转让模式的收费公路项目大幅减少，即便是有，也多由政府的交通投融资平台投资或者国有控股的交通工程企业中标。民营企业鲜有机会参与投资，即便能获得项目投资权，也难以从商业银行贷到款；水务环保行业原本是社会资本介入最广泛，获得的 PPP 合同数量也是最多的一个行业。但是，由于 2007 年以来的国有产权转让所谓"高溢价"现象，加之出现过哈尔滨、无锡市两个城市的非正常停水事件，让地方政府对水务企业引入私人资本变得异常敏感和慎重。2008 年开始，地级以上城市的供水项目招商基本上停止，污水厂项目招商大幅度减少，垃圾焚烧和填埋项目招商则由于选址争议等困难，继续维持之前不温不火的节奏。检讨其中的原因，大致可以归结为以下几点：其一，中国在进行基础设施和公用事业的市场化改革之时，并未从法律制度的设计上对诸如竞争机制、政府规制等相关内容作出妥善安排。其二，地方政府和中央政府的财权、事权划分，导致不同层级的政府对改革的关注重点或目标优先度差异很大。由此，"民营化"并非是那个潘多拉的魔盒，防止妖魔化的利器恰恰是循着社会本位原则、经济安全原则、经济效益和经济公平等原则来制定相应的经济法律制度，以产业化和市场化为主线，从竞争机制和政府管制两个方面完善顶层设计。

【知识拓展】

拓展一：　　　　原有特许经营立法下"玻璃门""弹簧门"　　　　　　　　　"旋转门"的具体体现

有关现有基础设施和公用事业特许经营立法的前身——市政公用事业特许经营的部委立法和地方性立法下存在的"玻璃门""弹簧门""旋转门"的具体体现，请参照"中国西部城市公用事业特许经营立法研究——以水务业为视角"（载《环境科学与管理》2014 年第 1 期）。

拓展二：　　　　　　　　　　经济法的实施

经济法的实施是指实现经济法律规范的活动，也称经济法的实现。经济法的实施包含两个方面的内容：①指一定的国家机关及其公务人员的执法活动。这种广义上的执法活动又分为狭义上的国家行政机关及其公务人员的执法活动和国家司法机关及其工作人员的司法活动。②指一切国家机关、社会组织和个人遵守经济法的活动。

　　经济法的立法过程实际上是对社会公共利益及其维护方法的确认过程，而经济法的实施则是社会公共利益的实现过程。因为社会公共利益的载体——区别于国家和个体而独立存在的"社会"具有集合性，不具有物理上的实在性，所以社会公共利益的实现必须借助代表制度。国家、社会组织和个人因为其自身利益与社会公共利益的关联性使得它们都可以代表社会，以实现社会公共利益。法律在设计这种代表制度的时候将对社会公共利益保护的立法权交给立法机关，将在法定范围内依法实现社会公共利益的权力交给行政机关，将为社会公共利益而提起经济公益诉讼的权利交给政府、社会组织和个人，将对经济公益诉讼的审判权交给司法机关。这里，一切国家机关、社会组织和个人对立法机关制定出的经济法的遵守就是经济法的守法，也是经济法实现的最为常见的方式和最积极的方式；行政机关在法定范围内依法实现社会公共利益的权力和义务表现为一种职权和职责，称之为经济法的执法；行政机关、社会组织、个人为社会公共利益提起的经济公益诉讼及法院的审判我们称之为经济法的司法。[1]

▶ 探讨案例

当当网取消消费者网上订单违约案

　　2011年8月9日，当当网推出的"当当亲子团好书好礼72小时抢购"促销活动，当当网以促销价50元售卖包括原价为1800元的《什么是什么》在内的多套图书，随后以操作失误、录入价格错误为由取消大量订单，仅给予每位消费者30元礼券作为补偿。626名消费者拒绝接受，委托律师提起诉讼。律师先后提起59个诉讼，法院受理6个，并对其中一个进行审理。

　　2011年12月5日，消费者起诉当当网在809亲子图书网购活动中违约的案件在北京市东城区人民法院进行了一审宣判，主审法官首先对首位起诉当当网的消费者钱某与当当网之间的网络购物合同纠纷进行了宣判。法院认为，钱某与当当网签署的一部分订单，因为当当网没有及时确认而不成立，另一部分订单，当当网已经确认，因而合同应该生效，详细判决结果如下：

　　第一，自本判决生效之日起10日内北京当当网信息技术有限公司向钱某交付《神奇树屋典藏版》（全34册，美国玛丽·波·奥斯本著，蓝葆春、蓝纯译，湖北少年儿童出版社2010年版）。

〔1〕　黄河、王兴运主编：《经济法学》，中国政法大学出版社2008年版，第47页。

第二，在北京当当网信息技术有限公司向钱某履行上述责任的同时，钱某向北京当当网信息技术有限公司支付价款 50 元。

第三，自本判决生效之日起 10 日内，北京当当网信息技术有限公司向钱某支付公共用度 1200 元。

第四，驳回钱某其余诉讼请求。如未按本判决指示期间执行给付金钱任务，应按照《中华人民共和国民事诉讼法》第 225 条之规定加倍支付 10 年履行期间的债权。案件受理费 25 元，由钱某负担 10 元，由被告北京当当网信息技术有限公司负担 15 元，于本判决生效后 7 日内交纳，如不服本判决，可在判决书投递之日起 15 日内向本院递交上诉状，并按对方当事人的人数提交，同时按不服本判决的上诉要求数额交纳上诉案件受理费，上诉于北京市第二中级人民法院，上诉期满后 7 日内仍未交纳上诉案件受理费的，按主动撤诉处置。

2012 年 5 月 7 日，北京市第二中级人民法院作出二审判决：驳回上诉，维持原判。

【深度思考】

1. 本案中双方诉争的消费合同是否已经成立并生效？

2. 在网络零售越来越频繁的今天，现有立法在对网络零售的规制方面有何缺陷？

3. 本案诉讼是否可以称之为公益诉讼？从经济法实施的视角对本案加以审视，目前经济法的实现机制尚存在什么问题？

▶ 阅　　读

1. 杨松：《北京市政公用事业特许经营制度创新研究》，知识产权出版社 2012 年版。

2. 王学庆等：《市政公用事业改革与监管》，光明日报出版社 2012 年版。

3. 仇保兴等：《市政公用事业监管体制与激励性监管政策研究》，中国社会科学出版社 2009 年版。

▶ 相关法律法规

1. 《基础设施和公用事业特许经营管理办法》（国家发改委、财政部、住房和城乡建设部、交通运输部、水利部、中国人民银行，2015 年 4 月 25 日颁布，2015 年 6 月 1 日起施行）

2. 《市政公用事业特许经营管理办法》（原建设部，2004 年 2 月 24 日通过，2004 年 5 月 1 日起施行，已被修改）

第二编　经济法主体制度

第七章
经济法主体的一般原理

▶ **本章提要**

　　经济法主体就是依据经济法律规范的规定，在国家干预经济过程中彼此形成权利义务关系的相关主体，包括国家干预主体和被干预主体。所谓国家干预主体，就是在国民经济活动中担负组织、领导、监督和管理职责的社会组织。所谓被干预主体，是指具有法定主体资格，依据经济法律规范参加商品交换和服务并提供活动的社会组织和个人。经济法主体规制法律制度是由国家干预主体规制法和被干预主体规制法两部分构成的。国家干预主体规制法是指调整国家和一部分社会中间层经济干预关系的法律规范的总称。被干预主体规制法是指以经营者规制为核心的一系列法律规范的总称。

▶ **知识要点**

　　1. 国家干预主体和被干预主体。
　　2. 社会中间层在经济法主体框架中的地位和作用。
　　3. 被干预主体规制法的基本原则。

▶ **主案例**

召回的代价[1]

　　2010 年 5 月 31 日，长安福特宣布为了解决车辆存在的低速熄火问题，召回 2008 年 8 月 18 日～2010 年 5 月 28 日间生产的 2009 款福克斯车型 236 643 台。

　　2010 年 9 月，家住南京的华某被告知其所拥有的福克斯轿车由于在召回的

---

〔1〕　该案例内容是在中央电视台《每周质量报告》节目内容基础上删改而来的，原文请参照 http：// news. cntv. cn/china/20111127/103761. shtml.

期限范围内，必须送往 4S 店接受召回处理。虽然该车在一年左右的使用时间内并未出现车辆低速熄火的问题，但 4S 店的工作人员却告诉他，为了解决低速熄火问题必须对该车的行车电脑进行升级。然而，在召回处理后，华某日常使用该车时却发现两个问题：①车辆在松油门时感觉减速迟滞；②车辆在松刹车的时候，虽然驾驶员未人工加油，但车辆会在电脑程序自动加油的情况下前蹿。为了解决该车的车辆安全隐患，华某多次找到 4S 店进行沟通协调，但问题始终未能得到解决；无独有偶，家住山西的贾某接到长安福特山西太原 4S 店的召回通知，遂将车送至 4S 店进行行车电脑的升级以解决低速熄火问题。然而当贾某将车从 4S 店提回，在使用中却发现，车辆在制动中，踩刹车就好像踩油门一样一直往前冲，在贾某将车从 4S 店提回的第 5 天，他的这辆福克斯轿车就在高速公路上发生了追尾事故。此后，贾某先后 4 次将车送至 4S 店进行修理，每一次修理人员给出的答案都是行车电脑软件版本过低，需要通过更新行车电脑软件来消除问题，但直至该事件被媒体曝光，贾某福克斯轿车存在的安全问题仍然没有得到解决。

在一些汽车专业投诉网站和汽车论坛中，关于长安福特福克斯轿车类似问题的投诉还有不少。在一家专业汽车网站的投诉排行榜上，福特福克斯 2009 年全年的投诉量为 445 起，高居该网站的投诉榜首，而车主投诉的主要内容都集中在了召回前的低速熄火和召回后的油门及刹车问题；而 2010 年年初，这家网站上有关福特福克斯的投诉案件仍然有 135 起，这些投诉中大部分还是在反映福克斯在召回升级之后，出现的收油不减速、刹车踩不住、油耗上升等问题。

针对大量车主的投诉，长安福特客服人员的回答是："召回之后，车主已经习惯之前不正确标定的这种行驶情况，所以把正确的标定升级之后，车主会觉得不习惯。"

汽车安全问题专家认为，ECU（行车电脑）在控制电子油门的过程中属于一个不断修正的过程，电子油门始终是在被电脑不断调控的过程当中产生的这一现象。怠速是指发动机最低负荷下的转速，而发动机是车辆的能量供应中枢，车辆在电脑程序里会预先设定好怠速，它就好比胃的蠕动节奏一样，反映着发动机的工作状况；如果蠕动的节奏太慢，那么能量就无法按需供应给车辆的各个部位，造成低速熄火；相反，如果胃的蠕动节奏过快，不仅会造成食物的浪费，使油耗增加，还会使发动机超负荷运转，而驾驶者高频次地进行刹车制动，还会造成刹车系统快速老化甚至失灵。行车电脑本身存在的缺陷是无法通过更新行车电脑软件来消除的。

根据一位曾在福特 4S 店任过技术总监的业内人士的计算，做电脑升级主要是用一台电脑在半个小时到 40 分钟左右完成，然后再进行一个节气门的清理，这个费用加上人工费不会超过 50 块钱，福特厂家还会给 4S 店一个经济上的补偿。如果要涉及更换 ECU（行车电脑），费用会直线上升，因为如果要更换 ECU 的话，周边的一些配件都需要更换，时间大概在半天到一天，总费用在千元以上甚至更高。按照这位技术总监的算法，采用电脑升级的方法解决眼前的熄火问题，每辆车只需花费 50 元左右，可是要采取维修更换配件的方法解决熄火的问题，每辆车的召回费用则可能要高达上千元，也就是说，更换配件的费用比升级电脑要高出 20 倍左右。而仅 2010 年 5 月进行的针对低速熄火问题的召回，就涉及 23 万多辆福克斯汽车，按照这一说法计算一下，同样是解决低速熄火的问题，厂家选择升级电脑的成本大约 1 千万元左右，而选择更换配件的成本则要超过 2 亿元。

【案例分析】

本案是关于产品召回的典型案例，从产品召回制度本身来看，该案反映出如下几点问题：

1. 产品召回的目的。产品召回的根本目的是消除安全隐患，将存在于产品之上的"系统性缺陷"扼杀于摇篮之中。而本案中长安福特虽然宣布召回 2008 年 8 月 18 日~2010 年 5 月 28 日间生产的 2009 款福克斯车型 236 643 台，但是，本案中的南京华某和山西贾某将本人所有的福克斯轿车送往 4S 店进行召回处理后得到的并非是质量安全有保障的车辆，反而在使用的过程中出现了交通事故。长安福特 4S 店虽然在相关消费者投诉和沟通后给予了配合，但是正如汽车安全问题专家所说的，行车电脑本身存在的缺陷是无法通过更新行车电脑软件来消除的。仅仅通过升级电脑版本来敷衍和搪塞消费者，只能看作是对消费者安全权的漠视。

2.《缺陷汽车产品召回管理条例》第 21 条规定，"国务院产品质量监督部门应当对召回实施情况进行监督，并组织与生产者无利害关系的专家对生产者消除缺陷的效果进行评估"。本案中，长安福特在召回和对消费者提出异议的车辆进行的历次修理中，其最后的结果都是没有彻底消除缺陷，这其中的主要原因当然是出自成本方面的考量。正如案例中所阐述的，"采用电脑升级的方法解决眼前的熄火问题，每辆车只需花费 50 元左右，可是要采取维修更换配件的方法解决熄火的问题，每辆车的召回费用则可能要高达上千元，也就是说，更换配件的费用比升级电脑要高出 20 倍左右。而仅 2010 年 5 月进行的针对低速熄火问题的召回，就涉及 23 万多辆福克斯汽车，按照这一说法计算一下，同样是解决低速熄火的问题，厂家选择升级电脑的成本大约 1 千万元左右，而选择更换配件的成本则要超过 2 亿元"。然而，我们在该案中看到的仅是消费者忙碌维权的身影和经营者闪烁其词、虚与委蛇的责任推脱，那么政府部门对于经营者召回效果的评估又在哪里呢？对于召回，政府负有评估义务，而评估的启动主体是厂商，这就明显存在消费者与政府部门沟通渠道不畅的问题。

如果从经济法主体的角度分析该案，可以得出如下认知：

1. 经济法主体的类型化归结。所谓经济法主体，是指依照经济法律规范的规定，参加经济法律关系，在经济活动中享有一定的经济权利（或权力），承担一定经济义务（职责）的法律主体。虽然很多经济法教材在探讨经济法主体时认为经济法主体具有广泛性特征，即参加经济法律关系的参加主体众多，几乎所有的法律主体均可以参加经济法律关系，进行经济法律活动。但是，作为一个特色鲜明的部门法，与民法、行政法和刑法类似，经济法也应有一个特征明显的主体制度。在前文中提到，经济法的本质属性是国家干预性，是调整影响国民经济运行的经济关系的法律规范的总和，因此，简明地进行分类，经济法主体可以分为"干预主体"与"被干预主体"。所谓"干预主体"，指的就是国家，在市场调节机制发挥基础性作用的前提下，对社会经济生活进行主动性干预本来就是一种国家职能。当然，国家本身是一种抽象存在，必然要通过具体存在来具体履行这些职能，因此，具体履行国家经济干预职能的是国家管理机关，这其中不仅包括行政机关，还包括立法机关和司法机关。当然，由于行政机关在承担经济干预职能方面比之于立法机关和司法机关更为直接，或者说是经济干预职能的日常履行者，因此也可以将"干预主体"表达为"国家（政府）"。所谓"被干预主体"，就是那些接受国家干预、调控的法律关系主体，结合众多具体的经济法律制度，有学者将其归结为"经营者"和"消费者"[1]。所谓"经营者"，按照《反不正当竞争法》等法律制度条文的界定，是指"从事商品经营或营利性服务的法人、其他经济组织和个人"。所谓"消费者"，按照《消费者权益保护法》等法律制度条文的界定，是指"为了生活消费的需要购买、使用商品或者接受服务的自然人"。本案中，质量技术监督部门作为我国专司产品质量监督管理的政府部门，恰是作为"干预主体"而存在的，具体地说，质量技术监督部门通过一系列干预职能的履行，矫正"市场失灵"以保障公平、健康、有序的市场秩序和环境，保障市场机制发挥基础性作用；不论是南京的华某还是山西的贾某，购买长安福特福克斯轿车都是为了满足其生活消费的需要，符合"消费者"的要件要求；长安福特作为福克斯轿车的生产厂家，4S店作为福克斯轿车的销售者，虽然处于不同的产业链条环节，但都是以汽车的生产和销售来实现利润的主体，符合"经营者"的要件要求。

2. 经济法主体的类型分布。从产品召回制度本身对该案所作出的分析中可

---

[1] 李友根："论经济法主体"，载《当代法学》2004年第1期。

知，出现福克斯召回未能消除车辆本身所具有的"系统性缺陷"问题，其中反映出消费者与政府部门沟通渠道不畅的问题。然而，为什么沟通不畅？沟通不畅的原因何在？以上这些问题的解答才是真正触及该案结果存在的根本。纵观《缺陷汽车产品召回管理条例》的制度规定，可以发现其中主要是围绕"干预主体"——质量技术监督部门、政府有关部门和"被干预主体"——缺陷产品的生产者和销售者而展开的，简单地说，这种制度安排突出地体现出"政府—市场"的所谓二元结构，也与我国"政府主导型市场经济"的传统相适应。经济法通过国家干预最终实现的是"社会公共利益"，这也是不论从经济法的概念、特征还是理念、基本原则所一直强调的。但在二元结构下本身就存在这种结构固有的风险和问题——"政府失灵"，"政府失灵"的产生不仅有主观原因也有客观原因，但不论如何，这使得"国家干预"无法实现预期，最终维护的仅仅是部门利益、个体利益而非社会公共利益。因此，传统的二元结构需要通过引入第三种主体来形成相互制衡的更为稳定的多元结构，这里的第三种主体就是"社会中间层"。所谓"社会中间层"，是指独立于政府与市场主体，为政府干预市场、市场影响政府和市场主体之间相互联系起中介作用的主体。本案中，影响消费者与政府沟通的一个重要因素就是对长安福特福克斯轿车存在"系统性缺陷"的证据佐证。从生产者到销售者再到消费者，产品信息的享有是呈递减趋势，阻碍消费者维权的重要因素就是其与生产者和销售者之间由于专业知识形成的"信息壁垒"。如果能打破信息壁垒、填平信息鸿沟，消费者的维权就会更有保障，政府部门的监督管理也会更为精准。然而，在实践中，为数不少的检验机构至今仍然拒绝消费者个人送检，有的检验机构还有需接受第三方委托的检验条件，另外，检测费用高昂也成为阻碍消费者维权的拦路虎。[1] 因此，畅通"消费者"与"社会中间层"之间的沟通桥梁似乎比沟通"消费者"与"质量技术监督部门和政府有关部门"显得更为实际和重要。

【知识拓展】

拓展一：　　　　　　　　什么是"产品召回"？

产品召回产生的根本原因在于产品本身所存在的"缺陷"。所谓"缺陷"，是指产品所具有的危及人体健康和人身、财产安全的不合理危险。那么，何谓"合理危险"和"不合理危险"呢？所谓"合理危险"，是指按现有的科学技术

---

〔1〕　不仅是汽车，其他日用消费品也存在类似问题。在北京青年报记者所做的一次调查中发现，众多产品质量检验机构对于床垫、羽绒服等消费品的个人送检持消极态度甚至直接拒绝，原文可参照 http：//news. rbc. cn/bjxw/2014/0316/1046146. htm.

水平生产，在产品的设计、生产上已经尽到了一切合理的注意并按规定采取了防范措施，却仍然存在的危险。所谓"不合理危险"[1]，是指以下几种情况：其一，按照所说明或警示的方法，正确使用、操作产品不会发生危险事故，则仍然存在的危险属于不合理危险；其二，生产者未能用警示标志或警示说明清楚地告诉使用者使用的注意事项；其三，生产者未能提醒使用者对危险的预防而发生危及人身、财产安全的危险。根据缺陷产品是否发生于某一批次的所有产品，"缺陷"可以分为"偶发性缺陷"和"系统性缺陷"。所谓"偶发性缺陷"，是指由于某种偶发因素所造成的缺陷，仅仅存在于某一个或少数几个产品之中，一般可通过《产品质量法》《消费者权益保护法》等法律制度加以解决；所谓"系统性缺陷"，是指由于技术方面的原因造成缺陷存在于某一批次的所有产品中，使得《产品质量法》《消费者权益保护法》等按法律制度无法有效地适用于逐个案件的处理。

所谓"产品召回"，是指因设计、制造等原因引起某个型号或批次的产品出现普遍存在的具有同一性的危及人身和财产安全的缺陷，制造商必须以更换、收回等方式消除产品的缺陷，并对消费者做出道歉或物质性补偿。产品召回的功能体现在如下几个方面：其一，规范企业产品质量行为，促使产品的设计定型、材料选取、加工生产、投入流通、售后服务、发生质量问题以后的责任承担规范化；其二，完善市场竞争秩序，通过产品召回最大限度地调动经营者规范自身产品质量行为的自主性，避免以假充真、以次充好、偷工减料等破坏市场秩序的"市场失灵"行为的出现，改变以往单纯通过产品质量监督管理机构"强打强压"的传统质量监管模式；其三，产业调节，产品召回制度有助于改变过去以粗放型为主的生产经营模式，改变由于企业数量多、规模小、技术落后、重复建设严重给产品质量监管带来的掣肘。

---

[1]　关于"不合理危险"，美国有一个典型案例。某甲于某年去美国夏威夷海滩度假，某日，当某甲躺在放置在沙滩上椰子树下的躺椅上享受日光浴时，忽然一阵风刮来将椰子树上已经熟透的椰子刮下正中某甲的面门，某甲受伤并被送往当地医院治疗。后某甲的家属将海滩的管理单位——当地公园管理局告上法院，要求当地公园管理局为某甲的受伤承担责任。庭审中，当地公园管理局辩称，该局已经在海滩的入口处立有提示牌，上面写着："小心跌落的椰子"，某甲的受伤是由于其本人未能尽到注意义务导致的损害，与当地公园管理局无涉。法院最终判决当地公园管理局败诉并承担百万美元的损害赔偿，理由是既然当地公园管理局已经知道成熟的椰子在这个时节可能会对在海滩上椰子树下享受日光浴的游客造成伤害而放任这种危险的存在和发生，理应对某甲受到的伤害承担责任。该案判决后，每到椰子成熟的时节，当地公园管理局都会雇佣专人将成熟的椰子摘下以避免类似事件的发生。

拓展二： 什么是"社会中间层"？

所谓"社会中间层"，是指独立于政府与市场主体，为政府干预市场、市场影响政府和市场主体之间相互联系起中介作用的主体。"社会中间层"有如下特征：①介于市民社会和政治国家之间；②是以团体为单元的集合体，实现的是团体的特殊普遍利益；③是一个公共领域，体现公共性；④是一个中间媒介，具有媒介协调性。"社会中间层"的功能包括[1]：①分离于政府职能的功能：公共服务功能（经济鉴证、环境保护、权益保护、社区服务等）；社会保障功能（慈善组织、基金会、互助组织）。②升华于市场权能的功能：监督功能（对市场主体的监督、对政府的监督）；自律功能。"社会中间层"的类型划分包括：①特别保护性团体，包括：消费者团体；劳动者团体。②公共服务性团体，包括：经济鉴证团体（由专业人员组成，利用专业知识和专业技能为委托人提供经济鉴证服务）；社会中介团体——市场主体之间的沟通、协调、监督（经纪组织、职业介绍所、人才中介组织、拍卖行、招标代理机构等）；③自治性团体——行业协会。

拓展三： 什么是"经营者"？

根据《反不正当竞争法》关于"经营者"的界定，所谓"经营者"，是指从事商品经营或营利性服务的法人、其他经济组织或个人。关于经营者的典型案例，可以帮助我们全面理解"经营者"的概念。

典型案例回顾

案例一： "经营者"资格身份认定案[2]

A市中心区居民李某与B县某食品厂负责人王某协议筹办固体饮料厂。协议约定由王某提供技术配方，许可使用该厂厂名、厂址，由李某投资设厂，利益共享。后李某从王某处购买了标有"B县某食品厂，厂址为某工业区"等字样的8种固体饮料商标标志10万张，又在A市纸箱厂印刷了有同样标识的包装箱4000个，租用A市中心区田某房屋为生产车间，在未办理营业执照、卫生许可证的情况下，雇佣6名工人，用淀粉、白糖和香精等原料生产"美国花旗参""强身健体大补精"和"桂圆西洋参"3个品种的固体饮料，且产品的实际配料

---

〔1〕 王全兴、管斌："社会中间层主体研究"，载中国民商法律网，原文可参照 http：//www.civillaw.com.cn/article/default.asp？id=9054.

〔2〕 孔祥俊：《反不正当竞争法原理》，知识产权出版社2005年版，第7页。

与产品标识上的"配料说明"不符。到被工商行政管理部门查获时，共生产 3 个品种固体饮料 1000 箱，投入市场销售 800 箱。工商行政管理机关在处理该案时有两派意见，一派主张不正当竞争行为的主体必须是经营者，即具有从事市场经营的资格——被工商行政管理机关核准登记，无照经营的非法经营者是不能作为主体予以处罚的；另一派主张依据经营者的定义进行认定，定义中并未以是否领取营业执照来界定，只要实际上在从事经营活动，不论是否为合法的经营者，都在该法规范的范围内，对无照经营而又从事不正当竞争行为的，更应严厉查处。

【典型案例分析】

关于本案，最高人民法院孔祥俊法官的分析评价最为贴切和精准，本书转引如下：

第一，从主体资格的角度。在当前行政执法和司法实践中，通常是从主体资格角度去理解经营者这一概念的，即只有经依法核准登记领取营业执照、具有从事经营活动资格的单位和个人，才能成为经营者。按照这种解释，该案中的李某就不是经营者，不是经营者就无法适用《反不正当竞争法》对其违法行为进行规制。此外，按照这种解释，作为反不正当竞争法律关系主体的经营者就指的是这样的三类：①法人，这里包括企业法人、事业单位法人和社会团体法人，但其共同点就是必须都在有关机关登记或者经过批准方可从事经营活动。②其他经济组织，指的是有经营资格而没有法人资格的经济组织。③个人，指的是具有经营资格的自然人。然而，在实践中从主体资格角度如此严格地解释反不正当竞争法的适用会遇到诸多障碍，比如：其一，企业职工侵害所属企业商业秘密时怎么办？如果从主体资格角度理解经营者，那么企业职工显然不属于经营者之列，因而也就不能成为侵害商业秘密的主体。其二，在商业贿赂中，经营者向对方单位的法定代表人或具体经办人行贿时，该法定代表人或具体经办人显然也不是经营资格意义上的经营者，那么这时是否就可以逃逸出受贿主体的范围而不受规制？其三，在社会生活中大量存在着没有经营资格的主体在从事经营活动的现象，尽管从法律角度讲这是非法的，但如因此否认其经营活动的"经营"性质，是否与客观事实相符呢？其四，农村承包经营户从事经营活动的特殊情况。《民法通则》第 27 条规定："农村集体经济组织的成员，在法律允许的范围内，按照承包合同规定从事商品经营的，为农村承包经营户。"照此规定，农村承包经营户按照承包合同规定从事经营活动的，如出售农、林、牧、渔产品，不需要办理专门的工商登记，那么按照主体资格的严格解释，农村承包经营户是否也不能被列为是经营者呢？综上所述，依据主体资格对反不正当竞争法律关系的主体——经营者进行严格解释在法律实践中存在着明显的不足，会使得众多主体逸出《反不正当竞争法》的规制范围之外而无法承担应有的法律责任。

第二，从行为的角度。既然从主体资格的角度对经营者进行定性存在诸多不足，那么从行为角度进行定性是否合理呢？首先，从法条本身来看。《反不正当竞争法》第2条第3款对经营者的界定有两点：一是行为的性质，即经营者从事的行为必须是商品经营或营利性服务；二是主体的类型，即包括法人、其他经济组织和个人。从中我们不难看出，本款只规定了主体类型，并未强调主体的法定经营资格，从法条上看，是强调了凡是"从事商品生产和营利性服务"的"法人、其他经济组织和个人"都是经营者，那么在法条中对经营者的认定显然是依据行为的性质。其次，从立法目的来看。依据《反不正当竞争法》第1条的规定，该法维护的是公平自由的市场竞争秩序和竞争环境，只要在从事或参与经济活动中损害了竞争秩序，就违反了《反不正当竞争法》，应予制止，否则，《反不正当竞争法》的作用就无法得到充分发挥。除此之外，从主观恶性上来说，无法定经营资格的人从事不正当竞争比之有法定经营资格的经营者更为严重，更应该予以规制。最后，行为认定为重点辅之以主体资格可使《反不正当竞争法》的适用更为严密。只要从事了商品生产或营利性服务的人，无论是以营利性活动为职业的行为人，还是代表、代理他人从事经营活动的人，或是并无法律意义上的经营资格而从事经营活动的行为人，只要其行为对正常的竞争秩序和竞争环境造成了损害，都应当属于不正当竞争行为，这样《反不正当竞争法》在适用和规制不正当竞争行为时就不会存留有法律漏洞。

第三，正确理解经营行为。既然前面我们明确了应从行为角度来认定经营者，那么正确理解经营行为也成为认定经营者的重要环节。首先，按照法条的规定，经营行为包括两个要素：一是行为的内容是提供商品或服务。二是行为的目的是营利，两个条件缺一不可。如果行为人虽然提供了商品或服务，但不是以营利为目的，则不构成经营行为。例如，甲向乙赠送一台电视，谎称电视是某国进口的，此时因不是经营行为，不构成不正当竞争。其次，经营行为既可以是特定主体之间的双方或多方行为，也可以是经营者的单方行为。比如，发布虚假广告的不正当竞争行为往往是针对不特定的对方，对方既可以是经营者，也可以是消费者。

第四，经营者必须是具有责任能力的法律主体。所谓责任能力，是指当事人承担法律责任的资格，责任能力的前提是权利能力，无权利能力就无法律上的人格，没有法律上的人格也就不能被称为法律主体，就没有责任能力，不能承担法律责任。比如，某医院药剂科未经医院同意，擅自收受医药公司的回扣，将回扣的大部分用于科内工作人员私分，少数用于集体消费，此时应该如何确定收受贿赂的违法行为人？既然回扣是药剂科擅自收受的，受贿行为显然不是医院的行为，因此医院不是行为人；药剂科是医院内的职能部门，不是一个对立的法律主体，没有权利能力和行为能力，显然也没有法律责任能力，不能作为行政处罚的主体，因此不能作为违法行为人；药剂科工作人员是回扣的实际收受人，即以药剂科之名，为自己收受回扣，因此当然可以作为违法行为人。

第五，从行为角度界定的经营者的基本类型：依托于前面我们对经营者的阐述，可以把经营者分为以下几类：①具有合法经营资格的经营者。主要指的是领取了营业执照、具有经营资格的经营者。②没有营业执照而从事经营活动的无照经营者。这种类型又包括几种情形：一是可以办理营业执照，但自始没有办理的无照经营者。二是曾经领取营业执照，但后来没有了营业执照（过期或被吊销）。三是不具有营业执照申办资格而从事经营活动的经营者。如机关法人，依法是不允许从事经营活动的，但若其从事违法经营，同样可以构成经营者。③不是经营关系中权利义务的承担者，但实施了妨害竞争行为的人。比如，代表或代理第一类经营者从事经营活动的人。

案例二：　　　　　　　"汽车消费"维权案[1]

2004 年 12 月 5 日，朱某在成都某汽车销售公司购买了一辆价值 4.18 万元的某牌小轿车。购车时，汽车销售公司向朱某交付了包括车辆合格证、用户手册、保养凭证等在内的随车附件。随后，朱某意外发现该车保养凭证中的"保养登记表"上载明的用户是张某的名字，并有张某对该车进行保养的记录。通过调查，朱某发现该车于 2004 年 9 月 28 日曾以 3.58 万元的价格卖给过张某，张某已经将车开了 2000 公里。事后，汽车销售公司承认是他们的失误，但对赔偿数额未能达成一致。2005 年 8 月，朱某以购车受骗为由诉至四川省成都市武侯区人民法院，要求判令将其受骗所购车辆退还给汽车销售公司，并赔偿购车款 1 倍的损失。

一审法院认为：《消费者权益保护法》规定的适用范围和对象，必须是为生活消费需要。从理论上讲，消费者个人的消费水平不同，生活消费需要也有不同。但法律调整的应该是社会的普遍关系，在于整体调整而非个别调整。同时认为，生活消费需要是指作为一个社会的普遍个体的基本衣食住行的生活消费需要，即人们为生活和发展最终消耗物质与精神产品的行为和过程，它与人们的日常生活密切相关，如果一味地把高收入者超过社会平均生活水平的一些消费需要都视为《消费者权益保护法》意义上的生活消费需要，那么《消费者权

---

[1]　宋彪编著：《经济法案例研习教程》，中国人民大学出版社 2008 年版，第 192 页。

益保护法》就不必专门定义限制为生活消费需要了。汽车消费在我国现阶段对于全中国人而言，属于奢侈品消费，不属于《消费者权益保护法》意义上生活消费需要。因此，朱某和被告汽车销售公司就汽车买卖发生纠纷，权利义务应根据合同确认，适用《合同法》。一审法院根据此作出驳回朱某诉讼请求的判决。

朱某不服一审判决上诉至成都市中级人民法院。二审法院通过审理认为：因汽车消费目前尚不属于《消费者权益保护法》所称的生活消费范畴，故不应适用《消费者权益保护法》予以调整，而应该适用《合同法》进行调整。汽车销售公司出售给朱某的汽车系该公司已经出售过一次的汽车，虽然未告知朱某该车已销售过的事实，但该车并未到交管部门办理过户，事实上处于新车状态，该车的性能、车况均无任何问题，故朱某购买汽车的合同目的已经实现。而汽车销售公司在销售该车过程中，未能明确告知朱某该车已经销售过的事实，存在一定的过错，但在交付给朱某的相关手续中，明确记载了该车已经由张某行驶过 2000 公里的事实，其并未故意隐瞒和虚构事实，故不构成合同欺诈。2006年 5 月 6 日，二审法院作出判决：撤销一审法院的民事判决，汽车销售公司应于本判决生效之日起 10 日内向朱某支付补偿款 5000 元，并驳回朱某的其他诉讼请求。

【典型案例分析】

第一，本案恰恰是有关消费者概念理解的司法实例，关于本案的分析无需赘言，只有一点需要明确，即随着人民群众物质财富的增加、生活水平的提高，生活消费的内容也不断丰富和发展，如现在有的人已经开始购买私人飞机、私人游艇，将来也有可能会出现个人到太空旅行。那种认为"生活消费"仅仅限制于衣食住行消费的观点是不正确的，认为买了奢侈品，甚至买汽车、去旅游等行为都不受《消费者权益保护法》保护的观点也同样是站不住脚的。

第二，消费者既包括商品的购买者，也包括商品的使用者，还包括服务的接受者。消费者不限于与经营者达成合同关系的相对方，购买商品的一方的家庭成员、受赠人等使用商品的主体都是《消费者权益保护法》规定的消费者。[1]

第三，农民购买、使用直接用于农业生产的农资产品的，比照消费者看待。

---

〔1〕　比如，近年来随着网络消费的普及，出现了"试客"群体。2010 年 5 月，张某某通过试客网免费索取了一款广州生产的 ebelyBB 霜。接到试用装后，才用了一天，脸上就发痒，还长了成片的小红疙瘩。到医院看病，医生说是使用化妆品后出现的皮肤过敏现象。看病和买药共花去 150 元，张某某向试客网和商家投诉，但都未得到回应。

第四，关于"知假买假"者是否属于消费者，《消费者权益保护法》未予以明确。[1]

第五，关于"医患关系"是否应予调整，《消费者权益保护法》未予以明确。

【知识拓展】

什么是消费者?

根据《消费者权益保护法》（第十二届全国人大第五次会议修正）第 2 条的规定，消费者是指为生活消费需要购买、使用商品或接受服务的自然人。

对于消费者的理解，请参见本书消费者权益保护相应章节。

　探讨案例

"郭美美事件"始末[2]

三叉戟图案，是世界名牌跑车玛莎拉蒂的标志，每款车的价格都以数百万计。红十字，则是国际公益组织的标志，代表着人道、中立、志愿等精神。这两个看起来风马牛不相及的标志，却因为郭美美这个名字被关联在一起。

2011 年 6 月 20 日，微博上一个名叫"郭美美 baby"的女孩引起了众人瞩目。她在微博上经常展示自己的生活照，从中能看到，她开玛莎拉蒂跑车、在别墅开生日会，皮包、手机、手表都是昂贵的奢侈品。而她微博认证的身份是"红十字会商业总经理"，正是这一点，引发了社会公众的强烈质疑：一个年仅 20 岁的女孩就当上了总经理，并拥有名包豪车，财产来源是否和红十字会有关？一时之间，网友们展开了"人肉搜索"，各种与郭美美、红十字会有关的说法在网络上流传，真假难辨，真相不明。

事件发生伊始，中国红十字总会已经两次在网上发表声明，说从来没有"红十字商会"这个机构，也没有设立过"商业总经理"这个职务，更没有"郭美美"这个人。但是，三个"没有"，两次声明，似乎并未消除社会公众的疑问。而郭美美本人也几次在微博上发表回应，其中一些前后矛盾的说法更加深了社会公众的疑问。事实上，事件发生后，郭美美最初发表的一条回应微博，对整个事件的发展产生了重要影响。这条微博解释说："我所在的公司是与红十字会有合作关系，简称红十字商会，我们负责与人身保险或医疗器械等签广告

---

[1]　典型案例可参照新闻媒体有关"王海案"的报道，在此不再赘述。

[2]　本例是由央视新闻频道东方时空栏目 2011 年 6 月 30 日播出节目《真相调查：郭美美事件》删减修改而得的，原文可参照 http：//news. qq. com/a/20110630/001215. htm.

合约，将广告放在红十字会免费为老百姓服务的医疗车上。"正是郭美美说的这种合作模式，让社会公众的疑问进一步升级。他们质疑：是否有人在利用慈善牟利，为个人获取巨额的财富。

此后，郭美美迅速删除了这条微博。随后，她接受了一家网络媒体的采访，采访中她的解释发生了变化。她说，自己最初的身份认证是"演员"，"红十字商会总经理"是表妹修改的，自己并不知情。2011年6月26日，郭美美再次发微博向红十字会和社会公众表示道歉，她说："本人出于无知在微博上自称为中国红十字会商业总经理"，"本人从未在中国红十字会工作，这个身份完全是本人杜撰出来的"。但是，几天之内她的说法一变再变，这不能不让人们感到疑惑。

很多网友认为，还是她最初发表的解释可信度更高。有网友经过搜索发现，虽然没有红十字商会这一机构，但中国红十字总会的下级单位中，有一家中国商业系统红十字会，人们猜测它会不会就是郭美美说的"红十字商会"呢？继而，网上出现了一条来历不明的"爆料"更加剧了人们的这种猜测。"爆料"说：郭美美，曾用名郭美玲，南下深圳在演艺界发展时认识了天略集团董事长丘振良，两人关系不明，而丘振良认识红十字会副会长郭长江，郭美美因此结识了郭长江，和红十字会产生关联。随后，网友们搜索出的资料表明，天略集团的确和商业系统红十字会有过合作，合作项目里，又正好有涉及保险、广告的内容。这使得他们成了被质疑的焦点。

2011年6月24日，中国商业系统红十字会和天略集团都发表声明，表示和郭美美没有任何联系。天略集团的声明中还说，丘振良也不认识红十字会副会长郭长江。但是，事件发生后有媒体报道天略集团的一位律师莫伟智说，红十字会副会长郭长江曾经来过天略集团。天略集团在声明中说这是一个"口误"，社会公众表示对这个解释难以信服。有网友搜索发现，中国商业系统红十字会在网上留的联系邮箱，是用商业系统红十字会副秘书长李庆一的手机号码登记的。而天略集团下属的北京天略盛世拍卖公司，在一次拍卖会的网页上所留的也是这个邮箱，此外，还有两家公司的联系方式都曾经使用过这个邮箱，一家叫北京中谋智国广告公司，另一家叫北京王鼎市场咨询公司。这些公司为什么都使用同一个和商业系统红十字会有关的邮箱呢？

一家媒体报道称发现王鼎公司、中谋智国和商业系统红十字会还有关联。这两家公司当年成立的时候，法人代表就是商业红十字会副会长王树民，而现任王鼎公司法人代表是王树民的女儿王彦达，王彦达同时也是中谋智国公司的老板。商业系统红十字会则表示，由于它们是一个行业红十字协会，员工本来就大多由各商业企业的人员兼职担任。

随后，又有一家名叫"中红博爱资产管理公司"的企业被卷了进来，并迅速成了质疑漩涡的中心。这家公司正在网络上进行招聘，它自称是"中国红十字会的关系企业"，将在全国大中城市社区内投资建3万个红十字博爱服务站。招聘信息里还说，这个项目是由中国红十字会总会主办、商业系统红十字会承办的。人们开始集中搜索这家公司和这个项目的相关信息，一些发现让人们更加疑问重重。有人查阅工商资料发现，中红博爱公司的股东之一就是王鼎公司，而王鼎公司在2007~2008年，就已经在一些社区开展过"红十字博爱服务站"项目。服务站是和保险公司合作，为社区居民免费提供急救、义诊、体检服务，同时提供人寿、财产等保险咨询。而"博爱服务站"的外形就是一辆厢式无动力车。这些细节和郭美美说的"人身保险""医疗器械""车体广告"高度近似。

这个项目的运作是否获得了中国红十字总会的正式批准，他们怎么看待这种运作模式？红十字总会还没有就此作出官方回应。中红博爱公司也暂时没有发表任何声明。

面对质疑的声浪，中国商业系统红十字会表示自身以及所有相关机构都与郭美美无关，并表示可以公开成立十年来的所有账目，欢迎监督查询。而中国红十字总会表示，商业系统红十字会是经总会批准成立的行业分会，但人、财、物的领导和管理责任不属于红十字总会。它的主管部门是中国商业联合会。

【深度思考】

1. "郭美美事件"中的经济法主体有哪些？

2. 如何看待中国红十字会的法律地位？

3. 如何看待中国商业系统红十字协会的法律地位？

4. 我国目前对社会中间层的立法规制现状如何？存在的不足和缺陷在哪里？未来应该如何完善相关立法？

▶ 阅　　读

1. 徐士英主编：《产品召回制度：中国消费者的福音》，北京大学出版社2008年版。

2. 杨燕：《行业协会商会法律服务初探》，四川大学出版社2009年版。

▶ 相关法律法规

1.《中华人民共和国消费者权益保护法》（1993年10月31日通过，2009年8月27日第一次修正，2013年10月25日第二次修正）

2.《中华人民共和国产品质量法》（1993年2月22日通过，2000年7月8日第一次修正，2009年8月27日第二次修正）

3.《产品质量监督试行办法》（国务院，1985年3月7日通过，2011年1

月 8 日修订）

4.《缺陷汽车产品召回管理条例》（国务院，2012 年 10 月 10 日通过，2013 年 1 月 1 日起施行）

5.《关于实施〈中华人民共和国产品质量法〉若干问题的意见》（国家质检总局，2011 年 2 月 23 日起施行）

6.《缺陷汽车产品召回管理规定》（国家质检总局、国家发改委、商务部、海关总署，2004 年 3 月 12 日通过，2004 年 10 月 1 日起施行，已失效）

第八章
国家经济干预主体法律制度

本章提要

国家经济干预主体是在国民经济活动中担负组织、领导、监督和管理职责的社会组织，是经济干预关系的当然主体。从组织属性上来划分，国家经济干预主体可以分为国家机关、授权组织和一部分社会中间层。其中，国家机关包括国家立法机关、行政机关和司法机关。在市场经济活动中国家经济干预主体享有经济干预权限。经济干预权限具有国家性、专属性和法定性等特征，具体包括市场准入权、宏观调控权、市场监管权和社会分配权等。

知识要点

1. 国家经济干预主体的概念、特征和分类。
2. 国家经济干预权限的概念、属性与内容。

主案例

保监会颁行规范性文件调控"以房养老"

2014年6月17日，保监会颁行了《中国保监会关于开展老年人住房反向抵押养老保险试点的指导意见》（以下简称《意见》)[1]。

《意见》制定颁行的背景是，为了贯彻落实《国务院关于加快发展养老服务业的若干意见》（国发〔2013〕35号）有关要求，鼓励保险业积极参与养老服务业发展，探索完善我国养老保障体系、丰富养老保障方式的新途径，中国保监会决定开展老年人住房反向抵押养老保险（以下简称反向抵押养老保险）试点。反向抵押养老保险是一种将住房抵押与终身养老年金保险相结合的创新型

---

〔1〕　该案内容是在《中国保监会关于开展老年人住房反向抵押养老保险试点的指导意见》的基础上经过删减、修改而得的，原文可参照中国保险会网，http：//www.circ.gov.cn/web/site0/tab5168/info3918962.htm.

商业养老保险业务，即拥有房屋完全产权的老年人，将其房产抵押给保险公司，继续拥有房屋占有、使用、收益和经抵押权人同意的处置权，并按照约定条件领取养老金直至身故；老年人身故后，保险公司获得抵押房产处置权，处置所得将优先用于偿付养老保险相关费用。

开展老年人住房方向抵押养老保险试点，有以下几点重要意义：①有利于健全我国社会养老保障体系。建立多层次、可持续的养老保障制度，是有效应对人口老龄化问题，实现社会经济健康发展的必然要求。开展试点有利于丰富养老保障方式，引导社会形成新的养老保障习惯，增强养老保障体系的可持续性。②有利于拓宽养老保障资金渠道。当前，我国缺少将社会存量资产转化为养老资源的有效手段。开展试点，盘活老年人房产，是实现个人经济资源优化配置的积极探索，有利于拓宽养老保障资金来源，提升老年人养老保障水平。③有利于丰富老年人的养老选择。反向抵押养老保险属于商业保险范畴。开展试点，在不影响老年人既有养老福利的前提下，增加了一种新的养老方式，老年人可根据个人生活状况和养老需求自愿投保。④有利于保险业进一步参与养老服务业发展。加快养老服务业发展，是应对养老形势，满足老年人日益增长的养老需求的必然要求。开展试点，有利于发挥保险业风险管理、资金管理等优势，探索行业多方位参与养老服务业发展的有效手段，也为行业自身发展拓展了新空间。

为了保障老年人住房方向抵押养老保险试点工作的顺利开展，保监会提出了以下几点要求：

1. 试点资格的申请与审核。

（1）试点保险公司资格条件：①已开业满5年，注册资本不少于20亿元；②满足保险公司偿付能力管理规定，申请试点时上一年度末及最近季度末的偿付能力充足率不低于120%；③具备较强的保险精算技术，能够对反向抵押养老保险进行科学合理定价；④具有专业的法律人员，能够对反向抵押养老保险相关法律问题进行处理；⑤具有房地产物业管理专业人员，或委托有资质的物业管理机构，有能力对抵押房产进行日常维护及依法处置；⑥具备完善的公司治理结构、内部风险管理和控制体系，能够对反向抵押养老保险业务实行专项管理和独立核算；⑦中国保监会规定的其他条件。

（2）保险公司申报材料：①开展反向抵押养老保险试点申请书；②开展反向抵押养老保险的可行性研究报告；③反向抵押养老保险试点方案，包括但不限于拟试点地区、目标客户、试点业务规模、产品设计思路与定价、业务流程、组织实施和风险防范措施等；④经法律责任人与外部执业律师共同签字的反向抵押养老保险产品条款；⑤反向抵押养老保险业务宣传资料；⑥总精算师声明书；⑦法律责任人声明书；⑧中国保监会要求的其他材料。

此外，如保险公司委托有资质的物业管理公司进行日常管理，应提交委托合同。

（3）如在试点期间，保险公司出现不符合试点资格条件的情况，中国保监会将暂停其开展反向抵押养老保险新业务，直至其重新符合试点资格条件。

2. 关于试点业务宣传。反向抵押养老保险是一项新生事物，社会认可度和接受度有待提升。保险公司应客观公正地开展业务宣传，做好消费者教育，如实介绍该业务在丰富养老保障选择、提升养老保障水平等方面的积极作用，明确提示消费者抵押房产的后续评估、管理和处置情况，不得夸大房产增值在提升养老金领取水平方面的作用。反向抵押养老保险业务宣传材料应由总公司统一制作并严格管理，分支机构、销售人员不得擅自编写、印制宣传材料。

3. 关于销售人员管理。中国保监会将适时指导中国保险行业协会建立反向抵押养老保险销售人员资格考试制度。在该制度建立前，保险公司应当根据自身情况，主动建立反向抵押养老保险销售人员管理制度，明确销售人员资格条件，建立培训及考核制度。待中国保险行业协会建立反向抵押养老保险销售人员资格考试制度后，从其规定。反向抵押养老保险销售人员应品行良好、业务熟练、无投诉及其他不良记录。对销售人员的培训内容应当包括与反向抵押养老保险业务相关的专业知识及职业道德培训，其中针对职业道德的培训时间应不短于1天。销售人员经考核通过后才可取得反向抵押养老保险业务销售资格。保险公司应将取得资格的销售人员向中国保监会和试点地区保监局报告，并在公司网站公布，以便于消费者随时查询。对存在销售误导行为的销售人员，一经查实，保险公司必须取消其销售资格。

4. 关于销售过程管理。保险公司应加强销售行为和销售过程管理，做到投保年龄符合要求、投保资料真实准确、投保房屋产权清晰、房产评估公正透明、法律调查尽职尽责、合规经营风险可控。要明确参保客户的范围和条件，做好客户甄别，不得向不符合相关要求的客户推介业务。要聘请具有一级资质的房地产估价机构对房产价值进行评估，费用由保险公司和消费者共同负担。保险公司应当对消费者进行签约前辅导，全面、客观、准确介绍业务模式、特点、风险及合同条款相关内容，并进行退保赎回价值演示，确保消费者正确理解保险产品及自身的权利义务。保险公司应当通过录音、录像或第三方见证等方式增强合同签订过程的公平性、公正性，确保合同体现各方真实意思表示。保险公司应当在犹豫期内再次向投保人介绍反向抵押养老保险产品，确认投保人的真实购买意愿。对于参与型产品，保险公司与投保人应在保险合同中明确规定参与分享房产增值的方式与比例。保险公司应与投保人约定双方在对所抵押房屋日常维护及管理方面的权利义务，做好房屋的防灾防损和保险工作。

5. 关于信息披露。保险公司每年应定期向客户披露反向抵押养老保险相关信息，包括但不限于年金领取情况、退保赎回价值等。对于参与型产品客户，还应向其披露房产评估价值信息以及房产评估价值变动对年金领取金额的影响。

6. 关于财务管理。反向抵押养老保险的现金流与传统保险业务不同，保险公司应制定试点业务现金流管理方案，确保现金流持续充足，并可探索现金流补充机制。同时，保险公司应按照有关规定，做好试点业务的财务核算和偿付能力管理。

7. 关于服务创新。保险公司应在服务领域延伸、服务内容多样和服务手段创新等方面积极探索，完善与反向抵押养老保险相关的养老服务链条，如针对不同年龄和需求的客户推出医疗保险、健康管理、金融理财等服务。

8. 关于投诉处理。保险公司应高度重视客户投诉，做好解释沟通和后续处理。如查实存在销售误导，可视客户意愿办理退保，并取消有关销售人员销售资格；如属于业务管理问题，应充分听取客户意见，并积极整改。

9. 关于监管问题。试点地区保监局应加强对反向抵押养老保险业务的监管，跟踪研究试点情况，督促保险公司妥善处置消费者投诉，切实保护保险消费者的合法权益。对于试点中发现的问题，保险公司应当及时向中国保监会以及试点地区保监局报告。

【案例分析】

本案中保监会通过颁行《意见》来对"以房养老"进行调控恰是国家经济干预主体履行干预职能、实现社会公共利益的明证。国家经济干预主体，是指根据经济法律、法规的明确规定或国家机关的授权，以国家名义从事干预社会经济活动的各级行政机关与其他组织。保监会是根据国务院授权履行行政管理职能，依照法律、法规统一监督管理全国保险市场，维护保险业的合法、稳健运行的事业单位。

与其他经济法律关系主体相比，保监会具有如下法律特征：

1. 地位的法定性。首先，主体资格取得的法定性。国家经济干预主体的产生和组成，源于法律的直接规定。保监会虽然不是国家行政机关，但属于经过国务院授权履行相应行政管理职能的事业单位，其主体资格的取得源自我国《保险法》（第9条）的直接规定。其次，权限来源与内容的法定性。国家经济干预主体的权限来自宪法和其他有关经济法律、法规的直接规定，并且由于国家经济干预权限的范围决定着经营者等其他经济法律关系主体的自主经营权的大小，决定着一国自由经营与国家干预关系能否得到正确处理。因此，为了使国家经济干预主体行使权力有所依据，避免国家经济干预主体越权干预，保障市场机制的基础性作用，法律对国家经济干预主体的权限内容作出了明确规定，例如，根据《保险法》的规定，保监会的权限主要包括：拟定保险业发展的方针政策，制定行业发展战略和规划；起草保险业监管的法律、法规；制定业内规章；审批保险公司及其分支机构、保险集团公司、保险控股公司的设立；会同有关部门审批保险资产管理公司的设立；审批境外保险机构代表处的设立；审批保险代理公司、保险经纪公司、保险评估公司等保险中介机构及其分支机构的设立；审批境内保险机构和非保险机构在境外设立保险机构；审批保险机构的合并、分立、变更、解散，决定接管和指定接受；参与、组织保险公司的破产、清算；审查、认定各类保险机构高级管理人员的任职资格；制定保险从业人员的基本资格标准；审批关系社会公众利益的保险险种、依法实行强制保险的险种和新开发的人寿保险险种等的保险条款和保险费率，对其他保险险种的保险条款和保险费率实施备案管理；依法监管保险公司的偿付能力和市场行为；负责保险保障基金的管理，监管保险保证金；根据法律和国家对保险资金的运用政策，制定有关规章制度，依法对保险公司的资金运用进行监管；对政策性保险和强制保险进行业务监管；对专属自保、相互保险等组织形式和业务活动进行监管。归口管理保险行业协会、保险学会等行业社团组织；依法对保险机构和保险从业人员的不正当竞争等违法、违规行为以及对非保险机构经营或变相经营保险业务进行调查、处罚；依法对境内保险及非保险机构在境外设立的保险机构进行监管；制定保险行业信息化标准；建立保险风险评价、预警和监控体系，跟踪分析、监测、预测保险市场运行状况，负责统一编制全国保险业的数据、报表，并按照国家有关规定予以发布等。

2. 意志的单方性。国家经济干预主体是代表国家从事经济干预活动的，其所行使的经济干预权来自法律的明确授予。因此，国家经济干预主体拥有法律赋予的权威，作为干预相对人的被干预主体（经营者、消费者），对国家经济干预主体的意志有服从的义务；国家经济干预主体与干预相对人之间法律关系的形成、变更和终止，也往往是国家经济干预主体单方面的意思表示结果。本案中保监会在《意见》中通过对"试点资格申请与审核"提出的强制性要求，传达的意思实质上是要通过开展老年人住房反向抵押养老保险试点，从宏观调控角度推动养老服务业的整体发展，当然，宏观调控措施是要落实在对养老服务市场的调控上的，因此，对养老服务市场的规制就成为宏观调控措施落实的关键。由此，保监会的一系列强制性要求主要围绕两点展开：其一，切实保障消费者的合法权益。反向抵押养老保险业务以老年人为客户，业务涵盖面广、流程复杂、期间较长。保险公司必须依法合规经营，公平对待消费者：一是在房产评估、抵押、后续管理等方面秉持公平公正原则，严格执行法律规定及合同约定。二是产品条款简单易懂，业务流程规范可行，使投保老人便于理解和接受。三是在业务运行过程中，充分保障消费者的知情权。要结合老年消费者的消费习惯和特点，加强沟通与交流，对与消费者自身权益有关的信息，应做好披露工作。其二，审慎经营，强化风险防范。反向抵押养老保险是养老保障方式的创新，涉及老年人的切身利益，社会关注度较高；同时，该业务将传统养老保险与房地产市场联系起来，法律关系复杂，风险因素多，风险管控难度较大。保险公司必须坚持审慎经营，高度重视业务经营中可能存在的风险隐患，在条款制定、流程设计、法律合规、业务管理等方面加强风险防范和控制。

3. 构成上的层级性。国家经济干预主体是由众多拥有国家经济干预权限的单位构成的一个体系。在国家经济干预主体体系内部，存在着明显的层级关系，下级机关与上级机关、被授权组织与授权机关之间，呈现出意志上的服从与被服从关系。本案中，保监会之所以颁行《意见》，可以看作是贯彻落实《国务院关于加快发展养老服务业的若干意见》（国发〔2013〕35号）有关要求的具体体现。当然，对于在试点城市对有关保险公司开展老年人住房反向抵押养老保险进行市场规制，则是包括北京、上海、广州、武汉等城市保险监督管理部门的职责，这些机构按照保险监管管理体制则要受保监会的领导。

此外，本案还体现出保监会作为国家经济干预主体所具有的国家经济干预权的具体权能：①市场准入权。市场准入权是指国家经济干预主体在制定经营者进入某经营领域或某国市场从事活动的法定条件和程序规则过程中所享有的经济权限。本案中保监会对试点资格申请与审核的一系列强制性规定恰是国家对养老保险市场进行干预的象征，一方面，保险公司是否具备从事老年人住房方向抵押养老保险所必需的基本条件，对其今后的市场经营活动往往具有决定性的影响；另一方面，进入市场后维持作为市场主体必须具备的基本条件仍然是国家对保险公司进行监督管理的基本内容。②宏观调控权。宏观调控权是指国家经济干预主体从社会整体利益出发，为了实现宏观经济总量的平衡和经济结构的优化，引导国民经济持续、健康、快速发展，而对国民经济总体进行调节和控制的经济权限。当前，我国已经进入人口老龄化快速发展时期，积极应对人口老龄化，加快发展养老服务业，有利于拉动消费、扩大就业、保障和改善民生、促进社会和谐、推进经济社会持续健康发展。保险与价格、税收、财政、信贷等手段一样，均是宏观调控的重要手段。③市场监管权。市场监管权，是指国家经济干预主体为调控、协调和维护市场交易秩序，而对市场交易行为和交易客体进行监督管理的经济权限。本案中保监会对保险公司在业务宣传、销售人员管理、销售过程管理、信息披露、财务管理、服务创新、投诉处理等方面的要求，都是为了净化市场竞争秩序，切实保障市场机制真正在资源配置和资本使用中发挥基础性作用。

【知识拓展】

什么是住房反向抵押养老保险?

住房反向抵押养老保险属于人寿保险中的生存保险。所谓人寿保险,简称寿险,是指以人的生命为保险标的,以被保险人的生存、死亡或生存死亡两全为保险金给付条件的人身保险,具体又分为生存保险、死亡保险和生死两全保险。其中生存保险是指以被保险人在约定保险期内生命维系作为保险事故的保险。住房反向抵押养老保险在我国属于新生事物,保监会曾于2005年批复同意幸福人寿保险股份有限公司运作反向抵押贷款产品,但幸福人寿在实际经营中并无此种保险业务。

由于融合了不动产抵押制度与生存保险制度,所以住房反向抵押养老保险制度仍然存在许多需要完善的地方,这必然使保险公司和潜在投保人在保险合同建立和履行中存在风险。具体地说,包括:①《意见》未明确老年人夫妻能否共同作为投保人。即如果仅由夫或妻一方投保,则在投保人死亡后,另一方可能面临丧失房屋处置权的不利局面。②《意见》中所指的可以设立反向抵押的房屋是否应有相应范围。城市直管公房、自管公房、军产房、公租房、经济适用房和宅基地房屋等情况应如何处理。③投保人应该享有哪些权利?首先,在房屋涨价及老年人身体状况如因大病需要变现出售抵押房屋时,老人能否保有处分利益。其次,老年人身故后,房屋由保险人处置,此时如房屋存在升值利益如何分配。④不受追索的权利。老年人去世后,如果房产处置所得不足以偿付保险公司已支付的养老保险相关费用,由保险公司承担房价不足的风险,保险公司是否可以以老年人的其他财产追偿或向老年人家属追偿。

▶ 探讨案例

《×市产品质量条例》立法侧记

我国现行的《产品质量法》是于1993年2月22日第七届全国人民代表大会常务委员会第三十次会议通过,根据2000年7月8日第九届全国人民代表大会常务委员会第十六次会议修正的,在经历了"毒奶粉""瘦肉精""地沟油""染色馒头"等恶性产品质量事件之后,无论是学术界还是实务界,修改和完善现行《产品质量法》的呼声都很高,尤其是如何加强和完善政府监管,更是成为重中之重。作为在产品质量领域中政府监管的重要抓手,质量监督抽查是其中重要的一环。根据现行《产品质量法》第15条第3款的规定,"根据监督抽查的需要,可以对产品进行检验。检验抽取样品的数量不得超过检验的合理需要，并不得向被检查人收取检验费用。监督抽查所需检验费用按照国务院规定列支"。从该条规定来看，首先，规定了产品质量监督部门依法拥有产品质量监督抽查的权力；其次，规定了产品质量监督部门抽取样品的操作规范——不得超过检验的合理需要；最后，规定了产品质量监督部门抽查检验的费用出处——按照国务院规定列支。

　　×市为了进一步加强对产品质量的监督管理，提高产品质量水平，明确产品质量责任，保护消费者的合法权益，维护社会经济秩序，将《×市产品质量条例》（以下简称《条例》）列入立法规划，并将《条例》草案发往质量技术监督部门、工商行政管理部门、食品药品监督管理部门和农业行政管理部门等相关产品质量监督管理部门征求意见。其间，主要形成了质量技术监督部门和工商行政管理部门两派意见，意见争议的焦点集中在了样品的抽取和检验费用的收取上。质量技术监督部门认为，按照国家质量技术监督检验检疫总局2011年2月1日实施的《产品质量监督抽查管理办法》第17条第2款的规定，"监督抽查的样品由被抽查企业无偿提供，抽取样品应当按有关规定的数量抽取，没有具体数量规定的，抽取样品不得超过检验的合理需要"。因此，质量技术监督部门坚持在立法中应该规定，对被监督检查企业进行抽样时，抽取样品由被抽查企业无偿提供。另外，具体从事产品质量检验的是专业机构，质量技术监督部门与检验机构是委托关系，相关的检验费用应该由被抽查企业承担；但是，工商行政管理部门认为，根据《食品安全法》（2009年2月28日颁布，2009年6月1日实施，已被修改）第60条第2款的规定，"县级以上质量监督、工商行政管理、食品药品监督管理部门应当对食品进行定期或者不定期的抽样检验。进行抽样检验，应当购买抽取的样品，不收取检验费和其他任何费用"。此外，根据国家工商行政管理总局于2014年3月15日实施的《流通领域商品质量抽查检验办法》第13条第1款规定，"抽检所需检验用样品，按经营者进货价格购买"。由此，首先，在《条例》中应该明确，对于在被抽查企业抽取的样品，应该由质量监督部门购买抽检样品。其次，不论是《产品质量法》还是国家质量技术监督检验检疫总局以及国家工商行政管理总局等部委颁行的部委规章，都规定检验费用不得向被抽查企业收取，所需费用由中央和地方财政予以解决，如果在《条例》中规定对于检验费用的收取，明显与现行法律规范不符。

　　×市人大在开会讨论审议《条例（草案稿）》时，有关收取检验费用的条款被法律专家们坚决删除了，但是仍然保留了无偿提供样品的条款，因此，最终通过并颁行的《条例》对于两个部门有争议的条款是这样规定的，"产品质量检验所需样品，依法无偿抽取。法律法规规定对样品进行买样检验的，从其规定"。

【深度思考】

1. 该案中，是什么原因造成了在《条例（草案稿）》征求意见中形成了质量技术监督部门和工商行政管理部门在样品的抽取和检验费用的收取上的两派意见？

2. 在实践中，诸多经济法律规范本身的制度规定是较为原则性的，其实施必须依靠相关国家经济干预主体所制定的部委规章加以细化和落实，试以某一国家经济干预领域为视角，梳理一下经济法律规范与部委规章、部委规章相互之间是否存在矛盾和冲突之处？

3. 本案中，《条例》最终仍然保留了被监督检查企业无偿提供样品的制度规定，试分析此规定对相关经营者和消费者可能会带来什么影响？

4. 国家经济干预主体履行干预职能的终极目的何在？如何避免由于不同国家经济干预主体干预职能的"积极冲突"和"消极冲突"所带来的干预低效？

5. 近年来，深圳市、佛山市等多地已经将质量技术监督部门、工商行政管理部门、食品药品监督管理部门等合并为"市场监督管理部门"，如何认识我国正在进行的"大部制"改革？"大部制"改革对于国家经济干预主体履行干预职能的意义何在？

▶ 阅　读

1. 杨馥：《中国保险公司治理监管制度研究》，经济科学出版社 2011 年版。

2. 袁成：《中国保险监管制度研究》，南京大学出版社 2011 年版。

▶ 相关法律法规

1. 《中华人民共和国保险法》（1995 年 6 月 30 日通过，2002 年 10 月 28 日第一次修正，2009 年 2 月 28 日修订，2014 年 8 月 31 日第二次修正，2015 年 4 月 24 日第三次修正）

2. 《中国保监会关于开展老年人住房反向抵押养老保险试点的指导意见》（保险监督管理委员会，2014 年 6 月 17 日起施行）

第九章

行业协会法律制度

　　行业协会，是指同业经济组织以及相关单位自愿组成的非营利性的以经济类为主的社团法人。服务功能、协调功能、管理功能是其基本功能；体制内、体制外和政府引导扶持、民间组建运作模式，是其产生的基本模式。行业协会是重要的经济法主体，是沟通政府和市场的桥梁和纽带，在市场经济体制建立和完善过程中发挥着重要的作用。当然，这些作用的发挥必须建立在法律保障和规范的基础上。因此，一方面，应当建立健全行业协会立法；另一方面，应该加强对行业协会行为边界的立法、执法和司法规制。

▶ **知识要点**

　　1. 行业协会的含义与特征。

　　2. 行业协会的功能。

　　3. 行业协会立法。

▶ **主案例**

北京市水产批发行业协会与娄某某垄断纠纷上诉案[1]

　　娄某某为北京京深渔隆海鲜行（以下简称"京深渔隆"）的经营者。娄某某与刘某某系夫妻关系，刘某某是北京万鲜隆海产品商行（以下简称"万鲜隆"）的经营者。2011年9月29日，北京市水产批发行业协会（以下简称"水产协会"）成立，登记有31名单位会员。水产协会向其会员发放了《北京市水产批发行业协会手册》，其中"协会章程"第2条规定，"本会是由北京京深海鲜批发市场、大洋路海鲜批发市场、四季青海鲜批发市场、东郊市场、岳各庄市场

经销海鲜产品的经销商自愿组成的行业性的非营利性社会团体法人";"奖罚规定"第1条规定,"禁止会员不正当竞争,不按协会规定的销售价格折价销售扇贝的,经督查发现,一次罚款10 000元,奖励给举报者5000元";第2条规定,"禁止会员向本协会会员所在的市场向非会员销售整件扇贝,发现串货的,一次罚款10 000元,奖励给举报者5000元"。该手册自2011年6月1日起施行。

原被告双方在案件审理期间提交的2009~2012年的会议记录中,先后出现"北京贝类商会会议记录""北京小双赢组合会议""小双赢组合会议""北京市水产批发行业协会会议""协会会议""协会负责人会议""公司负责人会议""组合会议"或"组合负责人会议"等。根据2010年7月7日"小双赢会议"的记录,刘某某加入商会成为会员。2011年12月1日,"协会全体会员会议"记录记载"退出一名会员:刘某某"。2011~2012年的会议记录中有大量处理水产批发协会事宜的记载。其中,2011年11月3日,"协会负责人会议"记录记载:"关于11月份扇贝销售价格,争取销售额超过800万元,经研究,11月份扇贝销售价格:大贝售价每斤19元,收价18.6元;中贝售价每斤17元,收价16.6元;小贝售价每斤13元,收价13.6元;扣贝售价每斤11元,收价11.6元。上述扇贝协会每斤返还给会员1元,从11月1日起。"2011年11月12日,"协会负责人会议"记录记载:"除协会原有的违规罚款以外,其他违反协会作出的决定和制度的,发现一次罚款2000元整。"2011年11月16日,"协会会议"记录记载:"……关于物流情况的说明,从明天开始,所有会议必须装会员自家的车,运费从今天开始恢复到原来的运费。四、关于大连獐子岛渔业集团股份有限公司(以下简称獐子岛公司)对协会的奖励政策和下半月的销售计划问题,按上半月销售计划和价格不变……大家举手一致通过,刘某某个人保持意见。"2011年11月30日,"协会负责人会议"记录记载:"经研究,一、獐子岛贝大贝销价21元,中贝19元,小贝16元,扣贝14元,从12月1日起执行。"同日,名称为"协会全体会员会议"记录记载:"三、关于12月份销售计划和价格问题:獐子岛:大贝销价21元,中贝19元,小贝16元,扣贝14元……大家举手一致同意通过。"2011年12月25日,"协会会议"记录记载:"一、关于会员串货、折价问题,怎么杜绝此类事情的发生,经研究:按原来规定,不准整件向有会员的市场销售,发现一次罚款10 000元,大家举手一致同意通过。"2011年12月30日,"协会负责人会议"记录记载:"三、獐子岛扇贝自2012年元月1日起每斤上涨1元,销售价格每斤提高1元。即大贝22元,中贝20元,小贝17元,扣贝15元。"2011年12月31日的"协会会议"重申前一天关于扇贝价格的会议内容。2012年1月9日,"公司负责人会议"记录记载:"经讨论议定:大连獐子岛渔业集团股份有限公司北京销售组合。"以上会议的参会人员，除杜某某、陈某某、谢某某3人外，均为水产协会会员。

娄某某提交了2010年10月~2011年12月的水产协会财务报表。2011年12月10日，水产协会11月份财务报表显示"每斤补1元"项目下各成员分别补一定金额，合计补564 850元，"收方"项目下刘某某因违规被罚款2000元。

水产协会还以传真形式发出通知，其中，2011年11月1日通知称："为了保证獐子岛扇贝在北京市场销量不断增大，为了庆祝协会成立几年来取得的成绩，回馈首都市民，经协会研究决定，从11月1日起，獐子岛大贝销售价格每斤19元，结算价18.6元；中贝销售价每斤17元，结算价16.6元；小贝销售价每斤13元，结算价13.6元；扣贝销售价每斤11元，结算价11.6元，到11月底止，协会按实际销售量补贴给会员每斤1元。"2011年11月18日、11月21日，水产批发协会分别发出通知：刘某某因违反协会规定被罚款2000元。

为证明"组合"代理销售模式是獐子岛公司所采用的经销商管理模式且水产协会非獐子岛扇贝的唯一进货渠道，水产协会提交了相关网页打印件和獐子岛公司2009年、2010年和2011年的年度报告。此外，2011年2月15日，獐子岛公司大双赢贸易组合发布"关于给予北京区域底播贝销售返利的通知"规定，北京区域底播贝销售激励政策为2011年1月1日起至2011年12月31日止，根据北京区域每月销售收入的数额可以获得相应数目的返利。2012年9月13日，叶某某等15位北京经销商与獐子岛公司签订"獐子岛虾夷扇贝经销商2012年销售激励政策"。

综上，北京市第二中级人民法院依据《反垄断法》第3条第1项、第12条、第13条第1项、第16条、第50条，《最高人民法院关于审理因垄断行为引发的民事纠纷案件应用法律若干问题的规定》第1条、第14条、第15条，《中华人民共和国民法通则》第50条第2款、第134条第1项之规定，判决：①确认涉案《北京市水产批发行业协会手册》中"奖罚规定"第1条、第2条规定无效；②自判决生效之日起，水产批发协会停止组织会员达成涉案变更和固定獐子岛扇贝价格的垄断协议的行为；③驳回娄某某的其他诉讼请求。

【案例分析】

本案是关于行业协会的典型案例，作为社会中间层中自治性团体的典型代表，行业协会在履行其服务功能、协调功能和管理功能的同时，其行为也需要控制在一定范围内，其中，其行为不能与《反垄断法》的禁止性规定相冲突就是重要的一条。

从该案案件事实来看，案件争议的焦点包括：①双方当事人的主体是否适格；②水产协会的涉案行为是否构成垄断协议，应当承担何种法律责任；③《北京市水产批发行业协会手册》中"奖罚规定"第1、2条的规定是否属于垄断协议条款以及是否应确认无效。

一、关于本案双方当事人的主体是否适格的问题

根据《最高人民法院关于审理因垄断行为引发的民事纠纷案件应用法律若干问题的规定》的规定，无论作为水产协会的单位会员，还是作为垄断协议的受害者，娄某某均可以垄断行为遭受损失为由提起民事诉讼，其主体适格。《反垄断法》第11、16、46条均是对行业协会垄断行为的法律规制条款，因此行业协会应为《反垄断法》所规制的对象。水产协会于2011年9月29日被准予登记，取得法人资格，因此水产协会主体适格。结合2011年9月29日水产批发协会成立后至2012年更名为"大连獐子岛渔业集团股份有限公司北京销售组合"前的会议记录和2011年9月~2011年11月的水产批发协会财务报表，可以认定至少在2011年9月29日~2011年12月31日期间，系以水产协会的名义对外开展活动。水产协会具有独立的民事权利能力、民事行为能力和民事责任能力，其主体适格。

二、关于水产协会的涉案行为是否属于组织具有竞争关系的经营者达成"固定价格垄断协议"的问题

水产批发协会由31名单位会员组成，其单位会员均为从事海鲜销售的法人或其他组织，且上述会员从事相同或相似产品的销售，属于同业竞争者并具有竞争关系，符合《反垄断法》第13条的要求。从2011年11月3日、11月30日、12月30日、12月31日的会议记录可以看出，水产协会多次组织、协调会员进行研究、讨论，促使具有竞争关系的会员达成变更和固定大贝、中贝、小贝、扣贝等扇贝价格的协议，使得本应存在的价格差别趋于一致。水产协会组织会员人为达成变更和固定商品价格的协议，并对不按协会规定的销售价格折价销售扇贝的会员处以罚款的行为，其本意就在于防止本来具有竞争关系的协会会员之间产生内部竞争，联合抵制其他非协会会员通过价格对协会会员产生的竞争。同时，通过获得獐子岛公司的销售返利，客观上产生了排除、限制竞争的效果。因此，水产协会的行为属于组织会员达成"固定价格垄断协议"。

其间，水产协会抗辩称涉案扇贝价格并非由其规定，而系执行獐子岛公司的定价和调价决定。那么，为了支持该抗辩主张，水产协会必须提供以下两项证据：其一，獐子岛公司要求经销商以固定的价格销售其扇贝产品的证据；其二，水产协会固定的商品价格与獐子岛公司的定价和调价之间存在对应关系。由于水产协会未能提供上述证据，因此其主张未能被法院所采纳。

2011年12月25日名称为"协会会议"的会议记录记载，水产协会组织、协调会员进行研究，规定"不准整件向有会员的市场销售，发现一次罚款10 000元"。禁止水产协会会员向有会员的市场的非会员整件销售獐子岛扇贝的做法，

相对于零散销售獐子岛扇贝的做法，增加了非会员通过水产协会的渠道获得獐子岛扇贝的包装、运输、时间等运营成本，属于人为设置市场进入的障碍和壁垒。反过来说，如果允许会员向有会员的市场的非会员整件销售獐子岛扇贝，将降低非会员获得獐子岛扇贝的成本，一方面削弱了水产协会对获得獐子岛扇贝的控制权；另一方面借助非会员之间、非会员与会员之间的价格竞争打破了水产协会对獐子岛扇贝的固定价格。

水产批发协会组织具有竞争关系的经营者达成固定和变更獐子岛扇贝价格协议的行为，违反了我国《反垄断法》的相关规定，依法应承担停止侵权的民事责任。关于娄某某要求赔偿损失的诉讼请求，由于除通过水产协会从獐子岛公司进货外，獐子岛公司在北京的直营店亦可提供獐子岛扇贝，因此，即使娄某某不能销售獐子岛扇贝，仍可转而销售其他贝类产品，贝类产品的进货渠道除了獐子岛公司外，还包括山东、辽宁等地，娄某某基于销售獐子岛扇贝的预期利益损失与水产协会垄断行为并无直接因果关系。刘某某因水产协会的涉案行为而被多次罚款，但是娄某某与刘某某之间并无代理关系，故刘某某因水产协会的涉案垄断行为产生的损失与娄某某无关。

三、关于"奖罚规定"第1、2条的规定是否属于垄断协议

在水产协会未提交证据证明涉案手册已被废止的情况下，可以认定手册作为水产协会的章程自2011年6月1日施行至今一直处于使用状态。该手册中"奖罚规定"部分第1条关于"禁止会员不正当竞争，不按协会规定的销售价格折价销售扇贝"的规定和第2条关于"禁止会员向本协会会员所在的市场向非会员销售整件扇贝"的规定均系固定价格的规定，违反《反垄断法》第13条第1项的强制性规定，理应认定为无效。

据此，法院认定事实清楚，证据确实充分，适用法律准确，判决结果得当。北京市水产批发行业协会在履行行业服务、协调、管理职能中应该扮演什么角色，透过本案判决可谓一目了然。

【知识拓展】

拓展一：　　　　　　　　什么是行业协会？

所谓"行业协会"，是指同业经济组织以及相关单位自愿组成的非营利性的以经济类为主的社团法人。[1] 就其实质而言，一般认为是一种由单一行业的竞争者组成的非营利性组织，目的在于促进该行业中的产品销售和在雇佣方面提供多边性的援助服务，或促进和提高该行业中一个或多项经济利益或该领域所

---

〔1〕　黄河、王兴运主编：《经济法学》，中国政法大学出版社2008年版，第106～109页。

覆盖成员的经济利益。

行业协会的特征包括：①自律性。行业协会是建立在行业协会成员共同认可、自愿接受的基础上的。行业协会由同一行业的从业组织或人员组织起来，共同制定规则，以此约束自己的行为，实现行业内部的自我监管，保护自身利益。主要表现为行业协会作为独立的社团法人，在章程规定的范围内，按照章程规定的情形和方式约束其成员的行为，包括行业制度的建立和行业职业道德标准的建立。②非营利性。所谓非营利性，是指行业协会不以营利为目的，但并非完全不营利，只是不得将获得的利润和收入分配给成员，不以追求利润最大化为目的。③中介性。主要表现在行业协会在一定程度上起到了促进和保障国家和企业之间相互沟通的作用，一方面，行业协会通过各种方式集中会员的意见并及时向政府及有关部门反映、提出建议，必要时甚至提出交涉；另一方面，行业协会要及时向会员传达党和政府的方针、政策和精神，以增进企业与政府之间的理解与支持。④特殊公益性。行业协会所代表的利益不同于单个企业成员的个别利益，也有别于一般意义上的社会公共利益，而是一种"特殊的公益"，表现为本行业的集体性利益和共通性利益。行业协会的特殊公益性，一方面是相对于其成员个别利益而言，它具有公共性，具体体现在行业协会提供某些公共物品或某些具备社会公信力的服务上；另一方面，相对于政府系统，行业协会所代表的利益却具有民间性，具体体现在其对内自筹经费和实行自我管理，对外则通过游说等活动来影响和制约政府。

行业协会的基本功能体现在三个方面：①服务功能。随着社会的发展，企业的信息成本在总成本中所占的比重越来越高。信息搜寻成本主要包括：在作出决策之前找到足够数量的交易伙伴，弄清地址、产品设计、质量、可靠性以及其他相关方面的成本。企业通常获得信息的来源主要有通过自身组织力量去搜寻和向专业公司购买两种。而行业协会在信息搜寻成本方面的成本优势和专业信息公司类似，即只需要付出一次成本，只不过行业协会和企业之间的关系是用一个长期合约代替了一系列合约，两者的关系更近似于企业内部关系。②协调功能。对内，行业协会要注意各成员企业的互动性，平衡行业内的力量关系，既要促进竞争又要避免过度竞争，引导各种规模的企业按照行业组织维护自身的生存和发展，促进社会经济良性、公平、可持续发展。对外，行业协会要代表行业的整体利益与外界沟通，向政府反映企业的声音。同时，行业协会作为一种职业团体，需要利用自我保障机制来维护其成员的合法权益，这主要体现在谈判缔约和进行联合诉讼方面。③管理功能。行业协会可以根据政府的授权代替政府行使某些管理职能。行业协会之所以代行政府的部分管理职能，主要在于其拥有灵活性、可以提供决策所提供的专业知识以及可以节约费用等方面的优势。行业协会作为行业内部的组织，与国家行政机关相比，在行使行业监督权的过程中更具专业性、技术性、灵活性和高效性。行业协会的管理职能主要包括行业标准制定、技术素质考核等。

概括地说，我国行业协会的发展模式有三种：①"自上而下"模式。此种模式的行业协会的产生主要源于两种目的：一个是部门管理体制向行业管理体制的转变，一个是政府机构改革和职能转变。政府在鼓励此类行业协会发展时，更多的是强调行业协会对政府的辅助，在实际操作中政府希望行业协会作为行业管理的辅助工具，并通过部分转移其原有职能，使自己对行业管理的权力得到"合法"延伸，将"权力移交和人员分流"捆绑进行就是明证。政府不遗余力地创办此类行业协会，主要动力在于以下两点：一是重新建立国家对经济的宏观控制能力，尤其是对非公有经济成分的控制力。二是建立政府的"蓄水池"，安置机构改革中的分流人员。②"市场内生"模式。此种模式的行业协会多由企业自发组成，以自身利润最大化为导向。行业治理的需求是该种模式行业协会成立的内在动力。"市场内生"模式行业协会往往产生于行业危难之际，从而容易获得业内企业的认同，因而行业覆盖率远高于自上而下型的行业协会。但也意味着触发这种自发性集体行动的要求很高，一般产生在行业遭受巨大损失的时候。其资金在很大程度上依赖于企业捐赠，决定了其容易受到大企业的控制。③"中间"模式。此种模式的行业协会的组建既不是自上而下的政府行为，也不完全是自发，而是在政府的引导和推动下，激发民间组建行业协会的热情，由企业资助组建，政府给予一定的扶持。细分中间型行业协会，还有两种不同类型：一种是行业内需求旺盛但苦于没有宣泄的出口，政府通过引导，行业协会能自发组建并运作，对后期政府的扶持要求低，可以称之为"准市场内生"模式；另一种是行业内需求并不旺盛，政府出于促进行业发展的考虑，努力引发企业的热情，推动企业组建，不妨称之为"准自上而下"模式。"中间"模式行业协会的特点是借助了政府的力量又兼顾了市场需求，从而避免了政府主导带来的负面影响，也改善了"市场内生"模式行业协会产生条件过高的限制。但是需要注意的是，"中间"模式行业协会的发展要防止政府干预过多，否则容易返回到自上而下型行业协会的老路。

拓展二：　行业协会在垄断协议的达成中扮演什么角色？

从形式要件上讲，垄断协议包括企业之间的协议、企业团体的决议和企业之间的协同行为。其中，企业团体的决议常常以行业协会或企业协会的决议形式表现。一般来说，行业协会在垄断协议的达成中既有直接角色的扮演也有间接角色的扮演。所谓"直接角色"，包括：①行业协会规章制度指导下的垄断协议。行业协会的规章制度包括章程、行为规范、惩罚规则和争端解决规则等，其中行业协会的章程成为垄断协议达成最为重要和惯常的表现形式。②行业协会决议指导下的垄断协议。行业协会不仅主持参与成员企业的谈判协调，而且还积极通过协会资源对垄断协议的运作进行监督，并对违反垄断协议的相关成员企业进行处罚。所谓"间接角色"，是指在行业协会牵头下成员企业之间达成的垄断协议。行业协会在垄断协议的达成中起到的是辅助性作用。

▶ 探讨案例

温州市服装商会自治案〔1〕

同其他许多民间商会的成立背景相同，温州服装商会的成立也是由于行业的混乱无序，而政府又无力解决这一困境，因而相关业内人士通过成立民间商会来规范行业秩序。目前属于温州第二大支柱产业的服装行业，起步于20世纪80年代初，开始是地摊式经营，属于"弄堂市场"，虽然服装的销量不少，但大多是家庭手工作坊制作，属于低档次产品。到了20世纪90年代初，温州的服装业还处于"前品牌竞争阶段"，服装企业之间相互仿冒，竞相压价现象严重，行业秩序极为混乱。为了规范行业发展，1994年温州金三角服装厂厂长刘某某等一些有先见之明的企业家在温州市工商联的支持下自发地成立了温州市服装商会，商会成立后积极为会员企业办实事、规范同行竞争、防止和打击不正当竞争行为，赢得了会员的信任。十年来，经过两任会长（刘某某、陈某）的努力，温州服装商会已经发展成为一个拥有1000多家会员企业，覆盖了全行业90%的大中型企业，有健全的组织机构和行业自律机制的自治性行业组织。商会始终坚持以为会员服务为宗旨，以提高产品质量为重要环节，以市场为导向，以打响品牌为重点，有力地推动了温州服装业的发展。商会成立前一年，温州服装业总产值不到20亿，到2001年全市服装企业达2500多家，年产值265亿元，翻了三番多（销售超亿的就有16家），出口创汇3.29亿美元，比2000年增长了27.5%，2002年产值更是达到了302亿元。量的提高也带动了质的提升，八年前温州没有一个企业产品达到国家服装质量标准"优等品"，如今已有44个品牌达优。目前，行业产品结构趋于合理，品牌知名度在全国更加响亮，男装企业稳步发展，休闲装、女装、童装异军突起，温州服装业呈现出行业规模大、生产设备好、产品档次高、经营方式佳、发展势头强等五大优势。2001年底，温州市经委对市30个行业协会（商会）进行考核验收，确定授予25个市

---

〔1〕　本案是在"温州服装商会：制度变迁与自主治理机制的演进"一文的基础上经过修改、删减而得的，原文可参照中国行业协会商会网，http://www.fctacc.org/48637.html。

行业协会（商会）为示范单位，服装商会名列榜首，成了温州民间组织的榜样。

【深度思考】

1. 温州市服装商会属于哪一种类型的行业协会？温州市服装商会由小到大、由弱到强的成功经验何在？

2. 温州市工商联在温州市服装商会的发展中起到了什么作用？如何正确看待政府与行业协会、"自上而下"型行业协会与"市场内生"型行业协会之间的关系？

3. 试对我国有关行业协会的立法进行梳理，总结和归纳其中存在的问题与不足。能否谈谈你对完善立法的若干意见和建议。

4. 虽然目前我国还没有制定颁行诸如《行业协会法》这样的有关行业协会的统一性立法，但是地方性立法却呈现方兴未艾的发展趋势，如《广东省行业协会条例》（广东省人大常委会，2005年12月2日）、《广西壮族自治区行业协会商会管理办法》（广西壮族自治区人民政府，2012年11月18日）、《云南省行业协会条例》（云南省人大常委会，2012年9月28日）等，试对这些地方性立法进行系统梳理，并结合行业协会发展实务对以上立法进行评析。

5. 据南方都市报等新闻媒体报道[1]，2014年以来，已经有深圳市清洁卫生协会会长、深圳市驾培行业协会会长、深圳市自卸车协会执行会长等多人因涉嫌向相关政府部门官员行贿被调查。试析如何从制度设计上避免行业协会成为利益输送的媒介。

▶ **阅　读**

1. 鲁篱：《行业协会限制竞争法律规制研究》，北京大学出版社2010年版。

2. 叶明：《行业协会限制竞争行为的反垄断法规制》，法律出版社2010年版。

▶ **相关法律法规**

1. 《社会团体登记管理条例》（国务院，1998年10月25日发布施行）

2. 《关于加快推进行业协会商会改革和发展的若干意见》（国务院办公厅，2007年5月13日起施行）

---

〔1〕 相关报道可参照"深圳至少三名行业协会会长卷入官员违纪违法案"，原文可参照 http://news.sohu.com/20140827/n403806965.shtml.

第十章

特殊企业法律制度

本章提要

特殊企业是指执行国家特殊社会经济政策，从事具有公益性、国家安全性等事务的企业。这些企业因为业务范围特殊、职责特别，一般都是由国家通过直接投资经营的方式来设立和运营的，并且由特别法律规范予以规制。随着"新公共管理理论"的引入，特殊企业的"市场化改革"方兴未艾，众多的特殊企业正在通过市场化运作的方式将部分业务发包给一般商事企业，并且通过引入"可竞争性市场理论"在传统的垄断领域人为创设竞争机制，以提高公共物品和准公共物品的供给效率。

知识要点

1. 特殊企业的概念、特征和地位。

2. 特殊企业的"市场化改革"。

主案例

案例一：　　辽宁海城盐务局给饲料添加剂氯化钠开罚单事件[1]

2014 年 7 月 23 日，辽宁海城盐业部门针对当地饲料生产企业进行检查，专项检查使用添加剂、畜牧盐等情况。当地行业龙头企业被查出购买使用外省某企业生产的饲料添加剂氯化钠，收到了海城盐业部门开具的《行政处罚决定书》（以下简称《决定书》），并被责令停止加工生产。按照《决定书》所写，这家饲料厂被处罚是因为他们购买使用了江苏常州一家企业生产的饲料添加剂氯化钠，海城盐业部门认为这种添加剂氯化钠是"不加碘的盐"，所以予以没收并处以罚款。

---

[1] 本例是在"海城盐务局给饲料添加剂氯化钠开罚单"基础上经过删减、修改而得的，原文可参照凤凰网，http://ln.ifeng.com/news/detail_2014_08/25/2820174_0.shtml。

早在2014年3月18日,辽宁省盐务管理局在给各地盐业管理部门下发的通知中就指出,饲料添加剂氯化钠这种产品已经作为畜牧盐的替代品用于生产加工饲料,并且有逐步扩大蔓延的趋势,对于这种情况,盐业部门决不允许。按照盐业管理部门相关官员的理解,盐是专营产品,所谓专营,就是有专门的渠道、价格固定、计划调控,而非可以随便生产使用。盐业部门指定售卖给饲料生产厂家的是畜牧盐,而非添加剂氯化钠。从整体价格上看,盐越到北方价格越贵,也因此市场上出现了南方过来的盐(南北盐的差价是300元/吨),就是被盐业部门查处的厂家使用的添加剂氯化钠。由此,在盐业部门看来,南方来的盐不在辽宁省专营范围内,即可定性为私盐,私盐就得打击。

然而,在饲料加工生产企业者看来,盐业部门的所谓"打击行为",其根本目的是保护自身利益并独占市场。据央视报道,海城卖盐给饲料企业的海城盐业公司法定代表人、总经理本身兼任海城市经信局副局长,分管盐业稽查,这一点也让饲料企业和生产添加剂氯化钠的企业产生质疑。根据相关媒体的调查发现,氯化钠添加剂作为饲料中钠离子和氯离子的补充剂,仅占饲料成分的百分之零点几的含量。规模小的饲料加工生产企业每年的使用量达数十吨,而规模大的饲料加工生产企业用量可达几百吨之多。对于这些企业,盐业部门的检查次数十分频繁,如果被盐业部门发现从外面进盐,就会将所有的氯化钠没收拉走,还要对涉案企业处以几千元甚至上万元的罚款。盐业部门所销售的盐820元/吨,而市面上销售的盐500元/吨,两种盐品质相差无几,且盐业部门所销售的盐不允许议价还送货经常迟延。2014年上半年,养殖业经历了前所未有的低谷,饲料企业举步维艰,生产成本高居不下。饲料使用添加剂氯化钠,与老百姓的饮食要求和标准不同,且2011年国家颁布的《饲料和饲料添加剂管理条例》(已被修改)中明文规定,饲料添加剂氯化钠成为允许使用生产的合法产品。用食用盐的标准来管理饲料添加剂,让众多饲料加工生产企业和添加剂生产企业觉得不公。

注:盐是个大概念,包括食用盐、工业用盐、畜牧盐等。盐的主要成分是氯化钠,饲料添加剂氯化钠的主要成分也是氯化钠,乍看是同一物质,但事实上,食用盐、畜牧盐和饲料添加剂氯化钠非同一种物质,彼此在执行标准上完全不同。主要成分方面,饲料添加剂氯化钠标准没有碘,食用盐和畜牧盐标准对碘含量有明确规定。在卫生指标方面,与食盐标准(GB5461-2000)相比,饲料添加剂氯化钠标准(GB/T23880-2009)增加了汞、镉、亚硝酸盐3项限量指标,与畜牧盐标准相比,增加了总砷、铅、总汞、镉、亚铁氰钾等8个控制指标。2014年7月30日,国家农业部针对央视记者"饲料添加剂到底是不是盐,应该归谁管"的提问作出答复,明确表示,"饲料添加剂氯化钠不属于畜

牧用盐，饲料添加剂氯化钠的管理职责属于农业部门"。

案例二：　　江苏徐州饭馆老板跨区域用盐被处罚案[1]

江苏省徐州市下辖新沂市一大排档老板陈某今年62岁，做了35年厨师。因为他家所在地和连云港市东海县接壤，两地之间交流频繁，陈某也曾在东海县曲阳乡工作多年。最近几年，陈某在老家阿湖镇开了一家大排档。2013年初，陈某在东海县曲阳乡的一位朋友家里有事，委托陈某前去帮忙做饭。陈某就在当地超市买了10斤食盐（这批食盐来路正当，属于东海县盐务部门供应）。由于只用了4斤，剩下的6斤扔了觉得可惜，陈某就将盐带回了阿湖镇的家中。十多天后，盐务部门的执法人员上门，告知陈某用盐违法并当场予以没收。此外，盐务部门要求陈某交纳1500元罚款，但陈某拒绝交纳。半个月后，陈某收到一张行政处罚通知单，其中载明因其跨区域用盐被处罚1500元。陈某依然不服，拒绝交钱。2014年春节前，陈某收到了新沂市人民法院的通知书，告知其因拒交罚款被新沂市盐务管理局告上法院。法院告知陈某可以调解，但陈某依然拒绝。几天后，陈某收到一份执行通知书，上面写的罚款金额翻了一倍，成了3000元。陈某继续拒交，在随后的两次协调中，他一直拒交。2014年6月26日，陈某被当地公安机关带到法院，法院开出了"拘留决定书"，因拒绝交纳罚款，对其处以15日拘留的处罚。当天到了拘留所，陈某慌了神，赶紧通知亲戚筹钱交罚款。在拘留所里待了两个小时后，交了5050元，陈某才得以回家。这5050元中，有新沂市盐务管理局3000元罚款，新沂市人民法院2000元罚款和50元的执行费。

盐务局工作人员称，该局的执法依据是江苏省1996年发布的《食盐加碘消除碘缺乏危害实施办法》（已被修改），其中规定，"宾馆、饭店和机关、企业、事业单位的公共食堂以及饮食摊点，必须使用合格的加碘盐。所用加碘盐应当从当地盐业公司或者其委托的碘盐转批点、持有《碘盐零售许可证》的零售网点或者基层人民政府指定的碘盐送销机构购进"。违反规定，"由县级以上盐业行政主管部门责令其使用合格碘盐，没收其非碘盐和不合格碘盐，并可处以2000元以下的罚款"。

新沂市人民法院工作人员称，2013年9月，针对陈某拒不交纳罚款一事，新沂市盐务局向该院申请强制执行。2014年，法院多次前往陈某大排档执行均遇阻未果。2014年6月26日法院在当地派出所的配合下，将陈某带至法院，因

---

[1]　本例是在"徐州男子跨区域用盐被罚五千，盐务局：须在当地买"基础上经过删减、修改而得的，原文可参照凤凰网，http：//news.ifeng.com/a/20141101/42352289_0.shtml。

其拒不履行法定义务并阻碍执行，法院依法作出对陈某实施司法拘留并处罚款2000元的决定。

链接：2014年10月15日上午，新郑市龙湖镇开热干面馆的黄某某，用了从郑州带回的食盐，被新郑市盐业管理局检查人员认定为"跨区域用盐"，没收部分食盐并处罚款200元。事件在被多方关注后，10月18日，新郑市盐业局工作人员公开向社会道歉，退还黄某某罚款及没收的盐，同时，新郑市盐业局盐政科科长郭某某被停职，稽查队长王某某被撤职。

【案例分析】

以上案例的发生都有一个大背景，那就是中国盐业体制改革正在加速进行，有望实现关键性突破。

我国目前的盐业专营始于1996年5月，当时为了保障食盐加碘，国务院发布了《食盐专营办法》（已被修改）。2006年4月，国家发改委根据该办法又颁布了《食盐专营许可证管理办法》（已失效），从而使食盐业成为我国仅有的保持专营体制、按计划统购统销的行业。根据新闻媒体对中国盐业协会理事长董志华在2013年全国盐业多种经营交流会上的采访可知，十几年来，国家有关部委对我国盐业体制改革先后制定了六个方案，但这些方案都由于各种原因停止了。[1]第一个方案：经贸委盐办提出。因国家经贸委撤销，方案暂停。第二个方案：发改委盐办提出。之后盐业主管移交工信部。第三个方案：国家审计署提出。无果，原因未知。第四个方案：发改委经济体制与管理研究所提出。之后盐业主管移交工信部。第五个方案：发改委经贸流通司提出。之后盐业主管移交工信部。第六个方案：发改委和工信部联合盐业体制改革小组提出。无果，原因未知。虽然以上这些由国家不同部委制定的盐业改革方案因各种原因停止，但其中一个共通的原因不言自明，那就是在盐业专营背后潜藏的巨大的既得利益格局。根据国家发改委有关调研资料整理显示，食盐在不同生产流通环节的价格如下：车间价（120～220元/吨）—出厂价（400～500元/吨）—批发价1200元/吨—二级批发价（1500～1600元/吨）—超市售价（1.3元/500g）（换算后折合2600元/吨）。在我国现有盐业专营制度下的既得利益者，主要是中国盐业总公司以及省、市、县三级盐务管理局和盐业公司。在市场经济已经取得巨大发展，市场机制在资源的有效配置和资本的合理使用中起决定性作用的今天，中国的食盐经营仍然停留在计划经济时代。中国的盐业体制政企不分，各地的盐务管理局一般与同级的盐业公司是两块牌子、一套班子合署办公。盐业

---

[1]　"中国将取消食盐专营，盐业曾六次改革均失败"，载搜狐网，http://news.sohu.com/20141121/n406231048.shtml.

管理者既当"裁判员"又当"运动员",垄断食盐销售并从中谋取巨额利润。反观以上案例,莫不是这种滞后体制下所产生的必然问题的生动写照:

第一,在辽宁海城盐务局给饲料添加剂氯化钠开罚单事件中,从备注内容中可知,有关食用盐、畜牧盐和饲料添加剂氯化钠执行的是不同的产品标准,是不同的物质,辽宁海城盐业部门对饲料加工生产企业本身就于法无据。饲料添加剂氯化钠出现在《饲料添加剂品种目录(2008)》(农业部公告第1126号,已失效)中,按照《饲料和饲料添加剂管理条例》第3条的规定,对于饲料添加剂氯化钠的管理权限属于农业行政管理部门,虽然《食盐专营办法》第28条有对畜牧盐的管理规定,但是盐务部门依法也仅有对食用盐和畜牧盐的管理权限,是无论如何也无法越界到对饲料添加剂氯化钠的管理中去的。依照《立法法》第92条的规定,"同一机关制定的法律、行政法规、地方性法规、自治条例和单行条例、规章,特别规定与一般规定不一致的,适用特别规定;新的规定与旧的规定不一致的,适用新的规定"。《饲料和饲料添加剂管理条例》和《食盐专营办法》这两部立法虽然都是由国务院颁布,但依据"后法优于前法"的法理原则,《饲料和饲料添加剂管理条例》优于《食盐专营办法》,也即饲料添加剂氯化钠在饲料生产企业间的自由买卖并不违法。辽宁海城盐务局之所以不辞辛苦频繁检查,主要看中的是由300元/吨的价差带来的利润。

第二,在江苏徐州饭馆老板跨区域用盐被处罚案中,盐务部门作出行政处罚的依据是江苏省《食盐加碘消除碘缺乏危害实施办法》(1996年,已被修改),其中规定,"宾馆、饭店和机关、企业、事业单位的公共食堂以及饮食摊点,必须使用合格的加碘盐。所用加碘盐应当从当地盐业公司或者其委托的碘盐转批点、持有《碘盐零售许可证》的零售网点或者基层人民政府指定的碘盐送销机构购进"。违反规定,"由县级以上盐业行政主管部门责令其使用合格碘盐,没收其非碘盐和不合格碘盐,并可处以2000元以下的罚款"。实质上,食盐专营的出发点之一就是科学补碘、持续消除碘缺乏危害。然而,只要政府部门监管得力,相关盐业企业依法生产经营,符合品质的合格盐未必只能在取得了《碘盐零售许可证》或从基层人民政府制定的碘盐送销机构才能购进,此外,随着竞争的引入,盐价也会随之降低,最终获益的是社会公众。如果仅仅是拿"消除碘缺乏科学补碘"作为幌子,保护的就是垄断和由此带来的垄断低效。由本例可见,从法律制度层面打破食盐专营,绝不仅仅是修改一部《食盐专营办法》即止,与食盐管理相关的法律法规的修订都必须一体考虑在内。因为除了本例所涉江苏省的《食盐加碘消除碘缺乏危害实施办法》以外,国务院《食盐加碘消除碘缺乏危害管理条例》也有类似规定，且也作为司法判例中援引的法律依据。[1] 因此，打破食盐专营法律制度层面上的努力就不仅仅局限于"中央层面"，"地方层面"也是其中重要的一环。

可喜的是，2014 年 4 月，国家发改委已经宣布废止《食盐专营许可证管理办法》，盐业体制改革方案已经在国家发改委主任办公会议上通过，并在各部委完成意见征求。根据相关媒体报道，此次盐业改革方案分 6 个部分共 20 项内容，具体内容是，从 2016 年起，废止盐业专营有关规定，允许现有食盐生产定点经营企业退出市场，允许食盐流通企业跨区经营，放开所有盐产品价格，放开食盐批发、流通经营。2017 年起盐业全面按照新的方案实行。

【知识拓展】

拓展一：　　　　　　　　什么是"特殊企业"？

所谓"特殊企业"[2]，是指执行国家特殊社会经济政策，从事具有公益性、国家安全性等事务的企业。这些企业因业务特殊、职责特别，通常由政府投资设立经营，并且由特别规范予以调整。一般认为，特殊企业从属于国有企业的概念。按照"新公共管理理论"，特殊企业可以通过市场化运作方式将部分业务发包给一般商事企业。在我国，特殊企业存在于以下领域：

1. 在一定时期内执行特殊经济政策的企业，如为解决四大商业银行的历史性债务，将国有企业负债造成的银行呆坏账剥离出来，组建四大金融资产管理公司。

2. 自然垄断企业，如经营供水、供电、供气、供热等业务的企业。

3. 出于特定社会安全和福利目的，依法实行垄断经营的企业，如军工、航天、造币、烟草、盐业等。

4. 从事可竞争公用事业并受管制的企业，如图书馆、殡仪馆等。

5. 出于地域安全和经济发展要求延续的历史性企业，如新疆生产建设兵团、国营农场、国营林场等。

6. 为了完成特定任务而设立的企业，如长江三峡工程总公司等。

从法律制度层面来对本例中所出现的盐业公司进行界定，有学者[3]认为应认定为"其他依法具有独占地位的经营者"。所谓"其他依法具有独占地位的经

---

〔1〕 "申请人射阳县盐务局与被执行人朱明国其他一案行政裁定书"，载中国裁判文书网，http://www.court.gov.cn/zgcpwsw/jiangsu/jssycszjrmfy/syxrmfy/xz/201412/t20141202_4429964.htm.

〔2〕 宋彪编著：《经济法案例研习教程》，中国人民大学出版社 2008 年版，第 64~65 页。

〔3〕 倪振峰编著：《竞争法案例教程》，复旦大学出版社 2005 年版，第 249 页。

营者",是指公用企业以外的由法律、法规、规章或者其他合法的规范性文件赋予其从事特定商品（包括服务）的独占经营资格的经营者。一般而言,此类经营者具备以下特征:①这些经营者是"公用企业"以外的其他经营者,即这些经营者不属于公用企业的范畴,但其性质和地位又类似于公用企业。与公用企业一样,在国家管制的行业从事垄断性或排他性的经营活动,并且是依据法律取得这种独占地位的。②这些经营者具有独占地位。所谓独占地位,是指经营者的市场准入受到法律、法规、规章或者其他合法的规范性文件的特别限制,该经营者在相关市场上独家经营或者没有充分的竞争,消费者对其提供的商品具有较强的依赖性。因此,这些企业享有对某种特定商品的独占经营权。

拓展二：   什么是"国有企业"？

国有企业是由国家或政府投资设立的企业,国有企业在世界上都是一个普遍存在的现象,一般出现在两种情形中:一种是实行生产资料公有制的国家。实行计划经济的社会主义国家将社会资源配置权力统一集中在国家手中,由国家投资设立企业,企业按照国家统一的经济计划进行生产经营;另一种是经济发展处于特殊时期的资本主义国家,典型代表如美国"罗斯福新政"期间所大量设立的国有企业。

纵观现代意义上的经济法在西方资本主义国家的发展演进史,"国有化"和"民营化"的交替演进是贯穿其中的一条主线。经济萧条时,国家主动干预社会经济生活,国有企业就会步入发展的快车道;国家干预经济失效时,民营化的呼声随之高涨。

国有企业的特殊性表现在:①国有企业具有特殊的产权制度。一般而言,国有企业都是全民所有制企业。②国有企业的经营行为不单纯是其作为"经济人"的商业目标,还会有实现社会公益目标的存在。③国有企业有特殊的融资渠道,包括银行贷款、财政拨款、向国际市场进行主权融资等。④国有企业与政府之间的关系比起民营企业要更为紧密。

▶ 探讨案例

四川省盐业总公司郫县支公司不正当竞争案

根据相关媒体报道,[1] 2010 年 8 月 20 日,四川省成都市工商局（以下简称"成都工商"）根据市政府批转 155 期市长公开电话的要求,就市民反映郫县

---

[1] 本例是在"对盐业公司搭售味精行为的处罚决定"的基础上经过修改、删减而得的,原文可参照西华工商的博客, http://blog.sina.com.cn/s/blog_ 5699bc010100pk6k.html.

盐业支公司（以下简称"郫县盐业"）在批发食盐过程中，向食用盐代批点（以下简称"代批点"）强行搭售"梅花"牌味精的情况安排进行核查。经向4家代批点核实，市民反映的情况基本属实。当事人的行为涉嫌违反《中华人民共和国反不正当竞争法》第6条之规定。为进一步查清事实，成都工商于2010年8月23日予以立案调查。

经查明，郫县盐业自2010年7月9日起，先后与郫县13户代批点签订了《特约经销协议》（食盐）和《特约经销协议》（非盐），前者约定经营者为本地区的食用盐唯一代批点，后者则约定经营者为"梅花"牌味精的特约经销商，为尽快打开"梅花"牌味精的市场销路，当事人在实际营销过程中，利用自身盐业专营的独占优势地位，要求13户代批点在购进食盐时，也购买一定数量的"梅花"牌味精。当事人销售的食盐和"梅花"牌味精均由成都市盐业公司划拨，2010年7～8月共销售纸塑盐493.70吨，铝膜盐156.8448吨，味精8.41396吨。至案发时止，当事人向13户代批点销售食用盐530.5792吨，味精4.4425吨。

郫县盐业的上述行为有下列特征：

1. 13户代批点反映其购买郫县盐业提供的"梅花"牌味精不是出于自愿。

2. 郫县盐业与13户代批点签订的食盐和非盐（味精）经销协议是同时进行的，各户协议内容也是统一格式化的。

3. 各代批点购买食盐和味精的比例具有一致性特征。经核实，11户代批点在批发食盐时，都同时购进了一定数量的味精，与反映的郫县盐业要求代批点购买1吨食盐须购买2件味精（规格不限）的情况吻合。郫县盐业在销售食盐、味精时是同时提货、发货，符合食盐和味精搭售的特点。

4. 郫县盐业销售食盐、味精是同时开票、同时付款。经对郫县盐业业务科、财务科及11户代批点的销售发票进行逐笔核实，其向各户批发食盐与销售味精都在同一时间，两者的发票号码是连续流水号。

5. 13户代批点反映其购进味精与享受食用盐的"补贴"优惠相关联。

6. 郫县盐业销售食用盐和味精业务，都纳入了目标考核和奖励挂钩。

在本案调查中，郫县盐业辩称：食盐是国家专营，其开展非盐产品的销售要做到完全和专营食盐的特殊身份分开，不用食盐的销售平台，对其来说是难以做到的。这样做是为了加快适应即将实行的盐业体制改革。由于长期在专营体制下按照计划开展实施营销工作，未参与过市场竞争，缺乏市场竞争经验，忽略了如何把食盐和非盐的销售工作做精做细，加之员工对政策的理解不到位，才出现这样的非主观性错误。

成都工商认为，郫县盐业不仅是郫县全县城镇居民食用盐供应和工业盐供应的唯一合法经营主体，还是国家对盐政市场实施行政管理的具有行政执法权的派出机构。郫县盐业在根据上级部门的工作安排，开展多种经营参与市场竞争的过程中，未正确区分国家专营商品（食盐）和参与市场竞争商品（非盐）之间的不同市场交易关系，为尽快打开非盐商品"梅花"牌味精的市场销路，急功近利，利用自身专营生活必需品食盐的独占优势地位，沿用其特有的食盐专营渠道，采取同时签订食用盐/味精经销协议、批发食盐同时搭卖一定数量味精、将代批点享受食盐"补贴"优惠与购买味精相关联、在内部管理上将食盐和味精销售一并纳入目标考核和奖励挂钩等方式，在向 13 户代批点批发食盐和销售味精时，客观上造成了 13 户代批点从郫县盐业处批发食盐须同时购买其提供的非盐商品"梅花"牌味精的事实，既对 13 户代批点的公平交易权造成了损害，也排挤了其他非盐商品（味精）的经营者的公平竞争。

郫县盐业的上述行为违反了《中华人民共和国反不正当竞争法》第 6 条之规定，应依据该法第 23 条规定予以处罚。

由于郫县盐业是在落实分公司的工作安排中出现的上述不正当竞争行为，且实施时间较短，未造成较大的危害后果，且案发后积极配合调查，主动认识错误，采取善后措施，符合从轻处罚条件。由此，成都工商作出如下决定：①责令郫县盐业停止违法行为。②对郫县盐业从轻处以罚款 50 000 元。

【深度思考】

1. 包括郫县盐业在内的特殊企业在相关市场内的独占地位是怎样获得的？

2. 本案中，成都工商是依据《中华人民共和国反不正当竞争法》第 6 条之规定对郫县盐业的行为进行定性的，那么，法条表述中的有关"其他依法具有独占地位的经营者"在实践中具体所指者为谁？

3. 试分别从历史沿革与法律实践的角度，对我国"特殊企业"的法律规制现状、问题以及解决对策进行探索。

▶ **阅　读**

1. 郑艳馨：《我国公用企业垄断力滥用之法律规制》，法律出版社 2012 年版。

2. 姚保松：《公用企业反垄断法律规制研究》，法律出版社 2014 年版。

3. 曹阳：《网络型公用企业竞争的法律规制》，法律出版社 2007 年版。

▶ **相关法律法规**

1.《中华人民共和国食盐专营办法》（国务院，1996 年 5 月 27 日发布，2013 年 12 月 7 日修订）

2.《食盐加碘消除碘缺乏危害管理条例》（国务院，1994 年 8 月 23 日颁布，1994 年 10 月 1 日起施行）

3.《饲料和饲料添加剂生产许可管理办法》（农业部，2012 年 5 月 2 日颁布，2012 年 7 月 1 日起施行）

4.《关于贯彻实施〈食盐专营办法〉若干规定的意见》（原中国轻工会，1996 年 11 月 5 日起施行）

第三编 宏观调控法

第十一章
宏观调控法的一般原理

▶ **本章提要**

宏观调控是国家从经济运行的全局出发，运用各种宏观经济手段，对国民经济总体的供求关系进行调节和控制。它不仅是市场经济的客观要求，而且在市场经济中占有极为重要的地位。宏观调控以总量平衡为调控的主要目标，以间接手段为调控的主要方式，以经济利益为调控的主要手段。宏观调控法是调整宏观调控关系的法律规范的总称，间接调控原则、计划指导原则、相互协调原则是宏观调控法的基本原则。

▶ **知识要点**

1. 宏观调控法的概念和特征。

2. 宏观调控的原则。

▶ **主案例**

案例一： **财政部、国家税务总局发文上调**
汽油和柴油等成品油消费税[1]

2014 年 12 月 12 日，财政部和国家税务总局突然下发通知，分别上调汽油和柴油等成品油的消费税。汽油消费税单位税额由 1.12 元/升提高到 1.4 元/升；柴油消费税单位税额由 0.94 元/升提高到 1.1 元/升。值得注意的是，这是成品

---

[1] 本例是在"郎永强：国际油价下跌的红利去哪儿了？""税收基本制度只能由法律规定""强化税收基本制度需由法律规定'税收法定'原则""全国人大：适时考虑收回国务院税收立法授权"的基础上经过删减、修改而得的，原文可参照腾讯网，http：//auto. qq. com/a/20141215/015958. htm；百度网，http：//house. baidu. com/gz/scan/0/5952941104507962157/？utm_ campaign = baidu_ xinwen_ fcdt；凤凰网，http：//xibei. ifeng. com/finance/nx/detail_ 2014_ 12/25/3336072_ 0. shtml；网易，http：//money. 163. com/13/0310/09/8PJI033M00253B0H. html.

油消费税半个月内的第二次上调。11 月 28 日国家财政部和国家税务总局已经将汽油、石脑油、溶剂油和润滑油的消费税单位税额在现行单位税额基础上提高了 0.12 元/升。再将柴油、航空煤油和燃料油的消费税单位税额在现行单位税额基础上提高了 0.14 元/升。两次猛提成品油消费税后，直接导致的后果就是国内油价下调幅度大幅缩水。12 月 12 日国际油价纽约油价和布伦特油价分别收于每桶 57.81 美元和 61.85 美元，按照国内现行成品油价格形成机制，汽、柴油价格本应该每吨分别降低 670 元和 640 元。但是国家财政部、税务总局抢先一步提高了油消税，导致国内 90 号汽油和 0 号柴油（全国平均）每升分别仅仅降低了 0.13 元和 0.34 元。

根据财政部网站上发布的答记者问稿件，对于"为什么调整成品油消费税"的解释是"我国的消费税不是普遍征收的，仅对部分高耗能、高污染、高消费等特点的消费品征收，对成品油征收消费税，有利于促进资源节约，抑制对能源的过度消费，是国际上比较普遍采用的做法；同时为进一步加强消费税在治理大气污染、促进节能减排方面的调控力度，合理引导消费需求，再次提高成品油消费税是必要的"。

此前 11 月 28 日的上调成品油消费税，财政部税政司的解释也是如此："为了促进环境治理和节能减排，目前一些大中城市空气中的一氧化碳和氮氧化物，主要来自机动车尾气排放，而且中国相当一部分城市受到较大范围、较长时间的严重雾霾天气困扰，影响人们的生产生活和身体健康。适当提高成品油消费税，可以促进大气污染治理，减少污染物排放，合理引导消费需求，促进石油资源节约利用。"因此才提高税收。那么综合财政部门对两次加税的解释，基本就是一个理由，都是未来"通过加税抑制石油消费，达到环保的目的"。

注：20 世纪 80 年代中期，为适应改革开放的需要，我国把税收立法权授予国务院。"条例"或"暂行条例"就成了大多数税收的征收依据，一些"暂行条例"甚至一"暂"就是 20 多年。目前全国 18 个税种中只有个人所得税、企业所得税、车船税 3 个是经过人大立法的。在 2013 年 3 月第十二届全国人大一次会议召开的新闻发布会上，全国人大常委会法工委副主任信春鹰表示，全国人大会在认真研究分析的基础上在适当的时候考虑收回对国务院的税收立法授权。

在 2014 年 12 月底召开的第十二届全国人大常委会第十二次会议上，委员们在《立法法（修正案）》草案二审稿中，对全国人大及其常委会专属立法权中的税收基本制度作了进一步细化，规定税种、纳税人、征税对象、计税依据、税率和税收征收管理等税收基本制度，只能由法律规定。党的十八届三中全会提出要"落实税收法定原则"。草案一审时就有常委会委员提出，罪刑法定和税收法定都是重要的法治原则,《立法法》对关于犯罪和刑罚的事项不仅授权国务院作出规定,对于税收法定原则也应作出同样规定。

案例二:　　　　　　　　　"营改增"[1]

2011 年,经国务院批准,财政部、国家税务总局联合下发营业税改增值税试点方案。从 2012 年 1 月 1 日起,在上海交通运输业和部分现代服务业开展营业税改征增值税试点。至此,货物劳务税收制度的改革拉开序幕。自 2012 年 8 月 1 日起至年底,国务院将扩大营改增试点至 10 省市。截至 2013 年 8 月 1 日,"营改增"范围已推广到全国试行。国务院总理李克强 12 月 4 日主持召开国务院常务会议,决定从 2014 年 1 月 1 日起,将铁路运输和邮政服务业纳入营业税改征增值税试点,至此交通运输业已全部纳入营改增范围。自 2014 年 6 月 1 日起,将电信业纳入营业税改征增值税试点范围。

在 2014 年 12 月 30 日闭幕的全国财政工作会议上,财政部部长楼继伟表示,2015 年将积极推动进一步加快税制改革,完善非税收入管理制度。关于营业税改增值税,力争将改革范围扩大到建筑业、房地产业、金融业和生活服务业等领域。

浙江进入营改增试点后,发展最快的是文化创意类企业,光企业数量就净增 4 万多家,产值规模增加约 100 亿元。有媒体对当地一家动漫公司进行了采访,发现这里正在制作的主打动画片,是重金聘请了蔡某某作为这部动画片的总导演。在一头一尾之外的动画衔接处理等业务,由于附加值较低,全都交给了专业动画制作公司去完成。而在营改增之前,这些业务全都是由公司自己承担的。如果是花钱找其他企业做,对方的报价里包含着一笔营业税,而公司最后又要按照卖出动画片的价格全额缴纳营业税,等于同一部分收入交了两次税,而营改增后,他们只需要承担动画片在本公司增值部分的税款,转包变得很划算。动画制作业务转包走了,公司把原来动画制作部门制作人员整合进了一个专门的动画制作公司,从原来只围绕集团的业务转,改为做更挣钱的 3D 动画。最近,公司刚刚签下了一个近 700 万元的大单,为中国水利出版社制作 3D 系列动画片《中华治水故事》。

京铁物流公司从 2012 年 9 月作为运输企业进入营改增试点,他们的大部分

---

[1]　本例是在"营改增改革范围或扩大到房地产业""全面深化改革一年来:营改增继续扩围,助推经济转型"的基础上经过删减、修改而得的,原文可参照黑龙江新闻网,http://epaper.hljnews.cn/shb/html/2014 - 12/31/content_ 1435075. htm;和讯网,http://news. hexun. com/2015 - 01 - 03/172003674. html.

业务都是通过铁路运输，由于当时铁路没有进入营改增，他们无法获得足够的增值税抵扣，因而税负一度大幅增加，2014年1月铁路行业纳入营改增后，尽管他们的营业额大幅增长，但税负也仍然迅速地降了下来。电信业2014年6月纳入营改增后，更是惠及几乎所有营改增企业，因为电信费用每个企业都有，基本都可以抵扣税款了。

【案例分析】

案例一发生的背景是，进入2014年11月以来，国际油价大幅下挫，按照国内现行成品油价格形成机制，我国的油价也应随之降低，然而，财政部和国家税务总局的两次调高消费税的通知实际上收窄了价格下探空间，那么，财政部和国家税务总局提高消费税是否属于宏观调控行为？提高消费税的目的究竟何在？是否真正实现了宏观调控的目标呢？

1. 上调消费税行为本身的合法性问题。一般来说，税负的增加与减小，直接关系到国家宏观调控的相关决策，所以税负的改变应该征得全国人大及相关法律部门的许可，也应该有征求意见的听证会。《立法法》（2000年7月1日实施，已被修改）第8条规定，"基本经济制度以及财政、税收、海关、金融和外贸的基本制度"只能制定法律。由此，税收立法权应该专属于全国人大及其常委会。因此，本例中财政部和国家税务总局的增税行为就必须通过立法才能得以实现。

2. 上调消费税理由的正当性问题。本例中，国家财政部和税务总局提高消费税的理由是"节能环保"，那么，通过调高消费税果真会抑制过度消费燃油吗？目前我国的成品油价格仅仅下降了不到1元钱，不论是私家用车还是商务用车，恐怕都不会因为这1元的降幅而大幅度提高所拥有汽车的燃油消费量。另外，国家财政部和税务总局对于此次上调消费税给出的理由是"符合国家宏观调控规定，有利于消费方式变革，推动我国经济增长方式转变"，那么是否有具体数据加以佐证和支撑呢？

3. 上调消费税受益者为谁的问题。根据海关总署数据显示，若按照2013年中国原油进口量来简单计算，25%的跌幅将使得中国2014年进口油价节省超过200亿美元成本。油价下跌也为中国加快建设石油战略储备创造机会。此外，国家信息中心首席经济师范剑平谈到对财政部连续两次上调成品油消费税时也称："油价下降的好处全装财政口袋了。"

正如全国人大常委会辜胜阻委员所说，"部门立法在'治民'和'治官'的关系上，往往强调'治民'，存在国家权力部门化、部门权力利益化、部门利益法定化的现象，因此必须强调'人大主导立法'思想，防止部门在立法上争权"。依照"税收法定"原则，对于税收、纳税人、征税对象、计税依据、税率和税收征收管理等税收基本制度只能由法律规定，对于一些非基本的单项征管制度，则可以由国务院或税务主管部门制定行政法规或部门规章。

从案例二中，我们会发现，"营改增"是对服务业过去征收营业税改为征收增值税，从制度上解决营业税制下"道道征收、全额征税"的重复征税问题，实现增值税下的"环环征收、层层抵扣"。"营改增"的本质就是结构性减税，给企业减负，为经济添活力，减少重复征税环节，鼓励服务业等第三产业发展，为增加就业岗位提供蓄水池。"营改增"，就好比润滑经济转型的齿轮，使其运转起来更健康，经济爬坡转型也就更轻松。改到位、铺得开、能见效，负重前行的中国经济，就会迎来真正的新常态。毫不夸张地说，"营改增"是继1994年分税制改革以来又一次重大的税制改革，其意义主要体现在如下几个方面：

1. 有利于推动服务业加快发展。现代服务业目前已经发展成为国民经济新的增长点，然而，推动其发展迫切需要消除服务业发展的税制瓶颈约束。实行"营改增"后，可以直接减少营业税以及随营业税附征的城建税、教育费附加、地方教育附加。另外，"营改增"特别对于小规模纳税人适用简易计税方法计税，即按照不含税销售额乘以3%的征收率计算缴纳增值税额，税负明显减轻，对于中小服务业的发展将起到很大的推动作用。

2. 有利于促进制造业提升综合竞争力。增值税最大的优势在于其"抵扣机制"。服务业改征增值税后，一些制造业在获取服务的同时，也获得了进项增值税抵扣并降低了税负。"营改增"的抵扣链条打通后，避免了重复征税问题，拓展了试点行业和企业市场空间，促进了企业分工细化和技术进步，对于企业改变大而全、小而全的现象，提升商品和服务出口竞争力，进而提高企业的综合竞争力具有重要意义。

从以上案例中，我们会发现，税收作为宏观调控的重要方式之一，在国民经济运行中起到重要作用。所谓宏观调控，是指国家从国民经济运行的全局出发，运用各种宏观调控手段，对国民经济总体的供求关系进行调节和控制。国民经济总体的供求关系，是指社会总供给和总需求的关系。社会总供给是指国民经济在一定时期内能够提供给社会的全部商品和劳务总量。社会总需求，是指全社会生产需求和消费需求的总和。社会总供给和社会总需求能否保持平衡，对国民经济平衡具有重要的意义。当总供给大于总需求时，可能会造成社会资源的浪费；当总需求大于总供给时，可能会造成物价全面上涨，引起经济生活的动荡；社会总供给和总需求的平衡，包含着相互联系和相互制约的两个方面，即总量平衡和结构平衡。只有总量平衡，国家调整产业结构的决策，才能不受物价波动的干扰而合理和准确，从而使经济运行在良性循环的状态下进行；只有结构平衡才能使产业结构、产品结构与社会的需求结构相适应，从而使总量平衡得以长期维持。宏观调控的特征包括：①以总量平衡为调控的主要目标。与直接调控相比较，宏观调控的主要目标不是微观主体的具体经济行为，而是以国民经济的总量平衡为主要目标。市场作为经济活动的综合实现场所，反映的是总供给和总需求的矛盾运动过程，国家的宏观经济决策通过市场转化为各种市场信号形成要素流动和投资决策的指示器，将企业的经济行为纳入宏观调控的轨道。②以间接手段为主要的调控方式，宏观调控是通过市场中介引导市场主体，使市场主体的微观经济活动同宏观经济发展目标相衔接并一致起来。市场在宏观经济中发挥着信息传递的作用。国家向市场输入保证国家经济调控目标实现的经济参数，使它们在市场经济中发生内部机理交换，最终输出符合宏观调控需求的市场信号达到对市场主体经营决策进行引导的目的。③以经济利益为实现调控目标的主要手段。市场经济中各经济主体追求经济利益是其直接动力，这就决定了国家要实现宏观经济调控目标就必须利用各经济主体的利益欲望，通过改变经济利益关系，激励各经济主体的行为符合国家宏观调控要求。

【知识拓展】

什么是成品油价格形成机制？

现行的成品油价格形成机制是由国家发展改革委（简称"发改委"）牵头，于2008年11月25日前后拟定并获审批的国内成品油价格形成机制改革方案，主要内容是将现行成品油零售基准价格允许上下浮动的定价机制改为实行最高零售价格，并适当缩小流通环节差价。而最高零售价格将以出厂价格为基础、加流通环节差价确定。成品油定价调整机制是由国家发改委根据新加坡、纽约和鹿特丹等三地市场价格的变动情况来确定调整国内的成品油价格，当三地成品油加权平均价格变动幅度超过4%时，即调整国内成品油的价格。

在此机制下，成品油经营企业可根据市场情况在不超过最高零售价格、最高批发价格或最高供应价格的前提下，自主确定或由供销双方协商确定具体价格。2008年12月，因为考虑到征纳成本的因素，在生产环节中征收成品油消费税可以简化征收方式，能够保证足额征收。中国进行的成品油价格和燃油税费改革，改革后的成品油价格中包含了消费税。2008年12月18日，中国国务院颁布《关于实施成品油价格和税费改革的通知》，将汽油、石脑油、溶剂油、润滑油的消费税定为单位税额为每升1元，柴油、燃料油、航空煤油为每升0.8元。

《中华人民共和国预算法（修正案）》通过并实施[1]

2014 年 8 月 31 日，全国人大常委会通过了《中华人民共和国预算法（修正案）》（以下简称《修正案》）并已于 2015 年 1 月 1 日正式付诸实施。有媒体认为，《修正案》体现出了许多创新性的亮点，必然会对我国深化财税体制改革方案实施以及提升国家依法治理水平起到法律支撑与保障作用。

上海财经大学中国公共财政研究院刘小川教授认为，《修正案》有如下几大亮点：

1. 不仅首次将政府预算信息的公开与透明纳入其中，而且在不同的相关条款中多次提及。新《预算法》开章即总则第 1 条就提出，"建立健全全面规范、公开透明的预算制度"。对于人大批准的各级政府的预算、预算调整、决算、预算执行情况等报告，以及各级政府财政部门批复的部门预算、决算，《修正案》第 14 条要求在规定的时限内向社会公开。除此之外，有关财政的一些专项工作，例如，政府采购情况、转移支付政策与执行等情况，《修正案》第 14、15 条也要求必须及时公开；在预算监督方面，《修正案》不仅要求严格审计，而且在第 89 条中专门提出对于针对有关预算执行和其他财政收支所作出的审计工作报告，也应当向社会公开。为保障预算信息的有效公开，《修正案》第 76 条规定对于"未依照本法规定对有关预算事项进行公开和说明的"，将"对负有直接责任的主管人员和其他直接责任人员追究行政责任"。因此，通过《预算法》来规范与推进有关政府预算的运行过程以及审查监督情况的公开，是保障人民的知情权和监督权的有效体现，充分表明我国预算管理民主化的进程进一步加快，体现出社会主义国家人民当家作主的本质内涵。

2. 首次提出预算绩效的概念，并将绩效的思维贯穿于预算编制、预算执行、决算以及预算审查的各个环节之中。在《修正案》第一章总则中，将"讲求绩效"列入各级预算所要遵循的五原则之中；第四章预算编制中，将上年度预算支出绩效的评价结果作为各级预算编制的重要依据之一；第六章预算执行中，要求各级政府及预算部门与单位，必须对预算执行情况进行绩效评价；在有关预决算审查的章节中，明确要求人大负责审查年度预算如何提高绩效以及重点项目支出结果绩效的情况。可以预见，政府预算的编制、执行与审查将终结粗

---

[1] 本例是在"新预算法的五大创新性亮点""预算统筹大提速，11 项基金纳入一般预算"的基础上经过删减、修改而得的，原文可参照搜狐网，http://stock.sohu.com/20141204/n406635247.shtml；凤凰网，http://finance.ifeng.com/a/20141210/13344781_0.shtml.

放管理阶段，从而进入以绩效论"英雄"的科学管理轨道。

3. 首次态度鲜明地提出"政府的全部收入和支出都应当纳入预算"，这标志着所有政府财务行为均需纳入预算管理与监督的制度范畴。"政府全部收入和支出全口径纳入预算"的重大意义体现在：其一，有利于预算管理的完整性与规范性，通过整治政府预算的碎片化管理方式，进而清除预算外与体制外资金的滋生环境；其二，有利于预算过程的社会监督，通过政府全部收支情况的公开透明，必将提高公众对政府预算过程的关注度，进而逐步形成良性的社会监督氛围；其三，有利于预防行政腐败，通过全口径预算管理的规范，政府收支行为完全被置于"阳光"之下，使得腐败行为失去藏身之地。

4. 首次对财政转移支付制度进行了系统性阐述，明确了构建转移支付制度框架的原则、目标、范围、形式、重点以及机制等要件。按照我国实行分税制体制的客观要求，必须形成与此相对应的转移支付制度。《修正案》第16条规定：转移支付制度的设计原则是"规范、公开、透明"，转移支付的制度目标是"推进地区间基本公共服务均等化"和"均衡地区间基本财力"，转移支付制度的覆盖范围为"中央对地方的转移支付和地方上级政府对下级政府的转移支付"，转移支付的运行机制为"建立健全专项转移支付的定期评估机制和退出机制"。除此之外，《修正案》第38条对转移支付预算的编制作出了规定，第48、71、79条对政府转移支付的管理制定出相关审查与监督的规范，第93条还对有关违反转移支付制度的现象作出了具体的责任追究罚则。

5. 首次较系统地勾勒出预算审查的体系框架，对审查体系、审查主体与审查内容作出了清晰规定，无疑将大大强化预决算审查的力度。预算法的执行效果，很大程度上取决于对政府预算审查制度是否健全。关于预算审查体系，《修正案》第二、五、六、八各章的相关条款中，根据预算审查的功能定位，形成了人大审查、政府财政部门审查、审计部门审查以及公众审查为一体的全方位预算审查体系。关于审查主体各自的定位，做到了分工明确、职责清晰。人大代表会议负责预算草案及其报告、预算执行情况的报告重点审查，人大常委会负责预算调整方案审查，人大专门委员会负责预算草案初步方案的初步审查，政府财政部门负责对部门与单位决算及决算草案进行审核与审定，审计部门负责对各级政府决算进行审计，人大代表和社会公众有权在审查预算草案前提供相关意见。除此之外，《修正案》还从八个方面对预算审查的主要内容作出界定，使得预算审查的方向更加明确，有利于预算审查工作的有效推进。

上海财经大学邓淑莲教授认为，《修正案》有如下亮点：

1. 全口径预算。我国的预算包括一般公共预算、政府性基金预算、国有资本经营预算、社会保险基金预算"四本账"。以前多数地方政府只公布一般公共预算和政府性基金预算两本账，而 2015 年地方政府必须四本账全部公布。

2. 预算公布时间。《修正案》明确了地方晒账本的时间。《修正案》规定，除涉及国家秘密的事项外，经本级人大或其常委会批准，预算、预算调整、决算、预算执行情况的报告及报表，应当在批准后 20 日内由政府财政部门向社会公开，并对本级政府财政转移支付的安排、执行情况以及举借债务的情况等重要事项作出说明。而各部门预算、决算及报表也应当在本级政府财政部门批复后 20 日内由各部门向社会公开，并对其中的机关运行经费的安排、使用情况等重要事项作出说明。

3. 地方债务将纳入预算。地方政府出于发展需要，采取多种方式融资，已经形成十多万亿元的地方政府债务。而这些债务多数未纳入预算管理，脱离中央和同级人大监督，存在一定的风险隐患。《修正案》新增了允许地方政府举借债务的规定，并在举债主体、资金用途、举债规模、举债方式和风险管控方面作了相关规定。比如，举借债务只能采取发行地方政府债券的方式，不得采取其他方式筹措，除法律另有规定外，不得为任何单位和个人的债务以任何方式提供担保。另外，《国务院关于加强地方政府性债务管理的意见》明确，把地方政府债务分门别类纳入全口径预算管理，实现"借、用、还"相统一。2015 年 1 月 5 日之前，各地债务清理甄别结果将上报至财政部，这意味着地方政府清理存量债务，甄别政府债务工作完成，也为将政府债务分门别类纳入全口径预算管理奠定了坚实的基础。

4. 审核重点发生变化。传统审查的重点是收支平衡，同时要求预算收入征收部门完成上缴任务。这在客观上带来预算执行"顺周期"问题，容易导致收入征收部门在经济增长放缓时，为完成任务收"过头税"，造成经济"雪上加霜"；而在经济过热时，为不抬高基数搞"藏富于民"，该收不收，造成经济"热上加热"。为了把审核重点转向支出预算和政策拓展上，《修正案》对全国人大审查重点作了相关规定，比如，预算安排是否符合国民经济和社会发展的方针政策，收支政策是否可行；重点支出和重大投资项目的预算安排是否适当；对下级政府的转移性支出预算是否规范、适当等内容。另外，《修正案》还规定，各级政府不得向预算收入征收部门和单位下达收入指标。

【深度思考】

1. 《修正案》出台之前，我国的预算法律制度存在哪些问题？

2. 《修正案》出台之后，我国在预算编制、预算执行和预算监督中有哪些新变化？

3. 谈谈你对预算作为国家干预的重要手段，在社会总供给和总需求的平衡中相关作用的认识。

▶ 阅　　读

1. 郝琳琳、刘影：《税收法律实务》，北京大学出版社 2011 年版。

2. 刘剑文：《走向税收法治：信念与追求》，法律出版社 2009 年版。

▶ 相关法津法规

1.《中华人民共和国企业所得税法》（2007 年 3 月 16 日通过，2008 年 1 月 1 日起施行）

2.《中华人民共和国企业所得税法实施条例》（国务院，2007 年 11 月 28 日通过，2008 年 1 月 1 日起施行）

3.《中华人民共和国消费税暂行条例》（国务院，2008 年 11 月 5 日通过，2009 年 1 月 1 日起施行）

4.《中华人民共和国营业税暂行条例》（国务院，2008 年 11 月 10 日通过，2009 年 1 月 1 日起施行）

5.《中华人民共和国消费税暂行条例实施细则》（财政部、税务总局，2009 年 1 月 1 日起施行）

6.《中华人民共和国营业税暂行条例实施细则》（财政部、税务总局，2009 年 1 月 1 日起施行）

第十二章
计划与产业政策法律制度

本章提要

　　计划是市场经济体制下国家宏观经济调控的手段之一。计划法是调整计划关系的法律规范的总称，是计划制定和计划实施的根本法律保障。计划制定是计划编制机构对涉及国民经济长远发展的战略目标、重要任务、具体措施等进行预测、论证、编制、审议等行为。计划制定的程序包括确定计划的工作方案，编制计划草案和审议通过计划。计划实施的主要举措有信息引导、与计划配合的金融、财政政策、政策性投融资即国家订货、国家储备和国家投放等物质手段；产业政策法是关于促进产业结构合理化，规定各产业部门在社会经济发展中的地位和作用，规范产业调节关系，确定国家实施产业调节的基本措施和手段的法律规范的总称。其目的在于通过对产业结构的宏观调控，增进市场机制的效果，弥补市场机制的缺陷，促进国民经济结构和运行的协调、稳定和发展。

知识要点

　　1. 计划及计划法的概念。

　　2. 计划的编制与实施。

　　3. 产业政策法的调整对象。

　　4. 产业政策法的特征、宗旨和原则。

　　5. 产业政策法的基本制度。

主案例

案例一：　　　　　2014——汽车产业政策的"大年"[1]

一、"迅雷不及掩耳的限牌政策"

2014 年 12 月 29 日 17 时 45 分，深圳市政府召开新闻发布会，发布了《深

---

〔1〕　本例是在"2014 年那些和汽车行业'打过招呼'的政策"基础上经过删减、修改而得的，原文可参照易车网，http://news.bitauto.com/industryrules/20141231/1106506784.html.

圳市人民政府关于实行小汽车增量调控管理的通告》，决定自当日 18 时起，在全市实行小汽车增量调控管理。此举宣告深圳成为我国第 8 个实施机动车"限牌令"的城市。与此同时，深圳市交通局、交管局、物价局派员到深圳市各大 4S 店现场封门宣读文件，规定店内的顾客可以现场备案，后来的顾客不允许进店。4S 店封门只许出不许进，严禁开票、上牌。2014 年 12 月 30 日下午，中国汽车工业协会（以下简称"中汽协"）在其官网发布声明，明确反对 29 日深圳市政府决定实行汽车限购的政策。中汽协的声明明确表示：中汽协反对通过采取简单的限行限购的政策方法，解决城市环境污染和交通拥堵的问题。中汽协认为，要解决城市环境污染和交通拥堵问题，地方政府应该借鉴发达国家采取经济手段治理拥堵的经验，科学选择限行措施；进一步鼓励旧车报废，推进以旧换新，做好黄标车的淘汰工作；重新构建适应汽车社会的城市道路规划发展战略，加强交通管理、停车场等基础设施建设。中汽协希望，地方政府支持新能源汽车的发展，深圳市政府做得不错，但对于此次限购政策的实施，中汽协表示反对。

二、"持续发力的新能源政策"

2014 年，汽车行业政策持续了对"新能源"的眷顾并集中发力，密集出台了 6 项关于"新能源汽车"的新政：

1. 部分新能源汽车补助标准适当退坡。2014 年 12 月 30 日，财政部、科技部、工信部与发改委四部门联合发布了《关于 2016～2020 年新能源汽车推广应用财政支持政策的通知（征求意见稿）》，明确指出，2016～2020 年期间，除燃料电池汽车外，其他车型补助标准适当退坡，2017 年纯电动汽车、插电式混合动力汽车补助标准在 2016 年基础上下降 10%，2019 年补助标准在 2017 年基础上再下降 10%。

2. 明确了纯电动乘用车生产企业的资质。2014 年 11 月 26 日，国家发改委公布《新建纯电动乘用车生产企业投资项目和生产准入管理的暂行规定（征求意见稿）》。意见稿要求新建企业只能生产纯电动轿车和纯电动其他乘用车（包括增程式电动乘用车），不能生产任何以内燃机为驱动动力的汽车产品，意见稿明确了申请获得纯电动乘用车生产企业的条件。

3. 新能源汽车充电设施建设得到鼓励。2014 年 11 月 18 日，财政部、科技部、工业和信息化部及国家发改委联合发布了《关于新能源汽车充电设施建设奖励的通知》，通知规定，中央财政拟安排资金对新能源汽车推广城市或城市群给予充电设施建设奖励。此外，京津冀、长三角和珠三角三大经济区成为重点推广区域。以纯电动乘用车作为标准，将其他各类电动车进行比例换算，从而计算推广数量，进行相应现金奖励，并将奖励资金与各城市新能源汽车年度推广考核结果挂钩。

4. 修订了有关汽车的外商投资产业类别。2014 年 11 月 4 日，发改委发布了《外商投资产业指导目录》修订稿，公开向社会征求意见。与 2011 年发布的目录相比，此次修订稿大幅缩减了限制类条目。汽车整车制造被划归到了限制外商投资的类别当中，新能源关键零部件则被纳入了鼓励类。整车合资企业股比仍被列入限制外商投资的类别当中，但是在新能源汽车领域放开股比限制。

5. 对新能源汽车的推广进行了细化安排。2014 年 7 月 14 日，国务院办公厅发布《关于加快新能源汽车推广应用的指导意见》，从总体要求、充电设施建设、积极引导企业创新商业模式、推动公共服务领域推广应用、进一步完善政策体系、坚决破除地方保护、加快创新能力建设、进一步加强组织领导八个方面提出 30 条具体政策措施。新政具体细化到政府采购、减免税款、执行统一推广建立技术平台和考核体系等多个环节。

6. 对新能源车的购置税予以了免征。2014 年 7 月 9 日，国务院常务会议决定，自 2014 年 9 月 1 日至 2017 年底，对获得许可在中国境内销售（包括进口）的纯电动以及符合条件的插电式（含增程式）混合动力、燃料电池三类新能源汽车，免征车辆购置税。8 月 27 日，工信部、国家税务总局正式发布了第一批《免征车辆购置税的新能源汽车车型目录》，确定了首批符合国家扶植标准的新能源汽车名单。

三、"平衡生产商和销售商的监管政策"

2014 年国家加大力度监管汽车销售市场，旨在解决经销商及整车企业的发展不平衡状况，为经销商争取更多的主动权，解除整车企业市场垄断地位：

1. 2014 年 7 月 31 日，国家工商行政管理总局发布了《国家工商总局关于停止实施汽车总经销商和汽车品牌授权经销商备案工作的公告》，自 2014 年 10 月 1 日起，停止实施汽车总经销商和汽车品牌授权经销商备案工作。

2. 2014 年 10 月 23 日，国务院发布《国务院办公厅关于加强进口的若干意见》，其中第 5 条明确要求进一步优化进口环节管理。调整汽车品牌销售有关规定，加紧在中国（上海）自由贸易试验区率先开展汽车平行进口试点工作。

3. 2014 年 12 月中旬，在北京召开的《品牌管理办法修订座谈会》讨论了《汽车销售管理办法（征求意见稿）》。新稿修订完毕后将于 2015 年正式实施。整车企业对经销商授权从一年一签，改为五年一签，并可自动续约；新政去掉了汽车"品牌"二字的捆绑，这也意味着未来或将放开非授权经营；更为实质性的是，新政打破了以豪车品牌为代表的进口车总经销商制度。经销商们可越过总经销进货，无需获得厂家授权，即可实现海外直购。

四、"落到实处"的惠民政策

1. 2014 年 12 月 2 日，国家税务总局公布了《车辆购置税征收管理办法》，并决定自 2015 年 2 月 1 日起施行。该办法对车辆购置税的上税期限、应税计算方式以及最低应税价格的核定方式都进行了调整。

2. 2014 年 4 月 29 日，公安部、国家质检总局联合公布了《关于加强和改进机动车检验工作的意见》，自 2014 年 9 月 1 日起，试行 6 年以内的非营运轿车和其他小型、微型载客汽车免检制度，每 2 年定期检验一次即可。此次公布的免检车型中不包括越野车、小型微型普通载客汽车、重中型货车。新政策共有 18 项措施与以往有较大区别，扩大新车上牌免检范围，异地检验无需办委托检验手续；禁止政府部门及社会团体开办检验机构，相关关系人不得参与机构经营等。

3. 2013 年 12 月 31 日，质检总局、标准委发布了《二手车鉴定评估技术规范》，这项二手车评估"国标"在 2014 年 6 月 1 日正式实施。政策明确规定二手车交易必须指定合法的第三方机构对二手车鉴定评估，并将评估内容和结果以量化数据展现，同时制定车辆危险等级制度。交易时卖方必须出示交易车辆的清单数据，使得消费者对交易车辆有完整的了解。

4. 2014 年 2 月 10 日，财政部、商务部发布了《2014 年老旧汽车报废更新补贴范围及标准》。与 2013 年相比，政策变化主要有两个方面：一是报废汽车的使用年限，新政要求"使用 10 年以上（含 10 年）且未达到规定的使用年限"；二是申领补贴的条件，新政要求符合条件的汽车报废并于当年购买新车。新政策在补贴金额上仍为 1.8 万元，没有变化。

五、"一以贯之的环保政策"

1. 2014 年 5 月 27 日，认监委发布《国家认证认可监督管理委员会关于加强机动车环保产品一致性检查有关工作的通知》，对轻型、重型柴油车生产企业及产品进行重点排查；对风险高发、产业比较集中地区进行重点监控；现场检查污染排放控制关键部件是否齐备。对检查中发现的问题应依据强制性产品认证相关规定严格处理。

2. 2014 年 10 月 14 日，工信部、发改委、商务部等发布《关于加强乘用车企业平均燃料消耗量管理的通知》。工信部等同期公示了《2013 年度乘用车企业平均燃料消耗量核算情况表》，在 79 家国产乘用车企业中，有 22 家没有达标；25 家进口车企中 12 家没有达标，另有 7 家企业未递交《2013 年企业平均燃料消耗量执行情况年度报告》。文件列出 7 条有关事项，4 条针对不达标企业采取严厉惩罚措施。

【案例分析】

产业政策的概念首先发轫于日本，是在经济发展过程中形成的。[1] 20 世纪

---

〔1〕　苏贵光、路迹："日本产业政策的演变及对我国的启示"，载《国际经济合作》2004 年第 7 期。

70 年代以来才在世界各国广泛使用，现代意义上的产业政策的思想及其实践则是在现代大工业发展的时期开始的。概括地说，产业政策是政府为了实现一定的经济和社会目标而对产业的形成和发展进行干预的各种政策的总和。产业政策一般以各个产业为直接对象，保护和扶持某些产业，调整和整顿产业组织，其目的是改善资源配置，实现经济稳定性与增长，增强国际竞争力，改善与保护生态环境等。为了实现这些经济性的或社会性的目标，产业政策要求政府对每个产业和企业的生产活动、交易活动进行积极或消极的干预，直接或间接地介入市场的形成和市场机制。[1] 产业政策的实质是政府对经济活动的一种自觉干预，以实现特定的政策目标，包括实现经济振兴与赶超、结构调整与转换以及保持经济领先地位与维持经济增长势头等。

从本案来看，2014 年所发布实施的若干汽车产业政策调整了如下一些社会关系：

一、产业结构关系

产业结构关系是指国民经济各种产业部门之间以及各部门内部不同层次之间质的结合与量的比例。产业结构调节的核心在于促进产业结构合理化、高级化和资源的合理配置。本案中，无论是深圳市政府实施的"限牌"政策，还是国家相关部委发布实施的新能源政策，都可以归属于促进汽车产业结构合理化的能源结构调整制度和环境保护制度。能源作为最基本的生产资料之一，对经济发展的作用毋庸置疑，一国的能源结构与产业结构的关系也是显而易见的。能源产业属于国民经济结构中的基础产业部分，能源产业的发展状况与一国国民经济发展的整体水平密切相关。随着人类历史上第三次大的技术革命浪潮——能源革命的到来，源于 20 世纪 80 年代的能源有效利用已经引领人类社会进入"能源效率和清洁能源"阶段。由此，世界各国都十分注意采取有利于产业结构合理化的能源调整制度以尽可能地拓展对于新能源的利用。本案中，虽然深圳市实施的小汽车增量调控，即"限牌"政策实显突然，但其根本目的也是在实现汽车产业高度发展的产业结构调整目标的同时注重经济发展与环境保护的协调问题。因为，严重的环境污染和破坏会造成社会公害，反过来又会影响到经济建设的顺利进行和持续发展，最终成为制约经济发展的因素，影响整个汽车产业结构合理化目标的实现，由此，在本案第五点中，国家认监委和工信部发布的政策所要实现的目的也在于此。

---

[1]　［日］长谷川启之：《经济政策的理论基础》，梁小民、刘甦朝译，中国计划出版社 1995 年版，第 46～47 页。

二、产业技术关系

产业技术调节是规定与产业结构转换相适应的产业技术发展目标、途径、措施的总称，目的在于促进产业技术进步，推动产业结构的合理化、高级化。产业结构的合理化和高级化的根本动力是科技进步。因为任何一次产业结构的重大变革都离不开科学技术的重大发现、发明和创造。如果技术进步发生在某一重点行业，使得整个行业技术体系发生全新变化，并导致劳动生产率提高，产品成本下降，就有可能使产业结构发生较大变化。本案中，财政部、科技部、工信部、发改委针对新能源充电设施建设所发布实施的相关政策，正是找准了新能源汽车发展过程中的主要掣肘之———由于充电设施过少而导致的不便，给新能源汽车推广带来的阻力。

三、产业组织关系

产业组织关系是国家在调节产业内部组织结构时产生的各种社会关系，其中涉及政府、市场、企业以及国际经济环境等诸多方面。本案中，国家工商总局通过相关政策的发布实施，旨在加大对汽车销售市场的监管力度，意图解决经销商及整车企业的发展不平衡状况，为经销商争取到更大的主动权，解除整车企业的市场垄断地位。此外，国务院发布的《国务院办公厅关于加强进口的若干意见》明确要求放开进口环节管理，并抓紧在试点地区开展汽车平行进口试点，这些举措都是在产业组织关系中对于国内产业发展与对外开放关系进行调节的典型例证。

当然，以上这些产业政策都是以行政规范性文件的形式出现，换句话说，目前我国对于包括汽车在内的相关产业的调整，仍然停留在"政策"层面，尚未上升到"法"的层面。所谓的"产业政策法"，是关于促进产业结构合理化，规定各产业部门在社会经济发展中的地位和作用，规范产业调节关系，确定国家实施产业调节的基本措施和手段的法律规范的总称。在 2010 年 7 月华东政法大学经济法律研究院组织的产业政策法律制度完善学术论坛上，[1] 学术界一致认为中国目前的产业政策数量庞大，但执行不力、宣示性和软约束性特征明显，法律语言应用很少，法制化程度低。与会学者认为，立法的稳定性，尤其是出台产业政策基本法，对于产业政策出台的规范化和制度化都是有所助益的。还有学者认为，这么多年一直在谈结构调整和转变经济增长方式，但是由于缺少法律约束，一些地方政府发展相关产业、出台相关规定的随意性太大。比如，本案中深圳市政府出台"限牌"政策，其出发点是好的，但是按照国务院 2010

---

〔1〕　相关媒体报道可参照"法学界：出台产业政策不能再'拍脑袋'"，载网易，http：//news. 163. com/10/0715/07/6BK8N8QE00014AED. html.

年发布的《关于加强法治政府建设的意见》明确要求，在作出重大决策前要广泛听取、充分吸收各方意见，意见采纳情况及理由要以适当形式反馈或公布。深圳市政府的政策"突袭"引发广泛争议就是情理之中的事情。此前，深圳市市长许勤在2014年广东省两会上明确表示，目前深圳机动车拥有数量排在全国第二位，但深圳对私家车不限行不限购，将通过经济手段来调节市民的出行。前后的反差正说明我国的产业政策立法不仅缺失在实体方面，程序方面的弥补更为迫切和必要。

注：江苏省在2013年11月29日发布的《江苏省机动车排气污染防治条例》明确规定，市、县（市）人民政府可以根据大气污染防治的需要和经济社会发展规划、城市规划，合理控制机动车保有量，限制市区摩托车的保有量。采取控制机动车保有量的措施，应当公开征求公众的意见，经同级人民代表大会常务委员会审议，并在实施30日以前向社会公告。

案例二：　　　　　　**《中国（上海）自由贸易试验区总体方案》获批[1]**

2013年9月18日下午，国务院正式批复了《中国（上海）自由贸易试验区总体方案》（以下简称《自贸方案》）。

《自贸方案》是"为深入贯彻党的十八大精神，在新形势下推进改革开放的重大举措，对加快政府职能转变、积极探索管理模式创新、促进贸易和投资便利化，为全面深化改革和扩大开放探索新途径、积累新经验"。《自贸方案》的覆盖范围包括上海外高桥保税区、上海外高桥保税物流园区、洋山保税港区和上海浦东机场综合保税区等4个海关特殊监管区域，除此之外，根据先行先试推行情况以及产业发展和辐射带动需要，逐步拓展实施范围。

《自贸方案》的目标是：经过2～3年的改革试验，加快转变政府职能，积极推进服务业扩大开放和外商投资管理体制改革，大力发展总部经济和新型贸易业态，加快探索资本项目可兑换和金融服务业全面开放，探索建立货物状态分类监管模式，努力形成促进投资和创新的政策支持体系，着力培育国际化和法治化的营商环境，力争建设成为具有国际水准的投资贸易便利、货币兑换自由、监管高效便捷、法制环境规范的自由贸易试验区，为我国扩大开放和深化改革探索新思路和新途径，更好地为全国服务。

《自贸方案》结合试验区的实际情况和发展特点，依次规定了下列内容（本

---

[1]　本例是在"国务院关于印发中国（上海）自由贸易试验区总体方案的通知"的基础上经过删减、修改而得的，原文可参照中央人民政府网，http：//www.gov.cn/zwgk/2013－09/27/content_2496147.htm.

书摘要）：

1. 扩大服务业开放。选择金融服务、航运服务、商贸服务、专业服务、文化服务以及社会服务领域扩大开放（具体开放清单见附件），暂停或取消投资者资质要求、股比限制、经营范围限制等准入限制措施（银行业机构、信息通信服务除外），营造有利于各类投资者平等准入的市场环境。

2. 探索建立负面清单管理模式。借鉴国际通行规则，对外商投资试行准入前国民待遇，研究制定试验区外商投资与国民待遇等不符的负面清单，改革外商投资管理模式。对负面清单之外的领域，按照内外资一致的原则，将外商投资项目由核准制改为备案制（国务院规定对国内投资项目保留核准的除外），由上海市负责办理；将外商投资企业合同章程审批改为由上海市负责备案管理，备案后按国家有关规定办理相关手续；工商登记与商事登记制度改革相衔接，逐步优化登记流程；完善国家安全审查制度，在试验区内试点开展涉及外资的国家安全审查，构建安全高效的开放型经济体系。在总结试点经验的基础上，逐步形成与国际接轨的外商投资管理制度。

3. 构筑对外投资服务促进体系。改革境外投资管理方式，对境外投资开办企业实行以备案制为主的管理方式，对境外投资一般项目实行备案制，由上海市负责备案管理，提高境外投资便利化程度。创新投资服务促进机制，加强境外投资事后管理和服务，形成多部门共享的信息监测平台，做好对外直接投资统计和年检工作。支持试验区内各类投资主体开展多种形式的境外投资。鼓励在试验区设立专业从事境外股权投资的项目公司，支持有条件的投资者设立境外投资股权投资母基金。

4. 推动贸易转型升级。积极培育贸易新型业态和功能，形成以技术、品牌、质量、服务为核心的外贸竞争新优势，加快提升我国在全球贸易价值链中的地位。鼓励跨国公司建立亚太地区总部，建立整合贸易、物流、结算等功能的营运中心。深化国际贸易结算中心试点，拓展专用账户的服务贸易跨境收付和融资功能。支持试验区内企业发展离岸业务。鼓励企业统筹开展国际国内贸易，实现内外贸一体化发展。探索在试验区内设立国际大宗商品交易和资源配置平台，开展能源产品、基本工业原料和大宗农产品的国际贸易。扩大完善期货保税交割试点，拓展仓单质押融资等功能。加快对外文化贸易基地建设。推动生物医药、软件信息、管理咨询、数据服务等外包业务发展。允许和支持各类融资租赁公司在试验区内设立项目子公司并开展境内外租赁服务。鼓励设立第三方检验鉴定机构，按照国际标准采信其检测结果。试点开展境内外高技术、高附加值的维修业务。加快培育跨境电子商务服务功能，试点建立与之相适应的海关监管、检验检疫、退税、跨境支付、物流等支撑系统。

5. 加快金融制度创新。在风险可控前提下，可在试验区内对人民币资本项目可兑换、金融市场利率市场化、人民币跨境使用等方面创造条件进行先行先试。在试验区内实现金融机构资产方价格实行市场化定价。探索面向国际的外汇管理改革试点，建立与自由贸易试验区相适应的外汇管理体制，全面实现贸易投资便利化。鼓励企业充分利用境内外两种资源、两个市场，实现跨境融资自由化。深化外债管理方式改革，促进跨境融资便利化。深化跨国公司总部外汇资金集中运营管理试点，促进跨国公司设立区域性或全球性资金管理中心。建立试验区金融改革创新与上海国际金融中心建设的联动机制。

6. 增强金融服务功能。推动金融服务业对符合条件的民营资本和外资金融机构全面开放，支持在试验区内设立外资银行和中外合资银行。允许金融市场在试验区内建立面向国际的交易平台。逐步允许境外企业参与商品期货交易。鼓励金融市场产品创新。支持股权托管交易机构在试验区内建立综合金融服务平台。支持开展人民币跨境再保险业务，培育发展再保险市场。

附件：中国（上海）自由贸易实验区服务业扩大开放措施

一、金融服务领域

1. 银行服务（国民经济行业分类：J 金融业——6620 货币银行服务）	
开放措施	（1）允许符合条件的外资金融机构设立外资银行，符合条件的民营资本与外资金融机构共同设立中外合资银行。在条件具备时，适时在试验区内试点设立有限牌照银行。 （2）在完善相关管理办法，加强有效监管的前提下，允许试验区内符合条件的中资银行开办离岸业务。
2. 专业健康医疗保险（国民经济行业分类：J 金融业——6812 健康和意外保险）	
开放措施	试点设立外资专业健康医疗保险机构。
3. 融资租赁（国民经济行业分类：J 金融业——6631 金融租赁服务）	
开放措施	（1）融资租赁公司在试验区内设立的单机、单船子公司不设最低注册资本限制。 （2）允许融资租赁公司兼营与主营业务有关的商业保理业务。

二、航运服务领域

4. 远洋货物运输（国民经济行业分类：G 交通运输、仓储和邮政业——5521 远洋货物运输）	
开放措施	（1）放宽中外合资、中外合作国际船舶运输企业的外资股比限制，由国务院交通运输主管部门制定相关管理试行办法。 （2）允许中资公司拥有或控股拥有的非五星旗船，先行先试外贸进出口集装箱在国内沿海港口和上海港之间的沿海捎带业务。

5. 国际船舶管理（国民经济行业分类：G 交通运输、仓储和邮政业——5539 其他水上运输辅助服务）	
开放措施	允许设立外商独资国际船舶管理企业。

三、商贸服务领域

6. 增值电信（国民经济行业分类：I 信息传输、软件和信息技术服务业——6319 其他电信业务，6420 互联网信息服务，6540 数据处理和存储服务，6592 呼叫中心）	
开放措施	在保障网络信息安全的前提下，允许外资企业经营特定形式的部分增值电信业务，如涉及突破行政法规，须国务院批准同意。
7. 游戏机、游艺机销售及服务（国民经济行业分类：F 批发和零售业——5179 其他机械及电子商品批发）	
开放措施	允许外资企业从事游戏、游艺设备的生产和销售，通过文化主管部门内容审查的游戏、游艺设备可面向国内市场销售。

四、专业服务领域

8. 律师服务（国民经济行业分类：L 租赁和商务服务业——7221 律师及相关法律服务）	
开放措施	探索密切中国律师事务所与外国（港澳台地区）律师事务所业务合作的方式和机制。
9. 资信调查（国民经济行业分类：L 租赁和商务服务业——7295 信用服务）	
开放措施	允许设立外商投资资信调查公司。
10. 旅行社（国民经济行业分类：L 租赁和商务服务业——7271 旅行社服务）	
开放措施	允许在试验区内注册的符合条件的中外合资旅行社，从事除台湾地区以外的出境旅游业务。
11. 人才中介服务（国民经济行业分类：L 租赁和商务服务业——7262 职业中介服务）	
开放措施	（1）允许设立中外合资人才中介机构，外方合资者可以拥有不超过70%的股权；允许港澳服务提供者设立独资人才中介机构。 （2）外资人才中介机构最低注册资本金要求由 30 万美元降低至 12.5 万美元。
12. 投资管理（国民经济行业分类：L 租赁和商务服务业——7211 企业总部管理）	
开放措施	允许设立股份制外资投资性公司。
13. 工程设计（国民经济行业分类：M 科学研究与技术服务企业——7482 工程勘察设计）	

开放措施	对试验区内为上海市提供服务的外资工程设计（不包括工程勘察）企业，取消首次申请资质时对投资者的工程设计业绩要求。
14. 建筑服务（国民经济行业分类：E 建筑业——47 房屋建筑业，48 土木工程建筑业，49 建筑安装业，50 建筑装饰和其他建筑业）	
开放措施	对试验区内的外商独资建筑企业承揽上海市的中外联合建设项目时，不受建设项目的中外方投资比例限制。

五、文化服务领域

15. 演出经纪（国民经济行业分类：R 文化、体育和娱乐业——8941 文化娱乐经纪人）	
开放措施	取消外资演出经纪机构的股比限制，允许设立外商独资演出经纪机构，为上海市提供服务。
16. 娱乐场所（国民经济行业分类：R 文化、体育和娱乐业——8911 歌舞厅娱乐活动）	
开放措施	允许设立外商独资的娱乐场所，在试验区内提供服务。

六、社会服务领域

17. 教育培训、职业技能培训（国民经济行业分类：P 教育——8291 职业技能培训）	
开放措施	（1）允许举办中外合作经营性教育培训机构。 （2）允许举办中外合作经营性职业技能培训机构。
18. 医疗服务［国民经济行业分类：Q 卫生和社会工作——8311 综合医院，8315 专科医院，8330 门诊部（所）］	
开放措施	允许设立外商独资医疗机构。

【案例分析】

本案中，《自贸方案》的制定实施即是国家通过计划来诱导经济运行、调控经济发展的典型代表。

"计划"有广义和狭义之分。广义的计划是指国家对整个社会经济活动的部署或安排。狭义的计划是指国家通过制定经济、社会发展战略，编制和组织实施中长期计划方案来诱导经济运行，调控经济发展，是市场经济体制下国家进行宏观经济调控的手段之一。对于什么是计划，在我国是否需要制定计划法，无论是在法学界还是在实践部门一直存在争论。在高度集中体制下，人们普遍赞成制定计划法，甚至把计划法推崇为经济法的"龙头法"。市场经济体制确立以后，人们对于是否需要制定计划法又产生了怀疑。[1] 因此，无论是在立法实践还是理论研究上，"计划"都将逐步为"规划"所替代。中国社会科学院工业经济研究所研究员陈耀说："由计划向规划转变是我国由计划经济向市场经济转变过程中的一个历史坐标。规划的特点就是从具体、微观、指标性的产业发展计划向宏观的国家空间规划转化。"因此，规划法是调整国民经济和社会发展规划在编制、审批、执行和监督过程中发生的社会关系的法律规范的总称。按照规划层次，我国规划可以分为中央规划、地方规划和基层规划；按照规划领域，规划可以分为经济发展规划、社会发展规划、科技发展规划；按照规划内容，规划可以分为综合规划、行业规划和专项规划；按照规划期限不同，规划可以分为长期规划、中期规划和短期规划。

本案中，《自贸方案》是指导上海自贸区未来2～3年包括经济和社会等各方面发展的目标模式，是政府及社会各方面行动的方向。《自贸方案》既有质的抽象，也有量的细化；既有行动诱导，又有行为约束。通过对《自贸方案》编制程序的深入解析，我们可以进一步理解规划作为宏观调控重要措施在国民经济和社会发展中的作用：

作为规划，《自贸方案》是规划主体在制定规划时应遵循的行为规则，其制定过程一般包括前期研究、草案编制、方案审核与调整、规划公布等几个阶段。

第一阶段，前期研究。前期研究是制定规划的前提和基础，需要对以往和现行的工作进行总结，结合自贸区发展实际，研究自贸区发展面临的重要问题、解决思路和配套措施。

上海市政府、上海市商务委和上海市发改委在研究编制《自贸方案》时，应该对规划的基本思路作了如下考虑：

1. 时代背景。[2]

（1）全球贸易竞争。美欧日三大经济体力图通过跨太平洋伙伴关系（TPP）、跨大西洋贸易与投资伙伴关系（TTIP）和多边服务业协议（PSA）形成新一代高规格的全球贸易和服务业规则来取代WTO，围猎中国制造和金砖五国。目前，参与TPP谈判的国家和地区已经增至12个，覆盖全球GDP的50%。同时，21个世界贸易组织成员启动了PSA谈判，内容覆盖金融、快递、传播、电信、电子商务、运输、观光、物联网、移动通信、互联网等几乎全部服务业领域。这三大协议一旦成形，可能成为重新构建国际贸易和投资规则的新载体，

〔1〕　李昌麒主编：《经济法学》，法律出版社2007年版，第395页。

〔2〕　参见"上海自贸区成立有三大时代背景四项重大使命"，载凤凰网，http：//finance. ifeng. com/a/ 20130927/10773730_0. shtml.

甚至以此制定新的世界经济规则，并强化既有的"中心—外围—边缘—蛮荒"的世界权力（利）分配体系结构。我国对于包括 TPP 及 RCEP 在内的，有利于促进亚洲地区经济融合和共同繁荣的倡议早参与早受益，才有可能在谈判中掌握一定的主动权，不被边缘化。由于新一轮的游戏规则基本都是美国定的，如果整个国家要进去可能有困难，这意味着要跨越可能长达数十年的历史阶段，这对于整体依旧落后而且地区间生产力差距巨大的中国经济来说，有其现实难度。由此，先让局部的自贸区主动门户洞开，所有国家都可以来自由投资和贸易，做一个对接的小窗口，并可以适当将其中的某些高商业标准映射到整个中国制造和服务业中去。

（2）中国自身的改革需求。原有的 WTO 规则是有漏洞的，它不针对生产过程，集中注意力在关税削减环节，也对汇率行为缺乏足够的约束力。中国过去的核心驱动力本质上是半市场化的要素垄断定价加速了资本积累和促进了国际贸易竞争优势；低版权模仿加国内市场扩张迅速积聚了制造业产能，而各级政府的 GDP 锦标赛形成低成本的基础设施、货币投放和国有经济垄断。而 TPP 的设计则通过提升要素价格和削弱国家资本主义行为来进行。如果直接遵守其中的环保、知识产权、劳工保护以及国有企业等条款，对于我国形成的冲击将是巨大的。当然，由美欧日等经济体主导制定的贸易和服务业规则并非都是错误的，不少规则也符合市场发展和经济升级的内在规律的要求，同时也与中国自身的市场化改革方向是兼容的。例如：①货币自由兑换，或者汇率转换依据市场力量；②有关成本、投入、销售和投资方面的商业决定是依据市场信号作出，反映供求，没有严重的国家干预，主要投入成本很大程度地反映了市场价值，特别是其中的工资部分；③企业有一套根据国际会计标准独立审计的，并使用于任何目的的清晰的会计审计报告，企业受到破产法和财产法的管辖，营运的合法性和稳定性受到保障；④生产方式的国有或国家控制程度，特别是国家对资源分配、企业产出和价格决策的控制程度，以及针对合资企业设立或外国投资的限制程度。

（3）人民币国际化。我国在目前全球货币竞争格局中仍然处于非常被动的地位。我国从 2009 年起步的人民币跨境使用，虽然在我国香港、台湾地区及纽约和新加坡等多地展开，但这些因为贸易需求释放的人民币，在全球货币总量中的比例依然很小。如果不满足这些资本的回流获利的动机，人民币的海外总量还是无法做大，而构建回流闭环就需要巨大的、有深度和广度的金融市场（包括基础和衍生）来容纳和吞吐。目前上海最大的优势是有全国最全的各种各样的交易所、银行间市场和要素市场，因此上海就很有可能成为人民币回流最大的目的地和集散地。有了自贸区之后，"金十条"和上海配套"42 条"很多都可以在自贸区里先行先试，这样就可以先建立一个庞大的金融资产缓冲区和蓄水池，完善人民币的全球循环路径，并且最终在风险可控的条件下打通资本账户，进行双向投资、相互渗透，实现金融资源的全球优化配置，提升人民币的国际地位，为人民币国际化打下坚实的基础。

2. 需要完成的使命。

（1）贸易自由化，即没有海关监管、查禁、关税干预下的货物自由进口、制造和再出口。其中，首先必须吸引跨国公司总部。其次必须构建大宗商品交易平台。

（2）投资自由化，全面实施准入前国民待遇和负面清单管理，做到非禁即入，除了负面清单规定不能做的，其他都可以大胆先行先试。

（3）金融国际化，首先，投资和贸易相关的资金可以自由兑换，利率、汇率都由市场决定，积极探索面向国际的外汇管理改革试点，建立与自贸区相适应的外汇管理体制。其次，允许符合条件的外资金融机构设立外资银行，并允许民营资本与外资金融机构共同设立中外合资银行。

（4）行政精简化，自贸区将实施"一线彻底放开、二线安全高效管住、区内货物自由流动"的创新监管服务新模式，"一线"指国境线，"彻底"被不断强调。因此自贸区建设最重要的工作之一是要在现有的开放试点里，化繁为简，减少行政成本，提供一条整合现有海关特殊监管区的有效路径。

第二阶段，草案编制。[1] 草案编制是由上海市政府、上海市商务委和上海市发改委等政府部门作为规划编制主体，并在吸收大专院校、专家学者以及部分企业的基础上形成的。比如，上海市商务委在 2012 年就开展了关于培育本土跨国公司的调研，在调研的基础上已经形成了初步的培育本土跨国公司建议，包括制定促进跨国经营、培育本土跨国公司的中长期发展规划和战略，安排培育本土跨国公司每年 2 亿元专项发展资金，从资金援助、制度、服务机构完善等方面加强对培育本土跨国公司的支持力度；再如，上海财经大学世界经济与贸易系副主任、自由贸易区研究中心副主任陈波等专家学者加入了草案编制的过程中，草案编制也可谓几易其稿，在上海最终向中央提交的报告中，出于对可行性、获批难度等方面的综合考虑，已经比最初的设想有了很大变化。

第三阶段，方案审核与调整。《关于加强国民经济和社会发展规划编制工作的若干意见》（以下简称《若干意见》）按照规划类型划分审批权限，即总体规划草案由各级人民政府报同级人民代表大会审议批准；关系国民经济和社会发

---

[1] 参见"上海自贸区方案将定，投资准入放宽为要务"，载经济观察网，http://www.eeo.com.cn/2013/0917/249926.shtml。

展全局、需要国务院审批或者核准的重大项目，以及安排国家投资数额较大的国家级专项规划，由国务院审批；其他国家级专项规划由国务院有关部门批准，报国务院备案。跨省（区、市）的区域规划由国务院批准。由此，虽然《自贸方案》按照《若干意见》经过国务院正式批复后实施，但是其中还会涉及许多法律制度的修订，要待全国人大及其常委会审查批准后方可实施。全国人大及其常委会也在加快推进这一进程，比如，2013 年 8 月 31 日，全国人大常委会通过决议，从 10 月 1 日起，在上海自贸区内对国家规定实施准入特别管理措施之外的外商投资，暂时调整外资企业法、中外合资经营企业法和中外合作经营企业法规定的有关行政审批。

第四阶段，规划公布。规划经过审批之后，需要下达上海市各级政府部门具体落实。在程序上，规划要采取公开方式告知社会。对此，《若干意见》规定，"除法律、行政法规另有规定以及涉及国家秘密的外，规划经法定程序批准后应当及时公布。未经衔接或专家论证的规划，不得报请批准和公布实施"。

▶ 探讨案例

"十二五"规划纲要

2011 年 3 月 14 日，第十一届全国人大四次会议表决通过了《关于国民经济和社会发展第十二个五年规划纲要的决议》（以下简称《十二五规划》）。

温家宝总理在关于《十二五规划》的说明中，就《十二五规划》的编制过程和主要特点、"十二五"社会经济发展的指导原则和主要目标、战略重点等作了解释和说明：

1. 《十二五规划》的编制过程。《十二五规划》是在中央政治局常委会直接领导下研究制定的。胡锦涛总书记主持中央政治局常委会和中央政治局会议，对《建议》稿进行了多次讨论，对一些重大问题作出了重要指示。文件起草工作一开始，就对"十二五"规划的主题、主线、主要任务和重大举措征求全党意见。在提交这次全会审议前，又广泛征求了各地区、各部门党委（党组）、党内老同志和十七大代表的意见，听取了各民主党派、全国工商联负责人、无党派人士以及专家学者的意见。《建议》的形成过程，是科学决策、民主决策的过程，是统一全党认识、形成社会共识的过程。

2. 《十二五规划》的主要目标。

（1）坚持扩大内需战略，建立扩大消费需求的长效机制；

（2）推进农业现代化，加快社会主义新农村建设；

（3）发展现代产业体系，提高产业核心竞争力；

（4）促进区域协调发展，积极稳妥推进城镇化；

（5）加快建设资源节约型、环境友好型社会，提高生态文明水平。

【深度思考】

1. 试从规划制定的程序、规划的框架和内容、规划对国家干预主体的指导、规划对市场主体的引导、规划的实施保障机制等方面对本案展开分析。

2. 试谈谈你对完善我国规划法律制度的见解。

▶ 阅　　读

1. 宾雪花：《产业政策法与反垄断法之协调制度研究》，中国社会科学出版社 2013 年版。

2. 姜昕、杨临宏主编：《产业政策法》，中国社会科学出版社 2008 年版。

▶ 相关法津法规

1.《中华人民共和国清洁生产促进法》（2012 年 6 月 29 日通过，2012 年 2 月 29 日修订）

2.《中华人民共和国中小企业促进法》（2002 年 6 月 29 日通过，2003 年 1 月 1 日起施行）

3.《关于加快发展节能环保产业的意见》（国务院，2013 年 8 月 1 日施行）

4.《水利产业政策实施细则》（水利部，1999 年 6 月 11 日施行，已失效）

第十三章
国有资产监督管理法律制度

本章提要

国有资产管理法律制度是调整在管理国有资产过程中发生的经济关系的法律规范的总称。国有资产产权界定制度、国有资产产权登记制度、国有资产评估制度和国有资产交易制度是我国国有资产管理法的基本法律制度。

知识要点

1. 国有资产界定法律制度。

2. 国有资产产权登记法律制度。

3. 国有资产评估法律制度。

4. 国有资产产权交易法律制度。

主案例

郑某某与罗甸县国有资本营运有限责任公司
国有企业出售合同纠纷申请案[1]

再审申请人郑某某因与被申请人罗甸县国有资本营运有限责任公司（以下简称资本营运公司）、一审被告黔南州拍卖有限责任公司（以下简称黔南州拍卖公司）国有企业出售合同纠纷一案，不服贵州省高级人民法院（2012）黔高民商终字第17号民事判决，向最高人民法院（以下简称最高院）申请再审。最高院依法组成合议庭对本案进行了审查。

郑某某申请再审的理由有如下几点：

1. 本案的争点是罗甸县水泥厂资产拍卖的效力问题而非改制的效力问题。

---

[1] 本例是在"郑某某与罗甸县国有资本营运有限责任公司国有企业出售合同纠纷申请案"的基础上经过删减、修改而得的，原文可参照北大法宝，http：//www.pkulaw.cn/fulltext_ form.aspx? db = pfnl&gid = 119667994.

郑某某认为，国务院办公厅《关于规范国有企业改制工作的意见》系指导性文件，依法不能作为认定合同效力的依据。二审判决适用该文件，认定罗甸县水泥厂改制违规，进而认定拍卖无效，属于适用法律错误。

2. 罗甸县水泥厂的改制方案并未损害职工权益。郑某某认为，罗甸县水泥厂改制召开了职工大会，全体职工接受改制方案与职工安置方案。此后，罗甸县水泥厂依法解除了与原职工的劳动关系，支付了安置补偿费，未损害职工合法权益。二审判决认定罗甸县水泥厂改制没有召开职工代表大会审议改制方案，并且没有提供明确具体的职工安置方案供职工代表大会审议，缺乏证据证明。

3. 资产评估的时效问题。郑某某认为，《资产评估报告书》载明有效期为2004年6月10日~2005年6月9日，罗甸县人民政府于2004年11月25日批复同意罗甸县水泥厂改制，未超过《资产评估报告书》有效期。因此，本案拍卖未造成国有资产流失。《国有资产评估管理办法施行细则》属于部门规章，不能作为认定合同效力的依据。二审判决认定《资产评估报告书》超过有效期，进而认定拍卖无效，缺乏事实和法律依据。

4. 国有产权转让遵照了法定程序。郑某某认为，根据贵州省人民政府黔府发（2004）第16号文以及中共黔南州委州政府州发（2004）第12号文件，县国有小型企业改制方案，经县级国企改制工作领导小组审核后报县、市政府审批，重大问题报请县委常委或上一级政府审批。罗甸县水泥厂改制方案已经报经县政府并经县委常委会研究同意，完全等同于黔南州人民政府批准。二审判决根据《国务院办公厅关于加强国有企业产权交易管理的通知》，认定没有经过上一级政府批准是错误的。根据《企业国有资产监督管理暂行条例》第23条的规定，国有资产监督管理机构决定其所出资企业的国有股权转让，其中转让全部国有股权或者转让部分国有股权致使国家不再拥有控股地位的，报本级人民政府批准。因此，二审判决认定罗甸县水泥厂改制违反审批程序是错误的。此外，本案罗甸县水泥厂资产系以拍卖形式转让，并非以协议形式转让，二审判决适用《最高人民法院关于审理企业改制相关的民事纠纷案件若干问题的规定》第17条规定，认定拍卖无效，属于适用法律错误。

5. 资产权属清楚。郑某某认为，其与被申请人资产营运公司双方对罗甸县水泥厂托管期间新增资产及债权债务已达成协议，资产权属清楚。对此，二审判决认定错误。

综上，郑某某依据《中华人民共和国民事诉讼法》第200条第2、6项之规定，申请再审。

【案例分析】

国有资产是指所有权属于国家的财产，具体地说，是指国家依法取得和认定的，或者国家以各种形式对企业投资和投资收益、国家向行政事业单位拨款等形成的财产。[1] 国有资产是国家所有权的客体，国家是国有资产所有权的唯一主体，本案中的罗甸县水泥厂就是一家国有小型企业，企业资产属于国有资产。一般而言，国有资产包括经营性资产、非经营性资产和资源性资产三类。所谓经营性资产，是指国家作为投资者，投资于各种类型的企业，用于生产、经营或者服务性活动而形成的国有资产及其收益；非经营性资产，是指国家以拨款或者其他形式形成的，由行政事业单位占有、使用的各类资产；资源性资产，是指具有开发价值，依法属于国家的自然资源。本案中，罗甸县水泥厂的国有资产属于经营性资产。在我国，改革开放已经 30 多年，我国政府始终把国有企业改革作为经济体制改革的中心环节，不断进行着理论和实践上的摸索和探讨，先后经历了"放权让利，扩大企业自主权"—"承包经营责任制"—"转换国有企业经营机制，实行股份制，建立现代企业制度"等三个阶段，在改革的大潮中，罗甸县水泥厂也不例外，因企业改制需要，其资产由资本营运公司于 2005 年 3 月 31 日委托挂牌出售，并于 2005 年 5 月 25 日拍卖成交给郑某某。

国有资产管理法是指调整在管理国有资产过程中发生的经济关系的法律规范的总称，一般包括国有资产管理和经营体制法律制度、国有资产产权界定法律制度、国有资产产权登记法律制度、国有资产评估法律制度、国有资产产权交易法律制度、侵吞国有资产行为的认定与查处制度等内容。本案中，由于罗甸县水泥厂已经依法拍卖给郑某某，双方构成国有企业出售合同关系。国有企业出售合同不同于一般的买卖合同，涉及国有资产评估、国有资产产权交易等多种社会关系，由此，本案中就会涉及国有资产评估法律制度和国有资产产权交易法律制度。目前，我国的国有资产监督管理法律制度体系是由法律、行政法规、行政规章和行政规范性文件组成的（如下表）。

我国的国有资产监督管理法律制度体系

	法律	行政法规	行政规章	行政规范性文件
名称	《公司法》	《国有资产评估管理办法》	《国有资产评估管理办法施行细则》	《关于规范国有企业改制工作的意见》
	《企业国有资产法》	《企业国有资产监督管理暂行条例》	《企业国有资产评估管理暂行办法》	《关于加强国有企业产权交易管理的通知》

---

[1]　李昌麒主编：《经济法学》，法律出版社 2007 年版，第 495 页。

由此，对于郑某某申请再审的理由进行分析可知：

一、关于本案的争点问题

郑某某认为，国务院办公厅《关于规范国有企业改制工作的意见》系指导国有资产监督管理的行政规范性文件，依法不能作为认定合同效力的依据。二审判决适用该文件，认定罗甸县水泥厂改制违规，进而认定拍卖无效，属于适用法律错误。从上文的分析中可知，我国的国有资产监督管理法律制度体系是由法律、行政法规、行政规章和行政规范性文件组成的，这些法律制度规定了诸多国有企业改制的程序，以此作为国有企业出售的前置程序，从而保障国家和社会公共利益不受损害。因此，在确认国有企业出售合同的效力时，人民法院应当也必须以这些法律制度作为依据，审查其改制程序是否符合法律规定，从而认定国有企业出售合同是否存在损害国家或社会公共利益的情形。由此，郑某某申请再审理由中提出的本案并非企业改制纠纷，不应以上述文件作为认定本案依据的理由是不能成立的。

二、关于出售罗甸县水泥厂的资产效力问题

（一）出售企业资产的原则——不损害职工权益和社会公共利益

《关于规范国有企业改制工作意见的通知》第1条第9项规定："……国有企业改制方案和国有控股企业改制为非国有的企业的方案，必须提交企业职工代表大会或职工大会审议，充分听取职工意见。其中，职工安置方案需经企业职工代表大会或职工大会审议通过后方可实施改制。改制为非国有的企业，要按照有关政策处理好改制企业与职工的劳动关系。改制企业拖欠职工的工资、医疗费和挪用的职工住房公积金以及企业欠缴的社会保险费等要按有关规定予以解决。改制后的企业要按照有关规定按时足额交纳社会保险费，及时为职工接续养老、失业、医疗、工伤、生育等各项社会保险关系。"本例中，经法院查明，从罗甸县经济贸易局《关于报送罗甸县水泥厂改制工作方案的请示》以及罗甸县信访局《罗甸县水泥厂职工信访问题的处置情况分析》来看，罗甸县水泥厂改制领导小组制定并公示罗甸县水泥厂资产出让预案及职工安置预案，罗甸县水泥厂也先后召开职工大会、职工代表大会讨论改制方案和职工安置方案，但并无证据显示该改制方案和职工安置方案已经由罗甸县水泥厂职工大会或职工代表大会审议通过。换句话说，虽然鲁甸县水泥厂改制领导小组置顶并公示了资产出让预案和职工安置预案等文件，但是并未具备《关于规范国有企业改制工作意见的通知》等制度规定中的实质性要件，即"必须提交企业职工代表大会或职工大会审议充分听取职工意见。其中，职工安置方案需经企业职工代表大会或职工大会审议通过后方可实施改制"。因此，郑某某申请再审的理由——"罗甸县水泥厂的改制方案并未损害职工权益"是无法成立的。

（二）有关资产评估的时效问题

《国有资产评估管理办法实施细则》第36条规定："经国有资产管理行政主管部门确认的资产评估结果，除国家经济政策发生重大变动或经济行为当事人另有协议规定之外，自评估基准日起一年内有效。在有效期内，资产数量发生变化时，根据不同情况可由原评估机构或资产占有单位，按原评估方法做相应调整。"本案中，关于鲁甸县水泥厂的《资产评估报告书》确定评估基准日为2003年12月31日，故其有关罗甸县水泥厂总资产为15 256 363.78元的评估结果有效期应为2003年12月31日~2004年12月30日。虽然罗甸县水泥厂的改制工作早已启动，但资本营运公司于2005年3月31日才与黔南州拍卖公司签订合同，委托拍卖其资产，明显已经超出了资产评估结果有效期。资本营运公司明知超出资产评估结果有效期，仍然委托拍卖鲁甸县水泥厂。郑某某明知超出资产评估结果有效期，仍然于2005年5月25日以资产评估结果一半左右的价格，即720万元签订《拍卖成交确认书》。因此，本案中由于资产评估的时效已过，拍卖出售罗甸县水泥厂的行为违反了国有资产评估管理法律制度的禁止性规定，显然损害了国家利益。

由此，依照我国《合同法》第52条关于"有下列情形之一的，合同无效：①一方以欺诈、胁迫的手段订立合同，损害国家利益；②恶意串通，损害国家、集体或者第三人利益；③以合法形式掩盖非法目的；④损害社会公共利益；⑤违反法律、行政法规的强制性规定"之规定，虽然罗甸县水泥厂改制方案已经报经县政府并经县委常委会研究同意，但仍应确认合同无效。另外，本案是因企业改制而起，从罗甸县水泥厂改制方案来看，资本营运公司出售其资产所得是用于企业职工安置及偿还企业对外债务等。据法院查明，根据《拍卖成交确认书》约定，余款470万元应于2005年12月31日前付清。对此，郑某某理应从顾及企业改制大局出发，切实考虑企业职工安置困难问题，及早尽速履行支付义务。然而，虽然资本营运公司多次催讨，郑某某却以罗甸县水泥厂在其托管期间的有关权益清算等事实为由而迟迟拖延未付，严重影响了罗甸县水泥厂改制方案的顺利实施，导致资本营运公司的合同目的受阻。因此，资本营运公司有权解除合同。在郑某某一再错过履行合同的机会后，资本营运公司诉请确认出售罗甸县水泥厂的行为无效，法律效果与诉请解除合同并无根本差异，均应相互返还财产。因此，郑某某应该将罗甸县水泥厂返还给资本营运公司，资本营运公司应该将收取的250万元拍卖款退还给郑某某并支付相应利息。至于郑某某在托管罗甸县水泥厂期间，对新增资产及债权债务与有关机构是否已达成协议、权属是否清楚等，与本案并非同一法律关系，法院可以不予审查。

典型案例回顾

吴某某与新疆维吾尔自治区巴音郭楞蒙古自治州国有资产
管理局国有企业产权出售合同纠纷案[1]

上诉人吴某某为与被上诉人新疆维吾尔自治区巴音郭楞蒙古自治州国有资产管理局（以下简称巴州国资局）国有企业产权出售合同纠纷一案，不服新疆维吾尔自治区高级人民法院（以下简称新疆高院）（1999）新经初字第17号民事判决，向最高人民法院（以下简称最高院）提起上诉。

新疆高院查明：1998年1月15日，巴音郭楞蒙古自治州（以下简称巴州）深化企业改革领导小组召开专题会议，讨论并通过了巴州农业机械总公司（以下简称农机公司）国有净资产由当时任经理的吴某某买断经营的改革方案及协议书；听取了吴某某对买断经营农机公司净资产、接受管理全部离退休人员、安置全部在职职工、承继全部债权债务的设想和经营发展计划；明确巴州农机公司改制后给予的优惠政策，确保要搞好巴州第一家州属企业改组改制试点。当月23日，吴某某以巴州农机公司资产作担保，以个人名义向巴州农行贷款150万元，用于支付买断协议中约定的土地出让金。当月25日，在巴州公证处的公证下，巴州农机公司举行国有净资产出售签字仪式，巴州国资局作为出让方与受让方吴某某签订了《巴音郭楞蒙古自治州农业机械总公司国有资产（卖断）协议书》，该协议约定：①受让方愿意购买巴州农机公司除非经营资产外的所有净资产，按协议付清出让金后，巴州农机公司即归受让方私人所有。②经出让方对原巴州农机公司国有资产审计评估结果的审查，确认巴州农机公司国有净资产为1 460 781.16元（不含土地使用权）。土地资产的评估结果为，总评估值16 735 365.65元。③按巴企政字（98）02号文件精神，首先，弥补11～12月亏损600 000元和剥离非经营性资产1 876 835.52元后，净资产为负1 016 054.36元。其次，预提29名离退休人员的医疗费、取暖费、丧葬费共计683 000元，安置企业职工93人，安置补偿费按人均20年工龄，计提15 000元，应预提1 395 000元。④出让价格定为150万元，受让方必须于协议生效时一次性付清。双方同意以位于库尔勒市火车北站的全部生产经营性用地使用权评估值3 845 094.72元，抵付离退休人员三项费用及在职职工的安置补偿费。受让方同意出资购买巴州农机公司位于库尔勒市火车北站、西站的全部经营场

---

[1] 本例是在"吴某某与新疆维吾尔自治区巴音郭楞蒙古自治州国有资产管理局国有企业产权出售合同纠纷案"的基础上经过删减、修改而得的，原文可参照110裁判案例网，http://www.110.com/panli/panli_ 46297. html.

所（即面积 160 197.50 平方米，土地评估价值 12 890 254 元）的土地使用权，但考虑改制企业的实际，出让方以土地评估价值的 20%（即 2 578 051 元）收取出让金（土地出让年限 30 年）。受让方一次性付款按优惠价 150 万元出让。⑤出让方的权利和义务：一是出让方将从净资产中剥离出来的非经营性资产及土地（指职工住宅等）和团结北路的非生产性用地委托受让方管理和使用；二是出让方以位于库尔勒市团结北路 3485.75 平方米及位于库尔勒市火车北站 2979 平方米生产经营性用地使用权作为安置原企业 29 名离退休人员的三项费用及安置原企业在职 93 名职工的补偿费；三是出让方不得干涉受让方的经营自主权；四是出让方应根据受让方的请求，帮助企业协调关系。⑥受让方的权利和义务：一是在遵守国家法律法规的前提下，享有自主经营的一切权利；二是受让方享有国有农机企业的各项税收优惠政策，使用原巴州农机公司名称；三是企业现有职工仍享有国家规定的国有企业养老统筹待遇；四是受让方买断经营后，享有土地出让后的一切权利；五是受让方必须按规定交纳在职职工养老保险金、承担支付离退休人员的一切费用及妥善安置在职职工；六是受让方全部承继原巴州农机公司的债权债务；七是应与原巴州农机公司职工签订劳动合同。⑦违约责任：出让方、受让方应全面履行协议，不履行协议或不完全履行协议的一方应负违约责任。违约金定为 100 万元。一是受让方如未按预提的离退休人员三项费用及在职职工的安置补偿费标准支付相关费用，应承担违约责任，出让方有权收回抵付部分的土地使用权；二是受让方一次性付足出让金后，出让方应按协议规定向受让方移交全部资产并办理相关手续，若违反规定，应承担违约责任。协议签订的当日，吴某某和库尔勒市土地局签订了三份《国有土地使用权合同》及土地出让金一次性付款 150 万元的补充协议，并向库尔勒市财政局实际支付了 150 万元的土地出让金。库尔勒市人民政府依土地使用权合同向吴某某颁发了（98）国用（库）字第 014 号、第 015 号及第 017 号国有土地使用证。原巴州农机公司于当月 24 日经工商登记变更为吴某某私人所有的有限责任公司。当月 25 日，吴某某用其向天津拖拉机制造有限公司所借的货款 150 万元归还了农行的贷款。1998 年 2 月 5 日，吴某某给巴州农机公司出具了一份针对其于同年 1 月 24 日从农机公司开出的两张支票共计 1 501 500 元的"因改制买企业借款 150 万元和 1500 元"的借据。天津拖拉机制造有限公司出具证明称：1998 年元月，吴某某先生向我公司请求借用我公司在巴州农机公司的 150 万元的货款，用于巴州农机公司改制，考虑到我公司与吴某某先生的经营关系，一向很融洽，且有信誉，经公司研究，同意将 150 万元的货款暂借给吴某某先生，且分期偿付，此借款属实。

1999 年 1 月 24 日，巴州国资局召开巴州农机公司大会，以巴国资（1999）

第 13 号文件，宣布解除与吴某某签订的上述国有资产买断协议书，委托工作组接管巴州农机公司，变更了企业法定代表人，并将有限责任性质的巴州农机公司变更为国有的巴州农牧业机械总公司。同日，吴某某向新疆维吾尔自治区高级人民法院提起诉讼，请求判令巴州国资局继续履行合同，赔偿经济损失 930 万元，支付违约金 100 万元并负担本案的诉讼费用。

新疆高院经审理认为：巴州国资局在与吴某某签订的协议书中，将 1200 万元的国有土地使用权，以明显不合理的低价出售给个人，系双方恶意串通故意损害国家利益的行为，属无效民事法律关系，且吴某某作为企业法定代表人以改制前的国有公司财产为其个人贷款担保，并用该笔贷款购买国有公司，亦违反了《公司法》等相关法律的规定，故原、被告双方所签的协议书应属无效合同，原告要求继续履行合同及要求被告承担违约金的诉讼请求与法无据，均不能成立，不予支持。因协议无效，巴州国资局应将收取的 150 万元的出让金返还吴某某，吴某某亦应向巴州国资局返还其取得的巴州农机公司的各项资产。因双方对合同无效均有过错，损失各自承担。巴州国资局为避免损失扩大，将已出让的巴州农机公司收归国有并无不当，鉴于吴某某在双方合同签订后，并未履行合同约定其应支付的离退休人员的三项费用和安置在职职工的补偿费用，吴某某应承担相应的过错责任，其要求巴州国资局赔偿经济损失的请求缺乏事实和法律依据，对原告的该项诉讼请求，亦不予支持。至于吴某某以巴州农机公司名义担保为自己贷款支出土地出让金，并从巴州农机公司借款归还该笔贷款本息之行为，属另一法律关系，可另案处理。该院依照《中华人民共和国经济合同法》（已失效）第 7 条第 1 款第 3 项及第 16 条的规定，判决：①原告吴某某与被告巴州国资局所签订协议书为无效合同。②被告巴州国资局返还原告吴某某已支付的 150 万元价款。上述款项在判决生效之日起 15 日内一次付清，逾期则加倍支付迟延履行期间的债务利息。③驳回原告吴某某的其他诉讼请求。一审案件受理费 61 510 元，由原告吴某某负担 52 554.14 元，被告巴州国资局负担 18 955.86 元。

吴某某不服新疆高院的上述民事判决，向最高院提起上诉称：原审判决关于协议书是双方恶意串通，故意损害国家利益的认定是错误的。协议书的签订是根据巴州人民政府巴政办（98）1 号文件、巴政改字（98）02 号文件、巴政办（98）6 号文件及库尔勒市人民政府库政字（98）19 号的精神，双方当事人在公开、公正、合法的基础上，经政府有关部门多次反复论证、层层审批，并经过巴州审计事务所的资产评估，以及由政府牵头在拟改制的企业召开 86 人参加的职工大会，98.8% 的职工表决通过同意吴某某买断经营，故双方就巴州农机公司国有资产出让所达成的协议应是具有法律效力的，协议书的内容也不违反法律、行政法规的规定，并未损害国家利益。一审中双方当事人均未对合同的效力提出异议，而新疆高院却自行认定协议为无效合同，显然不当。经资产评估显示，巴州农机公司的净资产为负101万元，其占用的土地使用权，经审计评估价值为1674万元，扣除离退休人员三项费用及职工安置费385万元外，土地出让金额为1289万元。按当地有关政策规定的20%交纳，应为258万元，由于双方在协议中约定，若受让方一次性交清，可实际按优惠价150万元的价格出售。故价值为1289万元的土地使用权最后以150万元的土地出让金出让给吴某某，绝不是以不合理的低价出售，而是有政策依据的。至于吴某某用自己的信誉从巴州农行贷款150万元用于购买巴州农机公司，后又用从天津拖拉机制造有限公司所借的货款偿还农行的贷款，是正常的经营活动，并不违反法律的规定。协议书签订后，吴某某积极采取措施发展企业，让职工得到实惠，妥善安置了离退休职工，并不存在违约行为。买断后，虽未与职工及时签订劳动合同、未及时履行部分职工买断工龄的手续，也是有具体原因的，而且，协议中并未明确规定履约的具体时间，并不属违约。巴州国资局单方撕毁合同，强行派驻工作组接管已出售的企业，变更法定代表人，给吴某某及所购企业带来经济损失，属违约行为，应予赔偿。请求撤销原审判决，依法予以改判。

巴州国资局答辩称：本案所涉及的企业改制行为客观上存在着许多不规范的问题。出售巴州农机公司时，对其资产的评估不是由卖方委托审计机构进行而是由买方自己委托，卖方未对该评估结果按规定的程序进行确认，成交价格缺乏公平竞争。本案对改制前企业的债权债务未进行清理，也未对改制前企业的法定代表人进行离任审计，因此，不符合国家关于企业改制的有关法规、政策，引起了职工的不满。吴某某购买企业的资金来源是其利用职务之便，以该公司资产作抵押以个人名义从银行贷款150万元，而后又用改制后的企业资金归还了其个人的银行贷款，并给企业打了一个借条，该行为表明吴某某以严重违反《公司法》的手段取得了购买企业的资金，使该改制行为违反了公平、公开、合法的原则，使吴某某在未实际花费一分钱的情况下，即取得了价值约1200万元的土地使用权，该行为严重违反了法律，侵害了国家的利益。原审判决符合本案实际情况，符合国家法律规定，应予维持。

最高院二审查明：在巴州农业公司改制的过程中，1997年12月份该公司曾先后两次召开职工大会。第一次大会由巴州农机局主持，巴州体改委领导向全体职工宣传了十五大精神，讲解了改制的几种方式、途径及利弊关系，并就农机公司的改制方案进行了讨论，经现场参加会议的86名职工举手表决，有85人同意由吴某某个人买断国有企业经营权。为慎重起见，巴州政府副州长亲赴农机公司，又召开第二次职工座谈会，参加会议的近20名职工（包括离退休人员）一致同意由吴某某个人买断该企业。在此基础上，巴州深化企业改革领导小组对农机公司改制实施方案进行了专题研究，并听取了离退休老干部的意见，大部分同志对吴某某个人买断该企业没有异议。巴州农机局根据职工大会的讨论情况，向巴州深化企业改革领导小组上报了由吴某某个人买断经营农机公司的报告。在改制过程中，巴州农业公司委托巴州审计事务所对该公司资产进行了评估，巴州国资局在资产评估立项审批书上盖章确认，巴州审计事务所出具了资产评估报告，确定该企业资产评估前总值为5311.8万元。负债总值为4898万元，资产净值为413.8万元；评估后资产总值为5044万元，负债总值为4897.9万元，资产净值为146.1万元。农机公司占用土地使用权出让金评估总值为1674万元，扣除用以抵付离退休人员三项费用及在职职工的安置补偿费等费用共计385万元，则土地30年使用权的金额为1289万元。此后，巴州人民政府针对巴州农机公司改制问题，下达了巴政办（98）1号《州农机局关于巴州农业机械总公司改制方案的批复》。1998年1月20日巴州人民政府又下达巴政办（98）6号《关于改制后的巴州农业机械总公司享受优惠政策的通知》，确定改制后的农机公司可享受以下优惠政策：①允许继续使用"巴州农业机械总公司"名称。②继续享有国有农机企业的各项优惠政策，按国家现行政策免交拖拉机整机增值税，所得税3年内先征后返。③土管部门免交土地交易费及其他有关费用。④免收工商管理费。⑤原公司的财政借款100万元免息使用5年。⑥原公司的银行贷款按年计息。⑦剥离后的非经营性资产及其占用的土地使用权由改制后的巴州农机公司管理。同年1月24日，库尔勒市人民政府以库政函字（98）19号文给市土地局下发《关于巴州农业机械总公司改制中国有土地使用权出让有关问题通知》，明确：①巴州农机公司所属团结北路西侧非生产经营性用地12 761.75平方米继续按国拨土地使用权由改制后的巴州农机公司管理使用。②巴州农机公司所属团结北路西侧非生产经营性用地及火车北站商业用地两宗土地使用权出让金共计3 845 094元，全部用来抵付原巴州农机公司职工安置补偿费和离退休医疗、取暖、丧葬三项费用。③火车北站、西站及团结北路西侧一般性用地评估价值12 890 254元，土地出让后，受让方应以评估价值的20%缴纳2 578 051元出让金。受让方按150万元向土地局一次性缴清土地出让金，并办理相关手续。

另查明：农机公司改制后，吴某某在实行多劳多得、上不封顶的同时，对少劳少得的职工实行保底工资的做法，凡低于300元最低工资标准的，公司全部补贴到300元。对离退休人员的三项费用，凡已经实际发生的，均由吴某某实际妥善安排。其中，对离退休人员的医疗费，按政府给公司核定的门诊住院标准，离休人员每人一年为1500元，退休人员每人一年为1000元，而吴某某的实际做法是离休人员每人每月门诊费为 150 元，特殊情况还可特殊处理，住院费则实报实销；退休人员每人每月门诊费为 70 元，住院费每人 4000 元内报销 80%，超过部分再报 50%。由于买断协议未对吴某某与职工签订劳动合同规定明确的时间，吴某某未及时与职工签订劳动合同。对于职工买断工龄问题，由于大部分要买断工龄的职工为业务骨干，他们在过去的工作中赊销的商品尚未收回货款，在未收回货款或与公司未办理交接手续前，吴某某未与他们履行买断工龄手续。

巴州农机公司改制后不久，有部分职工上访反映吴某某改制中和改制后存在的问题，1998 年 6 月 19 日，巴州深化企业改革领导小组办公室（以下简称企改办）会同有关部门组成调查组对巴州农机公司改制以来职工反映的问题进行调查核实，提出了《关于州农机公司改制后职工反映问题的调查情况及其处理意见》。同年 7 月 13 日，巴州深化企业改革领导小组召开专题会议，讨论、研究了企改办提出的上述处理意见，形成了巴企政办字（1998）23 号会议纪要。会议认为：农机公司改制符合党的十五大精神，符合全国的改革形势，企改办关于"农机公司在改制过程中，资产评估基本准确，实施程序完备，协议签字符合法律程序，具有法律效力，应继续执行"的意见是正确的。会议并对调查组和企改办的调查、核实工作作了肯定，明确农机公司改制后出现的问题，要按照州委"有什么问题解决什么问题"的原则来解决，要把事实向职工解释清楚，做好思想政治工作，统一思想，统一认识。

最高院认为：吴某某与巴州国资局签订的《巴音郭楞蒙古自治州农业机械总公司国有资产（卖断）协议书》，是根据巴州人民政府巴政办（98）1 号《州农机局关于巴州农业机械总公司改制方案的批复》、巴政办（98）6 号《关于改制后的巴州农业机械总公司享受优惠政策的通知》及库尔勒市人民政府库政函字（98）19 号《关于巴州农业机械总公司改制中国有土地使用权出让有关问题通知》等政府文件精神，在经过职工大会表决，并委托审计机构对农机公司资产进行评估，在确定企业出让价格的基础上，在巴州公证处的公证下签订的。该出售协议是双方真实意思的表示，不违反当时国家有关法律、法规的规定，也符合国有企业产权制度改革的方向，应认定为合法有效。双方在协议中对各自的权利义务、亏损弥补、离退休职工的三项费用及违约责任等作了约定。吴某某在签订协议的当日，依约一次性支付了 150 万元的土地出让金。虽然吴某某支付的土地出让金是用改制前的农机公司资产作担保从巴州农行贷款所得，但由于改制前农机公司资产已是负值，而且吴某某随即又以从天津拖拉机制造有限公司所借的贷款 150 万元归还了农行贷款。以该资产作抵押没有也不可能造成国有资产的流失。1999 年 2 月 11 日，国家经贸委、财政部、中国人民银行联合下发的国经贸中小企（1999）89 号《关于出售国有小型企业中若干问题意见的通知》，虽规定"购买者应出具不低于所购企业价款的有效资信证明，不得以所购企业的资产作抵押，获取银行贷款购买该企业"，但由于吴某某于 1998 年 1 月 25 日与巴州国资局签订企业出售协议时，该文件尚未出台，故该文件对吴某某当时的行为不具约束力。该做法虽不够规范，但并不违反当时的法律规定，不应以此来否定协议的效力。至于天津拖拉机制造有限公司出具证明称其同意出借给吴某某 150 万元，则是吴某某与天津拖拉机制造有限公司的借款关系，属另一民事关系，不属本案审理的范围。吴某某以 150 万元的价格买断农机公司，该土地出让价格的确定，是在与巴州国资局共同确认的审计机构对土地使用权评估的基础上，按政府有关文件确定的 20% 的优惠价在一次性付清的前提下确定的，并不存在将 1200 多万元的国有土地使用权以明显不合理的低价出售给个人的恶意串通。原审认定双方恶意串通、故意损害国家利益的行为，属无效民事关系不当，应予纠正。协议签订后，吴某某对离退休人员的三项费用，凡实际发生的，已作了妥善安排。由于协议中并未就签订劳动合同及职工买断工龄问题规定一个明确的时间，因此，吴某某未及时办理与职工签订劳动合同及职工买断工龄手续，应属双方约定不明。但根据一些职工的具体要求，吴某某应在协议恢复履行后及时与职工签订劳动合同、办理职工买断工龄手续，并分批、分段向离退休职工支付协议约定预提的离退休职工的三项费用和职工安置补偿费。巴州国资局与吴某某签订买断协议后，单方终止协议的履行，派驻工作组接管农机公司，变更法定代表人，属违约行为。本案的协议及履约行为均发生在国家经贸委、财政部、中国人民银行国经贸中小企（1999）89 号《关于出售国有小型企业中若干问题意见的通知》公布之前，而该文件不具有溯及力，故本案应根据当时的政策性文件进行处理。1998 年 7 月 13 日，巴州深化企业改革领导小组通过召开专题会议，针对企改办提出的《关于州农机公司改制后职工反映问题的调查情况及其处理意见》，形成了巴企政办字（1998）23 号会议纪要，该会议纪要认为：农机公司改制符合党的十五大精神，符合全国的改革形势，企改办关于"农机公司在改制过程中，资产评估基本准确，实施程序完备，协议签字符合法律程序，具有法律效力，应继续执行"的意见是正确的。鉴于双方在履行协议过程中均存在不同程度的违约，考虑本案的实际情况，双方在协议中约定的违约金 100 万元可互不追究。

综上，吴某某与巴州国资局通过多次协商于 1998 年 1 月 25 日签订的买断企业经营权的协议，并不违反当时国家法律、法规的规定，应继续履行。原审判决遗漏了部分事实，且适用法律不当，应予纠正。最高院依照《中华人民共和国民法通则》第 6 条、第 106 条第 1 款，《中华人民共和国民事诉讼法》第 153

条第 1 款第 1、2 项之规定，判决如下：

第一，撤销新疆维吾尔自治区高级人民法院（1999）新经初字第 17 号民事判决。

第二，吴某某与巴州国资局签订的《巴音郭楞蒙古自治州农业机械总公司国有资产（卖断）协议书》合法有效，巴州国资局于本判决生效后 30 日内将巴州农机公司重新移交给吴某某，双方应继续履行合同。

第三，吴某某自重新接受农机公司之日起 6 个月内向 29 名离退休人员支付医疗费、取暖费、丧葬费 683 000 元，向 93 名职工支付安置补偿费 1 395 000 元（扣除上述两项实际支付的部分）。

本案一、二审案件受理费各 61 510 元，共计 123 020 元，由吴某某与巴州国资局各承担 61 510 元。

【深度思考】

1. 国有资产评估是国有资产监督管理的核心，真实性、科学性和可行性是国有资产评估的三原则。试以本案为例，从三原则角度进行分析，看看争议双方纠纷产生的原因何在。

2. 国有资产产权交易是国有资产监督管理的又一核心，国有资产产权交易的原则包括：①以国民经济发展战略和产业政策为指导；②遵循自愿、互利、有偿的原则；③注重实效；④除国家有特殊规定外，不受地区、所有制、行业隶属关系的限制；⑤既要促进企业规模经济效益，又要防止形成垄断；⑥商业企业产权交易不仅考虑经济效益，也要方便人民生活。试以本案为例，从以上原则角度进行分析，看看争议双方纠纷产生的原因何在。

3. 试探讨行政规范性文件在国有资产产权交易中作用何在。

4. 试探讨从国有资产监督管理的角度来看，巴州国资局的行为失当在哪里。在国有资产监督管理中，政府部门应该坚持哪些基本原则？政府部门管理职责行使的边界何在？

▷ 阅　读

1. 李曙光：《企业国有资产法释义》，法律出版社 2012 年版。

2. 李昌庚：《国有财产法基本制度研究——"国有资产法"正本清源之二》，法律出版社 2015 年版。

▷ 相关法律法规

1.《中华人民共和国企业国有资产法》（2008 年 10 月 28 日通过，2009 年 5 月 1 日起施行）

2.《中华人民共和国全民所有制工业企业法》（1988 年 4 月 13 日通过，2009 年 8 月 27 日修正）

3. 《企业国有资产监督管理暂行条例》（国务院，2003 年 5 月 27 日公布，2011 年 1 月 8 日修订）

4. 《企业国有资产评估管理暂行办法》（国务院国有资产监督管理委员会，2005 年 8 月 25 日公布，2005 年 9 月 1 日起施行）

第十四章

投资法律制度

本章提要

投资是指经济主体为了获得经济利益而垫付货币或其他资源，并进而转化为实物资产或金融资产的活动。它是一国经济增长的基本推动力。投资法是调整国家在干预投资活动过程中发生的社会关系的法律规范的总称。它是规范投资活动的行为规则，是保障投资活动顺利进行的法律手段。投资主体法律制度、投资资金管理制度、投资程序法律制度和涉外投资法律制度是投资法的基本法律制度。

知识要点

1. 投资主体法律制度。
2. 投资资金管理制度。

主案例

政府投资项目"带资承包"被叫停[1]

一度曾被部分地方政府和企业作为工程建设"最佳模式"的带资承包方式正式被国家有关部门从政府投资项目中叫停。建设部、国家发改委、财政部和中国人民银行于2006年1月4日发布了《关于严禁政府投资项目使用带资承包方式进行建设的通知》（以下简称《通知》），严禁政府投资项目以建筑业企业带资承包的方式进行建设。

《通知》称，近年来一些地方政府和部门要求建筑业企业以带资承包的方式

---

[1] 本例是在"政府投资项目带资承包叫停""源头严控新拖欠，造楼必须先掏钱，山东叫停带资承包政府项目"的基础上经过删减、修改而得的，原文可参照新浪网，http：//news. sina. com. cn/o/2006 - 03 - 24/08238517569s. shtml；建筑论坛网，http：//www. abbs. com. cn/jzsb/read. php？cate = 5&recid = 17280。

建设新的工程项目，同时也有一些建筑业企业以承诺带资承包作为竞争手段，承揽政府投资项目。上述行为严重干扰了国家对固定资产投资的宏观调控，扰乱了建筑市场秩序，同时由于超概算资金落实难度大，造成了拖欠工程款和农民工工资问题的出现。所谓带资承包，实际上就是建设单位不用全额支付工程预付款，或者不用按照工程进度按月支付工程款（不含合同约定的质量保证金），由建筑业企业垫款施工。

《通知》要求，政府投资项目一律不得以建筑业企业带资承包的方式进行建设，不得将建筑业企业带资承包作为招投标条件。同时，严禁将此类内容写入工程承包合同及补充条款，要对政府投资项目实行告知性合同备案制度。

政府投资项目主要指使用各类政府投资资金，包括预算内资金、各类专项建设基金、国际金融组织和外国政府贷款的国家主权外债资金建设的项目。《通知》明确，除采用BOT、BOOT、BOO方式建设的政府投资项目外，党政机关及财政拨款的事业单位自筹资金建设的项目，都视同政府投资项目。对于使用带资承包方式建设的政府投资项目，一经发现，有关部门要按照有关法律法规对该建设单位进行查处并依法进行行政处罚；建设等部门应停止办理其报建手续，对该项目不予竣工验收备案；发展改革等有关部门对该单位新建项目给予制约；对于在工程建设过程中抽逃资金的，财政部门要立即停止对该项目的资金拨付。

银行等金融机构应在借款合同中明确约定不得利用银行贷款带资承包政府投资项目。对违反约定的，应限期追回银行信贷资金，并通过人民银行信贷登记咨询系统向其他银行通报，各银行不得再对该企业提供信贷支持。

《通知》发布后，各地方政府部门闻风而动，比如，山东省建设厅、省发改委、省财政厅和中国人民银行济南分行联合发布通知，严禁新上政府投资项目以建筑业企业带资承包方式进行建设。此次山东省有关部门在发布的通知中要求，工程在发包合同中明确约定工程预付款的数额的，最低不得低于工程预算总造价的30%，并在工程项目开工前全额支付给建筑企业；工程建设过程中，建设单位必须根据工程进度按月支付工程款，并在合同中约定，不得要求建筑企业垫资施工，凡是工程款未按进度拨付到位的，建筑企业可以放慢施工进度或停工；对于各类政府投资项目，发展改革部门将对建设资金来源情况进行审查，凡是资金来源不落实的，一律不予立项。山东省所有的政府投资项目，不论承包合同是否约定带资承包，也不论合同约定的垫资期限是否到齐，凡是未按照工程进度支付工程款的，一律视同形成了事实上的拖欠，都要于2006年6月底前全部清偿。

【案例分析】

本例中，建设部等国家部委以及山东省有关部门发文规范的就是固定资产投资项目。所谓固定资产，是流动资产的对称，是指那些社会生产过程中，能够在较长时间内使用并在使用过程中保持其原来物质形态的物质资料。[1] 按其用途可以分为生产资料的固定资产和非生产资料的固定资产。虽然我国目前尚未制定统一的《投资法》，但近年来我国加大了对投资主体投资行为的规范，先后颁布了《固定资产方向调节税暂行条例》《固定资产投资管理条例》《关于建设项目实行业主责任制的暂行规定》《关于固定资产投资项目试行资本金制度的通知》等一系列行政法规、规章、行政规范性文件，从中不难看出，固定资产投资规制是其中的重点。具体地说，我国对于固定资产投资的规制，包括基本建设投资和更新改造措施投资两部分。基本建设是指利用国家预算内基建拨款、自筹资金、国内外基本建设贷款以及其他专项资金进行的，以扩大生产能力或新增效益为主要目的的新建、扩建工程及有关工作。包括：①为经济、科技和社会发展而新建的项目；②为扩大生产能力或新增效益而新建分厂、主要车间、矿井、铁路支干线、码头泊位等扩建项目；③为改变生产力布局进行的全厂性迁建项目；④遭受严重灾害后需要重建的恢复性建设项目；⑤没有折旧和固定收入的行政、事业单位新建业务用房和职工宿舍项目等。更新改造措施是指利用企业折旧基金、国家更新改造措施拨款、企业自有资金、国内外更新改造贷款等资金，对现有的企业事业单位的原有设备进行技术改造和固定资产更新以及相应辅助性的配套生产及生活福利等工程和有关工作。

质言之，固定资产投资是经济主体为了获得经济利益而垫付货币或其他资源，并进而转化为实物资产或金融资产的一种活动，是一国经济增长的基本推动力。社会发展的各个时期，如果没有一定量的货币或其他资源的投入，经济是难以启动和发展的。国家之所以通过投资法对投资行为进行规范，其目的就是通过主动的国家干预来对投资主体的权利义务、投资决策的运行机制、投融资方式及运行机制、投资的程序管理及方向管理、投资总量与结构的调控、投资布局的调控等投资活动中发生的社会关系进行调整规范，以此来保障投资活动的顺利进行。此次国家有关部委和各地方政府有关部门之所以对"带资承包"进行主动干预，主要原因是建筑市场是典型的买方市场，建筑企业的市场竞争趋于白热化，为了获得建筑项目订单，建筑行业逐渐形成了建筑企业宁可垫款施工也要争得交易机会的局面。根据全国总工会的资料显示，截至2010年，全国进城务工的农民工被拖欠的工资估计在1000亿元左右，主要发生在建筑施工企业和餐饮服务等企业，其中建筑施工企业占拖欠农民工工资案件的70%。由此而产生的集体上访、游行、堵公路、绑架、爬工地塔吊、跳楼等事件屡有发

---

[1] 黄河、王兴运主编：《经济法学》，中国政法大学出版社2008年版，第318页。

生，危及社会稳定。因此，《通知》的发布有助于实现固定资产投资的目的，进而有助于实现通过投资调节社会经济结构和运行的目标。

【知识拓展】

BT 模式、代建制和带资承包[1]

一、BT 模式

BT 是英文 Build – Transfer（建设—转让）的缩写，其是从 BOT 即 Build – Operate – Transfer（建设—经营—转让）发展演变而来。除了 BT 这种演变方式外，BOT 的演变形式还有 BOOT，即建设—拥有—经营—转让；BOO，即建设—拥有—经营；BOOST，即建设—拥有—运营—补贴—移交；BTO，即建设—移交—运营；BLT，即建设—租赁—移交等。由于目前缺乏法律、行政法规的规制，BOT、BT 概念只是散见于政府部门规章、地方政府规章、规范性文件的一些规定中。1995 年 1 月 16 日，原对外贸易经济合作部颁布的《关于以 BOT 方式吸收外商投资有关问题的通知》首次提出了 BOT 的概念。1995 年 8 月 21 日原国家计委、电力工业部、交通部颁布的《关于试办外商投资特许权项目审批管理有关问题的通知》，明确了 BOT 投资方式即为建设—运营—移交的投资方式，并作了具体解释。而 BT 概念在国务院主管政府部门的规范性文件中首次出现，是在 2003 年 2 月 13 日原建设部颁布的《关于培育发展工程总承包和工程项目管理企业的指导意见》中。该文规定"鼓励有投融资能力的工程总承包企业，对具备条件的工程项目，根据业主的要求，按照建设—转让（BT）、建设—经营—转让（BOT）、建设—拥有—经营（BOO）、建设—拥有—经营—转让（BOOT）等方式组织实施"。此后，上海、重庆、福州、沈阳、中山、雅安等城市相继出台了 BT 融资管理办法等地方政府规章或规范性文件。需要注意的是，《关于试办外商投资特许权项目审批管理有关问题的通知》明确规定："在特许期内，项目公司拥有特许权项目设施的所有权。"而后来一些地方政府的规范性文件中，则缺乏特许期内对项目所有权尤其是项目土地使用权归属的明确界定。

二、项目代建制

2004 年 9 月 16 日财政部发布的《关于切实加强政府投资项目代建制财政财务管理有关问题的指导意见》中，首次对项目代建制的财政财务管理的有关问题提出了具体意见。在此前后，北京、云南、湖南、天津、广东、河南、福建、河北等地先后出台了项目代建制的管理办法。这其中可分为两类，一类是仅针

---

[1] 杨明："BT 模式与代建制和带资承包的区别"，载中国律师网，http：//old. acla. org. cn/pages/2012 – 2 – 27/s63846. html.

对政府投资项目作出的规定，大部分地方政府规章均是如此，比如北京市的规定；另一类是针对所有代建制项目作出的规定，比如天津市的规定。2004 年 3 月 1 日颁布的《北京市政府投资建设项目代建制管理办法（试行）》第 2 条第 2 项规定："本办法所称代建制，是指政府通过招标的方式，选择社会专业化的项目管理单位（以下简称代建单位），负责项目的投资管理和建设组织实施工作，项目建成后交付使用单位的制度。代建期间代建单位按照合同约定代行项目建设的投资主体职责……"2006 年 1 月 13 日颁布的《天津市建设工程项目代建管理试行办法》第 3 条则规定："本办法所称建设工程项目代建活动，是指建设单位通过招标或委托的方式，选择专业化的项目管理单位（以下简称代建单位），对新建、改建、扩建项目（以下简称代建项目）的组织实施进行全过程或若干阶段管理咨询的服务。实行代建制的项目投资主体或建设单位（以下简称业主单位），在工程建设期间作为委托人，负责提供建设条件和外部环境，在项目建成后实施运营管理。代建期间代建单位按照合同约定履行项目建设的投资主体或建设单位职责。"

三、带资承包

带资承包是指建设单位在建设资金不落实或资金不足、不支付工程预付款和进度款的情况下，由施工单位带资承包工程和垫款施工的行为。由于带资承包干扰了国家对固定资产投资的宏观调控，扰乱了建筑市场秩序，加重了建筑企业生产经营的困难，导致了拖欠农民工工资等行为的频频发生。早在 1996 年 6 月 4 日原建设部、国家计委和财政部就联合发布了《关于严格禁止在工程建设中带资承包的通知》（已失效）。2006 年 1 月 4 日，建设部、国家发展和改革委员会、财政部、中国人民银行又颁布了《关于严禁政府投资项目使用带资承包方式进行建设的通知》，取代了上述 1996 年的通知。新的通知明确了带资承包相应的行政责任，同时规定"采用 BOT、BOOT、BOO 方式建设的政府投资项目可不适用本通知"。值得注意的是，2005 年 1 月 1 日起施行的《最高人民法院关于审理建设工程施工合同纠纷案件适用法律问题的解释》第 6 条规定："当事人对垫资和垫资利息有约定，承包人请求按照约定返还垫资及其利息的，应予支持，但是约定的利息计算标准高于中国人民银行发布的同期同类贷款利率的部分除外。当事人对垫资没有约定的，按照工程欠款处理。当事人对垫资利息没有约定，承包人请求支付利息的，不予支持。"由此可见，虽然带资承包合同的当事人可能面临行政责任的问题，但该司法解释实际上已明确了带资承包合同并非无效合同。

关于 BT 模式、代建制和带资承包的区别，有如下几点：

1. 从合法性上看，BT 模式与代建制都具备合法性的前提，而政府投资项目是严禁实行带资承包的。因此，对于政府投资项目只能采取 BT 模式或代建制。

2. 从合同主体上看，BT 模式中的乙方（即中标人、BT 投资方），可以是项目建设的施工方也可以不是施工方。代建制中的乙方（即中标人、受托方）一般不是项目施工方。而带资承包中的乙方（即中标人）必然是项目施工方。

3. 从项目所有权上看，BT 模式中乙方通过与甲方的特许权协议直接或通过项目公司取得项目所有权，在回购完成前，其建设单位是业主。而在代建制和带资承包中，项目的所有权始终属于甲方。

4. 从建设资金来源上看，BT 模式中，由乙方负责资金的筹措与融资，甲方不负责建设期间资金的拨付。代建制中乙方不负责资金的筹措与融资，项目建设资金全部由甲方负责，并在乙方审查的基础上由甲方直接拨付给施工方或通过乙方拨付给施工方。而带资承包中，乙方作为施工方负责垫付建设资金。

5. 从项目管理上看，项目建设期间的管理职责在 BT 模式和代建制中均由乙方承担，甲方对乙方的管理职责的履行情况进行监督。其中，BT 模式中乙方可以就项目管理再行委托第三方进行。而代建制中，乙方作为专业化的管理机构不得再行委托第三方进行项目管理。在带资承包中，项目的建设管理则由甲方负责。

6. 从乙方实现收益的方式看，BT 模式中，乙方收益通过甲方支付项目回购款的方式实现，回购款中应包括建筑安装工程费、乙方已交付甲方掌握使用的费用、资金占用费等。代建制中，乙方收益通过甲方支付代建管理费的方式实现。带资承包中，乙方收益通过甲方支付工程款及双方可能约定的垫付资金利息实现。

▶ 探讨案例

2014《中国城市外资吸引力评价报告》出炉[1]

由萨斯坦智库学术委员会主任牛凤瑞、秘书长吕伟华主编的 2014《中国城市外资吸引力研究报告》（中英文对照）（以下简称《研究报告》）由人民日报出版社正式出版发行。《研究报告》对中国城市外资吸引力进行了研究和分析。

【深度思考】

1. 试对我国目前有关外商投资的法律制度框架进行梳理，结合《研究报告》，对我国外商投资环境进行评析。

2. 试对我国各地利用外资的法律制度体系进行梳理，结合《研究报告》，

---

[1] 本例是在"2014 中国城市外资吸引力评价报告"一文的基础上经过删减、修改而得的，原文可参照人民网，http://hn.people.com.cn/n/2015/0112/c356343-23524825.html。

看看是什么原因造成了较为明显的地方差异。

▶ 阅　　读

1. 曾华群:《WTO 与中国外资法的发展》,法律出版社 2006 年版。

2. 杨慧芳:《外资待遇法律制度研究》,中国人民大学出版社 2012 年版。

▶ 相关法律法规

1.《中华人民共和国外资企业法》(1986 年 4 月 12 日通过,2000 年 10 月 31 日修正)

2.《中华人民共和国中外合作经营企业法》(1988 年 4 月 13 日通过,2000 年 10 月 31 日修正)

3.《中华人民共和国中外合资经营企业法》(1979 年 7 月 1 日通过,1990 年 4 月 4 日第一次修正,2001 年 3 月 15 日第二次修正)

4.《中华人民共和国外资企业法实施细则》(1990 年 10 月 28 日公布,2001 年 4 月 12 日第一次修订,2014 年 2 月 19 日第二次修订)

5.《中华人民共和国中外合作经营企业法实施细则》(1995 年 8 月 7 日批准,1995 年 9 月 4 日起施行,2014 年 2 月 19 日修订)

6.《中华人民共和国中外合资经营企业法实施条例》(1983 年 9 月 20 日公布,2014 年 2 月 19 日第五次修订)

第四编　市场规制法

第十五章
反不正当竞争法律制度

▶ **本章提要**

反不正当竞争法律制度是调整企业竞争行为的规范，最早产生于19世纪末20世纪初的西欧资本主义国家，现已在资本主义国家发展成竞争法的核心。1896年德国制定了一部专门禁止不正当竞争行为的法律——《反不正当竞争法》，这是世界上最早关于反不正当竞争的特别法。我国的反不正当竞争立法源于国务院于1980年10月17日发布的《关于开展和保护社会主义竞争的暂行规定》（已失效）。该暂行规定肯定了竞争对于现代化建设的重要作用，正式提出反对垄断和不正当竞争。1992年年初，根据全国人大的立法规划，国家工商行政管理局独家承担《反不正当竞争法》的起草任务。1993年，国务院向全国人大常委会提交审议《中华人民共和国反不正当竞争法（草案)》的议案。经过审议，1993年9月2日，第八届全国人大常务委员会第三次会议正式通过了《中华人民共和国反不正当竞争法》。

▶ **知识要点**

1. 反不正当竞争法律制度的基本概念和相关制度。

2. 重点掌握并能够正确分析、认定和处理各种不正当竞争行为。

3. 重点把握《反不正当竞争法》的实务操作问题，如：假冒注册商标的判断标准、相同相似商标的认定、知名商品认定中的相关问题、虚假表示的表现形式、引人误解的判断、商业秘密刑民交叉案件的处理以及域名侵权构成要件。

主 案 例

案例一：　　　　　　　秦某某擅自使用他人企业名称案[1]

2008 年 8 月 8 日，山西省太原市工商行政管理局尖草坪分局执法人员在市场巡查中，对太原市佳晟物资广场 D3A－16 号秦某某的永康家电经销部进行了检查。经查：秦某某于 2008 年 7 月 18 日从某电器厂购进在显著位置标有"苏泊尔电器国际有限公司监制"字样的电饭锅 500W 的 20 个、700W 的 20 个，于 2008 年 8 月 8 日在佳晟物资广场 D3A－16 号其经营场所被查获，现场查获标有"苏泊尔电器国际有限公司监制"字样的电饭锅 500W 的 20 个、700W 的 20 个。浙江苏泊尔股份有限公司是国内知名的炊具、小家电制造企业，"苏泊尔"是该企业的注册商标和企业名称中的字号，且该商标已被认证为驰名商标。秦某某所销售的标有"苏泊尔电器国际有限公司监制"字样的电饭锅，使消费者误认为是浙江苏泊尔股份有限公司的产品。

【案例分析】

该案中，当事人是擅自将他人知名企业的字号作为自己企业名称中的字号使用，使消费者产生了误认，符合《最高人民法院关于审理不正当竞争民事案件应用法律若干问题的解释》第 6 条第 1 款的规定，即："企业登记主管机关依法登记注册的企业名称，以及在中国境内进行商业使用的外国（地区）企业名称，应当认定为反不正当竞争法第 5 条第 3 项规定的'企业名称'。具有一定的市场知名度、为相关公众所知悉的企业名称中的字号，可以认定为反不正当竞争法第 5 条第 3 项规定的'企业名称'。"在本案中，浙江苏泊尔股份有限公司以其优良的产品质量在全国市场赢得消费者的信赖，"苏泊尔"作为该公司的企业字号中的字号和商标使用，为广大消费者认知，具有一定的市场知名度，凝聚了较高的商业价值和声誉。当事人秦某某销售使人误认为是浙江苏泊尔股份有限公司的产品，采取"搭便车"的手段，是典型的不正当竞争行为，严重损害了消费者的合法权益，其应当受到法律的惩罚。对于擅自使用他人企业名称纠纷的认定，关键在于在后使用者使用了在先企业的企业名称或者姓名，用于从事市场经营活动，并引人误以为是在先企业的商品。

【知识拓展】

《反不正当竞争法》第 5 条第 3 项禁止经营者从事市场交易时，采用"擅自使用他人的企业名称或者姓名，引人误认为是他人的商品"的不正当手段。执法实务中，企业名称的简称或字号，以及外国（地区）企业名称是否列入规制、

---

[1]　载中国竞争法律与政策网，http://cclp.sjtu.edu.cn.

保护范围等，根据相关司法解释以及工商总局相关答复，对"擅自使用他人企业名称或姓名行为"，可从以下五方面进行认定：①知名字号、境内依法登记的企业名称、在中国境内进行商业使用的外国（地区）企业名称，属反不正当竞争法保护的企业名称。②被控侵权的企业名称包括在中国境内进行商业使用的外国（地区）企业名称。③知名的企业简称或企业名称的简称，视为企业名称予以保护。④受竞争法保护的姓名应与市场有关。⑤一些地方性法规将代表企业名称、姓名的标志、图形、文字、代号，视为企业名称或姓名予以保护。"擅自使用"的认定需注意：首先，是指用于商业活动中；其次，是指在商业活动中，未经权利人许可擅自使用他人企业名称或姓名，或违反规定使用他人企业名称，足以误导公众，让人误认为是他人提供的商品或者与他人相关；最后，诚实信用、维护公平竞争和保护在先权利，是解决企业名称之间冲突的原则。

案例二：山东济南某食品有限公司擅自使用与"洽洽"牌香瓜子近似的包装装潢生产、销售瓜子案[1]

济南某食品有限公司（以下简称"食品公司"）于2006年10月开始生产"寅旺"牌香瓜子，共生产100克、120克、130克、340克、350克和454克6个规格的产品。所使用的两种版本（食品公司于2007年4月对120克、130克、340克、350克4个规格产品的包装物版式、构图进行了部分改动）的纸质包装袋均由黄山市泰联纸塑包装印刷有限公司承印。截至案发之日，食品公司已购进上述"寅旺"牌香瓜子纸质包装袋89 000个，除100克和454克两个规格的包装袋尚库存2600个，其余包装袋均已生产使用。经认定，食品公司所使用的两种版本的"寅旺"牌香瓜子包装、装潢在外观设计上同合肥华泰集团股份有限公司生产、销售的"洽洽"香瓜子的包装、装潢近似，系仿冒"洽洽"牌香瓜子的包装、装潢，足以使相关公众在一般注意力下发生误认。截至案发之日，该食品公司共生产"寅旺"牌香瓜子72 769袋且已全部售出。经山东泉城会计师事务所有限公司审计，食品公司非法经营额共计156 870.46元，违法所得计3332.76元。食品公司对上述审计结果无异议。以上事实有当事人笔录、书证、物证、涉案商品照片和鉴定报告为证。

【案例分析】

如何认定"近似"是该案的关键环节。工商局在查处此案过程中是从以下几个方面进行认定的：

---

[1] 载反垄断与反不正当竞争执法局官网，http：//www. saic. gov. cn/gpjyj/dxal/200909/t20090924_71118. html.

第一是版式构图。其一，相同点包括：①整个版式总体结构相同。包装正面均分为上封口、下封口和中间部分三部分。②图文处理方式相同，上封口和下封口都采用红色露底的方式显示文字内容，内容分别为：商标和质量管理体系认证。中间部分都为红色露底，再印以黑色文字，露底部分在右侧，文字部分在左侧。露底部分的上面是红色商标文字，下面是"香瓜子"的艺术变体，这三个字在同一位置以较大字号被突出使用。而"香瓜子"的艺术变体系合肥华泰集团股份有限公司的设计人员独立创作，合肥华泰集团股份有限公司在调查期间出具了"香瓜子"三字书作者的原始档案复印件及作者的文字说明。该公司已于2004年4月19日就产品包装、装潢向国家知识产权局申请了外观专利保护。中间部分的右下方都是用黑色艺术字强调"煮"的制作工艺。中间部分的左侧下方标明产品的净含量。③版式构图完全一致，对应位置的尺寸差距都不超过4毫米，使得两份包装设计在视觉上完全混同，相关公众以其一般注意力根本不能将两者分辨开来。背面也分为三部分，上封口、下封口和中间部分。上封口采用红色露底的方式显示文字内容，内容为其商标。中间部分右侧为红色露底，印以黑色文字，露底部分的上面是红色商标文字，下面仍是"香瓜子"的艺术字体。下封口左侧均印刷条形码。包装两侧以红底黑字显示产品的配料、执行标准、卫生许可证号、保质期限、保存方法、制造商、地址、联系方式等内容。其二，近似点包括：①正面中间部位的左下方，合肥华泰集团股份有限公司生产的"洽洽"香瓜子的包装是"精选葵花籽"的黑色艺术字变形体，济南某食品有限公司生产的"寅旺"瓜子的包装是一只黑色煮锅，同为红底黑色图文，同是煮的制作工艺，难以使相关公众以其一般注意力区分两者。②背面右下方，"洽洽"的包装标明广告宣传用语"快乐的味道"，"寅旺"的包装则是标明其商标。

第二是主色调。整个包装物的主要色调完全相同，都是红底黑字，或露底黑字；都由三种颜色组成——包装物原色、红色和黑色，而且所用红色的饱和度、亮度也完全相同，如果不在同一光源下比对，根本无法分辨。由于三种颜色的相对关系完全相同，所以其表现力也相同，相关公众以其一般注意力不能将两者区分开来。

第三是字体。其一，相同点包括：除商标文字外，其他文字的字体相同，颜色相同。其二，近似点包括：文字的大小稍有不同，正面左侧艺术字体的变形幅度稍有不同。

综合上述三项对比，可以得出肯定的结论：两份包装物在设计理念、实现工艺、表现手法上完全一样，所形成的总体视觉效果并无二致，相关公众以其一般注意力很难发现其细节上的细微不同，足以使消费者发生误认，是两份相似度很高的包装设计。合肥华泰集团股份有限公司的"洽洽"商标已经于 2002 年 2 月 8 日被认定为中国驰名商标，其包装设计分别于 2000 年 11 月 15 日和 2004 年 9 月 29 日取得外观设计专利，以该外观设计作为包装物的"洽洽"牌瓜子也分别于 1998 年 12 月和 2003 年 12 月底投放市场。济南某食品有限公司注册成立的时间是 2002 年 9 月 26 日，作为合肥华泰集团股份有限公司的竞争性企业，应当遵守《反不正当竞争法》第 5 条第 2 项的不作为义务，选用与合肥华泰集团股份有限公司不相似的包装设计包装自己的产品，与竞争企业公平竞争，但是济南某食品有限公司产品包装物的外观却与合肥华泰集团股份有限公司的获得专利的包装设计外观非常相似，几近相同，足以使相关公众在一般注意力下发生误认，甚至混同，以普通人的一般认知即可认定两者相似。案件调查后期，该食品有限公司负责人"坦陈"为应对激烈的市场竞争，采用打外包装、装潢的"擦边球"，和搭知名商品的"便车"的手段，目的是排挤竞争对手，提高市场占有率。根据《反不正当竞争法》第 21 条第 2 款及《关于禁止仿冒知名商品特有的名称、包装、装潢的不正当竞争行为的若干规定》第 8 条的规定，执法机关于 2008 年 4 月 23 日作出责令食品公司停止违法行为，监督销毁尚未使用的"寅旺"香瓜子包装袋 2600 个，没收违法所得 3332.76 元，罚款 4000 元的行政处罚。至今当事人未申请复议，也未提起行政诉讼。

在本例中，知名商品的认定需要注意以下几个要素：在中国境内应有一定的知名度，商品的销售时间，商品的销售区域和销售对象，商品宣传的持续时间、程度和地域范围以及作为知名商品受保护的情况。同时，合肥华泰集团股份有限公司负有对知名商品的举证责任。

【知识拓展】

《反不正当竞争法》第 5 条第 2 项规定，"擅自使用知名商品特有的名称、包装、装潢，或者使用与知名商品近似的名称、包装、装潢，造成和他人的知名商品相混淆，使购买者误认为是该知名商品"，属于不正当竞争行为。《最高人民法院关于审理不正当竞争民事案件应用法律若干问题的解释》第 1 条规定："在中国境内具有一定的市场知名度，为相关公众所知悉的商品，应当认定为反不正当竞争法第 5 条第 2 项规定的'知名商品'。人民法院认定知名商品，应当考虑该商品的销售时间、销售区域、销售额和销售对象，进行任何宣传的持续时间、程度和地域范围，作为知名商品受保护的情况等因素，进行综合判断。原告应当对其商品的市场知名度负举证责任。"一般认为，知名商品特有的名称、包装、装潢，实际上就是未注册商标，因为其有一定的标示作用而受到保护。国家工商行政管理局 1995 年 7 月 6 日发布并施行的《关于禁止仿冒知名商品特有的名称、包装、装潢的不正当竞争行为的若干规定》第 3 条第 4 款规定：

"本规定所称包装，是指为识别商品以及方便携带、储运而使用在商品上的辅助物和容器。"第 5 款规定："本规定所称装潢，是指为识别与美化商品而在商品或者其包装上附加的文字、图案、色彩及其排列组合。"第 5 条规定："对使用与知名商品近似的名称、包装、装潢，可以根据主要部分和整体印象相近，一般购买者施以普通注意力会发生误认等综合分析认定。一般购买者已经发生误认或者混淆的，可以认定为近似。"

案例三：　　　金华互通联合传媒有限公司诉郑某某虚假宣传案[1]

2004 年 8 月 26 日，金华市房地产业协会建立了名为"金华房网"（网址：http//www.0579fw.com）的网站，并由金华金房网络技术开发部协办。后因规范经营需要，金华金房网络技术开发部将该网站交由原告金华互通联合传媒有限公司经营管理。2011 年 8 月 5 日，浙江省通信管理局向原告颁发了编号为浙 b2 - 20110255 的增值电信业务经营许可证，原告被正式获准经营金华房网、金华房产信息网、金华车网，其网站域名分别为：0579fw.com；0579house.com；0579cw.com。

2014 年 2 月 21 日，原告金华互通联合传媒有限公司法定代表人曹某某向浙江省金华市正信公证处申请对其确认的"金华房网 2014 年首届建材团购惠"字样现状进行证据保全公证。当日下午，该公证处公证员胡甲和工作人员胡乙在原告法定代表人曹某某陪同下到位于金华市婺城区婺州街锦绣国际家居江南店以及龙腾居家生活馆的董宅路旁。由该处公证员胡甲使用公证处的数码相机对曹某某指认的"金华房网 2014 年首届建材团购惠"字样现状进行了数码拍照，共拍摄数码照片 6 张。当月 28 日，该公证处出具了（2014）浙金正证民字第 686 号公证书 1 份，证实现场取证过程及相关照片与现场实际情况相符的事实。被告郑某某系金华市婺城区圣菲娅家具店的业主，也是"圣菲娅"品牌产品的经销代理商。2014 年 2 月 22 日，被告郑某某未经原告金华互通联合传媒有限公司许可，即以"金华房网"的名义，会同"上臣地板"等多家建材家居品牌经销商，在金华金磐和美大酒店举办了"金华房网 2014 年首届建材团购惠"活动，且在活动前通过户外公交站广告牌及经销商门口和店内设广告牌，以及沿街分发广告单等方式进行宣传，广告中印制有伟人像等内容。事后，原告以被告虚假宣传行为构成不正当竞争为由，专门聘请律师，于 2014 年 9 月 24 日诉诸法院，请判令被告在金华市级媒体上发表致歉声明；并由被告赔偿原告经济损失 100 000 元。

---

[1] 载金华市婺城区人民法院民事判决书（2014）金婺知初字第 110 号。

【案例分析】

原告金华互通联合传媒有限公司经浙江省通信管理局审批，于 2011 年 8 月 5 日取得编号为浙 b2－20110255 的增值电信业务经营许可证，故原告金华互通联合传媒有限公司系"金华房网"的合法经营管理人，该网站经营权及由此产生的商誉等合法权益应受法律保护。被告郑某某作为"圣菲娅"品牌的经销代理商，为推销其产品，联合其他建材家居品牌经销商举办建材团购惠活动，本无可非议，但其未经原告同意，以"金华房网"名义举办"金华房网 2014 年首届建材团购惠"活动，且在活动之前通过广告牌、分发广告单等方式进行不实宣传，这一行为会导致消费者误认为系"金华房网"经营管理者所主办的建材团购活动存在虚假宣传行为，属不正当竞争行为，故被告应承担相应民事责任。

引人误解的虚假宣传行为可以从两方面去理解。首先，从形式上来讲，经营者不得利用广告或者其他方法作引人误解的虚假宣传。这里的"广告或者其他方法"实际已涵盖了所有能够使社会公众知悉的宣传形式。其次，就宣传的内容而言，经营者不得就商品的质量、性能、用途、生产者、有效期限、产地等作引人误解的虚假宣传。换言之，经营者利用广告或者其他方法对商品的上述任何一方面作引人误解的虚假宣传均构成不正当竞争行为。经营者具有下列行为之一，足以造成相关公众误解的，可以认定为《反不正当竞争法》第 9 条第 1 款规定的引人误解的虚假宣传行为：①对商品作片面的宣传或者对比的；②将科学上未定论的观点、现象等当作定论的事实用于商品宣传的；③以歧义性语言或者其他引人误解的方式进行商品宣传的。以明显的夸张方式宣传商品，不足以造成相关公众误解的，不属于引人误解的虚假宣传行为。人民法院应当根据日常生活经验、相关公众一般注意力、发生误解的事实和被宣传对象的实际情况等因素，对引人误解的虚假宣传行为进行认定。

【知识拓展】

《反不正当竞争法》第 5 条第 4 项规定："在商品上伪造或者冒用认证标志、名优标志等质量标志，伪造产地，对商品质量作引人误解的虚假表示。"《产品质量法》第 5 条规定："禁止伪造或者冒用认证标志等质量标志；禁止伪造产品的产地，伪造或者冒用他人的厂名、厂址；禁止在生产、销售的产品中掺杂、掺假，以假充真，以次充好。"《消费者权益保护法》第 20 条第 1 款规定："经营者向消费者提供有关商品或者服务的质量、性能、用途、有效期限等信息，应当真实、全面，不得作虚假或者引人误解的宣传。"《关于对〈反不正当竞争法〉第 5 条第 4 项所列举的行为之外的虚假表示行为如何定性处理的请示》（沪工商公〔2007〕283 号）收悉，国家工商行政管理总局经研究答复如下："经营者在商品上对商品的安全标准、使用性能、用途、规格、等级、主要成分和含量、生产日期、有效期限、保质期等与商品质量相关的内容作虚假表示的，误导公众，扰乱市场竞争秩序，违反了《反不正当竞争法》第 5 条第 4 项的规定，构成虚假表示行为，工商行政管理机关可以依照《反不正当竞争法》第 21 条的规定予以处罚。"

虚假表示行为的表现形式有：一是伪造或冒用认证标志、名优标志等质量标志。质量标志（如 3C 认证标志）的作用在于客观、公正地向购买者传递商品质量特性的信息，商家通过伪造或冒用质量标志，虚构商品质量状况，骗取购买者信任，引导购买者选购其商品。二是伪造商品的产地。其通常的做法是将不是产于某地的商品却在商品或包装上直接标明产于某地或以图形等其他方法暗示某一产地。三是对商品质量作引人误解的虚假表示，对反映商品质量的各种因素作不真实的标注。

案例四：　　湖北武汉图强诚信皮具有限公司侵犯商业秘密案[1]

武汉图强诚信皮具有限公司的股东张某某、方某二人分别于 2002 年 7 月～2007 年 5 月、2001 年 12 月～2007 年 2 月在武汉雄鹰特种有限责任公司任职产品设计师和销售经理。二人在与雄鹰公司存在劳动合同关系未解除并已签订保守商业秘密协议的情况下，于 2007 年 1 月 12 日作为股东与他人共同投资成立了武汉图强诚信皮具有限公司，并在该公司分别担任产品设计师和销售经理。然后二人利用从雄鹰公司获取的产品设计、客户资料、产品内部报价单等资料信息，从事与雄鹰公司相同产品的警用装具的设计、生产、销售经营活动，期间销售额为 140 万元。

【案例分析】

本案投诉人雄鹰公司是商业秘密权利人，有特定用户群体，其产品销量在 2008 年初就发现有所下降，再加上雄鹰公司的老客户被方某要求将商品结算款汇到图强公司的账户上，联想到 2008 年初方某、张某某辞职，雄鹰公司意识到可能是方某、张某某在侵害自己的商业秘密，遂向辖区工商所举报。本案中，雄鹰公司通过自己建立起来的销售渠道销售自行研制的特种装具，每年可为该公司带来经济利益，其技术信息和经营信息具有实用性，不对外公开，不为公众所知悉。同时，该公司对相关的技术信息和经营信息采取了保密措施，张某某和方某作为其员工时都签订了保密协议，要求其离职时"不得带走任何产品设计资料、商业信息资料，包括文字资料、电子资料、客户信息、产品及技术内容"。本案侵权行为由个人与公司共同完成：一是方某、张某某。方某、张某

---

[1]　载中国裁判文书网，http：//www. court. gov. cn/zgcpwsw/mshz/.

某刚进入公司均是无任何特长的工人，方某是雄鹰公司将其培养成业务经理，其掌握大量的客户资料、价格资料；张某某多次被公司派往业务培训，他们均是在雄鹰公司工作期间获得劳动报酬的情况下，获得业务技能的，雄鹰公司为培养他们付出了一定的培训费用。张某某、方某二人却违反与权利人签订的保守商业秘密的协定，擅自使用其所掌握的商业秘密为图强公司牟利。二是图强公司。该公司在知晓张某某、方某二人掌握的技术信息、经营信息均来自于雄鹰公司的情况下，仍使用相关信息为其公司牟利，给权利人造成了经济损失，其行为违反了《反不正当竞争法》第10条的规定。故图强公司应承担侵犯商业秘密的责任。

商业秘密权是权利人劳动成果的结晶，是权利人拥有的一种无形财产权，《反不正当竞争法》将侵犯商业秘密行为作为不正当竞争行为予以禁止是十分必要的。商业秘密不同于专利和注册商标，它可以为多个权利主体同时拥有和使用，只要获得及使用手段合法。《反不正当竞争法》第10条以及国家工商行政管理局《关于禁止侵犯商业秘密行为的若干规定》（1995年11月23日发布）指出，经营者不得采用下列手段侵犯商业秘密：①以盗窃、利诱、胁迫或者其他不正当手段获取权利人的商业秘密；②披露、使用或者允许他人使用以前项手段获取的权利人的商业秘密；③根据法律和合同，有义务保守商业秘密的人（包括与权利人有业务关系的单位、个人，在权利人单位就职的职工）披露、使用或者允许他人使用其所掌握的商业秘密。第三人明知或应知前款所列违法行为，获取、使用或者披露他人的商业秘密，视为侵犯商业秘密。在实践中，第三人的行为可能与侵权人构成共同侵权。

【知识拓展】

《最高人民法院关于审理不正当竞争民事案件应用法律若干问题的解释》第15条规定："对于侵犯商业秘密行为，商业秘密独占使用许可合同的被许可人提起诉讼的，人民法院应当依法受理。排他使用许可合同的被许可人和权利人共同提起诉讼，或者在权利人不起诉的情况下，自行提起诉讼，人民法院应当依法受理。普通使用许可合同的被许可人和权利人共同提起诉讼，或者经权利人书面授权，单独提起诉讼的，人民法院应当依法受理。"

《反不正当竞争法》第10条第3款规定："本条所称的商业秘密，是指不为公众所知悉、能为权利人带来经济利益、具有实用性并经权利人采取保密措施的技术信息和经营信息。"《最高人民法院关于审理不正当竞争民事案件应用法律若干问题的解释》第9条规定："有关信息不为其所属领域的相关人员普遍知悉和容易获得，应当认定为反不正当竞争法第10条第3款规定的'不为公众所知悉'。具有下列情形之一的，可以认定有关信息不构成不为公众所知悉：①该信息为其所属技术或者经济领域的人的一般常识或者行业惯例；②该信息仅涉及产品的尺寸、结构、材料、部件的简单组合等内容，进入市场后相关公众通过观察产品即可直接获得；③该信息已经在公开出版物或者其他媒体上公开披露；④该信息已通过公开的报告会、展览等方式公开；⑤该信息从其他公开渠道可以获得；⑥该信息无需付出一定的代价而容易获得。"第 10 条规定："有关信息具有现实的或者潜在的商业价值，能为权利人带来竞争优势的，应当认定为反不正当竞争法第 10 条第 3 款规定的'能为权利人带来经济利益、具有实用性'。"第 11 条规定："权利人为防止信息泄漏所采取的与其商业价值等具体情况相适应的合理保护措施，应当认定为反不正当竞争法第 10 条第 3 款规定的'保密措施'。人民法院应当根据所涉信息载体的特性、权利人保密的意愿、保密措施的可识别程度、他人通过正当方式获得的难易程度等因素，认定权利人是否采取了保密措施。具有下列情形之一，在正常情况下足以防止涉密信息泄漏的，应当认定权利人采取了保密措施：①限定涉密信息的知悉范围，只对必须知悉的相关人员告知其内容；②对于涉密信息载体采取加锁等防范措施；③在涉密信息的载体上标有保密标志；④对于涉密信息采用密码或者代码等；⑤签订保密协议；⑥对于涉密的机器、厂房、车间等场所限制来访者或者提出保密要求；⑦确保信息秘密的其他合理措施。"第 13 条规定："商业秘密中的客户名单，一般是指客户的名称、地址、联系方式以及交易的习惯、意向、内容等构成的区别于相关公知信息的特殊客户信息，包括汇集众多客户的客户名册，以及保持长期稳定交易关系的特定客户。客户基于对职工个人的信赖而与职工所在单位进行市场交易，该职工离职后，能够证明客户自愿选择与自己或者其新单位进行市场交易的，应当认定没有采用不正当手段，但职工与原单位另有约定的除外。"

案例五： **徐某某诉永旺公司非法有奖销售案**[1]

原告徐某某主张其于 2013 年 8 月 11 日在被告永旺公司购买了由被告香雪公司生产的 1.25L 亚洲沙示汽水 5 瓶及 500ml 亚洲沙示汽水 11 瓶，为此提交了被告永旺公司出具的销售发票及购物小票，其中记载 1.25L 单价 5.00，数量 5，金额 25；500ml 单价 3.00，数量 11，金额 33。被告永旺公司确认发票及小票均由该司出具，但否认原告是上述产品的购买者，对此无提供证据反驳。庭审中，原告出示了 1.25L 亚洲沙示汽水 1 瓶及 500ml 亚洲沙示汽水 1 瓶，产品的瓶体外包装上均标注：揭盖有礼再来惊喜再来一瓶 500ml 亚洲汽水活动介绍：2013 年 6

---

[1]　载中国裁判文书网，http：//www.court.gov.cn/zgcpwsw/mshz.

月1日～2013年10月31日期间，凡购买1.25L（或500ml）亚洲"揭盖有礼，再来惊喜"促销产品，揭开瓶盖并发现如下字样"赠送1瓶500ml亚洲汽水"，即可获得500ml亚洲汽水1瓶。兑奖方式及地点：中奖者可凭完整中奖瓶盖，选择就近的亚洲饮料售卖点进行兑换；本次促销活动兑奖截止日期为2013年10月31日24时整，逾期不兑奖，作自动放弃处理。被告香雪公司确认原告购买的涉案产品由该司生产，并确认促销装无标注中奖概率，同时主张该司生产的非促销正常产品无需标注中奖概率，亦不确认原告购买的产品全部都是促销装。

【案例分析】

经审法院分析如下：原告主张在被告永旺公司购买了本案所涉产品，为此提交了销售发票及购物小票，即原告持有相关单据，永旺公司否认原告是产品的购买者，但无提供证据反驳，本院对其异议不采信，而采纳原告的主张，并确认如下：原告在该司购买了本案所涉产品，且原告履行交付货款的义务，该司也相对履行了交付标的物的义务，双方的买卖合同依法成立。被告在销售商品时附带性地奖励部分购买者物品或其他经济上的利益，构成有奖销售。至于被告香雪公司不确认原告购买的全部都是促销装产品的问题，该司对此无举证证实，且根据销售发票及购物小票记载产品名称、数量、单价等的方式，结合日常生活实际情况，本院对香雪公司该异议不采信，认定原告购买的5瓶1.25L亚洲沙示汽水均是促销装，11瓶500ml亚洲沙示汽水亦是促销装。国家工商行政管理局于1993年12月24日颁布施行的《关于禁止有奖销售活动中不正当竞争行为的若干规定》第6、7条规定，经营者举办有奖销售，应当向购买者明示其所设奖的种类、中奖概率、奖金金额或者奖品种类、兑奖时间、方式等事项；违反该规定，隐瞒事实真相的，视为欺骗性有奖销售。本案所涉的1.25L亚洲沙示汽水、500ml亚洲沙示汽水均无标注中奖率，因此，被告香雪公司生产、永旺公司有奖销售该产品不符合上述规定，构成欺诈，该欺诈足以令原告在众多产品中选择购买该产品，故被告应承担相应的赔偿责任。原告购买产品产生的价款损失58元是确定的，其要求被告永旺公司退还货款58元、被告香雪公司赔偿58元，并要求永旺公司对香雪公司的赔偿责任承担连带责任于法有据，本院予以支持。原告要求被告承担必要支出9315元，但无举证证实，本院不予支持。

法律禁止的有奖销售行为主要有：欺骗性有奖销售行为，即指经营者采用谎称有奖或者故意让内定人员中奖的欺骗方式进行有奖销售，这种行为产生于抽奖式有奖销售的情形之下，经营者以奖品或奖金为诱饵，利诱消费者；滥售性有奖销售行为，即商品质价不符，实质为变相涨价、欺骗消费者，其表现为借助有奖销售，推销质次价高的商品，或者以次品充正品、以普通的低档商品冒充优质商品进行销售。抽奖式的有奖销售是通过抽签、摇奖或其他偶然方式决定消费者能否获得奖金或奖品的一种销售形式。抽奖式有奖销售作为一种促销手段，对于活跃商品流通、搞活企业还有一定的积极作用，故应该允许这种行为在一定范围内存在，超过这一范围，足以造成对市场竞争秩序的破坏时则予以禁止。因此，法律规定，禁止最高奖金额超过 5000 元的抽奖式有奖销售行为。

【知识拓展】

有奖销售是指经营者销售商品或者提供服务时，附带性地向购买者提供物品、金钱或者其他经济上利益的行为。有奖销售包括附赠式有奖销售和抽奖式有奖销售两种。奖励所有购买者的是附赠式有奖销售；奖励部分购买者是否中奖的，均属于抽奖式有奖销售。禁止下列欺骗性有奖销售行为：①谎称有奖销售或者对所设奖的种类、中奖概率、最高奖金额、总金额、奖品种类、数量、质量、提供方法等作虚假不实的表示。②采取不正当的手段故意让内定人员中奖。③故意将设有中奖标志的商品、奖券不投放市场或者不与商品、奖券同时投放市场；故意将带有不同奖金金额或者奖品标志的商品、奖券按不同时间投放市场。④其他欺骗性有奖销售行为。第④项行为，由省级以上工商行政管理机关认定。省级工商行政管理机关作出的认定，应当报国家工商行政管理局备案。抽奖式的有奖销售，最高奖的金额不得超过 5000 元。以非现金的物品或者其他经济利益作奖励的，按照同期市场同类商品或者服务的正常价格折算其金额。经营者不得利用有奖销售手段推销质次价高的商品。"质次价高"，由工商行政管理机关根据同期市场同类商品的价格、质量和购买者的投诉进行认定，必要时会同有关部门认定。经营者举办有奖销售，应当向购买者明示其所设奖的种类、中奖概率、奖金金额或者奖品种类、兑奖时间、方式等事项。属于非现场即时开奖的抽奖式有奖销售，告知事项还应当包括开奖的时间、地点、方式和通知中奖者的时间、方式。经营者对已经向公众明示的上述事项不得变更。在销售现场即时开奖的有奖销售活动，对超过 500 元以上奖的兑奖情况，经营者应当随时向购买者明示。

▶ 探讨案例

贵州省遵义市汇川区张某某涉嫌销售仿冒知名商品案[1]

2008 年 9 月 1 日，贵州省遵义市汇川区工商分局根据内蒙古蒙牛乳业（集团）有限公司的举报，立案查处了遵义市汇川区张某某涉嫌销售仿冒知名商品案。经查明，当事人张某某系贵州省遵义县人，在遵义市红花岗区齐心市场 56

---

[1]　载《国家工商总局典型案例研究》2009 年第 3 期。

号从事副食经营。2008 年 7 月 29 日，张某某经其侄儿蒋某某介绍，从黄某某手中转接遵义市汇川区高桥镇鱼芽村牟家坟村民组 291 号 1 楼第 1 间门面作为堆放货物的库房。在转接门面时，当事人张某某见门面内堆放着成都中港睿奇乳业有限公司生产的"睿奇""蒙古牛"牌奶味饮料，经双方协商后，当事人张某某分别以每件 6 元、8 元的价格从黄某某手中购买了堆放在门面内的 567 件"睿奇""蒙古牛"牌奶味饮料（其中纯香牛奶味饮料 458 件、早餐奶味饮料 108 件、特仑舒 1 件），然后分别以每件 12 元、14 元的价格对外销售 262 件，获利 1572 元。尚未销售的 305 件被执法人员依法扣留。经调查核实，内蒙古蒙牛乳业（集团）有限公司生产的蒙牛牛奶的包装、装潢都获得了国家专利，同时，该公司生产的蒙牛牛奶在市场上有较高知名度，属于知名商品。成都中港睿奇乳业有限公司生产的奶味饮料的包装、装潢与内蒙古蒙牛乳业（集团）有限公司生产的蒙牛牛奶的包装、装潢相近似，足以导致市场混淆，已构成仿冒知名商品特有的包装、装潢行为。

【深度思考】

1. 《反不正当竞争法》与《消费者权益保护法》的关系是怎样的？
2. 如何理解各项反不正当竞争行为？
3. 《反不正当竞争法》与《反垄断法》之间的关系？

▶ 阅 读

1. 孔祥俊：《反不正当竞争法的创新性适用》，法律出版社 2014 年版。
2. 林文：《反不正当竞争法律制度与实务技能》，法律出版社 2014 年版。

▶ 相关法律法规

1. 《中华人民共和国反不正当竞争法》（1993 年 9 月 2 日通过，1993 年 12 月 1 日起施行）

2. 《中华人民共和国反垄断法》（2007 年 8 月 30 日通过，2008 年 8 月 1 日起施行）

3. 《关于对〈反不正当竞争法〉第五条第（四）项所列举的行为之外的虚假表示行为如何定性处理问题的答复》（国家工商行政管理总局，2007 年 10 月 17 日发布并施行）

4. 《关于〈反不正当竞争法〉第二十三条和第三十条"质次价高""滥收费用"及"违法所得"认定问题的答复》（国家工商行政管理总局，1999 年 12 月 1 日发布并施行）

5. 《关于工商行政管理机关应当依照〈反不正当竞争法〉查处邮政企业强制他人接受其邮政储蓄服务的限制竞争行为的答复》（国家工商行政管理总局，1999 年 10 月 26 日公布并施行）

6. 《关于抽奖式有奖销售认定及国家工商行政管理局对〈反不正当竞争法〉具体应用解释权问题的答复》（国家工商行政管理总局，1998 年 10 月 14 日公布并施行）

7. 《关于商业银行等金融企业不正当竞争管辖权问题的请示的答复》（国家工商行政管理总局，2008 年 1 月 8 日公布并施行）

8. 《关于进一步贯彻实施〈反不正当竞争法〉的若干意见》（国家工商行政管理总局，1995 年 9 月 6 日发布并施行）

9. 《关于禁止仿冒知名商品特有的名称、包装、装潢的不正当竞争行为的若干规定》（国家工商行政管理总局，1995 年 7 月 6 日发布并施行）

10. 《最高人民法院关于审理不正当竞争民事案件应用法律若干问题的解释》（2006 年 12 月 30 日通过，2007 年 2 月 1 日起施行）

第十六章
反垄断法律制度

▶ **本章提要**

　　反垄断法的早期历史可以追溯到古罗马时期。在古罗马的一些法律规定中，一些制度已与现代反垄断法的规定相同。在世界范围内，英国是最早直接保护竞争的国家。法国在 1791 年颁布过《沙彼利耶法》，其作用是"反对组成卡特尔和其他限制竞争措施"。现代意义上的反垄断法产生于 19 世纪末叶的美国，以 1890 年《谢尔曼法》的颁布为标志，其间还有 1914 年的《克莱顿法》及其此后的修正案、1904 年的《联邦贸易委员会法》。我国于 1994 年由商务部负责起草和调研反垄断法，同年该法被列入第八届全国人大常委会立法规划，但直到 2007 年 8 月 30 日《中华人民共和国反垄断法（草案）》才由第十届人大常委会表决通过，历时 13 年。《反垄断法》由 2008 年 8 月 1 日起施行，共分为 8 章 57 条，包括：总则、垄断协议、滥用市场支配地位、经营者集中、滥用行政权力排除、限制竞争、对涉嫌垄断行为的调查、法律责任和附则。

▶ **知识要点**

　　1.《反垄断法》学理问题的理解，包括垄断协议的反垄断法规制、滥用市场支配地位的反垄断法规制、经营者集中的反垄断法规制、行政垄断的反垄断法规制、特殊行为的反垄断法规制以及反垄断法的施行。

　　2.《反垄断法》实务问题的把握，包括对垄断协议的界定、区分横向垄断和纵向垄断、如何判断滥用市场支配地位以及认定问题、经营者集中地申报和实体审查以及我国反垄断法的施行机制。

▶ **主 案 例**

案例一：山东潍坊顺通医药有限公司和潍坊市华新医药贸易有限公司
非法控制抗高血压药复方利血平原料药，哄抬价格、牟取暴利案[1]

复方利血平是列入国家基本药物目录的抗高血压药，全国有上千万高血压患者长期依赖此药，年消费量约为 80 亿~90 亿片。目前我国仅有两家企业正常生产复方利血平的主要原料药盐酸异丙嗪。2011 年 6 月 9 日，山东顺通和山东华新分别与两家盐酸异丙嗪生产企业签订《产品代理销售协议书》，垄断了盐酸异丙嗪在国内的销售。协议书主要内容有：山东顺通和山东华新分别独家代理两家企业生产的盐酸异丙嗪在国内的销售；未经过山东顺通、山东华新授权，这两家企业不得向第三方发货。

常州制药厂、亚宝药业、中诺药业、新华制药是我国生产复方利血平最大的四家企业，市场份额占全国 75% 以上。在山东两公司控制原料药货源后，四家药厂无法再从原渠道进货。山东两家企业于是在协商中提出，为四家药企供货的条件是，必须先将复方利血平的价格从目前的 1.3 元/瓶提升到 5 元/瓶~6元/瓶。协商不成后，两公司立刻将原料销售价格由每公斤不足 200 元提高到300 元~1350 元不等。多家复方利血平生产企业无法承受，被迫于 2011 年 7 月全面停产，目前仅靠库存向医疗机构维持供货，市场供应紧张。

通过调查，国家发改委认定：山东两公司违法行为情节严重，性质恶劣，依据《反垄断法》规定，责令两公司立即停止违法行为，解除与盐酸异丙嗪生产企业签订的销售协议；对山东顺通没收违法所得并处罚款，合计 687.7 万元，对山东华新没收违法所得并处罚款，合计 15.26 万元。

【案例分析】

根据案件显示：目前我国仅有两家企业正常生产复方利血平的主要原料药盐酸异丙嗪，这在客观上决定了山东两家企业已经在复方利血平的主要原料药盐酸异丙嗪的生产市场上形成了控制地位。而 2011 年 6 月 9 日，山东顺通和山东华新分别与两家盐酸异丙嗪生产企业签订《产品代理销售协议书》，垄断了盐酸异丙嗪在国内的销售。协议书主要内容有：山东顺通和山东华新分别独家代理两家企业生产的盐酸异丙嗪在国内的销售；未经过山东顺通、山东华新授权，这两家企业不得向第三方发货。该协议属于典型的纵向垄断协议，是上游生产性企业通过协议形成对原材料的垄断，这种协议的达成将商品的价格固定在了

---

[1] "发改委开出巨额罚单 药商涉嫌垄断首遭重罚 700 万"，载新华网，http：//news. xinhuanet. com/fortune/2011 –11/15/c_122279514. htm.

一个较高的水平，达成垄断协议的经营者可以获得较高的利润。从本案看，山东两家企业强迫下游生产企业抬高投标价格，严重破坏了国家药品价格招投标制度。复方利血平价格低廉，每片零售价格仅为 0.08 元，消费者主要是中低收入群体。根据调查，除去其他附加利润，仅仅同等级对等算，每片药的零售价格要提高 0.4 元，对患者来说都是沉重负担，而山东顺通和山东华新却获得了高额的利润，控制了市场。

固定转售价格协议一般出现在市场集中度较高的场合，该产品市场的竞争较弱或者不存在有效竞争，如果一个市场存在有效竞争，由于价格竞争的存在，经营者之间很难达成固定转售价格的协议，即使达成了也很难维持下去。

【知识拓展】

纵向垄断协议，又称垂直协议、垂直限制，是处于贸易渠道中不同的生产经营阶段或者链条的上游企业与下游企业之间限制经营活动的行为。这种协议的当事人处于不同的市场层次，协议既可以采用书面方式订立，也可以采用口头或其他默示方式订立，协议的目的是限制商品或者服务的销售。《反垄断法》第 14 条规定："禁止经营者与交易相对人达成下列垄断协议：①固定向第三人转售商品的价格；②限定向第三人转售商品的最低价格；③国务院反垄断执法机构认定的其他垄断协议。"也就是说纵向垄断协议一般可分为对纵向价格的限制和纵向非价格的限制。纵向价格的限制主要表现为固定向第三人转售商品的价格、限定向第三人转售商品的最低价格。我国《反垄断法》中没有对纵向非价格限制一一列举，只是在第 14 条作了一个兜底性规定，即"国务院反垄断执法机构认定的其他垄断协议"。判断这类案件关键在于分析协议是否涉及价格固定以及协议对市场竞争是否具有排除、限制的影响。实践中往往存在以下几种类型：独家交易协议、选择性销售协议、纵向地域与客户限制协议、搭售协议。

案例二：　唐山市人人信息服务有限公司诉北京百度网讯科技有限公司滥用市场支配地位案[1]

原告唐山人人公司诉称，由于其降低了对百度搜索竞价排名的投入，被告即对全民医药网（www.qmyyw.com）在自然排名结果中进行了全面屏蔽，从而导致了全民医药网访问量的大幅度降低。而被告这种利用中国搜索引擎市场的支配地位对原告的网站进行屏蔽的行为，违反了我国《反垄断法》的规定，构成滥用市场支配地位强迫原告进行竞价排名交易的行为。故请求法院判令被告

---

[1]　周波："北京首起反垄断诉讼案宣判　界定'相关市场'概念"，载中国法院网，http://old.china-court.org/html/article/200912/18/386685.shtml.

赔偿原告经济损失 1 106 000 元，解除对全民医药网的屏蔽并恢复全面收录。

　　被告百度公司辩称，被告确实对原告所拥有的全民医药网采取了减少收录的措施，实施该措施的原因是原告的网站设置了大量垃圾外链，搜索引擎自动对其进行了作弊处罚。但是，该项处罚措施针对的仅仅是百度搜索中的自然排名结果，与原告所称的竞价排名的投入毫无关系，亦不会影响原告竞价排名的结果。其次，原告称被告具有《反垄断法》所称的市场支配地位缺乏事实依据。被告提供的搜索引擎服务对于广大网民来说是免费的，故与搜索引擎有关的服务不能构成《反垄断法》所称的相关市场。因此，请求人民法院判决驳回原告的诉讼请求。

【案例分析】

　　法院分析如下：首先，认定经营者是否具有市场支配地位，原则上应当根据《反垄断法》第 18 条所规定的市场份额、竞争状况、控制销售市场和原材料市场的能力等因素进行判断。当然，在经营者的市场份额能够予以准确确定的情况下，也可以根据《反垄断法》第 19 条的规定进行市场支配地位的推定。但当反垄断民事诉讼中的原告选择适用上述推定条款来证明被告具有市场支配地位时，应当就其对被告市场份额的计算或者证明方式提供充分的证据予以支持。本案中的相关市场是中国搜索引擎服务市场，原告仅提交了两篇有关被告市场地位的新闻报道，未提供具体的计算方式、方法及有关基础性数据的证据能够使本院确信该市场份额的确定源于科学、客观的分析，因此原告未能举证证明被告在"中国搜索引擎服务市场"中占据了支配地位。其次，《反垄断法》并不禁止企业通过自身的发展形成规模经济，从而占据一定的市场支配地位，《反垄断法》禁止的是占据市场支配地位的企业所实施的，能够影响市场结构，破坏市场竞争秩序的行为和措施。如果经营者所实施的行为具有正当理由，也没有产生破坏市场竞争秩序的后果，即不构成《反垄断法》所禁止的滥用行为。本案中，被告虽然对全民医药网的自然排名结果实施了减少收录数量的技术措施，但其行为是对全民医药网存在"垃圾外链"行为进行的处罚。被告在其网站的相关页面上向社会公众公布了百度搜索引擎的算法规则及针对作弊行为的处罚方式，原告完全有途径了解百度搜索反对网站设置"垃圾外链"的行为，并会对这种行为实施处罚。而且，其处罚措施针对的是所有设置了"垃圾外链"的被搜索网站而非单独指向全民医药网。庭审过程中，原告也承认其经营的全民医药网确实存在"垃圾外链"。上述反作弊机制的实施是为了使搜索结果更为真实和可靠，从而保证广大搜索引擎用户的利益，同时，现有证据亦无法证明被告采取的上述措施对原告而言存在歧视性或者胁迫性，故被告基于全民医药网存在大量"垃圾外链"的事实而对其实施了减少自然排名部分收录数量的技术措施是正当的，不构成滥用市场支配地位的行为。综上，原告既未能举证证明被告在"中国搜索引擎服务市场"中占据了支配地位，也未能证明被告存在滥用市场支配地位的行为，其诉讼请求缺乏事实与法律依据，法院依据《民事诉讼法》第64条、《反垄断法》第17条第4项及第50条之规定，判决驳回了原告的全部诉讼请求。宣判后，双方当事人未当庭表示是否上诉。

　　"相关市场"是《反垄断法》中一个非常重要和基础性的概念，在对任何垄断行为进行讨论之前，都要首先定义"相关市场"。这里的"相关市场"与我们通常所说的包含形形色色各类商品和服务的"市场"不是同一个概念，"相关市场"是指经营者在一定时期内就某种商品或者服务进行竞争的范围，在这一范围之内，经营者提供的商品或者服务具有替代性，并存在着竞争关系。对于判决中没有认定百度具有"中国搜索引擎市场"支配地位的原因在于，本案中原告对被告是否具有市场支配地位负有举证责任，而根据原告所提供的证据来看，我们认为不具有证明被告具有市场支配地位的证明力，所以，我们对百度在本案中是否具有市场支配地位认定的基础是原告所提供的证据。此外，公众所提到的"使用率高""知名度高"等概念与《反垄断法》所称的"市场支配地位"不是一个概念，后者一般要通过严密的经济分析的过程才能够予以确定。法官还就此案与其他正在审理的反垄断案件相比所具有的特殊之处进行了说明：本案的特殊之处在于承办法官在案件的审理过程中要面临法律与技术的双重挑战，在对《反垄断法》中相关法律问题进行研究的同时，我们还要对案件当中所涉及的与互联网技术有关的，比如，搜索引擎的工作机制问题、反作弊措施的实施等问题进行分析，法律问题与技术问题的密切结合是本案中的亮点，当然也在一定程度上增加了审理难度。

　　《反垄断法》之所以规制市场支配地位滥用行为，是因为该行为给自由竞争、其他竞争者以及消费者带来诸多危害，具体来说：市场支配地位滥用行为破坏完全的自由竞争秩序；市场支配地位滥用行为的存在，不利于社会资源的优化配置；市场支配地位滥用行为损害了其他经营者和消费者的利益。

　　【知识拓展】

　　滥用市场支配地位，又被称为滥用市场优势地位，是企业获得一定的市场优势地位后滥用这种地位，对市场中的其他主体进行不公平的交易或排斥竞争对手的行为。滥用市场支配地位主要表现为：不正当的价格行为、差别对待、强制交易、搭售和附加不合理交易条件、掠夺性定价、独家交易（又称排他性交易）、拒绝交易和限制转售价格。

　　我国《反垄断法》第6条规定，具有市场支配地位的经营者，不得滥用市场支配地位，排除、限制竞争。从本质上说，滥用市场支配地位会对市场竞争产生排除、限制的影响，所以滥用市场支配地位是我国《反垄断法》规制的主要内容之一。但是《反垄断法》规制滥用市场支配地位行为的法律所保护的终极目标应是保护消费者的利益，这与整个《反垄断法》的终极目标应是一致的。

国务院反垄断委员会《关于相关市场界定的指南》（下称《指南》）第2条规定，任何竞争行为（包括具有或可能具有排除、限制竞争效果的行为）均发生在一定的市场范围内。界定相关市场就是明确经营者竞争的市场范围。科学合理地界定相关市场，对识别竞争者和潜在竞争者、判定经营者市场份额和市场集中度、认定经营者的市场地位、分析经营者的行为对市场竞争的影响、判断经营者行为是否违法以及在违法情况下需承担的法律责任等关键问题，具有重要作用。

《反垄断法》第12条第2款规定，相关市场是指经营者在一定时期内就特定商品或者服务（以下统称商品）进行竞争的商品范围和地域范围。《指南》第3条规定，在反垄断执法实践中，通常需要界定相关商品市场和相关地域市场。相关商品市场，是根据商品的特性、用途及价格等因素，由需求者认为具有较为紧密替代关系的一组或一类商品所构成的市场。这些商品表现出较强的竞争关系，在反垄断执法中可以作为经营者进行竞争的商品范围。相关地域市场，是指需求者获取具有较为紧密替代关系的商品的地理区域。这些地域表现出较强的竞争关系，在反垄断执法中可以作为经营者进行竞争的地域范围。

《反垄断法》第17条第2款规定，市场支配地位，是指经营者在相关市场内具有能够控制商品价格、数量或者其他交易条件，或者能够阻碍、影响其他经营者进入相关市场能力的市场地位。第18条规定，认定经营者具有市场支配地位，应当依据下列因素：该经营者在相关市场的市场份额，以及相关市场的竞争状况；该经营者控制销售市场或者原材料采购市场的能力；该经营者的财力和技术条件；其他经营者对该经营者在交易上的依赖程度；其他经营者进入相关市场的难易程度；与认定该经营者市场支配地位有关的其他因素。即认定经营者的市场支配地位，需要考虑市场份额、该市场的竞争状况以及市场进入的难易程度等多种因素。第19条规定了市场支配地位的推定规则，即一个经营者在相关市场的市场份额达到50%时，可以推定其具有市场支配地位，但允许经营者提供相反证据推翻该推定。

我国《反垄断法》第17条第1款第4项对限定交易作出了规定，禁止具有市场支配地位的经营者没有正当理由限定交易相对人只能与其进行交易或者只能与其指定的经营者进行交易。《反价格垄断规定》第14条对此作出了细化解释：具有市场支配地位的经营者没有正当理由，不得通过价格折扣等手段限定交易相对人只能与其进行交易或者只能与其指定的经营者进行交易。与此同时，该条还列举了合理性抗辩理由，即"正当理由"，包括保证产品质量和安全、维护品牌形象或者提高服务水平、显著降低成本和提高效率且能够使消费者分享由此产生的利益，以及能够证明行为具有正当性的其他理由。

我国《反垄断法》第17条第1款第5项规定"没有正当理由搭售商品，或者在交易时附加其他不合理的交易条件"，是具有市场支配地位的经营者严禁从事的滥用市场支配地位的行为。

《反垄断法》第19条规定有下列情形之一的，可以推定经营者具有市场支配地位：①一个经营者在相关市场的市场份额达到1/2的；②两个经营者在相关市场的市场份额合计达到2/3的；③三个经营者在相关市场的市场份额合计达到3/4的。有前款第②项、第③项规定的情形，其中有的经营者市场份额不足1/10的，不应当推定该经营者具有市场支配地位。被推定具有市场支配地位的经营者，有证据证明不具有市场支配地位的，不应当认定其具有市场支配地位。

案例三：　　　　　　　　　　　　**微软公司搭售案**[1]

1997年9月30日微软发布新操作系统。10月20日，美国司法部起诉微软违反了1995年颁布的法庭条款。12月11日，杰克逊法官发布命令，禁止微软将IE与视窗95捆绑销售，12月25日，微软向上级法庭提起上诉。1998年1月11日，微软继续将IE与视窗95捆绑销售，司法部就此提请法庭对微软处以每天100万美元的罚款，1月22日，微软和司法部就藐视法院判决的指控达成和解。2月2日，上级法庭指定4月21日开始口头答辩。5月5日，微软请求上级法庭裁定微软可以让IE与视窗98捆绑；5月12日，法庭同意。5月18日，20个州起诉微软。5月21日，微软请求延期召开听证会。5月22日，法官设定9月开庭审理。6月23日，5位计算机公司老总向上议院审判委员会诉苦。7月28日，微软反诉20个州。8月11日，杰克逊法官裁定需要启用审前会议。8月25日，美国政府检查微软是否非法向intel和apple施压。9月8日，微软请求撤销此案。10月1日，微软IE市场变现超过网景导航者。10月19日，审判在washington e barrett prettyman法庭开庭。1999年8月10日，微软与司法部提交调查结果，9月10日，提交修改后的结果。9月21日，审判辩论结束。11月5日，杰克逊法官公布调查结果。2001年6月28日，华盛顿分拆法庭推翻判决，维持杰克逊法官的事实认定，即微软采取非法方式保护自己的垄断地位。9月6日，司法部称并不希望拆分微软，但希望尽快地了决此案。司法部也不再坚持微软

---

〔1〕　载中国裁判文书网，http://www.court.gov.cn/zgcpwsw/.

的捆绑销售非法。2001 年 10 月 15 日，仲裁专家格林负责协调此案，并限定 11 月 2 日达成和解协议。10 月 31 日，微软与 18 个州中的 9 个州达成了和解协议，协议给 pc 厂商在新电脑上安装非微软系统更多的自由，并删除竞争性的微软产品如 IE。

【案例分析】

微软公司在搭售商品操作系统上具有市场支配力，表现在以下四个方面：其一，微软在英特尔兼客 PC 操作系统市场上的份额非常庞大且地位很稳固。据统计，在过去 10 年中的每一年，微软在英特尔兼客 PC 操作系统市场中的份额都超过了 90%；而在最近的几年中，这一数字则超过了 95%，而且分析人士估计在接下来几年中这一份额还会升得更高。其二，微软的市场份额受到进入操作系统市场时的高壁垒的保护。高壁垒造成的最大后果是，微软客户没有在商业上可行的替代品，来取代视窗操作系统的地位。其三，微软在 PC 操作系统产品中一直缺少商业竞争对手，几乎没有例外，所有的 OEM 商都会在他们所销售的 PC 上大量预装 Windows，而且他们都一致地认为，不存在经济可行的其他选择，能够使他们在微软显著而持续地抬高价格时放弃 Windows 而转向选择某个新操作系统。其四，微软公司一般不会考虑竞争对手而自由定价。

微软公司获得被搭售商品浏览器市场支配力的威胁是巨大的。自从微软公司采取搭售及排他性安排等措施后，网景公司的浏览器市场份额从 1996 年 1 月的 80% 以上跌至 1997 年 11 月的 55%，1998 年底再跌至 50% 左右；而微软公司的浏览器市场份额在同期由 5% 升至 30%，再升至 45% ~ 50% 之间。在新用户的争夺中，微软公司更占了上风。据微软认为可靠的数据显示，1997 年下半年，浏览软件的新用户中有 57% 选择了 IE 浏览器，而只有 39% 选择了 Navigator。到 1998 年 4 月，微软的数据显示在此之前的 6 个月中，62% 的新网络用户使用 IE 浏览器，38% 使用 Navigator。这些数据表明，到 1997 年后期，IE 浏览器在新增用户的份额上已经超过了 Navigator。微软公司的 IE 浏览器首次亮相及飞速发展，刺激了网景公司以一种竞争的步伐来提高 Navigator 的质量，它对提高浏览器的可靠性、降低成本，从而使消费者受益方面都做出了贡献。然而，同时微软公司的捆绑销售等策略也严重损害了消费者的利益，剥夺了用户的选择权，据美国消费者协会等社会团体的估计，微软掠夺了用户 100 亿美元。更为严重的是，微软所采取的抵制 Navigator 的行动，遏制的是这样一种创新活动，该创新显示的潜力是打破应用程序壁垒，使其他公司在英特尔兼容 PC 操作系统市场中能与微软一争高低。这一竞争将有助于消费者的选择，并且孕育了一场创新。最终的结果是，一些真正有益于消费者的创新从未出现，只因为这些创新不符合微软的利益要求。基于上述分析，微软公司的搭售行为是违法的，理应受到制裁。

　　搭售行为对竞争的不利影响主要是这种行为会排挤被搭售商品市场上的竞争者。然而，产生这种后果的市场条件是，这个实施搭售行为的企业在搭售品的市场上有着显著的市场地位，并且通过搭售行为，将其在搭售品市场的竞争优势不公平地辐射到被搭售的产品或者服务的市场上，从而不公平地影响这些产品或者服务的竞争。所以，搭售行为在竞争法中一般被视为是滥用市场支配地位的行为，其前提条件是行为人已经取得了市场支配地位。

【知识拓展】

　　搭售行为是指经营者在销售商品时，违背购买者的意愿搭售商品或者附加其他不合理的条件的行为。它分为两种情况：一是违背购买者的意愿搭售商品，通常是在购买者购买其必需品时搭售购买者不愿要或者不需要的商品；二是向购买者提出附加的不合理的条件，主要是增加购买者的附加义务。

　　从搭售的类型来看其可分为三种：其一，显性搭售和隐性搭售。前者指卖方在销售一种商品时要求买方必须同时购买另一种商品，这种搭售安排表达非常明确，不生歧义，人们一看就知；后者指卖方在销售一种商品时，虽然没有直接要求买方必须同时购买另一种商品，但是规定"买方将不从其他任何供应商那里购买那种商品"，这种搭售安排比较隐蔽，但效果却与前者相同。其二，契约式搭售和事实搭售。前者指明确以契约方式固定下来的搭售安排；后者指虽然没有搭售契约，但通过一系列事实可以推定搭售存在。实践中，最主要的两个事实是"卖方的强迫"和"买方的不愿意"，即只要有证据证明买方在购买第二种商品时是"不情愿的"或者是卖方"强迫"的结果，就可以认定搭售事实上存在。其三，封闭式搭售与开放式搭售。前者指卖方要求买方必须同时购买第二种商品，才愿意销售第一种商品，也就是说，如果买方不购买被搭售商品，卖方就拒绝销售搭售商品；后者指在搭售合约中有"特惠路线"条款，即当竞争者所提供的被搭售商品在品质上和价格上与卖方所提供的被搭售商品相同时，卖方有优先交易的权利。例如，北太平洋铁路公司在土地租赁合同中规定：当它提供的运费与那些竞争者的运费相同时，其土地的承租人在运送产品时必须要通过它的铁路线运输。

　　从搭售的目的来看，其可以分为："借鸡生蛋"（Leverage）、制造进入壁垒、价格歧视、逃避价格管制、推销滞销商品、获得规模经济、暗中给予价格折扣、控制品质以及维护搭售商品的信誉。

　　我国《反不正当竞争法》第12条规定，经营者销售商品，不得违背购买者的意愿搭售商品或者附加其他不合理的条件。根据《民法通则》和《合同法》的有关规定，在交易过程中一方或者双方均可以附加一定的条件，但是附加的条件必须合理合法，否则，可能构成不正当竞争行为。

▶ 探讨案例

可口可乐收购汇源果汁案[1]

2008 年 9 月 3 日，全球最大饮料公司——美国可口可乐公司宣布以总价179.2 亿元港元现金收购汇源果汁集团。可口可乐公司自 1979 年在中国开展业务，其业务以带气饮料品牌可口可乐、雪碧、芬达最为知名。近年该公司积极发展一系列不带气饮料，包括果汁饮料美汁源果粒橙及原叶茶饮料，以供消费者有更多选择。为配合这一发展策略，可口可乐公司计划通过此项收购加强饮料业务。"汇源在中国是一个发展已久且成功的果汁品牌，对可口可乐中国业务有相辅相成的作用。"可口可乐公司首席执行官及总裁穆泰康说，"中国的果汁市场在蓬勃快速增长。这次收购将为我们的股东带来价值，并为可口可乐公司提供一个独特的机会以增强在中国的业务。此举进一步表明我们对中国市场的承诺，为中国消费者提供饮料选择以迎合他们的需求"。穆泰康说，如收购成功，可口可乐公司将会利用其跨国饮料公司的国际专业优势，进一步发展汇源果汁品牌以配合中国消费者不断转变的需求。这次收购预料可提升运作效益，尤其是通过利用汇源在全国的生产设备，及可口可乐的分销网络和原材料采购能力，将带来协同效应。这次建议收购是否成功需视乎中国有关主管部门的批准。可口可乐公司表示目前的计划是保留汇源现有业务运营模式，日后将会对业务和协同效应再作评估。"我很高兴汇源公司现任董事长朱先生同意出任名誉董事长。汇源的业务和可口可乐公司将因他对中国饮料行业的丰富的知识，及他的经验和指导，得以受惠。"穆泰康说，"我们承诺在汇源品牌和现在业务模式的基础上继续发展，提升其固定资产的利用，及为汇源的员工提供更佳的机会。"可口可乐公司建议收购要约为每股港元 12.20 元，并等价收购已发行的可换股债券及期权。可口可乐公司已取得三个股东签署接受要约不可撤销的承诺，三个股东合共占有汇源66% 股份。如此项建议交易获得接纳，将作价约为 24 亿美元。

3 月 18 日下午，商务部就可口可乐收购汇源案反垄断审查作出裁决，"根据《反垄断法》第 28 条，商务部作出禁止此项集中的决定"。这是《反垄断法》自2008 年 8 月 1 日实施以来首个未获通过的案例。

据商务部网站消息，商务部表示，可口可乐并购汇源未通过反垄断调查，原因在于收购会影响或限制竞争，不利于中国果汁行业的健康发展。

据有关消息透露，"2008 年 9 月 18 日，商务部收到可口可乐公司收购中国

---

[1] 根据"可口可乐公司宣布计划收购汇源果汁集团"整理，载人民网，http://www.022net.com/2008/93/436263133071719.html.

汇源公司的经营者集中反垄断申报材料。经申报方补充，申报材料达到了《反垄断法》第 23 条规定的要求，11 月 20 日商务部对此项集中予以立案审查，12月 20 日决定在初步审查基础上实施进一步审查"。

商务部认定可口可乐收购汇源将对竞争产生不利影响，不利影响表现在：集中完成后可口可乐公司可能利用其在碳酸软饮料市场的支配地位，搭售、捆绑销售果汁饮料，或者设定其他排他性的交易条件，集中限制果汁饮料市场竞争，导致消费者被迫接受更高价格、更少种类的产品；同时，由于既有品牌对市场进入的限制作用，潜在竞争难以消除该等限制竞争效果；此外，集中还挤压了国内中小型果 汁企业生存空间，给中国果汁饮料市场竞争格局造成不良影响。

商务部并表示，"为了减少集中对竞争产生的不利影响，商务部与可口可乐公司就附加限制性条件进行了商谈，要求申报方提出可行的解决方案。可口可乐公司提出初步解决方案及其修改方案。商务部认为修改方案仍不能有效减少此项集中对竞争产生的不利影响。据此，商务部作出禁止此项集中的决定"。

【深度思考】

1. 滥用市场支配地位的表现和构成是什么？
2. 横向垄断与纵向垄断的异同是什么？
3. 《反垄断法》的适用除外与域外效力是什么？

▶ 阅　　读

1. 时建中主编：《反垄断法——法典释评与理论探源》，中国人民大学出版社 2008 年版。
2. 张永忠：《中国反垄断法典型案例研究》，法律出版社 2015 年版。

▶ 相关法律法规

1. 《中华人民共和国反垄断法》（2007 年 8 月 30 日发布，2008 年 8 月 1 日起施行）
2. 《中华人民共和国招标投标法》（1999 年 8 月 30 日发布，2000 年 1 月 1日起施行）
3. 《中华人民共和国价格法》（1997 年 12 月 29 日发布，1998 年 5 月 1 日起施行）
4. 《关于国务院反垄断委员会主要职责和组成人员的通知》（国务院，2008年 7 月 28 日发布并施行）
5. 《关于经营者集中申报标准的规定》（国务院，2008 年 8 月 1 日通过，2008 年 8 月 3 日起实施）
6. 《关于相关市场界定的指南》（国务院反垄断委员会，2009 年 7 月 6 日发

布并施行)

7. 《金融业经营者集中申报营业额计算办法》（国务院反垄断委员会，2009年7月15日发布，2009年8月15日起施行）

8. 《外国投资者并购境内企业反垄断申报指南》（商务部，2007年3月8日发布并施行）

9. 《制止价格垄断行为暂行规定》（国家发改委，2003年6月18日发布，2003年11月1日起施行，已失效）

10. 《国务院关于禁止在市场经济活动中实行地区封锁的规定》（国务院，2001年4月21日起施行，2011年1月8日修订）

11. 《关于禁止公用企业限制竞争行为的若干规定》（国家工商行政管理总局，1993年12月24日发布并施行）

12. 《工商行政管理机关制止滥用行政权力排除、限制竞争行为程序规定》（国家工商行政管理总局，2009年5月26日发布，2009年7月1日起施行）

13. 《工商行政管理机关查处垄断协议、滥用市场支配地位案件程序规定》（国家工商行政管理总局，2009年5月26日发布，2009年7月1日起施行）

14. 《工商行政管理机关禁止滥用市场支配地位行为的规定》（国家工商行政管理总局，2010年12月31日发布，2011年2月1日起施行）

15. 《工商行政管理机关禁止垄断协议行为的规定》（国家工商行政管理总局，2010年12月31日发布，2011年2月1日起施行）

第十七章
消费者权益保护法律制度

本章提要

早在 19 世纪中下叶，英国在《货物买卖法》中，就应广大消费者的要求，给予购买质量低劣和不适于预定用途商品的消费者以法律上的索赔权，并对欺骗消费者的行为给予严厉处罚，从而改变了"买者注意、当心，卖者不负责"的传统做法和观念。到了 20 世纪 60 年代，美国消费者运动的规模进一步扩大。1962 年 3 月 15 日，美国总统肯尼迪在《关于保护消费者利益的总统特别国情咨文》中，率先提出消费者享有的四项基本权利，即安全的权利、了解的权利、选择的权利和意见被听取的权利。1969 年，美国总统尼克松进而提出消费者的第五项权利——索赔的权利。消费者权利的提出，使消费者运动进入了新的阶段，同时，美国联邦政府和州政府都设立了消费者保护机构。我国的《消费者权益保护法》于 1993 年 10 月 31 日第八届全国人大常委会第四次会议通过，自1994 年 1 月 1 日起施行。2009 年 8 月 27 日第十一届全国人民代表大会常务委员会第十次会议《关于修改部分法律的决定》进行第一次修正。2013 年 10 月 25日第十二届全国人大常委会第五次会议《关于修改〈中华人民共和国消费者权益保护法〉的决定》进行第二次修正。2014 年 3 月 15 日，由全国人大修订的新《消费者权益保护法》正式施行。《消费者权益保护法》分总则、消费者的权利、经营者的义务、国家对消费者合法权益的保护、消费者组织、争议的解决、法律责任、附则，共 8 章 63 条。

知识要点

1.《消费者权益保护法》的学理问题：消费者的内涵、《消费者权益保护法》的基本原则、消费者权利的内容以及消费者权益争议的解决和法律责任的确定。

2.《消费者权益保护法》的实务问题：新《消费者权益保护法》的适用问题、赔偿的计算问题、"三包"和"召回"新规、缺陷产品认定问题、网上购物新规以及消费者人身财产损害赔偿问题。

▶ 主案例

案例一：　　　　　　严某父母诉某公园安全保障义务案[1]

2002年5月11日中午，9岁男童严某与同龄同学王某结伴外出游玩。两人来到居所附近的某公园，未买门票即从公园围墙空隙处入园，公园收费检票人员见状未予阻止。公园内有一个状似游泳池、无安全警示标志的景观池，曾有游客在池内游泳时淹死。严某和王某来到该池池边后，严某即下池游泳，王某因水冷而离去，当时园内无工作人员和其他游客。次日上午，严某尸体在公园景观池内被民警等人发现。为此，严某父母诉至法院，要求某公园赔偿死亡补偿费、丧葬费等损失9万元。

【案例分析】

本案中，某公园景观池内曾有游客游泳时淹死，某公园应当知道该池对游客存在安全风险，理应实施设置明确警示标志等措施。但某公园没有采取任何安全防范措施，致使严某下池游泳而淹死。因此，某公园未履行对游客法定的安全保障义务，已构成侵权。根据我国《消费者权益保护法》第7条、第18条第1款的规定，消费者在接受服务时享有人身、财产安全不受损害的权利，经营者应当保证其提供的服务符合保障人身、财产安全的要求，对可能危及人身、财产安全的服务，应作真实的说明、明确的警示。

根据我国《合同法》第60条的规定，在经营者与消费者之间还存在由诚实信用原则派生之互相照顾、通知、保密、保护等与游乐合同内容相关的附随义务。双方之间还可能基于约定或经营者的单方承诺而存在高于法律规定的安全保障义务。某公园默认严某入园游乐，双方即建立合同关系，公园就负有注意游客安全并予以合理保护等附随义务，尤其是在游客为未成年人且无监护人在场的情况下，公园应对其履行较之于成年游客更谨慎的安全保障义务。因此，某公园让严某入园游玩，且未发现、不阻止其在有安全风险的水池内独自游泳，系未履行对游客约定的安全保障附随义务，已构成违约。

经营者对消费者的安全保障义务可分为硬件方面的义务和软件方面的义务。在硬件方面，经营者应当持证合法经营，对消费者开放的经营场所及其配套设施、设备应当安全可靠，符合国家强制标准或行业标准，并应当配置有数量足够的、合格的安全保障人员。在软件方面，经营者提供的服务内容及服务过程应当是安全的，包括对不安全因素的提示、警示、劝告，制止第三方对消费者

―――――――――――

[1] "经营者对消费者的安全保障义务"，载找法网，http://china.findlaw.cn/case/1411.html.

的侵害，对消费者已经或正在发生的危险予以积极救助等。考察经营者是否已履行了安全保障义务，主要看其是否达到了法律、法规、规章、操作规程等所要求达到的程度，是否达到了同类经营者所应当达到的通常注意程度，是否达到了一个诚信善良的经营者应当达到的注意程度。

在经营者违反安全保障义务致消费者人身或财产损害的案件中，经营者大多没有实施积极的作为行为，而是消极不作为。对经营者不作为行为与损害后果之间的因果关系，应当从"如果经营者达成了应有的注意程度，实施了其应当实施的作为行为，是否可以避免或者减轻损害后果"的角度来理解。如果经营者实施了其应当实施的作为行为，损害后果就不会发生或者可以减轻，则应认为存在因果关系；否则，不认为存在因果关系。因此，在举证责任上，受害人无需证明经营者消极不作为行为与损害后果之间存在因果关系，只需证明经营者负有特定的作为义务，即法定的或约定的安全保障义务；经营者不履行该义务与损害发生之间存在高度的可能性，即如果履行，则损害极有可能被避免。

综上所述，经营者对消费者负有侵权法上的安全保障义务，同时也负有合同法上的安全保障义务。在损害后果发生后，受害方可选择侵权责任或违约责任向经营者主张损害赔偿。一般情况下，选择侵权赔偿更有利于对受害消费者的保护。

【知识拓展】

经营者对消费者的人身、财产安全负有法定的保障义务。根据我国《消费者权益保护法》第7条、第18条第1款的规定，消费者在接受服务时享有人身、财产安全不受损害的权利，经营者应当保证其提供的服务符合保障人身、财产安全的要求，对可能危及人身、财产安全的服务，应作真实的说明、明确的警示。

经营者对消费者的人身、财产安全负有约定的保障义务。根据我国《合同法》第60条的规定，在经营者与消费者之间还存在由诚实信用原则派生之互相照顾、通知、保密、保护等与游乐合同内容相关的附随义务。双方之间还可能基于约定或经营者的单方承诺而存在高于法律规定的安全保障义务。

经营者对消费者的安全保障义务可分为硬件方面的义务和软件方面的义务。在硬件方面，经营者应当持证合法经营，对消费者开放的经营场所及其配套设施、设备应当安全可靠，符合国家强制标准或行业标准，并应当配置有数量足够的、合格的安全保障人员。在软件方面，经营者提供的服务内容及服务过程应当是安全的，包括对不安全因素的提示、警示、劝告，制止第三方对消费者的侵害，对消费者已经或正在发生的危险予以积极救助等。考察经营者是否已履行了安全保障义务，主要看是否达到了法律、法规、规章、操作规程等所要求达到的程度，是否达到了同类经营者所应当达到的通常注意程度，是否达到了一个诚信善良的经营者应当达到的注意程度。

违反安全保障义务与损害结果之间的因果关系。在经营者违反安全保障义务致消费者人身或财产损害的案件中，经营者大多没有实施积极的作为行为，而是消极不作为。对经营者不作为行为与损害后果之间的因果关系，应当从"如果经营者达成了应有的注意程度，实施了其应当实施的作为行为，是否可以避免或者减轻损害后果"的角度来理解。如果经营者实施了其应当实施的作为行为，损害后果就不会发生或者可以减轻，则应认为存在因果关系；否则，不认为存在因果关系。因此，在举证责任上，受害人无需证明经营者消极不作为行为与损害后果之间存在因果关系，只需证明经营者负有特定的作为义务，即法定的或约定的安全保障义务；经营者不履行该义务与损害发生之间存在高度的可能性，即如果履行，则损害极有可能被避免。

案例二：　李甲和李乙购物遭搜身获赔精神损失费案[1]

1999 年 5 月 8 日，李甲和李乙姐妹俩到本市商业大楼购买化妆品。在化妆品柜台前，二人仔细挑选了好几种口红，觉得都不太满意，就把口红还给售货员准备回家。正在转身之际，售货员突然喊道："口红怎么少了两支！你们俩先留下来！"姐妹俩愕然，站在原地，脸臊得通红。李甲反问道："你怀疑我们偷了口红？凭什么？"售货员说："一会儿就知道了！"这时，两位大楼保安人员来到二人跟前，用严厉的口吻说："请过来一下！"说完就把二人带到经理办公室。经理问："两位小姐是不是不小心把口红夹在包里了？"姐妹俩均严词否认。经理又说："我楼确实丢了两支口红，现在怀疑二位拿了！"说完就示意两位保安把二人带到另一个房间。保安退出后进来两位女工作人员。女工作人员强行翻捡了二人携带的小包，然后又仔细搜查了二人的口袋，结果没有发现藏有口红，于是不冷不热地道声："抱歉！请走！"姐妹俩从房里出来后，楼里顾客纷纷驻足观望，指指点点。姐妹俩感到羞耻难当，精神上受到很大伤害。回到家后，二人向父母讲述了事情经过。父母愤愤不平，向人民法院提起诉讼，要求商业大楼赔礼道歉、消除影响、恢复名誉并赔偿其精神损害。

【案例分析】

本案中，超市无权限制李甲和李乙姐妹俩的人身自由，无权搜查公民身体，即使的确发现消费者偷了东西，也只能将其扭送公安机关，由公安和司法机关

---

[1]　法律出版社专业出版编委会编：《案例导读：消费者权益保护法及配套规定使用与解析》，法律出版社 2014 年版，第 123 页。

处理，而不得擅自拘禁并搜查消费者的身体和物品。只有法律规定的特定国家机关依照严格的法律程序才能剥夺或者限制公民的人身自由；其他任何国家机关、社会组织和个人都无权剥夺或者限制公民的人身自由，无权搜查公民的身体。公民作为消费者时，其人身自由还受新《消费者权益保护法》的保护。

商场在侵犯消费者人身自由的同时，也侵犯了他们的名誉权。所谓名誉，是指民事主体的周围社会对其的看法和评价。本案中，商场无故怀疑消费者盗窃，并强行搜查，使不知情者误以为她们确系小偷，从而对其品格产生怀疑，影响了社会对其的正确看法和评价，已经损害了二人的名誉，构成名誉侵权；对消费者人身自由和名誉权的侵犯，主要会造成精神损害。对于精神损害，经营者（侵权人）应当承担足以弥补这种损害的民事责任。责任形式一般包括停止侵害、恢复名誉、消除影响、赔礼道歉等非财产责任；除此以外，还应包括精神损害赔偿的财产责任。虽然人身自由、人格尊严和名誉不是商品，难以以金钱计量，但适当的财产补偿可以抚慰受害人，减轻乃至消除其精神痛苦和心灵创伤。因此，对精神损害可以进行物质赔偿。精神损害赔偿的数额，应当根据侵权行为的时间、地点、手段、后果、侵害对象以及侵权人的过错程度等具体情况，加以确定；原则上以能够抚慰受害人精神创伤，并能教育经营者使其引以为戒为限度。在本案中，法院审理后认为，商业大楼侵犯了消费者的人身自由和名誉权，给消费者造成了极大的精神痛苦，遂根据《民法通则》和《消费者权益保护法》的有关规定，判令商业大楼在该市日报上连续 3 天登载道歉声明，并赔偿消费者精神损害费 1500 元。商业大楼接受了判决，没有提起上诉。

【知识拓展】

人格尊严是指公民的名誉和公民作为一个人应当受到他人最起码的尊重的权利，它包括名誉权、肖像权、姓名权、隐私权、荣誉权等。立法和司法上并未有规定或解释，因为人格尊严本为抽象。人格尊严具有基本性和主客观价值复合性，在判断自然人人格尊严是否受到侵害，不能仅考虑该自然人的主观自尊感受，更要从客观角度考虑其在通常社会范围内所享有的作为"人"之最基本尊重是否被贬损；如果是，则其人格尊严遭受侵害。

人身自由权是指公民在法律范围内有独立为行为而不受他人干涉，不受非法逮捕、拘禁，不被非法剥夺、限制自由及非法搜查身体的自由权利。人身自由不受侵犯，是公民最起码、最基本的权利，是公民参加各种社会活动和享受其他权利的先决条件。它是公民按照自己的意志和利益进行行动和思维，不受约束、控制或妨碍的人格权。《宪法》第 37 条规定："中华人民共和国公民的人身自由不受侵犯。任何公民，非经人民检察院批准或者决定或者人民法院决定，并由公安机关执行，不受逮捕。禁止非法拘禁和以其他方法非法剥夺或者限制公民的人身自由，禁止非法搜查公民的身体。"《消费者权益保护法》第 14 条规定："消费者在购买、使用商品和接受服务时，享有人格尊严、民族风俗习惯得到尊重的权利，享有个人信息依法得到保护的权利。"第 27 条规定："经营者不得对消费者进行侮辱、诽谤，不得搜查消费者的身体及其携带的物品，不得侵犯消费者的人身自由。"第 50 条规定："经营者侵害消费者的人格尊严、侵犯消费者人身自由或者侵害消费者个人信息依法得到保护的权利的，应当停止侵害、恢复名誉、消除影响、赔礼道歉，并赔偿损失。"第 51 条规定："经营者有侮辱诽谤、搜查身体、侵犯人身自由等侵害消费者或者其他受害人人身权益的行为，造成严重精神损害的，受害人可以要求精神损害赔偿。"新《消费者权益保护法》在惩罚性赔偿中特别提到，经营者有侮辱诽谤、搜查身体、侵害人身自由等行为，造成严重精神损害的，受害人可以要求精神损害赔偿。但承担侵犯人格权的民事责任必须具备有侵犯人格尊严的损害事实、行为具有违法、行为人主观上具有过错以及违法行为与损害事实之间存在因果关系四个要件，且这四个要件相辅相成，缺一不可。

案例三：　　　　　高某诉某国有机器厂"三包"案[1]

2003 年 8 月 16 日，某市青年教师高某在该市为民家电销售中心（以下简称"中心"）购买了某国有机器厂生产的冰箱一台，价格为 1895 元。试机时发现冷冻室没有挂霜，中心经理认为是因室外湿度过高所致，并说冰箱是直接从厂家进的货，质量没问题，还表示 1 个月内如有质量问题包退包换，高某在得到保证后遂运走了冰箱。8 月 20 日，高某在家里试机，发现冰箱不制冷；同时还发现冰箱上、下门中间有一条边发烫，封条变形，冷冻室流水现象。高某立即找到该中心经理说明情况，经中心一番修理后，冰箱仍不制冷。高某提出退换要求，但中心经理认为冰箱不是他们生产的，对冰箱的质量问题应找厂家处理，拒绝了高某的要求。高某遂向该市人民法院提起诉讼。

【案例分析】

《消费者权益保护法》第 24 条规定："经营者提供的商品或者服务不符合质量要求的，消费者可以依照国家规定、当事人约定退货，或者要求经营者履行更换、修理等义务。没有国家规定和当事人约定的，消费者可以自收到商品之日起 7 日内退货；7 日后符合法定解除合同条件的，消费者可以及时退货，不符合法定解除合同条件的，可以要求经营者履行更换、修理等义务。依照前款规

---

[1] 法律出版社专业出版编委会编：《案例导读：消费者权益保护法及配套规定使用与解析》，法律出版社 2014 年版，第 222 页。

定进行退货、更换、修理的，经营者应当承担运输等必要费用。"第 23 条规定，经营者应当保证在正常使用商品或者接受服务的情况下其提供的商品或者服务应当具有的质量、性能、用途和有效期限；但消费者在购买该商品或者接受该服务前已经知道其存在瑕疵，且存在该瑕疵不违反法律强制性规定的除外。经营者以广告、产品说明、实物样品或者其他方式表明商品或者服务的质量状况的，应当保证其提供的商品或者服务的实际质量与表明的质量状况相符。经营者提供的机动车、计算机、电视机、电冰箱、空调器、洗衣机等耐用商品或者装饰装修等服务，消费者自接受商品或者服务之日起 6 个月内发现瑕疵，发生争议的，由经营者承担有关瑕疵的举证责任。

原《消费者权益保护法》第 23 条规定："经营者提供商品或者服务，按照国家规定或者与消费者的约定，承担保修、包换、包退或者其他责任的，应当按照国家规定或者约定履行，不得故意拖延或者无理拒绝。"在本案中，家用电冰箱属于法定"三包"义务的客体，且在买卖中销售者保证 1 个月内予以更换。消费者高某完全有理由要求商家退换，某商行也应责无旁贷地给消费者高某退换，这与新《消费者权益保护法》的规定相同。

【知识拓展】

经营者的"三包"义务基于两种情况产生：

第一，按国家规定。国家规定是经营者的法定义务，不论经营者与消费者之间有无合同关系，都应当执行。对于哪些商品经营者必须履行法定的"三包"义务，我国的有关行政法规、规章作了规定。1988 年，机械电子工业部发布了《全国家用电子产品维修服务管理办法》。1991 年，商业部发布了《家用电器商品维修服务工作管理办法》。这两部规章明确了部分家电的"三包"义务。随着我国消费领域的进一步扩大，1995 年，国家经济贸易委员会、国家技术监督局、国家工商行政管理局和财政部联合发布的《部分商品修理更换退货责任规定》对法定"三包"商品作了列举式的规定，这些商品主要有自行车、彩电、黑白电视机、家用录像机、家用电冰箱、洗衣机、微波炉、吸尘器、缝纫机、钟表、摩托车等；该规定不免除未列入目录产品的"三包"责任和销售者、生产者向消费者承诺的高于列入目录产品"三包"的责任。

第二，按双方约定。经营者与消费者之间就购买商品或者提供服务事先达成协议的，就应当按照协议约定履行各自的义务，因为这种约定是合同关系，具有法律约束力，任何人不得随意违反，否则，就应当承担由此产生的违约责任。违约责任是促使当事人履行债务，使守约方免受或少受损失的措施。违约责任是指当事人不履行合同债务而应当承担的法律责任。违约责任既是违约行为的法律后果，同时也是合同效力的表现。在本案中，显然当事者之间可约定

"三包"义务。在实际生活中,由于"三包"产品涉及经营者、维修者、生产者等,消费者往往在发生争议时被前述主体相互推诿,权益保护难以落到实处。为此,相关法律法规对"三包"的各义务主体的义务都作了明确规定。对于"三包"的责任者,属于法定"三包"商品的,实行"谁经销,谁负责"的"三包"原则,销售者与生产者、销售者与供货者、销售者与修理者之间订立的合同,不得免除销售者的"三包"责任。销售者在"三包"中应履行如下义务:不能保证实施"三包"规定的,不得销售列入"三包"产品目录的产品;保证销售产品的质量;执行进货检查验收制度;不符合法定标志要求的,一律不准销售;产品出售时,应当开箱检验,正确调试,介绍使用维护事项、"三包"方式及修理单位,提供有效发票和"三包"凭证。对于修理者而言,其应当做到:承担修理服务业务,维护销售者、生产者的信誉,不得使用与产品技术要求不符的元器件和零配件,认真记录故障及修理后产品质量状况,保证修理后的产品能够正常使用 30 日以上,保证修理费用和修理配件全都作用于修理并同时接受销售者、生产者的监督和检查,承担自身修理失误造成的责任和损失,对消费者因产品修理质量的查询应予回答。对于生产者而言,其义务为:明确"三包"方式,生产者自行设置或者指定修理单位的,必须随产品向消费者提供"三包"凭证、修理单位的名称、地址、联系电话等,向负责修理的销售者、修理者提供修理技术资料、合格的修理配件,以保证消费者购买的产品能及时修理,对消费者直接或间接的查询应妥善处理,并提供服务。

案例四: 孙某某与被告沃尔玛(陕西)百货公司产品销售者责任纠纷案[1]

原告孙某某诉称,2012 年 6 月 23 日,原告在西安市碑林区李家村被告经营的沃尔玛超市内购买了 13 袋标注有"绿色食品"的"贡菊",货款合计 157.80元。食用中发现涉案产品质量与其包装上宣传的不符。涉案"贡菊"产品包装上的"绿色食品"没有经过权威部门认证,该行为构成了引人误导的欺诈行为。被告在进货和经营中失于监管,存在欺诈经营行为,理应承担赔偿责任。为了维护自己的合法权益,也为了维护食品安全,遏制欺诈经营行为,原告依据《消费者权益保护法》第 55 条第 1 款"经营者提供商品或者服务有欺诈行为的,应当按照消费者的要求增加赔偿其受到的损失,增加赔偿的金额为消费者购买商品的价款或者接受服务的费用的 3 倍"主张权利,诉请要求:被告退回原告购买"贡菊"的货款 157.80 元,赔偿 500 元;诉讼费由被告承担。

---

[1] 载中国裁判文书网,http://www.court.gov.cn/zgcpwsw/mshz/.

被告沃尔玛（陕西）百货有限公司辩称，原告支付货款，被告给付原告同等价值的商品，且该商品不存在质量问题，满足原告的购买目的，原告未发生损失，买卖合同合法有效。在合同有效的前提下，原告要求退还货款没有法律依据。无论是《消费者权益保护法》还是《产品质量法》，都是将"退货"而非"退还货款"作为消费者权益被侵害时的法律救济手段。因此，原告如主张合同无效，要求退还货款，应将涉案商品退还被告。原告未因使用涉案商品而受到损失，无损害事实的存在。被告作为销售者，对供应商提供的商品如实陈列，未故意隐瞒或捏造事实以诱导原告作出购买的错误意思表示，被告的行为不存在违法性。被告对涉案商品尽了合理限度内的审查义务，主观上不存在侵权的故意或过失。而本案为侵权之诉，依据原告陈述的事实及提交的证据，原告无权请求被告承担侵权责任。综上所述，被告认为，原告没有证据证明食用涉案商品遭受人身、财产损害，原告要求被告退还货款及赔偿缺乏事实及法律依据，请求驳回原告的全部诉讼请求。

【案例分析】

经审理查明，2012 年 6 月 23 日，原告在被告经营的超市购买了 13 袋"黄山贡菊"，单价 12.14 元，合计 157.82 元。该贡菊包装标识有"绿色食品"字样。之后，原告以该产品标识的"绿色食品"与产品质量不符，违反相关法律规定为由诉至法院。上述事实，有原告提供的购物票据、产品包装图片、省质监局网页、市工商局答复函、被告提供的供应商工商档案材料、商品流通许可证、产品生产许可证等证据及法院庭审笔录在卷佐证。法院认为，本案争议的焦点是：被告对其销售的"贡菊"是否存在欺诈行为，是否应当直接承担返还货款和相应赔偿责任。我国《消费者权益保护法》第 40 条第 1 款规定，消费者在购买、使用商品时，其合法权益受到损害的，可以向销售者要求赔偿。销售者赔偿后，属于生产者的责任或者属于向销售者提供商品的其他销售者的责任的，销售者有权向生产者或者其他销售者追偿。在我国，"绿色食品"是指按特定生产方式生产，并经国家有关的专门机构认定，准许使用"绿色食品标志"的无污染、无公害、安全、优质、营养型的食品。而被告销售的"贡菊"产品并未取得"绿色食品"认证，该产品在外包装所进行的"绿色食品"宣传与其产品不符，构成虚假宣传，违反了相关法律规定。被告作为经营者，对其销售的商品未进行合理的审查义务，误导了消费者，存在欺诈行为，侵犯了消费者的合法权益，被告应承担相应的责任。被告承担责任后可以向生产者或者其他销售者追偿。《消费者权益保护法》就经营者的欺诈行为规定加倍赔偿责任的同时，并未规定以消费者退回所购商品为前提条件。因此，原告要求退回货款 157.80 元及给予 500 元的赔偿，符合法律规定，法院予以支持。被告的抗辩意见、理由不能成立，法院不予采纳。

新《消费者权益保护法》第 55 条惩罚性赔偿的规定既包括对过去双倍赔偿的升级，也包含对《侵权责任法》第 47 条的进一步确定，两款条文的规定有利于遏制经营者不诚信之行为，保障消费者人身和财产权益。

【知识拓展】

《消费者权益保护法》第 55 条规定："经营者提供商品或者服务有欺诈行为的，应当按照消费者的要求增加赔偿其受到的损失，增加赔偿的金额为消费者购买商品的价款或者接受服务的费用的 3 倍；增加赔偿的金额不足 500 元的，为500 元。法律另有规定的，依照其规定。经营者明知商品或者服务存在缺陷，仍然向消费者提供，造成消费者或者其他受害人死亡或者健康严重损害的，受害人有权要求经营者依照本法第 49 条、第 51 条等法律规定赔偿损失，并有权要求所受损失 2 倍以下的惩罚性赔偿。"

第 55 条包括两款规定，第 1 款实质上是原《消费者权益保护法》第 49 条双倍赔偿的升级版本，主要变化体现在惩罚力度的加强。该款可以从两个层面理解：其一，变双倍赔偿为 3 倍赔偿，如果经营者有欺诈行为，消费者可以要求惩罚性赔偿的力度为购买商品或接受服务费用的 3 倍；其二，500 元垫底，如果按照前半句 3 倍赔偿所获赔偿不足 500 元的，以 500 元计算，这种兜底性规定无疑是对原《消费者权益保护法》第 49 条双倍赔偿不足的弥补。在现实生活中，经营者出售的商品或提供的服务单价很低，双倍赔偿或者 3 倍赔偿根本对其没有威慑力度，而此次 500 元兜底性规定，能够很好地威慑经营者的行为。当然，经营者有欺诈行为之时，消费者首先要主动提出 3 倍赔偿，如果 3 倍赔偿数额不足 500 元，提请增加至 500 元。

第 55 条第 2 款的适用则需要做到内外兼顾。从第 2 款本身来说，既有惩罚性赔偿的规定，也有普通侵权赔偿的规定。"经营者明知商品或者服务存在缺陷，仍然向消费者提供，造成消费者或者其他受害人死亡或者健康严重损害的，受害人有权要求经营者依照本法第 49 条、第 51 条等法律规定赔偿损失"，规定的就是一般的侵权损害赔偿，第 49 条、第 51 条分别规定的是侵权损害赔偿和精神损害赔偿，两条都是传统的侵权损害赔偿的规定。而在依据第 49 条、第 51 条提出损害赔偿之外，还可以"要求所受损失 2 倍以下的惩罚性赔偿"，即有权要求惩罚性赔偿。而从条文外部适用看，第 2 款必须要与《侵权责任法》第 47 条协调，从某种程度上说新《消费者权益保护法》第 55 条第 2 款是对《侵权责任法》第 47 条的延续和进一步规定，体现在两个方面：其一，扩大了适用的客体，《侵权责任法》第 47 条是在第五章产品责任中，其适用的客体是产品，具体到第 47 条，适用的客体是有缺陷的产品，而新《消费者权益保护法》第 55

条第 2 款适用的客体不仅仅是有缺陷的产品，还包括有缺陷的服务，即扩大了适用的客体范围；其二，明确了惩罚性赔偿数额的限度，《侵权责任法》第 47 条仅仅规定"相应"的惩罚性赔偿，并无具体的确定方法，而新《消费者权益保护法》第 55 条第 2 款明确规定了为"损失的 2 倍"以内，按照新法优于旧法的法理，在缺陷产品致人死亡或健康严重受损之时，惩罚性赔偿的力度为所受损失的两倍以内，而所受损失则应依据新《消费者权益保护法》第 49 条、第 51 条来计算。

案例五：　　　王某与关某某产品质量损害赔偿纠纷案[1]

被告关某某在宁陵县西关开有一个安利产品经销处。2008 年 12 月，原告王某在其姐姐家遇到被告，当时原告怀孕，身体虚弱，被告便多次找原告推销她经营的安利产品，并许诺该产品是高营养产品，不是药品，对身体和胎儿绝对无害，有利于胎儿的发育和成长。在被告的多次劝说和保证下，2008 年 12 月 10 日，原告按照被告的书面安排服用被告经销的安利产品。原告服用被告的产品后，不但没有起到被告口头言明的好处，反而原告的胎儿由正常变为死胎，以致原告做了流产手术。原告本是再婚，非常渴望拥有自己的孩子，流产事件除给原告造成经济损失外，还造成巨大的精神伤害。出事后，原告及家人多次找被告讨说法，但被告置之不理。2009 年 3 月，被告不知出于什么目的，主动托人积极要求调解，经中间人说和，双方达成口头协议，被告支付原告流产费 2000 元，原告将被告的安利产品全部退还给被告。但在原告将被告的产品退还给被告后，被告拒不履行退款义务，反而扬言让原告随便告，鉴于此，为维护自身合法权益，原告特诉之法院，请求依法判令被告支付原告的医疗费、误工费、护理费、交通费、营养费、伙食补助费等共计 4160 元，精神抚慰金 10 000 元；诉讼费及其他费用由被告承担。

【案例分析】

原告王某购买并服用被告关某某直销的安利产品，在消费过程中享有人身不受损害的权利，原告诉称因服用被告提供的安利产品导致胎儿死亡，但并没有提供相应的证据证明该事实，根据我国《民事诉讼法》第 64 条、《最高人民法院关于民事诉讼证据的若干规定》第 2 条的规定，原告王某应承担举证不能对己不利的法律后果，对原告王某要求被告关某某支付各种赔偿费的诉请，依法处理。根据《消费者权益保护法》第 18 条、第 39 条之规定，经营者有保证消费者安全的义务，在消费者和经营者发生消费者权益争议时，双方可以协商

---

[1] 载 110 网，http：//www.110.com/panli/panli_198144.html.

解决。原告王某因怀孕为死胎流产后，作为经营者的关某某虽多次与原告王某协商进行产品质量鉴定，但在没有获得鉴定意见的情况下，通过中间人调解达成口头协议。之后，被告关某某将产品带走，是建立在同意支付 2000 元补偿费的基础上，但其没有支付 2000 元补偿费，也没有封存样品、没有委托相应单位对产品是否存在质量问题进行鉴定。原告王某同意被告关某某将剩余产品带走，是建立在被告关某某同意支付 2000 元补偿费的基础上，被告关某某将涉案产品带走导致原告举证不能，又未履行双方达成的协议，具有过错。双方经中间人毕某某说和达成的协议应视为双方达成新的合同，该口头协议是双方当事人的真实意愿，协议内容不违背国家法律、法规的禁止性规定，也不损害国家、集体和社会公共利益及其他人的合法权益，口头协议有效，具有法律效力。依照《合同法》第 6 条，当事人行使权利、履行义务应当遵循诚实信用原则，依照《合同法》第 8 条第 1 款，依法成立的合同，对当事人具有法律约束力。当事人应当按照约定履行自己的义务，不得擅自变更或者解除合同，故被告关某某应按双方达成的口头协议，支付原告王某补偿费人民币 2000 元。

【知识拓展】

消费者和经营者发生消费者权益争议的，可以通过下列途径解决：其一，与经营者协商和解。当消费者和经营者因商品或服务发生争议时，协商和解应作为首选方式，特别是因误解产生的争议，通过解释、谦让及其他补救措施，便可化解矛盾，平息争议。协商和解必须在自愿平等的基础上进行。重大纠纷，双方立场对立严重，要求相距甚远的，可寻求其他解决方式。其二，请求消费者协会调解。消费者协会是依法成立的对商品和服务进行社会监督的保护消费者合法权益的社会团体。《消费者权益保护法》明确消费者协会具有 7 项职能，其中之一是对消费者的投诉事项进行调查、调解。消费者协会作为保护消费者权益的社会团体，调解经营者和消费者之间的争议，应依照法律、行政法规及公认的商业道德从事，并由双方自愿接受和执行。其三，向有关行政部门申诉。政府有关行政部门依法具有规范经营者的经营行为，维护消费者合法权益和市场经济秩序的职能。消费者权益争议涉及的领域很广，当权益受到侵害时，消费者可根据具体情况，向不同的行政职能部门，如物价部门、工商行政管理部门、技术质量监督部门等提出申诉，求得行政救济。其四，提请仲裁。由仲裁机构解决争端，在国际国内商贸活动中被广泛采用。消费者权益争议亦可通过仲裁途径予以解决。不过，提请仲裁必须具备的前提条件是双方订有书面仲裁协议（或书面仲裁条款）。在一般的消费活动中，大多数情况下没有必要也没有条件签订仲裁协议。因此，在消费领域，很少有以仲裁方式解决争议的。其五，向人民法院提起诉讼。《消费者权益保护法》及相关法律都规定，消费者权益受到损害时，可径直向人民法院起诉，也可因不服行政处罚决定而向人民法院起诉。司法审判具有权威性、强制性，是解决各种争议的最后手段。消费者为求公正解决争议，可依法行使诉权。这五种纠纷解决途径，其约束力和效力是依次增强的，关系却是并列的，消费者可以根据纠纷的具体情况，选择适合自己的救济方式来保护自己的合法利益。

▶ 探讨案例

顾客就餐被烫伤案

8 岁的欣某随母亲等一行 7 人去饭店就餐，期间她与其他两位小朋友一起上卫生间，走出门口，迎面遇上正端着一盆酸菜鱼头汤的服务员周某，发生碰撞，结果服务员端的汤泼了出来，刚好浇在欣某头面部。事后，欣某业共住院治疗 16 天，花费医疗费 2600 余元，头面部留有明显痕迹。经法医鉴定，面部 3% 面积Ⅱ度烫伤，前额部见较明显色素沉着区，其损伤评定为十级伤残。家长向饭店索赔，因与饭店协商不成，遂向法院起诉，要求被告支付医疗费、误工费、残疾赔偿金等共计 9 万余元。

【深度思考】

1. 消费争议解决的途径有哪些？
2. 论述经营者责任的承担。
3. 消费者的权利和经营者的义务有哪些？

▶ 阅　　读

1. 河山：《消费者去演绎保护法诠释》，法律出版社 2014 年版。
2. 法律出版社专业出版编委会编：《消费者权益保护法及配套规定适用于解析》，法律出版社 2014 年版。

▶ 相关法律法规

1. 《中华人民共和国消费者权益保护法》（1993 年 10 月 31 日通过，2009 年 8 月 27 日第一次修正，2013 年 10 月 25 日第二次修正）
2. 《中华人民共和国产品质量法》（1993 年 2 月 22 日发布，1993 年 9 月 1 日起施行，2000 年 7 月 8 日第一次修正，2009 年 8 月 27 日第二次修正）
3. 《中华人民共和国标准化法》（1988 年 12 月 29 日发布，1989 年 4 月 1 日起施行）
4. 《中华人民共和国计量法》（1985 年 9 月 6 日通过，1986 年 7 月 1 日起施行，2009 年 8 月 27 日第一次修正，2013 年 12 月 28 日第二次修订，2015 年 4 月 24 日第三次修正）

5.《流通领域商品质量抽查检验办法》（国家工商行政管理总局，2014 年 2 月 14 日发布并于 2014 年 3 月 15 日施行）

6.《网络交易管理办法》（国家工商行政管理总局，2014 年 1 月 26 日发布并于 2014 年 3 月 15 日施行）

7.《工商行政管理部门处理消费者投诉办法》（国家工商行政管理总局，2014 年 2 月 14 日发布并于 2014 年 3 月 15 日施行）

8.《关于处理侵害消费者权益行为的若干规定》（国家工商行政管理总局，2004 年 3 月 12 日公布并施行）

9.《全国工商行政管理机关 12315 消费维权服务措施》（国家工商行政管理总局，2004 年 3 月 15 日公布并施行）

10.《欺诈消费者行为处罚办法》（国家工商行政管理总局，1996 年 3 月 15 日公布并施行，已失效，现为《侵害消费者权益行为处罚办法》）

11.《部分商品修理更换退货责任规定》（国家工商行政管理总局等，1995 年 8 月 25 日公布并施行）

12.《租赁柜台经营活动管理办法》（国家工商行政管理总局，1996 年 12 月 25 日公布并施行，已失效）

13.《商品展销会管理办法》（国家工商行政管理总局，1997 年 10 月 31 日公布，1998 年 1 月 1 日施行，已失效）

14.《化妆品广告管理办法》（国家工商行政管理总局，1993 年 7 月 13 日公布，1993 年 10 月 1 日施行，已被修改）

15.《店堂广告管理暂行办法》（国家工商行政管理总局，1997 年 12 月 31 日公布，1998 年 3 月 1 日施行，已失效）

16.《制止牟取暴利的暂行规定》（国家发改委，1995 年 1 月 25 日公布并施行，2011 年 1 月 8 日修订）

17.《最高人民法院、最高人民检察院关于办理生产、销售伪劣商品刑事案件具体应用法律若干问题的解释》（2001 年 4 月 9 日发布，2001 年 4 月 10 日起施行）

18.《最高人民法院关于审理人身损害赔偿案件适用法律若干问题的解释》（2003 年 12 月 26 日发布于 2004 年 5 月 1 日施行）

19.《最高人民法院关于确定民事侵权精神损害赔偿责任若干问题的解释》（2001 年 3 月 8 日发布于 2001 年 3 月 10 日施行）

第十八章
产品质量法律制度

本章提要

20 世纪 80 年代以后，我国开始重视产品质量立法，并陆续出台了有关产品质量监督管理和产品责任方面的法律、法规和规章。例如，为了加强产品质量监督，国家标准局于 1985 年 3 月发布了由国务院批准的《产品质量监督试行办法》。为了明确工业产品的质量责任，国务院于 1986 年 4 月发布了《工业产品质量责任条例》。1991 年，国务院发布了《产品质量认证管理条例》（已失效）。1992 年 1 月，国家技术监督局发布了《中华人民共和国产品质量认证管理条例实施办法》（已失效）。从立法表现形式上看，我国早期的产品质量立法主要表现为行政法规、地方性法规和规章。1993 年 2 月 22 日第七届全国人民代表大会常务委员会第三十次会议通过的《中华人民共和国产品质量法》，自 1993 年 9 月 1 日起施行，根据 2000 年 7 月 8 日第九届全国人民代表大会常务委员会第十六次会议《关于修改〈中华人民共和国产品质量法〉的决定》予以修正，根据 2009 年 8 月 27 日第十一届全国人民代表大会常务委员会第十次会议通过的《全国人民代表大会常务委员会关于修改部分法律的决定》予以修改。

知识要点

1. 《产品质量法》的学理问题：《产品质量法》的概念、性质和特点，《产品质量法》的适用范围，产品质量管理制度，生产者、销售者的产品质量责任和义务以及产品质量责任制度。

2. 《产品质量法》的实务问题：《产品质量法》的适用问题、各监管部门的职能划分问题、产品质量违约责任处理、产品质量缺陷损害赔偿责任处理以及产品质量行政责任的相关规定。

主 案 例

案例一： 王某某诉重庆啤酒集团常州天目湖啤酒有限公司
产品生产者责任纠纷案[1]

2013 年 7 月 19 日，原告王某某从常州市武进区嘉泽建忠南货店购买了被告天目湖公司生产的天目湖牌爽啤。第二天中午，原告与家人在家招待客人，啤酒瓶放置在桌子底下靠原告右脚处，该酒瓶不知何原因就爆炸了，导致原告右脚严重受伤。当时意外发生之后，原告就打电话通知建忠南货店店主姚某某过来看现场情况，他看完之后当即把原告送到了湟里卫生院治疗。因为情况比较严重，根据医生建议，原告后转至常州市第二人民医院阳湖分院进行手术治疗，事后原告没有报警。现双方因赔偿事宜协商未果，故原告起诉要求被告赔偿其各项损失合计 73 690.83 元，诉讼费由被告负担。被告天目湖公司辩称：对爆炸事故发生的事实没有异议，我公司同意赔偿原告的损失，但对原告主张的一些赔偿项目有异议。

经审理查明：2013 年 7 月 20 日中午，原告在家中吃午饭时，放置在桌子底下由被告生产的天目湖牌爽啤的啤酒瓶突然发生爆炸，致原告右脚受伤。事发后，原告被送至常州市武进区湟里卫生院治疗，后又至常州市第二人民医院阳湖医院、常州市武进区社区卫生服务站等进行数次治疗。2014 年 2 月 24 日，江苏立洋律师事务所委托常州市德安医院司法鉴定所对原告的伤残程度、误工期、护理期、营养期进行了医学评定，鉴定意见为：被鉴定人王某某因人体操作致右踝关节功能丧失达 25% 以上，但不足 50%，构成十级残疾，其受伤后需设置的误工期以 90 日为宜，护理期以 30 日为宜，营养期以 30 日为宜。以上事实有出院记录、医疗费发票、病历、鉴定意见书及当事人的陈述等在卷佐证。

【案例分析】

因产品存在缺陷造成他人损害的，生产者应当承担侵权责任。缺陷是指产品存在危及人身、他人财产安全的不合理的危险。因缺陷产品致人损害的侵权诉讼，由产品的生产者就法律规定的免责事由承担举证责任。本案中，被告对其生产的产品致原告身体受损的事实没有异议，故其理应对原告因此造成的损失负赔偿责任。根据《产品质量法》第 44 条和《最高人民法院关于贯彻执行〈中华人民共和国民法通则〉若干问题的意见（试行）》的规定，原告的各项损失，由法院结合证据及原、被告的诉辩意见进行确定：①医疗费，法院核定为 6679.83 元。②误工费，原告虽已过 60 周岁，但其与丈夫一直共同经营常州市

---

[1] 载中国法院网，http://old.chinacourt.org/cpws/.

武进区湟里兆法小百货店，仍有一定的收入，可适当赔偿误工费，故法院参照本市最低工资标准每月1480元计算其误工费，误工期限为鉴定的90天，故误工费为4440元。③护理费，计算标准按双方一致认可的每天73元计算，期限按鉴定的30天，故护理费为2190元。④营养费，计算标准按每天12元，期限为鉴定的30天，故营养费为360元。⑤器具费，因原告无法提供医嘱及正规发票，故法院不予支持。⑥交通费，法院酌定为400元。⑦鉴定费2100元，因证据充分，法院予以支持。⑧残疾赔偿金，结合原告的户籍性质及伤残等级，故原告按2013年度江苏省城镇居民人均可支配收入32 538元的标准计算15年计48 807元是符合法律规定的，法院予以支持。⑨精神损害抚慰金，结合原告的伤残等级、年龄、职业等，法院酌定为5000元。综上，原告的各项损失合计69 976.83元，应由被告天目湖公司予以赔偿。

《产品质量法》的制定是为了加强对产品质量的监督管理，提高产品质量水平，明确产品质量责任，保护消费者的合法权益，维护社会经济秩序。产品缺陷是产品存在危及人身、他人财产安全的不合理的危险。在有国家标准、行业标准的情况下，如果不符合该标准，就可以直接认定产品有缺陷；而即使符合标准，若受害人能够提供证据证明产品存在危及人身、他人财产安全的不合理危险，则应仍得认定产品有缺陷。也就是说，即使符合国家标准、行业标准，也不能当然地认定产品没有缺陷。

【知识拓展】

法学界通常将产品缺陷分为四大类，分别是制造缺陷、设计缺陷、警示说明缺陷和跟踪缺陷。

制造缺陷是指产品在制造过程中所产生的不合理的危险。导致危险的原因很多，包括质量管理不善、技术水平差等。如三鹿奶粉就是这种情况，其在生产过程中质量不合格，加入了三聚氰胺。

设计缺陷是指产品的设计，如产品结构、配方等存在不合理危险。例如，前些时间发生的汉兰达"爬坡门"事件，汉兰达作为一辆越野车，竟然爬不上30度的坡，有专家分析这是因为该车重心设计太靠后。如果真是如专家分析的，这车就具有设计缺陷。

警示缺陷是指针对产品存在的合理危险，销售产品没有适当的警示与说明。这是针对产品的合理危险而言的，产品的合理危险是指产品虽然包含危险，但该危险只要依照合理的方法使用，危险就不会发生。例如果冻，大人吃一般没有问题，不会有危险，但是如果给3岁以下小孩自己吃，就特别危险，因为容易发生窒息的危险。因此，凡是具有合理危险的产品，都必须进行充分的警示说明。所以现在果冻包装上都会印有警示说，不要给3岁以下小孩食用。如果是产品存在不合理危险，那么生产商就是警示消费者也不能免责。例如，生产汽车轮胎的厂商不能在轮胎上贴个警示说本轮胎在超过每小时 100 公里时速时会爆炸。如果有人不小心买了这个轮胎并出事故了，生产厂商就不能说，是你使用不当，没有按照说明来使用。生产者还是得承担责任，为什么？因为产品本身不合格，这是不合理的缺陷，正常的轮胎不可能在行驶速度超过每小时 100 公里时就会爆炸。

跟踪缺陷是指生产者将新产品投入市场后，违反对新产品应当尽到的跟踪观察义务，致使该产品造成他人的人身损害或财产损害的不合理危险。我国《侵权责任法》第 46 条规定，"产品投入流通后发现存在缺陷的，生产者、销售者应当及时采取警示、召回等补救措施。未及时采取补救措施或者补救措施不力造成损害的，应当承担侵权责任"。这条就是对生产者的跟踪义务的规定。世界各国的产品责任法一般都规定"将产品投放流通时的科学技术尚不能发现缺陷存在"，生产商就不应当承担侵权责任，这也是我国《产品质量法》第 41 条之规定。这个立法目的是鼓励产品生产者努力开发新产品，鼓励科技创新，以满足社会和公众的需要。这样规定的同时也就牺牲了消费者的利益，消费者在这种情况下不能得到赔偿。因此，立法者为了平衡消费者和生产者的利益，确立了生产者的跟踪观察缺陷义务。

我国产品缺陷判定标准为双重标准，一是不合理危险标准，二是强制性标准。对于这两种认定标准在适用上的选定，是由产品责任制度保护消费者权益的立法目的决定的。

第一是不合理危险标准。我国产品责任立法把不合理危险作为缺陷的基本含义和判断标准，这无疑体现了立法的进步。不合理危险标准在适用上具有一定的灵活性，其可以适应科学技术的发展变化以尽可能地保护消费者的利益。然而，该标准的具体含义模糊不清，在具体操作中可能会产生相应的困难，需要在保有其弹性的基础上加以细化。

第二是强制性标准。1988 年制定的《标准化法》将中国的标准体制划分为国家标准、行业标准、地方标准和企业标准四级。强制性标准将保障人体健康、人身、财产安全的国家标准、行业标准作为判定依据，具有较强的可操作性，也增加了判断产品是否有缺陷的客观性，既可使处于弱势的消费者容易举证，以获得赔偿，还可使生产者根据这些标准来检验自己的产品是否有缺陷，以尽早预防或消除缺陷。在目前的情况下，强制性标准的设定有其必要性。

从保护消费者利益出发，对我国《产品质量法》第 46 条规定的产品质量认定标准的正确理解应为："不合理危险"标准是产品缺陷认定的基本标准；法定标准，即不符合国家标准、行业标准可以作为法官审理案件或消费者请求赔偿的一个辅助型标准。也就是说产品符合国家标准、行业标准，并不能排除产品不存在缺陷，符合国家标准、行业标准的产品仍有可能存在产品缺陷。

同时，根据《产品质量法》第44条第1款的规定，因产品存在缺陷造成受害人人身伤害的，侵害人应当赔偿医疗费、治疗期间的护理费、因误工减少的收入等费用；造成残疾的，还应当支付残疾者生活自助具费、生活补助费、残疾赔偿金以及由其扶养的人所必需的生活费等费用；造成受害人死亡的，并应当支付丧葬费、死亡赔偿金以及由死者生前扶养的人所必需的生活费等费用。关于一般伤害的赔偿范围的规定，即受害人身体尚未造成伤残经过治疗可以恢复的伤害的赔偿范围。根据法条规定，一般伤害的赔偿范围包括赔偿医疗费、治疗期的护理费、因误工减少的收入等费用。这里所讲"医疗费"，是指受害人为了恢复健康进行医疗所支出的费用，包括医药费（药费、治疗费、检查费、化验费等）、交通费、营养费和住院费。这里所讲"因误工减少的收入"，是指由于缺陷产品使受害人不能正常工作而实际减少的经济收入，包括工资、奖金、补贴等。根据《最高人民法院关于贯彻执行〈中华人民共和国民法通则〉若干问题的意见（试行）》的规定：①受害人的误工日期，应当按其实际损害程度、恢复状况并参照治疗医院出具的证明或者法医鉴定等认定。赔偿费用的标准，可以按照受害人的工资标准或者实际收入的数额计算。受害人是承包经营户或者个体工商户的，其误工费的计算标准，可以参照受害人一定期限内的平均收入酌定。如果受害人承包经营的种植、养殖业季节性很强，不及时经营会造成更大损失的，除受害人应当采取措施防止损失扩大外，还可以裁定侵害人采取措施防止扩大损失。②医药治疗费的赔偿，一般应以所在地治疗医院的诊断证明和医药费、住院费的单据为凭。应经医务部门批准而未获批准擅自另找医院治疗的费用，一般不予赔偿；擅自购买与损害无关的药品或者治疗其他疾病的，其费用则不予赔偿。③经医院批准专事护理人，其误工补助费可以按收入的实际损失计算。应得奖金一般可以计算在应赔偿的数额内。本人没有工资收入的，其补偿标准应以当地的一般临时工的工资标准为限。

案例二：　　　　　　李某诉前门奇景百货精品店案[1]

1999年11月，北京某玻璃店司机李某在前门奇景百货精品店经营部购买由福建某服装厂生产的羽绒服，回家后发现拉链拉不开。第二天到该店换了一件，仍然存在此类问题。12月1日李某再次去商店，又挑了数件均有毛病，与店方商议第二天下午1时来退货。可是，当李某来退货时，却不见女售货员，只见

---

[1]　载找法网，http://china.findlaw.cn/info/.

店堂内坐着两个小伙子。其中一人听说李某是来退货的，顿时暴跳如雷、破口大骂，边骂边挥起拳头直捣李某右眼。顿时，李某眼眶被打裂，血流满面。另一人也飞起一脚，正中李某心窝，将李某踢倒在地。两人在店堂内轮番毒打李某长达 20 多分钟，没有一个售货员予以劝阻。过后，两个打人者很快逃离现场。李某忍痛爬起，找到值班经理陈述，并要求将其送到医院治疗，经理以需要调查为由，一直让李某等了两个多小时，才勉强让女售货员带他到宣武中医院治疗，缝了十多针。事后，李某向北京市崇文区（现已改为东城区）人民法院起诉。2000 年 2 月 8 日，崇文区人民法院对此进行了调解，被告退换衣服并给予李某 5000 元赔偿。

【案例分析】

产品瑕疵责任又称产品瑕疵担保责任，是指因生产或销售的产品存在瑕疵即产品质量不符合明示或默示的质量而要求生产者或销售者承担的责任。《产品质量法》第 40 条是关于销售者承担产品合同责任（瑕疵担保责任）的规定。由于以瑕疵担保起诉的原告无需证明被告的过失，被告也不能以无过错为由主张免责，因而在学理上瑕疵担保责任被认为属于无过错责任的范畴。但是，与无过错责任不同的是，担保责任可以通过事前明示的协议条款或声明加以限制或免除，如卖方在合同中规定卖方责任仅限于调换或维修；对于某些商品，如食品、一次性用品，卖方可声明"概不退换"；或者在产品说明书或标签上明示该产品有瑕疵，如"次品""处理品"一类字样；等等。在本案中，商店方在售出羽绒服时未以明示的协议条款或声明对瑕疵担保责任予以限制或免除，因此应承担瑕疵担保的义务，法院作出的调解协议无疑是正确的。但同时也反映出一个很实际的问题，即瑕疵担保在实际生活中执行起来很难。根据《产品质量法》第 40 条的规定，销售者售出的产品有该法所列的三种情形之一的，销售者应当负责修理、更换、退货；给购买产品的用户、消费者造成损失的，销售者应当赔偿损失。销售者负责修理、更换、退货、赔偿损失后，属于生产者的责任或者属于向销售者提供货物的其他销售者的责任的，销售者有权向生产者、供货者追偿。瑕疵担保责任是一种法定责任而非由当事人约定，但相应条款一般为非强制性规定。当事人可以特别的约定免除或限制法定担保责任，也可以特别的约定加重法定担保责任，但如债务人明知有瑕疵而故意不告知对方并为免除责任的约定，则其约定应当无效。

【知识拓展】

《产品质量法》第 40 条第 1 款规定，售出的产品有下列情形之一的，销售者应当负责修理、更换、退货；给购买产品的消费者造成损失的，销售者应当赔偿损失：①不具备产品应当具备的使用性能而事先未作说明的；②不符合在产品或者其包装上注明采用的产品标准的；③不符合以产品说明、实物样品等方式表明的质量状况的。第 2 款规定，销售者依照前款规定负责修理、更换、退货、赔偿损失后，属于生产者的责任或者属于向销售者提供产品的其他销售者（以下简称供货者）的责任的，销售者有权向生产者、供货者追偿。第 3 款规定，销售者未按照第 1 款规定给予修理、更换、退货或者赔偿损失的，由产品质量监督部门或者工商行政管理部门责令改正。第 4 款规定，生产者之间，销售者之间，生产者与销售者之间订立的产品买卖合同、承揽合同有不同约定的，合同当事人按照合同约定执行。

销售者对其出售产品的质量问题应承担民事责任，民事责任在性质上属于违约的民事责任。下面对该条规定进行具体分析、说明：

1. 针对产品的销售和购买，在产品的销售者和购买者之间形成了产品买卖合同关系，不论这种合同关系是以事先订立书面合同的形式出现，还是以消费者与零售商之间用即时清结的方式买卖产品的形式出现。在产品买卖合同关系中，销售者应在合理的范围内，就出售产品的质量向合同的对方当事人即购买者承担担保责任。

2. 本条规定的销售者承担物的瑕疵担保责任的条件包括三种情况：

（1）不具备产品应当具备的使用性能而事先未作说明的。这里所讲的"不具备产品应当具备的使用性能"，是指不具备产品的特定用途和使用价值，比如，制冷空调不具备制冷性能等。根据本条的规定，不具备特定用途和使用价值的产品应当向消费者事先作出说明。事先作出说明的（比如，明确标明为处理品），可不承担民事责任；不事先说明的，应承担本条规定的民事责任。

（2）不符合在产品或者其包装上注明采用的产品标准的。这里所讲的"不符合在产品或者其包装上注明采用的产品标准"，是指不符合在产品或者其包装上注明采用的推荐性产品标准（包括国家标准、行业标准和企业标准）。按照标准化法的规定，推荐性标准属于自愿采用的标准，是否采用由使用者自己确定。但是，在产品或者其包装上一旦注明了所采用的标准，就意味着向社会作出了承诺，表明该产品的相关质量指标与产品或其包装上注明采用的产品标准是一致的。如果销售者出售产品的质量状况与产品或其包装上注明采用的产品标准不符，则销售者违反了其应承担的对产品质量的担保义务，依照本条的规定应承担相应的民事责任。

（3）不符合以产品说明、实物样品等方式表明的质量状况的。以产品广告、产品说明书等形式对产品的质量状况作出说明的，销售者应当保证其售出产品的实际质量与该产品说明中表明的产品质量状况相符；销售者以展示其实物样品的方式销售其产品的（如以家具展销会的方式出售家具），其售出产品的质量状况应当与其展示的实物样品相符。销售者出售的产品的质量与产品说明、实物样品不符的，也属于违反销售者对出售产品质量担保的义务，应当承担本条规定的民事责任。

3. 本条规定销售者对出售产品承担的民事责任的形式包括：

（1）修理。修理是指销售者对已经出售的"不具备产品应当具备的使用性能而事先未作说明的"产品、"不符合在产品或者其包装上注明采用的产品标准的"产品或者"不符合以产品说明、实物样品等方式表明的质量状况的"产品，进行必要的修复，使该产品符合应当具备的性能、明示的标准或者明示的质量状况。

（2）更换。更换是指销售者对"不具备产品应当具备的使用性能而事先未作说明的"产品、"不符合在产品或者其包装上注明采用的产品标准的"产品或者"不符合以产品说明、实物样品等方式表明的质量状况的"产品，用质量符合要求的同样产品进行替换。

（3）退货。退货是指销售者将"不具备产品应当具备的使用性能而事先未作说明的"产品、"不符合在产品或者其包装上注明采用的产品标准的"产品或者"不符合以产品说明、实物样品等方式表明的质量状况的"产品收回，并向产品购买者退还货款。

（4）赔偿损失。承担这种责任方式的前提是，已经"给购买产品的消费者造成损失"。这里所讲的损失，是指除产品之外的损失，比如交通费、邮寄费等。

4. 根据本条第 2 款的规定，销售者依照本条第 1 款规定负责修理、更换、退货、赔偿损失后，属于生产者的责任或者属于向销售者提供产品的其他销售者（以下简称"供货者"）的责任的，销售者有权向生产者、供货者追偿。这就是说，产生质量问题的原因是谁的过错，谁就承担最终的责任，属于生产者或者供货者（如批发供应商）的责任的，生产者或者供货者应当承担责任，生产者或者供货者不能推卸自己的责任。

5. 根据本条第 3 款的规定，销售者未按照本条的规定给予修理、更换、退货或者赔偿损失的，由产品质量监督部门或者工商行政管理部门责令改正。也就是说，销售者不按照本条的规定承担修理、更换、退货或者赔偿损失责任时，产品质量监督部门或者工商行政管理部门根据消费者的请求，要求销售者按照本条规定和消费者的要求，对出售的产品立即或者在一定期限内予以修理、更换、退货或者赔偿损失。

6. 根据本条第 4 款的规定，生产者之间、销售者之间、生产者与销售者之间订立的产品买卖合同、承揽合同有不同约定的，合同当事人按照合同约定执行。本法这一规定的基本依据是合同法中的意思自治原则。根据这一规定，合同当事人也可以根据本身情况作出与本条不同的约定；当事人之间如果有不同约定的，应当执行不同的约定，不适用本条第 1 款的规定。

本款所讲买卖合同，是指出卖人转移标的物的所有权于买受人，买受人支付价款的合同。根据《合同法》的有关规定，出卖人交付的标的物不符合质量要求的，买受人可以根据标的的性质以及损失的大小，合理选择要求对方承担修理、更换、重作、退货、减少价款或者报酬等违约责任。

本款所讲承揽合同，是指承揽人按照定作人的要求完成工作，交付工作成果，定作人给付报酬的合同。承揽包括加工、定作、修理、复制、测试、检验等工作。根据《合同法》的有关规定，承揽人交付的工作成果不符合质量要求的，定作人可以要求承揽人承担修理、重作、减少报酬、赔偿损失等违约责任。

案例三：　柯某某诉沈某某、张甲、张乙产品责任纠纷案[1]

原告柯某某诉称：2013 年 2 月 27 日，原告亲戚位于下吕浦的面点开业，原告的朋友钟某某带烟花来祝贺。原告用一次性打火机去点燃烟花导火线，导火线刚点燃烟花就极速爆炸，时间不到一秒钟，当场炸伤原告的眼睛，后原告被送至温州医学院附属第二医院急救。经过住院治疗，原告于 2013 年 3 月 6 日出院，共住院 7 天。原告被诊断为：左眼晶体脱位，左眼睑裂伤，左视神经挫伤，左球后血肿，左眼眶骨折，左眼球破裂伤。此次事故造成原告失去光明，终身残疾。经了解，钟某某送给原告的烟花系湖南省醴陵市五环出口花炮厂生产的"老板大发"品牌烟花，由被告沈某某、张甲、张乙销售，而被告沈某某、张甲所经营的温州市龙湾蒲州梦之夏鲜花店并不具有烟花爆竹的经营销售资格，被告张乙经营的温州市龙湾育伦烟花爆竹店的烟花爆竹经营（销售）许可证也已经于 2013 年 2 月 24 日到期。原告认为湖南省醴陵市五环出口花炮厂生产的烟花存在引燃装置不符合国家标准，未保证燃放人员安全离开的质量缺陷。被告沈某某、张甲、张乙违规销售缺陷产品，应承担法律责任。经鉴定，原告构成十级与八级伤残。于是原告以湖南省醴陵市五环出口花炮厂、沈某某、张甲、张乙为共同被告起诉，请求判令：①湖南省醴陵市五环出口花炮厂及被告沈某某、张甲、张乙共同赔偿原告医疗费、误工费、护理费、营养费、被抚养人生活费、鉴定费等暂计 64 454 元；②湖南省醴陵市五环出口花炮厂及被告沈某某、张甲、张乙互负连带责任；③本案受理费、鉴定费由被告承担。

在审理中，原告撤回了对湖南省醴陵市五环出口花炮厂的起诉，并变更诉

---

〔1〕　李俊、许光红编著：《产品质量法案例评析》，对外经贸大学出版社 2012 年版，第 122 ~ 125 页。

讼请求为：①被告沈某某、张甲、张乙共同赔偿原告医疗费、交通费、住院伙食补助费、精神抚慰金、误工费、护理费、营养费、残疾赔偿金、被抚养人生活费、鉴定费等200 205元；②被告沈某某、张甲、张乙互负连带责任；③本案诉讼费由被告沈某某、张甲、张乙承担。

被告沈某某、张甲辩称：钟某某来我们店问我们有无烟花出售，张甲打电话问了哥哥张乙，张乙说仓库有，于是张甲就帮张乙拿了烟花卖给钟某某，钱也是给张乙的，张甲只是替张乙卖了烟花。原告受伤与我们无关，请求法院依法处理。被告沈某某、张甲没有提供证据。

被告张乙辩称：①我是通过拍卖取得烟花零售权。张甲是我弟弟。沈某某、张甲在我的店旁边开花店，钟某某来店里买花时，看到了烟花，就问张甲你哥哥店里有无烟花，张甲说仓库里还有两个，因此本案与被告沈某某、张甲无关，他们是帮我卖烟花的。"老板大发"烟花是我向醴陵市有资质的企业购买的，是合格产品。本案原告没有提供证据证明这个烟花存在产品质量问题，根据法律规定，产品出现质量问题，由生产者承担责任，要求被告张乙承担责任是没有依据的。②原告受伤是原告使用产品不当造成的。从我调取的证据可以看出，是因柯某某使用不当。烟花爆竹是易燃易爆产品，有一定危险性是合理的，原告受伤不是产品缺陷造成的；我方出售时已向购买者钟某某说明了使用方法，钟某某有没有告诉原告是钟某某的事。原告正面点火是很危险的动作，因此原告受伤是因使用不当造成，与被告无关。请求驳回原告的诉讼请求。

【案例分析】

被告张乙经审批，在温州市龙湾区蒲州街道屿田村贺兴路临时经营温州市龙湾蒲州育伦烟花爆竹店，从事烟花爆竹的销售，经营许可证于2013年2月24日到期。被告沈某某系温州市龙湾蒲州梦之夏鲜花店的业主，在温州市龙湾区蒲州街道屿田村贺兴路从事鲜花等其他日用品经营；被告张甲与被告沈某某系夫妻关系。2013年2月27日，原告的兄长柯某位于温州市下吕浦南塘路的面点试营业。原告的朋友钟某某在被告沈某某的温州市龙湾蒲州梦之夏鲜花店购买了鲜花，并通过被告张甲向被告张乙购买了一个湖南省醴陵市五环出口花炮厂生产的"老板大发"品牌烟花前去祝贺；该烟花经出厂检验为合格产品，引燃时间为6~12秒间，符合技术要求。即日中午11时左右，原告在点燃该烟花过程中，被烟花喷出的火焰炸伤脸部，后即被送至温州医学院附属第二医院南浦院区门诊及住院治疗，被诊断为：左眼晶体脱位，左眼睑裂伤，左视神经挫伤，左球后血肿，左眼眶骨折，左眼球破裂伤等。原告于2013年3月6日出院，住院7天，共花去医疗费用9244元。经温州医学院司法鉴定中心鉴定，原告构成十级与八级伤残、误工期120日、护理期50日、营养期42日。原告认为，被告销售的烟花引燃装置不符合国家标准，引燃时间过短，致使原告受伤，存在不能保证燃放人员安全离开的质量缺陷。烟花由被告沈某某、张甲、张乙共同销售，而被告沈某某、张甲经营的温州市龙湾蒲州梦之夏鲜花店不具有烟花爆竹的经营销售资格，被告张乙在经营许可证到期后继续经营，属违法经营。

法院认为，产品存在缺陷，所谓的"缺陷"，是指产品存在危及人身安全、他人财产安全的不合理的危险。对于产品责任的构成，除了产品存在缺陷外，还必须具备损害事实的发生及产品缺陷与损害事实之间存在因果关系二要件。原告主张被告出售的烟花的燃线刚被点燃烟花就极速爆炸，引燃的时间不到 1 秒钟，然而并没有提供充分的证据予以证明；而被告提供的证据反证了致原告受伤的烟花是经过检验合格的产品，其引燃时间符合技术要求。故原告主张的致原告受伤的烟花引燃时间不合格，法院不予采信。作为烟花爆竹类产品，在燃放过程中会喷出火焰，是此类产品的基本特性，不属于产品存在缺陷，燃放人使用不当也会造成自身的损害。原告在燃放烟花的过程中，虽有被烟花喷出的火焰致伤并遭损害的事实，但并不属于烟花引燃过短、烟花不合格造成的。原告主张的被告出售的烟花存在产品质量缺陷及原告损害与烟花产品的质量有因果关系，均证据不足。钟某某虽通过被告张甲购买烟花，但烟花出售前属被告张乙所有，被告张甲的行为只是代理行为，被告沈某某、张甲不是产品的销售者，并不符合被告的条件。被告张乙作为产品的销售者，在烟花爆竹销售的经营许可证到期后，继续从事烟花的销售，违反了行政法规管理性的规定，其行为违法，但与原告的损害并无法律上的因果关系，无需据此承担民事责任。

产品责任也即产品缺陷责任，是指产品制造者、销售者对因制造、销售或提供的产品有缺陷，而使他人遭受人身、财产损害应承担的法律后果。这种产品缺陷应当是产品在设计制造上的重大质量问题并危及了人身、财产安全。产品责任在性质上是一种侵权责任，受害人可以向生产者要求赔偿损失，但实际纠纷中常常在产品缺陷的证明上存在困难。

【知识拓展】

产品责任是指因产品存在缺陷致使他人财产、人身受到损害所应承担的民事法律后果。产品责任不是合同责任，也不等同于产品质量责任，而是侵权责任的一种特殊形式。其构成要件包括：

1. 产品存在缺陷。产品存在缺陷是产品责任构成的必要条件，是指产品存在危及人身、他人财产安全的不合理危险；产品有保障人体健康、人身、财产安全的国家标准、行业标准的，是指不符合该标准。

2. 存在损害事实。产品有缺陷但未造成损害后果，则不发生产品责任问题。产品责任的发生以损害事实为前提。这种损害包括人身伤害、财产损失和精神损害等。人身伤害包括致人死亡和致人伤残。财产损失是指造成缺陷产品以外的其他财产损失，而不包括缺陷产品自身的损失。其他财产损失既包括直接损失也包括间接损失。针对缺陷产品自身的损失，购买者可以根据《合同法》的规定要求销售者承担违约责任，而不是产品责任。受害人包括购买人、使用人和其他第三人。精神损害，是指缺陷产品致人损害，给受害人所造成的精神痛苦和感情创伤。

3. 损害后果与产品缺陷之间有因果关系。即损害后果是由于产品的缺陷所致。只要受害人能够证明其所受损害系产品缺陷所造成，法律上的因果关系即告成立，而不必证明该缺陷是其损害发生的唯一原因或直接原因。

受害人要求生产者赔偿时，无需证明生产者是否有过错。但受害人应当对其所受到的伤害承担主张和证明责任，包括受害人证明使用了缺陷产品、造成的损害事实、损害事实与使用缺陷产品之间的因果关系。一般原则下，原告对于损失较容易举证，而对于产品缺陷和因果关系的举证则比较困难，此时原告可以作一种初步的证明，即在正当状态下使用产品，即使合理注意也不能防止伤害或损失的发生。原告证明产品有缺陷的可能，证明没有其他的原因造成损害即有因果关系的可能。这种初步的证明即可以作为立案和原告主张的证据。此时举证责任就倒置给了被告。

法律规定缺陷产品致人损害的侵权诉讼适用无过错原则，受害者证明使用了缺陷产品，并证明使用缺陷产品是损害发生的原因，即完成自己的举证责任，则发生举证责任的转移。生产者应证明自己的免责事由，包括：未将产品投入流通的；产品投入流通时，引起损害的缺陷尚不存在的；将产品投入流通时的科学技术水平尚不能发现缺陷的存在的；受害人有过错；第三人的过错；意外事故；法律规定的其他免责事由。

▶ 探讨案例

吴某某诉贝亲株式会社产品质量纠纷案[1]

2003 年 6 月，原告的母亲郑某从被告丽婴房公司设在被告第一八佰伴的柜台购买了一个由被告贝亲株式会社生产的微波炉奶瓶消毒盒。该奶瓶消毒盒内有一给水盘，用于盛水以供微波炉加热成水蒸气后消毒。给水盘在结构上内侧低、外侧高，内侧边缘可以卡在盒身内底侧一突起部位之下。该奶瓶消毒盒并配有中日文说明书各一份。中文说明书第一部分配合图示介绍了消毒盒的各个部件的名称，第二部分介绍了产品的特征，第三部分按顺序并配合示意图分 8

---

〔1〕 田春苗主编：《经济法案例分析》，中国政法大学出版社 2013 年版，第 221~223 页。

点就使用流程进行说明，第四部分为注意事项，第五部分对产品的规格作了说明。其中，"使用说明"第 3 点要求在给水盘中放入约 50 毫升的水；第 7 点要求在消毒后将消毒盒继续置于微波炉内一段时间等待冷却，然后用双手水平取出，并提示消毒后消毒盒将变得十分烫手；第 8 点要求将消毒盒放在水平面上，打开放水拴并倾斜盒身将残积的水放出，并当心热水烫手。"注意事项"第 1 点要求一定加 50 毫升水入给水盘内，绝不要空加热；第 4 点要求从微波炉中放入或取出消毒盒时一定要保持水平，否则水会洒出。日文说明书比中文说明书详细，警示说明中有一段日文文字为"勿让儿童靠近"，该表述在中文说明中并未出现。

2003 年 7 月原告出生后，原告的家人即使用该奶瓶消毒盒为原告的奶瓶消毒。在近 21 个月的使用期间内，原告的家人按照该产品的中文使用说明书进行操作，未发生任何问题。2005 年 4 月 17 日，原告的母亲在使用该产品进行奶瓶消毒的过程中，在经微波炉加热后，未遵守在微波炉内进行冷却的操作规程，而是直接打开了微波炉炉门；在消毒盒尚未冷却的情况下，又打开了消毒盒盒盖，且未按使用说明的要求在打开盒盖前先将盒内残积水放掉。随后，原告的母亲郑某在厨房中取用奶粉打算为原告冲奶粉。这时，原告进入厨房，伸手抓到了已打开盒盖的奶瓶消毒盒，导致该奶瓶消毒盒整体翻起，盒内覆出的热水将原告的脸部、颈部、前胸部多处烫伤。原告的家人随即用冷水对原告进行了紧急处理，然后叫救护车将原告送上海市医疗急救中心救治。2005 年 4 月 19 日起，原告前往瑞金医院多次治疗，并在原告父母的带领下到美国看了两次门诊。目前原告尚留有颈前疤痕充血、增生的症状，同时使用弹力外套和康瑞宝软膏等药物进行医治。目前原告为医治烫伤已经用去医疗费 5797.06 元人民币（2005 年 5 月 23 日、7 月 5 日的治疗费用系用于其他方面，故未算入）及 136.98 美元。原告的母亲郑某为照顾被烫伤的原告，向其任职的上海长江文化艺术发展有限公司请事假一个半月。原告起诉认为贝亲株式会社作为生产商应当承担侵权赔偿责任。经销商存在未履行告知义务的过错，亦应承担侵权赔偿责任。

【深度思考】

1. 产品质量责任与产品责任的区别有哪些？
2. 产品责任的归责原则有哪些？
3. 产品责任的构成要件是什么？

▶ 阅　　读

1. 亓培冰、张江莉：《产品责任前沿问题审判实务》，中国法制出版社 2014 年版。

2. 李俊主编：《产品质量法案例评析》，对外经济贸易大学出版社 2012 年版。

▶ 相关法律法规

1. 《中华人民共和国产品质量法》（1993 年 2 月 22 日发布于 1993 年 9 月 1 日施行，2000 年 7 月 8 日第一次修正，2009 年 8 月 27 日第二次修改）

2. 《中华人民共和国消费者权益保护法》（1993 年 10 月 31 日通过，2009 年 8 月 27 日第一次修正，2013 年 10 月 25 日第二次修正，2014 年 3 月 15 日起施行）

3. 《中华人民共和国食品安全法》（2009 年 2 月 28 日发布，2015 年 4 月 24 日修订，2015 年 10 月 1 日起施行）

4. 《中华人民共和国标准化法》（1988 年 12 月 29 日发布于 1989 年 4 月 1 日起施行）

5. 《中华人民共和国计量法》（1985 年 9 月 6 日通过，2009 年 8 月 27 日第一次修正，2013 年 12 月 28 日第二次修正，2015 年 4 月 24 日第三次修正）

6. 《工业产品质量责任条例》（国务院，1986 年 4 月 5 日公布并于 1986 年 7 月 1 日施行）

7. 《中华人民共和国认证认可条例》（国务院，2003 年 9 月 3 日公布并于 2003 年 11 月 1 日起施行）

8. 《产品质量仲裁检验和产品质量鉴定管理办法》（国家质量技术监督局，1999 年 4 月 1 日公布并施行）

9. 《流通领域商品质量监测办法》（国家工商行政管理总局，2012 年 8 月 21 日公布并施行）

10. 《产品质量监督抽查管理办法》（国家质量监督检验检疫总局，2010 年 12 月 29 日公布，2011 年 2 月 1 日起施行）

11. 《强制性产品认证管理规定》（国家质量监督检验检疫总局，2009 年 7 月 3 日公布，2009 年 9 月 1 日起施行）

12. 《关于加强强制性标准管理的若干规定》（国家标准化管理委员会，2002 年 2 月 24 日发布并施行）

第十九章

广告法律制度

▶ 本章提要

　　广告是商品经济发展的产物，广告业的发展水平在一定程度上反映了一个国家商品经济发展的水平。为了规范广告活动，促进广告业的健康发展，保护消费者的合法权益，维护社会经济秩序，发挥广告在社会主义市场经济中的积极作用，制定《中华人民共和国广告法》。我国现行《广告法》于1994年10月27日第八届全国人民代表大会常务委员会第十次会议通过，自1995年2月1日起施行。至今已二十多载，是首部比较完整的规制广告活动的法律。这部法律在我国广告业的规范与发展、社会经济的进步、不同利益主体的平衡等方面，起了积极作用。进入信息社会以来，科学技术让人们的生活与交易习惯等方方面面发生了翻天覆地的变化，我国的广告业在这样的契机下也快速发展起来。2015年9月1日起，经过修改的《中华人民共和国广告法》正式颁布实施，这对在新的时代背景下将广告纳入规范的法律调整打下了坚实的基础。

▶ 知识要点

　　1.《广告法》的学理问题：广告的概念、特征、作用，广告一般准则和特殊准则，广告管理制度以及广告法律责任和广告审查机关的法律责任。

　　2.《广告法》的实务问题：广告中夸大宣传的问题、贬低其他商家的问题、广告中不当用语的认定以及特殊规则的相关问题。

▶ 主案例

案例一：　　　　　　　欧典地板夸大宣传案[1]

　　前不久的央视3·15晚会向全国消费者揭开了这个内幕——欧典地板涉嫌虚假宣传被立案调查。此消息一传出，各大媒体纷纷追踪报道有关欧典地板被

---

〔1〕 "欧典地板涉嫌虚假宣传被立案调查"，载搜狐网，http://news.sohu.com/20060320/n242364912.

曝欺诈消费者事件，一时好不热闹。即使没有做过装修，相信也听过"欧典"的品牌。然而这个号称在德国拥有百年基业的地板品牌，前不久在央视3·15晚会中轰然倒地。快赶上房价的天价地板"欧典"，一个被反复提及的装饰材料品牌。在2004年，中国地板市场最吸引眼球的事件，莫过于欧典地板推出每平方米2008元价格的天价地板了。在目前中国地板市场，高档地板的价格可以达到200~300元每平方米，某些顶级产品可以卖到800元每平方米。但是从2004年7月开始，欧典地板突然在全国范围内强力推出每平方米2008元的天价地板。2008元每平方米的地板是什么概念？媒体这样形容：在1平方米见方的地面上，不漏缝地铺上百元现钞的总和。天价地板面市，媒体上一片谁来为天价地板埋单的质疑——地板的价格居然快赶上房价了！天价地板推出"树龄概念"原材料的价格，欧典（中国）总裁闫某某在多个场合对媒体表示，真木纹2008系列对于原材料的挑选可谓到了苛刻的地步，树木的年龄是60~80年，直径要求在80~100厘米，并要在不同的日照地区选择不同的树种，其原材料价值占到价值总数的60%。欧典（中国）的网站上曾经刊登有关德国欧典的以下信息：真木纹系列由德国欧典投资800万欧元，历时两年研发成功；莱茵河畔的维尔茨堡，由于1945年曾受到严重摧毁，德国政府进行了两次大规模修复，而在这两次修复中，有上百家地板品牌同时竞标，而德国OrderFlooring（欧典地板）技压群雄，最终为九座大厅提供了极优良的地面材料。"欧典并非德国出身""地板，2008元每平方米，全球同步上市！"从2004年7月开始，写有这样内容的绿色巨幅地板广告牌，出现在全国许多大中城市，几乎每个装修过住房的人都听说过"欧典"这个名字。欧典地板专卖店销售人员称，欧典敢于卖出2008元每平方米的价格，除了德国制造、选材苛刻外，最主要的原因就是德国品牌。欧典企业提供的印制精美的宣传册上也写着：德国欧典创建于1903年，在欧洲拥有1个研发中心、5个生产基地，产品行销全球80多个国家。此外，在德国巴伐利亚州罗森海姆市拥有占地超过50万平方米的办公和生产厂区。而知情人士向"3·15"提供了一个消息：德国欧典总部根本不存在。对此，欧典企业总裁闫某某予以否认，称欧典德国总部坐落在罗森海姆市。

为弄清真相，央视驻德国记者专程前往该市进行调查，当地工商管理部门告知，在他们的登记资料中并没有一家叫欧典的企业。央视记者调查发现，欧典宣称的所谓德国总部，其实是当地一家木产品企业汉姆贝格公司，但这家公司声明，与欧典没有任何产权隶属关系。不仅德国欧典不存在，央视记者在工商部门查询发现，国内也根本没有一家名叫欧典（中国）的公司注册。"百年欧典"到底是一家怎样的企业呢？实际上，欧典这个商标2000年才正式注册，注册人是1998年成立的北京欧德装饰材料有限责任公司。欧典还号称，在北京建立了合资地板加工基地，地址在通州工业区。但是，记者在通州工业区唯一的地板生产企业——吉林森工北京分公司生产车间发现，欧典地板正在这里进行生产和包装，但产品标签上却没有标注真实的生产厂家吉林森工。而据透露，欧典在北京门头沟工业区某厂、大兴某小厂，湖北、杭州等多地均有过生产，除部分产品包装上标注生产基地为欧典（中国）生产基地外，其他大部分都没有标注生产厂家和地址。

2006 年 3 月 16 日，各地欧典专卖店开始纷纷撤柜，工商部门称等待总局对此事件定性，消费者索赔以及对欧典的处罚均要等待定性以后。

2006 年 3 月 20 日，欧典企业总裁闫某某终于承认欧典地板"德国制造"的显赫身世不过是一个国际玩笑，"德国总部"根本不存在，曾在宣传手册中出现的两名"德国总部"负责人也是冒牌货，他郑重向全国消费者致歉。

2006 年 4 月 11 日，彩蝶、欧曼、金刚欧德 3 家"强行与德国攀亲戚"的地板品牌再度遭到曝光。与欧典在曝光后"反应迟钝"不同，这 3 家企业的老板在第一时间 4 月 12 日联合起来，以同仇敌忾之势，通过新浪网家居频道进行辩解。

2006 年 4 月 14 日，"在欧典地板问题上，中消协确实存在失察"。中消协副秘书长董某某就此事件首次表态。

2006 年 4 月 15 日，北京市工商局丰台分局对北京欧典木业有限公司下达处罚决定通知书：按照违反《广告法》和《反不正当竞争法》进行处罚，处以广告费 5 倍的罚款，罚金高达 7 473 776 元。从法律上讲，"夸大宣传"并不等于"欺诈"，消费者获得双倍赔偿无望。几天后，"欧典事件"另一当事人北京欧典木业有限公司被罚 20 万元。

【案例分析】

当事人于 1998 年 4 月 20 日登记注册，1999 年 7 月开始从事销售欧典牌复合地板的经营活动。2004 年以来，国家建筑材料测试中心对当事人 22 种进口及国产地板样品进行了检测，结果显示产品质量符合国家标准。但当事人在经营过程中，利用网络发布广告，同时设计、策划印刷品广告 19 种，共计 85.2 万余册。在上述广告中，将其虚拟的"德国欧典企业集团""欧典（中国）有限公司"及发展历史、生产经营规模、与之隶属关系等夸大企业形象的事实对外进行宣传，广告费达 1 494 755.2 元。欧典公司违反《广告法》第 4 条第 1 款规定："广告不得含有虚假或者引人误解的内容，不得欺骗、误导消费者。"欧典地板将虚拟的"德国欧典企业集团""欧典（中国）有限公司"及发展历史、生产经营规模、与之隶属关系等夸大企业形象的事实对外进行宣传违反了广告的真实性。同时违反了《广告法》第 8 条的规定，"广告中对商品的性能、功能、产地、用途、质量、成分、价格、生产者、有效期限、允诺等或者对服务的内容、提供者、形式、质量、价格、允诺等有表示的，应当准确、清楚、明白。广告中表明推销的商品或者服务附带赠送的，应当明示所附带赠送商品或者服务的品种、规格、数量、期限和方式。法律、行政法规规定广告中应当明示的内容，应当显著、清晰表示。"

进行了产地和质量不真实的宣传，应受到《广告法》第37条（新《广告法》第55条有类似规定）规定的处罚，即由广告监督管理机关责令广告主停止发布，并以等额广告费用在相应范围内公开更正消除影响，并处广告费用1倍以上5倍以下的罚款；对负有责任的广告经营者、广告发布者没收广告费用，并处广告费用1倍以上5倍以下的罚款；情节严重的，依法停止其广告业务。构成犯罪的，依法追究刑事责任。因此，本案北京市工商行政管理局丰台分局对北京欧德装饰材料有限责任公司处以广告费5倍的罚款，罚金7 473 776元。

关于追究民事责任，对于虚假广告行为可以从以下两个方面考量：一是作为一种确定性的要约邀请，合同相对人（消费者）可以选择按照合同违约来追究虚假广告的民事责任，《广告法》作为特别法有规定的，适用《广告法》的规定，没有规定的，可以适用《合同法》的相关规定；二是虚假广告作为一种侵权行为，消费者也可以按照民法理论，适用《民法通则》来追究广告发布者、经营者或者制作者的相关民事责任。

【知识拓展】

新《广告法》第56条规定，违反本法规定，发布虚假广告，欺骗、误导消费者，使购买商品或者接受服务的消费者的合法权益受到损害的，由广告主依法承担民事责任。广告经营者、广告发布者不能提供广告主的真实名称、地址和有效联系方式的，消费者可以要求广告经营者、广告发布者先行赔偿。关系消费者生命健康的商品或者服务的虚假广告，造成消费者损害的，其广告经营者、广告发布者、广告代言人应当与广告主承担连带责任。前款规定以外的商品或者服务的虚假广告，造成消费者损害的，其广告经营者、广告发布者、广告代言人，明知或者应知广告虚假仍设计、制作、代理、发布或者作推荐、证明的，应当与广告主承担连带责任。该条主要内容包括：

1. 虚假广告具有误导性、欺骗性，侵害了他人的合法权益，是一种侵权行为，必须承担侵权民事责任。但关于民事责任的方式，则应依据实际情况而定，依据行为人的主观过错的大小、广告内容的欺骗性、误导性的程度、侵权后果、损害的大小综合而定。

2. 虚假广告的经营者、发布者明知是虚假的广告仍设计、制作、发布，对受害的消费者而言，他们是共同的侵权人，消费者可以向业主追索损失，也可直接向经营者和发布者追索损失，经营者和发布者应当共同承担侵权的民事责任。

3. 民事责任的方式依据《民法通则》及相关法律的规定主要有：继续履行、损害赔偿、支付违约金、适用定金罚则、修理、更换、重作、退货、减少价款或报酬等，消费者应依具体情况依法选择一种或几种方式行使请求权。

新《广告法》第56条在沿袭原《广告法》关于广告主承担虚假广告损害赔偿责任的规定的同时，主要作了如下调整：①调整了不能提供广告主的真实名称、地址和有效联系方式的赔偿归责，不再单一地由广告经营者、发布者承担，而是前两者先行赔偿消费者，再向广告主追偿。②将广告经营者、发布者、代言人的连带责任分为两个层次：一是关系消费者生命健康的虚假广告，须承担无过错的连带损害赔偿责任；二是上述商品或服务以外的虚假广告，广告经营者、发布者、代言人承担有过错的连带损害赔偿责任。

虚假广告的主要表现形式有：

1. 夸大失实的广告：一般是经营者对自己生产、销售的产品的质量、制作成分、性能、用途、生产者、有效期限、产地来源等情况，或对所提供的劳务、技术服务的质量规模、技术标准、价格等资料进行夸大、无中生有的、与事实情况不符的宣传。

2. 语言模糊，令人误解的广告：此类广告内容也许是真的或者大部分是真实的，但是经营者措辞的技巧明示或者暗示、省略或含糊使得消费者对真实情况产生误解，并影响其购买决策和其他经济行为。

3. 不公正的广告：其是指通过诽谤、诋毁竞争对手的产品来宣传自己产品的广告，此类广告的经营者不但违反了《广告法》，而且还违反了《反不正当竞争法》。

4. 消息虚假的广告：即所宣传的商品或者服务根本不存在，具体常见的虚假广告表现有：①在广告中对未达到国家质量标准的商品谎称达到国家质量标准；②在广告中对未获奖或未达到某种获奖级别的商品谎称获奖或夸大获奖级别；③在广告中对未获政府颁发的优质产品证书的商品广告谎称获得优质产品证；④在广告中对使用劣质原材制成的商品谎称使用优质原材料制成的商品；⑤在广告中对未申请专利或未获得专利证书的商品谎称取得专利申请或专利证书；⑥在广告中对性能低下的商品谎称性能优质；⑦在广告中对用途单一的商品谎称多种用途；⑧在广告中对失效的商品谎称首次生产；⑨在广告中对未定点生产商品谎称国家定点生产商品；⑩在广告中谎称原产地使消费者误认为品质优良；⑪在广告中非进口商品谎称进口商品，以此提高产品品牌；⑫在广告中对非先进技术生产的商品谎称先进技术设备生产；⑬在广告中对非最低价格或大幅度降价商品谎称最低价格或大幅度降价；⑭在广告中对交易资料弄虚作假。上述表现形式不外乎消息虚假、品质虚假、功能虚假、价格虚假、证明材料虚假的虚假广告。

利用广告对商品或者服务作虚假宣传，违反了《广告法》对于广告真实性的最基本的要求。由于虚假广告传递的是虚假的信息，会误导消费者和使用者，一旦消费者接受了广告所传递的虚假信息，就会给消费者造成或大或小的损失，严重的会给消费者造成人身或财产的损害。所以，《广告法》中一再强调广告要真实，不得含有虚假内容，违背了法律的规定，就应承担相应的法律责任。

案例二：　　　湖南日报社与陈某某虚假宣传纠纷案[1]

2006 年 6 月 30 日、2006 年 7 月 7 日，湖南日报社为圣泉公司做酒文化周刊广告，该广告相应内容为："炎帝圣泉酒业系香港森宝集团的独资公司，雄居中华始祖炎帝寝地——湖南。集团董事局高瞻远瞩，运筹帷幄，在 2001 年斥巨资收购兼并贵州茅台镇酒厂，建立了自己的白酒生产基地，为炎帝圣泉酒业的发展、品质提供有力的保证。"2006 年 7 月 18 日，湖南日报社为圣泉公司做酒文化周刊广告，该广告相应内容为："炎帝圣泉酒业公司系香港森宝集团旗下的全资独立子公司，雄居中华始祖炎帝寝地——湖南。集团董事局高瞻远瞩，运筹帷幄，在 2001 年斥巨资收购兼并贵州茅台镇酒厂，建立了自己的白酒生产基地，为炎帝圣泉酒业的发展、品质提供有力的保证。"2006 年 7 月 19 日，湖南日报社为圣泉公司做酒文化周刊广告，该广告相应内容为："倾力打造浓香型经典，诚招各市、县经销商。"2006 年 7 月 28 日，湖南日报社为圣泉公司做酒文化周刊广告，该广告相应内容为："湘音乡情，港资湘醇。湖南炎帝圣泉酒业公司系香港森宝集团下属独立法人子公司。原办公地点在株洲，现随公司总部搬至长沙，就是为了更好地在长沙发展，促进湘酒更上一层楼"，等等。

上诉人湖南日报社认为，原广告词中关于"圣泉公司系香港森宝集团的独资公司"那段话并非弄虚作假，证据如下：①香港森宝集团本身就有一个湖南炎帝酒业有限公司，上诉人在《湖南日报》刊出前已有《长沙晚报》《新金融》等多家新闻媒体刊登过，圣泉公司的名号就是香港森宝集团用的香港森宝集团炎帝酒业公司的"炎帝圣泉酒"品牌，其宣传资料上均印有"香港森宝集团湖南炎帝圣泉酒业有限公司"字样；②圣泉公司办理的酒类经营卫生许可证、酒类产品检验证均为香港森宝集团湖南炎帝酒业有限公司所提供，他们之间还有供

销合同；③香港森宝集团湖南炎帝酒业有限公司与湖南炎帝圣泉酒业有限公司均在长沙市芙蓉中路五一大道 549 号 7 楼同一个办公室办公，办公场地是香港森宝集团提供的。总之，《湖南日报》上所登广告之内容并无不实之处，上诉人对广告内容也尽到了审查和核实的义务，对本案不应承担责任。被上诉人则认为，圣泉公司并非是香港森宝集团的独资公司。客观事实上，圣泉公司属一般有限公司，从其工商登记资料中予以证明，该公司的股东为蔡某某、石某两人，不属于香港森宝集团旗下全资独立子公司，也不存在从株洲搬至长沙。2006 年 7 月 28 日《湖南日报》酒文化周刊 B4 版中署名钟某某的"湘音乡情，港资湘醇"的文章并不是钟某某本人撰写，而是上诉人故意捏造的虚假广告。湖南日报社对圣泉公司的广告无论是证明文件的形式上还是广告内容的实体审核上均未尽到法定审查义务，具有重大过错。上诉人湖南日报社对被上诉人陈某某的损失应承担责任。

【案例分析】

圣泉公司于 2006 年 5 月 23 日在长沙成立，为有限责任公司，该公司是蔡某某和石某共同出资，具有独立法人资格。湖南日报社在《湖南日报》上为圣泉公司做酒文化广告宣传属实，湖南日报社在《湖南日报》上发布的广告："炎帝圣泉酒业系香港森宝集团的独资公司，雄居中华始祖炎帝寝地——湖南。集团董事局高瞻远瞩，运筹帷幄，在 2001 年斥巨资收购兼并贵州茅台镇酒厂，建立了自己的白酒生产基地，为炎帝圣泉酒业的发展、品质提供有力的保证"等系虚假的事实。根据我国《广告法》有关规定，广告经营者、广告发布者依据法律、行政法规查验有关证明文件，核实广告内容。对内容不实或者证明文件不全的广告，广告经营者不得提供设计、制作、代理服务，广告发布者不得发布。上诉人湖南日报社在为圣泉公司发布广告时，未尽到广告内容的查验、核实义务，有一定的过错。被上诉人陈某某看了湖南日报社在《湖南日报》上为圣泉公司做酒文化广告宣传之后，与圣泉公司签订了《炎帝圣泉系列白酒经销合同书》。被上诉人陈某某依据该合同将 10 万元货款付给了圣泉公司，并做了一定的工作，因被上诉人在签订合同时也有未尽审慎之处，对自身损失发生亦存在过失。在本案中，由于陈某某存在疏忽，对于合同相对人的资质未尽到审慎的核查义务，因此需要承担责任的比重要重于报社。

本案中涉及混合过错，《民法通则》对混合过错责任承担明确作了规定，该法第 131 条规定："受害人对于损害的发生也有过错的，可以减轻侵害人的民事责任。"这是我国现行法律对混合过错及其民事责任的具体表述。确定混合过错的责任范围时，双方所负担的责任的大小应以各自的过错程度来确定。这样确定，实际上就是把不是由加害人的过错所造成的损失，不让加害人负责，而归受害人自己承担。在这里，加害人只负责由于自己过错所应承担的责任。在确定混合过错的责任范围时，还有一种情况也应加以注意，就是在一定情况下，受害人的故意或重大过失可以作为免除加害人责任的根据，但是这种情况只有在受害人有故意或重大过失，而加害人只有一般过失的情况下才能适用。

【知识拓展】

虚假宣传包括口头、书面等多种形式，而虚假广告是通过发布虚假广告的形式完成的。发布广告，虚假的适用《广告法》，虚假宣传适用《反不正当竞争法》。所谓虚假广告，是指广告主或广告经营者、广告发布者以欺骗、误导方式进行的含有虚假内容的商品或服务宣传活动。关于虚假广告，一般应从以下两个方面认定：一是广告所宣传的产品和服务本身是否客观、真实；二是广告所宣传的产品和服务的主要内容（包括产品和服务所能达到的标准、效用、所使用的注册商标、获奖情况，以及产品生产企业和服务提供单位等）是否真实。凡利用广告捏造事实，以并不存在的产品和服务进行欺诈宣传，或广告所宣传的产品和服务的主要内容与事实不符的，均应认定为虚假广告。而虚假宣传则是指经营者为牟取非法利益而利用广告或其他方法，对商品或服务的主要内容作不真实的或引人误解的表示，导致或足以导致消费者对其产生误解从而作出错误判断的宣传活动。从法学的角度来看，二者同属意思表示的范畴，并且均属于虚假的、欺骗性或误导性的意思表示。但二者有明显的区别，表现在：

1. 调整的范围不同。虚假广告是虚假宣传的一种形式，虚假宣传包含虚假广告。虚假广告必然是虚假宣传，但虚假宣传不一定都是虚假广告，虚假广告只是虚假宣传的一种形式。

2. 调整的主体不同。虚假广告的主体是广告主（商品的经营者和服务的提供者）、广告经营者和广告发布者，而虚假宣传的主体通常是商品的经营者或服务的提供者，即从事商品经营或营利性服务的法人、其他经济组织和个人。因此，虚假广告的主体包括虚假宣传的主体，虚假宣传的主体范围比较狭窄。

3. 调整的客体不同。虚假广告调整的是所有的广告行为，即"商品经营者或者服务提供者承担费用，通过一定媒介和形式直接或者间接地介绍自己所推销的商品或者所提供的服务的商业广告"。而虚假宣传所调整的是宣传行为，广告或其他方法已涵盖了所有能够使社会公众知悉的各种宣传形式。"其他方法"主要包括新闻发布会、新产品或服务推介会、商品信息发布会、展销会、促销活动、雇用他人或向他人进行销售诱导（俗称"托儿"）、利用大众传媒作引人误解的报道（以非商业广告的方式如通过播放新闻、采访、发表文章等对商品进行宣传报道）、介绍新产品或服务的专题报告、讲座或座谈会，等等。由此可见，虚假宣传的客体要远远地多于虚假广告的客体。

4. 适用法律规范不同。对虚假广告，我国有《广告法》《广告管理条例》来调整、规范广告活动并保护消费者与经营者的合法权益，而对虚假宣传，则没有专门立法，只能依据《反不正当竞争法》《消费者权益保护法》以及《产品质量法》来调整。因此，虚假宣传中除广告之外的其他虚假宣传都不在《广告法》的调整范围之内。同时，由于虚假广告是虚假宣传的一种形式，因此，用来规范虚假宣传的法律如《反不正当竞争法》《消费者权益保护法》以及《产品质量法》等都适用于虚假广告。

5. 法律责任不同。对虚假广告而言，《反不正当竞争法》《消费者权益保护法》《产品质量法》以及《广告法》等多种法律对其规定了民事责任、行政责任，而《产品质量法》以及《广告法》还规定了相应的刑事责任。我国《刑法》第222条也专门规定了虚假广告罪，即广告主、广告经营者、广告发布者违反国家规定，利用广告对商品或者服务作虚假宣传、情节严重的行为。而对虚假宣传而言，《反不正当竞争法》《消费者权益保护法》以及《产品质量法》对虚假广告以外的虚假宣传行为则主要规定了民事责任和行政责任。

案例三：　　　　　　　　宝洁被指贬低高露洁案[1]

"高露洁捷齿白美白液"商品由美国高露洁棕榄公司制造，原告广州高露洁棕榄有限公司经销。"佳洁士深层洁白牙贴"商品由美国宝洁公司制造，被告广州浩霖贸易有限公司经销。

2003年12月~2004年2月，原告委托代理人以消费者身份在本市梅陇镇广场二楼屈臣氏超市、北京市华堂商场十里堡店、深圳市福景大厦华润万家有限公司彩田店内分别从佩戴"宝洁公司店内顾问"或身着印有"P&G"字样服装的促销员或货架上取得"佳洁士深层洁白牙贴"广告单。该广告单中写有如下内容：佳洁士深层洁白牙贴，比较一般'涂抹式'的美白牙齿液有什么优胜的地方？答：佳洁士深层洁白牙贴的独特粘贴设计，能有效保护在牙齿上的洁白啫喱，避免流失于唾液中，让洁白元素在使用的30分钟里充分发挥作用。相反，美白牙齿液往往于涂上后数分钟便被唾液冲掉而大量流失，洁白成效相对偏低。一般的牙齿洁白产品（如洁白牙膏、美白牙齿液）只能去除牙齿表面的部分污渍。洁白效果不太明显的原因是：①一般洁白牙膏只能去除牙齿表面污垢，无法有效清除内层着色牙垢。②停留在牙齿上的洁白成分时间不足，涂上后数分钟即被唾液冲掉而大量流失，大大降低洁白效用。临床实验证明：①试

---

[1] "湖南省长沙市中级人民法院民事判决书"[（2008）长中民三终字第1393号]，载最高人民法院网，http://ipr.court.gov.cn.

用者使用 7 天后，牙齿明显变得更亮白。②洁白效果是一般涂抹式美白牙齿液的 3 倍。

资料来源：①Clinical Response of Three：Different Direct—to—Consumer Whitening Products：Strips，Paint—on Gel，and dentifrice. Robert W. Gerlach DDS，MPH Matthew L Barker，PhD，March 2003. ②A supplement to Compendium of Continuing Education in Dentistry，Jul 2000/vol. 21，supplement No. 29. 上述资料不包括中国。广告单中，"资料来源"之后的部分字体较小。上述广告单由被告广州浩霖贸易有限公司制作并散发。

2004 年 1 月 29 日，原告委托代理人在上海市公证处使用该公证处计算机登陆被告宝洁（中国）有限公司网站（www. pg. tom. cn），发现该网站上发布如下广告信息：①"给牙齿做'美白面膜'7 天亮白一整年 佳洁士深层洁白牙贴登陆中国为你揭开亮白笑容背后的秘密"一文，文中写道，"临床试验结果表明，佳洁士深层洁白牙贴的美白功效是传统涂抹式洁白产品的 3 倍。"②Crest 佳洁士深层洁白牙贴广告中有"只需 7 天，牙齿就明显亮白，效果是涂抹式美白产品的 3 倍"的表述。至 2004 年 10 月 28 日本院开庭审理时，上述广告仍在被告宝洁（中国）有限公司（www. tom. cn）网站上发布。

被告广州宝洁有限公司是"佳洁士"和"Crest"注册商标在中国地区的被许可人。"佳洁士深层洁白牙贴"商品包装上写明的服务电话 8008306880 与被告广州宝洁有限公司经销的"佳洁士双效洁白牙膏"商品包装上的服务电话相同。

原告广州高露洁棕榄有限公司因本案支出律师费人民币 169 000 元，公证费人民币 9500 元。

原告广州高露洁棕榄有限公司诉称：原告系（美国）高露洁棕榄有限公司在华设立的外商投资企业，主要生产和销售"高露洁"和"棕榄"品牌的口腔护理产品和个人护理产品。继（美国）高露洁棕榄公司推出"高露洁捷齿白美白液"产品后，原告于 2003 年 3 月开始在中国市场经销该产品。"高露洁捷齿白美白液"作为中国市场至今唯一的涂抹式牙齿美白液产品，深受中国消费者青睐。被告宝洁（中国）有限公司与被告广州宝洁有限公司系母公司与子公司关系，其经营的产品包括口腔护理产品，与原告存在竞争关系。自原告推出"高露洁捷齿白美白液"产品后，二被告于同年 11 月开始在中国市场推出"佳洁士深层洁白牙贴"产品，被告广州浩霖贸易有限公司销售该产品。三被告在销售"佳洁士深层洁白牙贴"产品时，采取在市场上散发广告单和在互联网上刊登广告等方法，向公众散布"'佳洁士深层洁白牙贴'产品效果是涂抹式美白牙齿液产品的 3 倍""一般的牙齿洁白产品（如洁白牙膏、美白牙齿液）只能去除牙齿表面的部分污渍""美白牙齿液往往于涂上后数分钟便被唾液冲掉而大量流失、洁白成效相对偏低"等虚假陈述，贬低涂抹式美白牙齿液产品的效果。

原告据此请求法院判决：①确认三被告散布的不当陈述构成以对比广告手法贬低竞争对手（原告）的产品和捏造、散布虚假事实损害原告商业信誉、商品声誉以及利用广告作引人误解的虚假宣传的不正当竞争行为；②三被告停止不正当竞争行为，撤回并销毁侵权宣传单和网页信息；③三被告在《新民晚报》《北京日报》《北京青年报》《深圳商报》《深圳特区报》《人民日报》上刊登致歉声明，公开赔礼道歉、消除影响；④三被告赔偿原告经济损失及为本案支付的费用共计人民币50万元。

被告宝洁（中国）有限公司辩称，宝洁（中国）有限公司确在其网站上登载原告指控的信息，但该信息是他人撰写的文章并载于新闻栏目，并非宝洁（中国）有限公司制作的广告，且其内容均是真实的。此外，宝洁（中国）有限公司并不经销"佳洁士深层洁白牙贴"，也没有在市场上散发原告指控的广告单。

被告广州宝洁有限公司辩称，其没有经销"佳洁士深层洁白牙贴"，也没有在市场上散发原告指控的广告单或在网站发布原告指控的信息。

被告广州浩霖贸易有限公司辩称，广州浩霖贸易有限公司经销"佳洁士深层洁白牙贴"，并制作和散发了原告指控的广告单，但该广告单中的内容均是真实的。

三被告均认为原告指控三被告侵权并无事实依据和法律依据，请求法院判决驳回原告的诉讼请求。

【案例分析】

我国《广告法》规定，广告不得含有虚假的内容，不得欺骗和误导消费者；广告不得贬低其他生产经营者的商品或者服务；广告主不得在广告活动中进行任何形式的不正当竞争。依照法律规定，比较广告应当遵循法律规定的公平、诚实信用的原则和公认的商业道德，应当遵循比较广告的行为准则，即对比的内容应当以可以证明的具体事实为基础，不得采用直接的比较方式，使用的语言、文字的描述应当准确，广告中所作的比较必须在一定的限度范围内，而且只能陈述一种客观事实，不能片面夸大，不得借以贬低其他经营者的商品或服务。被告宝洁（中国）有限公司、被告广州浩霖贸易有限公司在发布网站广告或散发广告单时，中国市场上的涂抹式牙齿美白商品只有"高露洁捷齿白美白液"，两被告分别在广告中声称"'佳洁士深层洁白牙贴'产品效果是涂抹式美白牙齿液产品的3倍""一般的牙齿洁白产品（如洁白牙膏、美白牙齿液）只能去除牙齿表面的部分污渍""美白牙齿液往往于涂上后数分钟便被唾液冲掉而大量流失、洁白成效相对偏低",属于采用直接对比方式的比较广告,而比较的内容并无事实基础,且客观上贬低了原告经销的"高露洁捷齿白美白液"商品,该虚假的比较广告实质是一种商业诋毁,故两被告的行为分别构成以不当对比广告损害经营同类产品的原告广州高露洁棕榄有限公司的不正当竞争。被告宝洁(中国)有限公司辩称其在"新闻栏目"发布的信息并非广告。事实是,被告宝洁(中国)有限公司是经营性公司,其开办的网站(www. pg. com. cn)是商务性网站,即便侵权的信息刊登于网站的"新闻栏目",该信息所包含的褒扬"佳洁士深层洁白牙贴"商品、贬低"高露洁捷齿白美白液"商品的内容,决定了该信息具有广告的性质,且事实上具有广告的效应。而且,被告宝洁(中国)有限公司还在网站(www. pg. com. cn)上直接发布包含同样内容的"佳洁士深层洁白牙贴"广告。故宝洁(中国)有限公司的辩解不能成立。

下面针对两个问题进行具体分析:

第一,因比较广告而受到损害的经营者的提起诉讼资格是否以其是唯一的被比较商品经营者为条件。法院认为,"原告是'高露洁捷齿白美白液'商品的经销商,且该商品在本案纠纷发生时是中国市场上唯一的涂抹式牙齿美白商品,原告符合《反不正当竞争法》中规定的经营者的身份,原告认为被告散布的广告构成对其经营行为的不正当竞争而以原告身份提起诉讼,于法有据"。以上论述使人感觉到,如果原告所经销的商品不是"唯一的涂抹式牙齿美白商品",即本案系争比较广告中的被比较商品,则原告不具有诉权。从比较广告的范围来看,比较广告不仅包括直接指明被比较的经营者或从所指明的具体商品和服务中可间接地识别出被比较经营者的直接比较广告,还包括没有点明比较者,而是与同行业不特定的竞争对手进行比较的间接比较广告。本案系争比较广告中所宣传的商品是"佳洁士深层洁白牙贴",被比较的商品为"一般涂抹式的美白牙齿液"和"一般的牙齿洁白产品(如洁白牙膏、美白牙齿液)"。本案系争广告虽然没有指明被比较经营者的名称,但由于原告所生产的"高露洁捷齿白美白液"是中国市场上唯一的"涂抹式牙齿美白商品",消费者可能因此而识别出被比较的经营者就是原告,从这一点来说,本案系争广告采用直接比较的方式。但即便是间接比较广告,任何竞争对手,作为众多的被比较商品或服务的经营者之一,都可以该比较广告构成不正当竞争侵犯其合法权益为由提起诉讼。

第二,被告宝洁(中国)有限公司的行为如何定性。从本案查明的事实来看,本案系争比较广告宣传的商品即"佳洁士深层洁白牙贴"是由美国宝洁公司制造,由被告广州浩霖贸易有限公司经销,被告宝洁(中国)有限公司不是该商品的经销者,但其网站上发布了有关"佳洁士深层洁白牙贴"的两则广告信息。根据上述事实,宝洁(中国)有限公司在上述广告活动中的身份决定了其所要承担的民事责任，而其身份又可以从《广告法》和《反不正当竞争法》两种角度来分析。按照《广告法》的规定，宝洁（中国）有限公司在上述广告活动中的身份，应当属于广告发布者的身份，而非广告主的身份，因为系争比较广告并不是为了介绍宝洁（中国）有限公司所推销的商品。在这种情况下，根据原《广告法》第38条有关虚假广告的民事责任承担的规定，宝洁（中国）有限公司应当与该广告的广告主承担连带赔偿责任。当然，这其中还涉及网络广告中广告活动主体是否可依据《广告法》确定的问题、宝洁（中国）有限公司是否有资格发布网络广告的问题等。本案的裁决是从《反不正当竞争法》的角度来确定宝洁（中国）有限公司在上述广告活动中的身份的，新《广告法》第56条也有同样的表述。法院认为，被告宝洁（中国）有限公司虽没有经销"佳洁士深层洁白牙贴"商品，但因其经营牙齿护理商品而与原告存在事实上的竞争关系，其发布网站广告，捏造、散布虚假事实，损害竞争对手原告的商业信誉、商品声誉，构成《反不正当竞争法》第14条所规定的不正当竞争行为，应当承担赔偿责任。

【知识拓展】

原《广告法》第12条（即新《广告法》第13条）规定："广告不得贬低其他生产经营者的商品或者服务。"

所谓贬低，是指给予不公正的评价。含有贬低内容的广告是指对相同的或者近似的一个或者一组商品或者服务进行不公正的评价。有贬低内容的广告，具有以下特征：其一，此类广告一般是针对竞争对象所进行的。其二，此类广告的内容表现为通过比较，散布竞争对象的商品或者服务在质量、工艺、技术、价格等方面存在的不足或者问题，产生诋毁他人商业信誉的效果，以削弱其竞争能力。其三，此类广告的广告主制作、发布此类广告时，在主观上是故意的。其四，此类广告行为侵犯的客体是竞争对象的商业信誉和商品或者服务的声誉。具体来讲，判断一个广告是否构成贬低他人商品或者服务，应当看其广告中是否含有指名或者不指名、特指或者泛指、直接的或者间接的故意降低他人商品或者服务的评价，损害他人商品或者服务的商业信誉的内容。

含有贬低内容的广告，是对竞争对手的人格权的严重侵犯。这种以损害对手合法权益为手段的市场竞争行为，破坏了社会主义市场经济的竞争秩序，属于不正当竞争行为。从广告领域的角度来讲，此类广告违背了广告的基本准则，因此，本条规定，广告不得贬低其他生产经营者的商品或者服务。

在认定广告中是否含有贬低他人商品或者服务的内容时，应当正确区分正当的比较广告和含有贬低内容的广告之间的界限。正当的比较广告一般来说具有以下特征：其一，正当的比较广告所涉及产品应当是相同的产品或可类比的产品，即属于同一竞争领域内的产品，比较之处应当具有可比性。1994 年国家工商行政管理局颁布的《广告审查标准》第 34 条曾规定，"比较广告的内容，应当是相同的产品或可类比的产品，比较之处应当具有可比性"。关于这一点，国际上也有比较明确的规定，如香港广告商会的《广告实施条例》中规定，"用一组产品与同一领域里的其他产品作比较在一定环境下是允许的"；加拿大《广告准则》中规定，"在比较中指名的商品必须确实是相互竞争的"，比较广告"必须是在相关的或相似的特点、性能、质量、成分之间的比较"；美国广告代理协会《对制作对比广告的政策方针》中规定，"应当指出所对比的产品的名字时，它应是市场上存在的作为有效竞争的一种产品""广告应就产品有关或类似的性能或成分进行比较，面对面，点对点"。其二，对比的内容应以具体事实为基础，并且这些事实是可以证明的。国家工商行政管理局的《广告审查标准》第 32 条中规定，"对一般性同类产品或者服务进行间接比较的广告，必须有科学的依据和证明"。第 33 条中规定，"比较广告中使用的数据或调查结果，必须有依据，并应提供国家专门检测机构的证明"。这一点，在国际上也有比较明确的规定，如新加坡《广告法》中规定，"比较的论点必须是建立在可以证实以及不得被不公正选择的事实的基础上"；加拿大《广告准则》中规定，比较广告中"应能拿出实在的研究数据来支持所作的宣传"；香港广告商会《广告实施条例》中规定，"各种情况下的比较物应该能够证明，并由研究和统计证明支持""在介绍文字和图片中不得诋毁竞争者"。因此，正当的比较广告是法律所允许的。但是，我国的有关法律、法规还规定，对于一些特殊商品不得做比较型广告。

案例四：　　　　　　　　朱某某诉南宁市某床垫厂案[1]

2008 年 3 月 6 日，南宁市某床垫厂与朱某某签订协议，约定朱某某出席该厂于 2008 年 3 月 8 日举行的开业 5 周年庆典活动，该厂支付 7 万元作为报酬。该协议还约定厂方可使用朱某某的签字、合影作为企业内部文化展示和宣传，但不得冠以"形象代言人"等名号夸大宣传。前述活动结束后，某床垫厂依约向朱某某支付了 7 万元报酬，随后将朱某某的签名、肖像及参加上述活动的合影印制成宣传单和宣传画册放置于该厂所销售的床垫内及各销售网点，并制作成墙体广告。其中，某床垫厂于 2011 年 7 月 18 日与南宁某广告有限责任公司签订了一份《车椅套广告发布合同》，约定该厂委托某广告公司在拥有广告经营使用权的快班车上发布快班车车椅头套广告，其中广告采用床垫厂的样稿，未经该厂同意，广告公司不得改动广告样稿。广告公司有权审查床垫厂的广告内容

---

[1] "朱某某诉某床垫侵犯肖像权案一审宣判"，载法制网，http://www.legaldaily.com.cn/.

和表现形式，对不符合法律、法规的广告内容和表现形式，广告公司应作出修改，床垫厂作出修改前，广告公司有权拒绝发布。但发布广告之前，必须经床垫厂方签字认可后方能发布。之后，广告公司根据前述合同约定制作了车椅头套投放使用于广西某汽车运输集团有限公司所营运的快班车上。

2014 年 1 月 10 日，朱某某以床垫厂违反双方签订的协议约定使用其肖像及签名，且与广告公司、汽车运输公司共同构成对原告肖像权、姓名权及名誉权的侵权为由向法院起诉，要求：床垫厂支付违约金 14 万元并赔偿经济损失 80 万元、精神损害抚慰金 5 万元，立即停止侵害、消除影响，并在媒体上公开赔礼道歉，被告广告公司和运输公司对上述请求承担连带责任等。

【案例分析】

根据朱某某与床垫厂的协议约定，该厂有权使用朱某某参加其协议约定活动的合影、签名作为广告宣传使用，但应避免社会公众产生朱某某为床垫厂的企业进行代言宣传的误解，其宣传内容仅应表达在朱某某参加并出席床垫厂企业活动的范畴内。现床垫厂在制作宣传单和墙体广告时均使用了朱某某的单独形象，并使用了朱某某签名用于制作宣传单、墙体广告和客车座椅枕头套，其表现形式上虽未明确将朱某某标注为其产品的形象代言人，但仍容易使社会公众形成朱某某为床垫厂产品代言的误解，均违反了《协议书》的约定，已构成侵权。

广告公司及汽车运输公司分别作为客车座椅枕头套广告的广告经营者和广告发布者，均未对床垫厂制作广告的形式可能违反床垫厂与朱某某之间协议约定提出建议，审查义务的履行存在瑕疵，应当对侵犯朱某某的姓名权承担相应的责任。另外，我国原《广告法》第 27 条规定："广告经营者、广告发布者依据法律、行政法规查验有关证明文件，核实广告内容。对内容不实或者证明文件不全的广告，广告经营者不得提供设计、制作、代理服务，广告发布者不得发布。"新《广告法》第 34 条也沿用了原法相关的规定："广告经营者、广告发布者应当按照国家有关规定，建立、健全广告业务的承接登记、审核、档案管理制度。广告经营者、广告发布者依据法律、行政法规查验有关证明文件，核对广告内容。对内容不符或者证明文件不全的广告，广告经营者不得提供设计、制作、代理服务，广告发布者不得发布。"

由于虚假广告的社会危害性较大，我国《广告法》的规定更多是针对虚假广告的规制约束，因此在上述第 27 条中规定广告经营者、广告发布者的审查义务通常限于"查验有关证明文件"和"核实广告内容"，其中对于"有关证明文件"，结合新《广告法》第 33 条规定："广告主或者广告经营者在广告中使用他人名义或者形象的，应当事先取得其监护人的书面同意。"及第 65 条第 4 款

"在广告中未经同意使用他人名义或者形象的依法承担民事责任"的规定，可以引申为对他人名义、形象的使用授权文件。

　　本案中，床垫厂在委托广告公司发布客车座椅枕套时已经提供了其与朱某某所签订的协议书，证明其享有使用朱某某肖像及姓名的权利，而广告公司及汽车运输公司作为专业的广告发布经营者及发布者，应当对朱某某与床垫厂协议中针对广告表现形式的特别约定有清晰的认识，其在审查床垫厂提供的协议书时应据此审慎地针对床垫厂提供的广告样稿提出建议，以避免所发布的广告侵犯朱某某的姓名权，但广告公司及汽车运输公司未尽到此审慎的审查义务，故应承担相应的赔偿责任。

　　在床垫厂与广告公司之间约定的合同条款中，广告公司对床垫厂提供的广告样稿修改权限受到较大限制，影响了广告公司及汽车运输公司对上述审查义务的履行，因此法院在考量广告公司及汽车运输公司承担的责任时据此酌情减轻了两个企业的责任。

　　【知识拓展】

　　新《广告法》第33条规定，广告主或者广告经营者在广告中使用他人名义或者形象的，应当事先取得其书面同意；使用无民事行为能力人、限制民事行为能力人的名义或者形象的，应当事先取得其监护人的书面同意。

　　在广告活动中，广告主、广告经营者在广告中有可能使用他人的名义或者他人的形象，按照《民法通则》和《著作权法》等法律的规定，他人对自己的姓名或者名称、肖像有姓名权或者名称权、肖像权。如果以他人的名义、形象从事广告活动，就涉及他人的姓名权或者名称权、肖像权，故需要得到他人的同意。本规定主要包括两个方面的内容：

　　1. 以他人的名义、形象从事广告活动，需要征得他人的同意。也就是说，征得他人的同意是广告主、广告经营者必须履行的义务，否则，就属于侵权行为，要承担相应的法律责任。本条所讲的"同意"，是"书面同意"，即如果他人同意广告主、广告经营者使用其名义、形象，必须出具证明同意的书面凭证。本条规定必须取得他人的书面同意，是为了防止产生不必要的纠纷，保证社会秩序正常的运行和广告主或者广告经营者的正常的经营活动。

　　2. 征得他人同意，"他人"包括他人和他人的监护人。即使用有行为能力人的名义、形象时，征得其本人的书面同意就属于履行了法定的义务，而使用无行为能力人或者限制行为能力人的名义、形象时，征得其本人的同意不属于履行法定的义务，只有征得无行为能力人和限制行为能力人的监护人的同意，才属于履行了法定的义务。此后，如在广告中使用，就不属于违法行为。按照《民法通则》的规定，无民事行为能力人和限制民事行为能力人的民事活动由他的法定代理人即监护人代理进行。因此，使用无民事行为能力人和限制民事行为能力人的名义、形象时需要征得他的法定代理人即监护人的书面同意。

▎探讨案例

消费者状告央视和橡果公司虚假宣传败诉案[1]

李某某收看中央电视台第 7 频道播放的视乐奇牌掌上影音摄像机广告后，于 2005 年 10 月 14 日从石家庄橡果公司处购得 MX－500 视乐奇牌掌上影音摄像机 1 部，价款为 1980 元。购买后，李某某认为广告宣传有多处违法，销售行为存在欺诈：①广告词"存储数千张照片，几百首歌曲和近百小时录音"与事实不符；②广告词"本次 DV 的第一名——视乐奇摄手星"违法；③该产品无合格证，未标明生产厂家，无检验机构证明，属违法行为；④广告词"视乐奇采用 500 万像素感光元件""数码照片更是高达 1200 万像素""高清晰照片"与事实不符；⑤广告将销售价提高，此商品无实价；⑥广告词与事实不符；⑦广告中提到的赠送千元附件等内容虚假，充电器等附件本是应带的基本附件，不属于赠送；⑧广告词对消费者存在误导；⑨广告词"视乐奇是 2005 年新推出的 DV 换代产品""2005 年新一代超级掌式平板 DV"以及"该产品一经推出消费者反响强烈"无事实依据。

经查明，本案广告主及生产者为上海橡果公司，广告发布者为中央电视台，销售者为石家庄橡果公司。上海橡果公司与上海智基光学电子有限公司（以下简称"上海智基公司"）签订贴牌生产协议及补充协议，约定上海橡果公司委托上海智基公司加工生产视乐奇摄手星 MX－500 掌上影音摄像机，该产品的生产外包装及今后的宣传均采用上海橡果公司或"橡果国际"名义发布广告及进行销售，上海橡果公司享有"视乐奇"商标的合法使用权。

上海橡果公司向法院提交国家照相机质量监督检验中心出具的检验报告、产品合格证等证据以证明广告不存在虚假内容，并未违反法律规定。中央电视台向法院提交中国广告协会出具的广告咨询认证书以及国家照相机质量监督检验中心出具的检验报告等证据，以证明其作为广告发布者在发布广告之前已尽到了审查义务。

法院经审理认为，发布虚假广告，欺骗和误导消费者，使购买商品或者接受服务的消费者的合法权益受到损害的，由广告主依法承担民事责任，广告经营者、广告发布者明知或者应知广告虚假仍设计、制作、发布的，应当依法承

---

[1]　"消费者状告央视和橡果公司虚假宣传败诉"，载中国法院网，http://old.chinacourt.org/html/article/200611/13/223326.shtml.

担连带责任。针对李某某提出广告存在 9 项违法及虚假内容，法院审理后认为，广告对该产品的功能的宣传属实，无虚假内容；对李某某主张的对消费者产生误导的说法，法院不予采信。庭审中，上海橡果公司向法院提交产品检验合格的检验报告，在李某某提交的产品包装盒上也明确标明生产者上海橡果公司的名称。故不存在李某某所称该产品无合格证，不标明生产厂家，无检验机构证明的情况，故法院对于李某某的意见不予采信。

【深度思考】

1. 现行法律确立的广告准则有哪些？

2. 烟草广告的限制性规定有哪些？

3. 户外广告的管理规定有哪些？

阅　　读

1. 王清主编：《中华人民共和国广告法解读》，中国法制出版社 2015 年版。

2. 刘双舟：《新广告法精解与应用》，中国财政经济出版社 2015 年版。

相关法律法规

1. 《中华人民共和国广告法》（1994 年 10 月 27 日发布，1995 年 2 月 1 日起施行，2015 年 4 月 24 日修订，2015 年 9 月 1 日起施行）

2. 《广告管理条例》（国务院，1987 年 10 月 26 日发布，1987 年 12 月 1 日起施行）

3. 《广告管理条例施行细则》（国家工商行政管理总局，1988 年 1 月 9 日公布，2011 年 12 月 12 日第四次修改并于 2005 年 1 月 1 日施行）

4. 《化妆品广告管理办法》（国家工商行政管理总局，1993 年 7 月 13 日发布并于 1993 年 10 月 1 日起施行，已被修改）

5. 《医疗广告管理办法》（国家工商行政管理总局、卫生部，2006 年 11 月 10 日发布并于 2007 年 1 月 1 日起施行）

6. 《药品广告审查发布标准》（国家工商行政管理总局、国家食品药品监督管理局，2007 年 3 月 3 日发布并于 2007 年 5 月 1 日起施行）

7. 《药品广告审查办法》（国家工商行政管理总局、国家食品药品监督管理局，2007 年 3 月 13 日发布并于 2007 年 5 月 1 日起施行）

8. 《医疗器械广告审查发布标准》（国家工商行政管理总局、国家食品药品监督管理局、卫生部，2009 年 4 月 28 日发布并于 2009 年 5 月 20 日起施行）

9. 《医疗器械广告审查办法》（国家工商行政管理总局、卫生部、国家食品药品监督管理局，2009 年 4 月 7 日发布并于 2009 年 5 月 20 日起施行）

10. 《农药广告审查标准》（国家工商行政管理总局，1995 年 3 月 28 日发布并施行，已失效；现行为《农药广告审查发布标准》，国家工商行政管理总局，

2015 年 12 月 24 日发布，2016 年 2 月 1 日起施行）

11.《农药广告审查办法》（国家工商行政管理总局、农业部，1995 年 4 月 7 日发布并实施，1998 年 12 月 22 日修订）

12.《兽药广告审查标准》（国家工商行政管理总局，1995 年 3 月 28 日发布并施行，已失效；现行为《兽药广告审查发布标准》，国家工商行政管理总局，2015 年 12 月 24 日发布，2016 年 2 月 1 日起施行）

13.《兽药广告审查办法》（国家工商行政管理总局、农业部，1995 年 4 月 7 日发布并实施，1998 年 12 月 22 日修订）

14.《酒类广告管理办法》（国家工商行政管理总局，1995 年 11 月 17 日发布并于 1996 年 1 月 1 日起施行，已被修改）

15.《烟草广告管理暂行办法》（国家工商行政管理总局，1995 年 12 月 20 日发布并于 1996 年 1 月 1 日起施行，1996 年 12 月 30 日修订）

16.《房地产广告发布暂行规定》（国家工商行政管理总局，1996 年 12 月 30 日发布并于 1997 年 2 月 1 日起施行，已失效，现行为《房地产广告发布规定》，国家工商行政管理总局，2015 年 12 月 24 日发布，2016 年 2 月 1 日起施行）

17.《食品广告发布暂行规定》（国家工商行政管理总局，1996 年 12 月 30 日发布于 1997 年 2 月 1 日起施行，1998 年 12 月 3 日修订）

18.《户外广告登记管理规定》（国家工商行政管理总局，1995 年 12 月 8 日发布并于 1996 年 1 月 1 日起施行，2006 年 5 月 22 日修订，2006 年 7 月 1 日起施行）

19.《印刷品广告管理办法》（国家工商行政管理总局，2000 年 6 月 26 日发布，2004 年 11 月 30 日修订并于 2005 年 1 月 1 日起施行）

20.《广告经营资格检查办法》（国家工商行政管理总局，1997 年 11 月 3 日发布并于 1998 年 1 月 1 日起施行，1998 年 12 月 3 日修订）

21.《广告语言文字管理暂行规定》（国家工商行政管理总局，1998 年 1 月 15 日发布并于 1998 年 3 月 1 日起施行，1998 年 12 月 3 日修订）

22.《广播电视广告播放管理暂行办法》（国家广播电影电视总局，2003 年 8 月 28 日发布并于 2004 年 1 月 1 日起施行，已失效）

23.《外商投资广告企业管理规定》（国家工商行政管理总局、商务部，2004 年 3 月 2 日发布并施行，2008 年 8 月 22 日修改，已失效）

24.《广告经营许可证管理办法》（国家工商行政管理总局，2004 年 11 月 30 日发布并于 2005 年 1 月 1 日起施行）

第二十章
城市房地产管理法律制度

本章提要

　　1988 年，建设部在调查研究的基础上，开始了《中华人民共和国城市房地产法》（简称"《房地产法》"）的起草工作，1994 年 7 月 5 日经第八届全国人大会常委会第八次会议审议通过，并定名为《中华人民共和国城市房地产管理法》，自 1995 年 1 月 1 日起实施。《中华人民共和国城市房地产管理法》结构严谨，体系完备，由 7 章 72 条组成，包括总则、房地产开发、房地产交易、房地产权属登记管理、法律责任等。该法的颁布实施，填补了我国房地产法制建设的空白，标志着我国房地产业发展已迈入了法制管理的新时期。1994 年后，我国房地产方面的法律法规日臻完善，建立健全了各种房地产方面的规章制度。2007 年 8 月 30 日，中华人民共和国第十届全国人民代表大会常务委员会第二十九次会议通过《全国人民代表大会常务委员会关于修改〈中华人民共和国城市房地产管理法〉的决定》，进行第一次修正，2009 年 8 月 27 日第十一届全国人民代表大会常务委员会第十次会议通过《全国人民代表大会常务委员会关于修改部分法律的决定》，进行了第二次修正。

知识要点

　　1.《城市房地产管理法》的学理问题：房地产开发用地、土地使用权出让、土地使用权划拨、房地产开发、房地产交易、房地产权属管理以及法律责任。

　　2.《城市房地产管理法》的实务问题：土地所有权类案件、城镇国有土地使用权案件、房地产物权案件、房屋拆迁案件、房地产租赁案件以及房屋买卖案件。

主 案 例

案例一： 刘某诉枣庄市房管局撤销抵押签证案[1]

2001 年 10 月 11 日，刘某的父亲在刘某未到场的情况下，以刘某的名义向第三人枣庄市薛城区农信社借款 6 万元，并持刘某的房产证到枣庄市房管局办理房产抵押手续。而在办理上述借款所需签订的借款合同、抵押合同及房产抵押手续上所有理应由刘某签名的地方均由刘某的父亲安排的案外人褚某代签，枣庄市房管局为第三人颁发了抵押权证。后因刘某的父亲死亡，第三人枣庄市薛城区农信社便起诉刘某及案外人褚某，要求二人归还借款。薛城区法院以双方所签的借款合同、抵押合同未成立为由，驳回了第三人的诉讼请求。第三人不服一审判决，上诉至枣庄市中级人民法院，枣庄市中级人民法院判决驳回上诉，维持原判。刘某便向第三人索要抵押权证，在索要未果的情况下，于 2008 年 4 月 7 日向薛城区法院起诉，请求撤销枣庄市房管局颁发的抵押权证。一审法院判决撤销枣庄市房管局为第三人颁发的抵押权证书。枣庄市房管局不服，提起上诉。其上诉称，依据《城市房屋权属登记管理办法》（已失效）和《城市房地产抵押管理办法》的规定，上诉人在办理他项权利登记时应进行形式审查而非实质审查，一审法院依据房地产抵押申请审批书认定上诉人应当进行实质审查显然错误。二审法院判决驳回上诉，维持原判。

【案例分析】

本案中，刘某和农信社应共同到房管局办理抵押手续，房管局在审查时，应核实申请人的身份，确认申请登记的抵押人与房屋所有权证、房屋登记簿记载的所有权人、抵押合同中的抵押人相一致。其实，只要房管局稍加注意，这个纠纷就不会发生。但由于我国目前采用的是一种"形式的审查"的做法，登记机关往往对申请人的身份证件、提供的权属证书在形式上的真实性都不予审查，不与登记簿原有的记载进行对比，就予以登记，造成许多错误登记，甚至为当事人的欺骗提供了方便，也为登记机关推卸责任找到了借口。

一审法院认为，枣庄市房管局提交的房地产抵押申请审批书是为了重复使用，为不特定的抵押人和抵押权人事先拟定的，其内容列有"内查情况"和"外查情况"，并且在附注说明的第 2 项中明确注明"办理他项权利登记法人代表或抵押人和抵押权人必须亲笔签名、盖章"，说明枣庄市房管局在办理房地产抵押登记时不仅要对抵押人和抵押权人提交的申请进行必要的形式审查，更重要的是对申请人提交的材料诸如申请人的身份情况、借款抵押合同的真实性、

---

[1] 载人民法院报，http://rmfyb.chinacourt.org/paper/html/2010-03/03/.

抵押物的状况等进行内查和外查。而枣庄市房管局却在为第三人办理他项权利登记时，依据刘某的父亲与第三人枣庄市薛城区农信社提交的已经法院审理查明为未成立的借款和抵押合同，就在刘某的房产上为第三人设立了他项权利的登记，并在内查、外查栏目内均注明"情况属实"，而无工作人员的签名。枣庄市房管局在刘某的房产上为第三人办理的他项权利登记，显属证据不足，程序违法。故法院判决撤销枣庄市房管局为第三人颁发的抵押权证书。

二审法院认为，根据《城市房屋权属登记管理办法》（已失效）第 11 条第 4 款、第 13 条第 1 款、第 19 条第 2 款，《城市房地产抵押管理办法》第 32、33 条的规定，房地产抵押登记由抵押人和抵押权人共同申请，并提交相关的证明文件，由登记机关按照房地产抵押登记的具体审核内容和要求对抵押登记申请进行审核。审核的目的是确保登记权利状态与事实权利状态相一致，以免真正权利人受到侵害。故登记机关应履行法定的职责，在自己的职责范围内审慎地审核。在本案中，刘某的父亲在刘某不知情的情况下，安排案外人褚某以刘某的名义办理了房地产抵押手续。显然，枣庄市房产管理局在自己的职责范围内未能尽到审慎的义务，其为原审第三人办理的他项权利登记，显属证据不足，程序违法。故判决驳回上诉，维持原判。

【知识拓展】

《物权法》第 12 条规定："登记机构应当履行下列职责：①查验申请人提供的权属证明和其他必要材料；②就有关登记事项询问申请人；③如实、及时登记有关事项；④法律、行政法规规定的其他职责。申请登记的不动产的有关情况需要进一步证明的，登记机构可以要求申请人补充材料，必要时可以实地查看。"

本案涉及不动产登记行为的司法审查标准问题。不动产登记行为的司法审查标准可分为实质审查和形式审查。采取何种司法审查标准，不仅关系到不动产登记的公信力，而且对登记的效率、质量以及登记错误的赔偿责任的确定都有重要影响。

一审法院采取的是实质审查。二审法院认为，从目前有关不动产登记法律规范的规定来看，并无实质审查和形式审查之分，法院应全面审查不动产登记行为的合法性，包括事实、证据、程序、法律适用等方面。

我们赞同二审法院的观点。理由如下：

第一，"现在对实质审查与形式审查的制度构成尚无统一认识，简单地说是采取何种审查方式，没有多大意义"。有的学者从登记审查的范围对二者进行界定，认为形式审查就是登记机构不审查登记申请是否与实体法上的权利关系一致，而仅审查登记申请在登记手续、提供材料等方面是否合法、齐备；实质审查则是不仅审查登记申请在登记手续上是否合法，还要审查其是否与实体法上的权利关系一致、实体法上的权利关系是否有效。有学者则从登记机构的调查权限上界定实质审查，即登记机构接受了登记申请之后，应当对登记内容进行询问和调查，以确保登记内容的真实性。还有的学者认为，登记机构的审查权限及于不动产物权变动的原因关系的，就是实质审查，反之，就是形式审查。

第二，在实践中，各地登记机关做法不一致，采取了多种形式。如深圳市房地产登记审查主要采取的是窗口处理加形式审查的方式。湖北省丹江口市国土局采取的是实质审查方式。广西壮族自治区柳州市国土资源局在审查申请材料的真实性时，多要求申请人进行公证，即不仅要对申请材料在形式上是否完备进行审查，还要对申请背后的法律关系进行审查。

第三，法院在审理此类案件时的司法认识也不相同。有的法院认为，对不动产登记行为进行形式审查就够了。有的法院认为，对不动产登记行为应进行实质审查。

第四，我国《物权法》第12条规定，"登记机构应当履行下列职责：①查验申请人提供的权属证明和其他必要材料；②就有关登记事项询问申请人；③如实、及时登记有关事项；④法律、行政法规规定的其他职责。申请登记的不动产的有关情况需要进一步证明的，登记机构可以要求申请人补充材料，必要时可以实地查看"。这说明立法机关"既没有试图界定什么是实质审查，什么是形式审查，更不去回答《物权法》要求不动产登记机构进行实质审查还是形式审查"，而是把登记审查作为登记机关应当履行的职责。

上海市在修订《上海市房地产登记条例》（2002）时，已摒弃了实质审查和形式审查的分类，通过对申请人提交的材料和登记机关职责的详实规定来确保登记的公信力。"从我国房地产登记的实际情况看，并无实质审查和形式审查的分类，登记机构主要是按照法定的各类登记的具体审核内容和要求，对有关的登记申请进行审核。为此，法制委员会建议不采用实质审查和形式审查的分类，而从房地产登记的实际出发，根据各类登记的不同特点和作用，对土地使用权和房屋所有权的初始登记的审核内容和要求进行补充、完善，从而区别不同的审核责任。"

2014年11月24日，国务院总理李克强签发第656号国务院令，公布《不动产登记暂行条例》，自2015年3月1日起施行。该条例明确，为方便群众申请登记，对申请材料不齐全或者不符合法定形式的，应当当场书面告知申请人不予受理并一次性告知需要补正的全部内容，否则视为受理。

《不动产登记暂行条例》整合不动产登记职责、建立不动产统一登记制度，是国务院机构改革和职能转变方案的重要内容，也是完善社会主义市场经济体制、建设现代市场体系的必然要求，同时对于保护不动产权利人合法财产权、提高政府治理效率和水平，尤其是方便企业、方便群众，具有重要意义。根据《物权法》第 10 条的规定，不动产实行统一登记，并授权行政法规对统一登记的范围、登记机构和登记办法作出规定。制定出台条例，通过立法规范登记行为、明确登记程序、界定查询权限，整合土地、房屋、林地、草原、海域等登记职责，实现不动产登记机构、登记簿册、登记依据和信息平台"四统一"。

不动产登记簿是不动产权利的载体，登记内容、登记形式、介质保管等与权利人密切相关，《不动产登记暂行条例》规定：一是明确登记内容，要求登记机构设立统一的不动产登记簿，将不动产的自然状况、权属状况、权利限制状况等事项准确、完整、清晰地予以记载。二是规范登记形式，要求登记簿原则上要采用电子介质，暂不具备条件的，可以采用纸质介质，登记机构要明确唯一、合法的介质形式。三是细化保管责任，要求登记机构建立健全相应的安全责任制度，永久保存登记簿；纸质登记簿要配备防盗、防火、防渍、防有害生物等安全保护设施；电子登记簿要配备专门的存储设施，采取信息网络安全防护措施，并定期进行异地备份；任何人不得损毁登记簿，除依法予以更正外不得修改登记事项；登记簿损毁、灭失的，要依据原有登记资料予以重建。

案例二：　　周某诉定安某公司商品房预售合同纠纷案[1]

原、被告于 2011 年 12 月 6 日签订《商品房买卖合同》，合同约定：原告向被告购买阳光椰风苑第 J3 座 B 单元 1705 号房，原告一次性付清购房款 277 353 元，被告于 2012 年 5 月 1 日前交房，若被告逾期超过 90 日，原告有权解除合同，被告应于接到原告解除合同通知之日起 30 天内退还全部已付款，并按买受人所购商品房总价款的 0.01% 向买受人支付违约金，合同还就其他事项进行约定。当天，原告又与海口典润装饰工程有限公司签订《房屋装修合同书》，合同约定：原告所购房屋由原告委托海口典润装饰工程有限公司进行装修，装修工程款总价 50 720 元，装修工程款不计入总房款，原、被告双方签订《商品房买卖合同》后一次性付款，被告作为监管方负责装修工程的实施进度及质量监督事宜，本协议自原、被告签订的《商品房买卖合同》生效时生效，《商品房买卖合同》无效、被撤销、解除或终止的，本协议自动终止。合同签订后，原告于当天向被告交购房定金 10 000 元，同月 30 日原告向被告交购房款267 353 元，向海口典润装饰工程有限公司交装修款 50 720 元，以上三笔款项的经手人均为被告员工张某某。2012 年 12 月原告到被告处看房，但因装修质量问题双方未办理

---

〔1〕　载中国法院网，http：//www.chinacourt.org/.

交房。2013 年 10 月 10 日，被告向包括原告在内的购房者群发短信，告知原告"毛坯早已完成，现装修工程已完工，欢迎 J1、J3 各位业主前来海南验房入住"。原告收到被告交房短信后当即电话与被告沟通，要求退房退款，但被告不同意。2014 年 5 月 12 日，海南威盾律师事务所根据原告的委托，向被告发出《律师函》，要求被告在 7 日内将购房款、装修款、违约金及利息付清。被告收到律师函后未予理睬，原告于 2014 年 6 月 25 日向本院提起诉讼。

【案例分析】

本案争议的焦点是：合同是否已经解除，被告是否应当返还原告购房款、装修款及其他费用。《城市房地产管理法》第 27 条第 2 款规定："房地产开发项目竣工，经验收合格后，方可交付使用。"《建筑法》第 61 条第 2 款规定："建筑工程竣工验收合格后，方可交付使用；未经验收或者验收不合格的，不得交付使用。"本案涉案房地产，被告未有证据证明已经验收合格，依法尚不具备交付的条件，即使被告于 2013 年 10 月 10 日发短信给原告可交房，但因违反上述法律的强制性规定，也不得交付。合同约定的交房期限是 2012 年 5 月 1 日前，因此被告已经构成违约，被告主张关于 2012 年 12 月 6 日前已经将房屋转移给原告占有、使用的抗辩意见，没有事实根据，法院不予采纳。《合同法》第 93 条第 2 款规定："当事人可以约定一方解除合同的条件。解除合同的条件成就时，解除权人可以解除合同。"《合同法》第 96 条第 1 款规定，"合同自通知到达对方时解除"。根据《商品房买卖合同》第 9 条关于逾期超过 90 日后买受人有权解除合同的约定，原告于 2013 年 10 月 10 日收到被告交房短信后当即向被告提出退房，因此，依据《合同法》的上述规定，《商品房买卖合同》于同日基于原告提出退房的请求已经解除。《商品房买卖合同》第 9 条约定，买受人解除合同的，出卖人应当自买受人解除合同通知到达之日起 30 日内退还全部已付款，并按买受人所购商品房总价款的 0.01% 向买受人支付违约金。因此，被告应当向原告退还购房款277 353 元。《合同法》第 114 条第 2 款规定："约定的违约金低于造成的损失的，当事人可以请求人民法院或者仲裁机构予以增加……"双方约定违约金为总价款的 0.01%（27.7 元，原告误计算为 277 元），明显低于原告的损失（银行利息），原告请求计算利息，亦合理，应以中国人民银行规定的同期同类贷款的基准利率计算利息，弥补原告遭受的损失，理由充分，应予支持，但另请求支付合同违约金不予支持。《房屋装修合同书》第 6 条约定，《商品房买卖合同》无效、被撤销、解除或终止的，本协议自动终止。装修款系被告工作人员张某某在收取购房款时一并收取，被告没有证据证明系代收，且未能交房的责任在于被告，因此，被告应当退还装修款50 720 元给原告，但合同未对违约责任进行约定，原告请求计算利息，没有依据，不予支持。原告请求被告承担往返差旅费、误工费，没有提供证据证明其实际损失额，请求律师代理费没有法律依据，因此，原告该项诉讼请求法院不予支持。

在商品房交付使用条件的理解上，如果双方只是约定"将验收合格并符合合同约定的其他条件的房屋在指定期限内交付"，只要开发商在工程竣工后组织了勘察、设计、施工、监理四方共同参加的竣工验收，并形成了竣工验收合格的确认文件，就达到了商品房交付使用的条件，可以交付。当然，如果双方当事人在上述约定基础上另行约定将"提交竣工验收备案表"作为交房条件之一，则应该认定双方的此项约定有效，确认双方的意思表示，将竣工验收确认文件和竣工验收备案表作为是否符合交房条件的裁判标准。

【知识拓展】

根据《城市商品房预售管理办法》规定，商品房预售是指房地产开发企业（以下简称开发企业）将正在建设中的房屋预先出售给承购人，由承购人支付定金或房价款的行为。房地产开发企业与承购人就上述行为所签订的合同就是商品房预售合同。商品房预售合同是以建造中的房屋为标的物的，属于买卖合同的一种，但商品房预售合同与一般买卖合同又有所不同。《城市房地产管理法》第 27 条第 2 款规定：房地产开发项目竣工，经验收合格后，方可交付使用。竣工验收是房地产开发项目运营过程的最后一个程序，是全面考核建设工作、检查是否符合设计要求和工程质量的重要环节，同时也是确保房地产开发项目质量的关键。

案例三：　　　　　　　　房屋买卖合同纠纷案[1]

上诉人郭某因房屋买卖合同纠纷一案，不服北京市西城区人民法院一审民事判决，向北京市第二中级人民法院提起上诉。

2013 年 8 月，郭某起诉至原审法院称：2013 年 7 月 29 日，我与火某在北京链家房地产经纪有限公司（以下简称链家公司）的居间服务下签订《买卖定金协议书》，约定火某将 8 号房屋（以下简称涉讼房屋）卖给我，合同签订后我按照约定给付火某定金 5 万元。合同签订时火某没有出示房屋产权证书，后我得知火某不是房屋的产权人，火某无权出卖房屋，双方签订的《买卖定金协议书》应属无效，故起诉要求确认我与火某于 2013 年 7 月 29 日签订的《买卖定金协议书》无效，要求火某返还定金 5 万元，诉讼费由火某负担。

火某辩称：涉讼房屋是我于 2013 年购买的，与郭某签订《买卖定金协议书》时郭某知道产权手续在办理过程中。2013 年 8 月 20 日，我取得上述房屋的

---

[1] 载找法网，http://china.findlaw.cn.

产权证，不同意郭某的诉讼请求。链家公司未到庭参加诉讼。

原审法院经审理确认：火某与郭某签订《买卖定金协议书》时虽然没有取得房屋的所有权证书，但并不必然导致合同无效。火某已于 2013 年 8 月 20 日取得了房屋所有权证书，现郭某以签订合同时火某不是房屋产权人，无权出卖房屋为由要求确认合同无效及返还定金，缺乏法律依据，不予支持。链家公司经法院合法传唤，无正当理由未到庭参加诉讼，法院依法缺席判决。据此，原审法院于 2013 年 9 月判决：驳回郭某的诉讼请求。

判决后，郭某不服，上诉至二中院，请求撤销原审判决，改判火某返还定金 5 万元。其主要上诉理由为：签约时，火某没有取得房屋所有权证，违反了《中华人民共和国城市房地产管理法》第 38 条第 6 项之规定，故该协议书应属无效。火某、链家公司均同意原判。

经审理查明：2013 年 7 月 29 日，郭某作为乙方与作为甲方的火某及作为丙方的链家公司签订《买卖定金协议书》，约定：甲方将涉讼房屋出售给乙方；甲方保证房屋权属无瑕疵、无债务纠纷，符合上市交易条件；乙方应于本协议签署时向甲方支付购房定金 5 万元；甲乙双方应在本协议约定的期限内签署房屋买卖合同，如甲方违约，甲方应向乙方双倍返还定金，如乙方违约，则甲方已收取的定金不予退还。同日，郭某交付火某购房定金 5 万元。《买卖定金协议书》签订时，火某尚未取得上述房屋的所有权证书。2013 年 8 月 20 日，火某取得涉讼房屋的房屋所有权证书。遂依照《中华人民共和国民事诉讼法》第 170 条第 1 款第 1 项之规定，法院判决驳回上诉，维持原判。

【案例分析】

签订定金合同时火某尚无涉讼房屋的所有权证书，但该协议书系各方真实意思表示，且火某已于 2013 年 8 月 20 日取得了涉讼房屋的房屋所有权证，故郭某以签订合同时火某不是房屋产权人，无权出卖房屋为由要求确认合同无效及返还定金，缺乏法律依据，原审法院未予支持，系正确的，二中院予以维持。

关于郭某上诉主张签约时火某没有取得房屋所有权证，违反了《城市房地产管理法》第 38 条第 6 项之规定，故该协议书应属无效一节，根据《最高人民法院关于适用〈中华人民共和国合同法〉若干问题的解释（二）》第 14 条的规定，"合同法第 52 条第 5 项规定的'强制性规定'，是指效力性强制性规定"。而《城市房地产管理法》第 38 条第 6 项"未依法登记领取权属证书的"房屋不得转让的规定，在性质上不属于上述"效力性强制性规定"，不应作为认定合同无效的法律依据，故郭某的上诉主张依据不足，二中院不予支持。

《城市房地产管理法》第 38 条规定的转让条件只是房地产登记部门在办理房地产变更登记时审查的条件，并不影响转让合同的效力。第 38 条也没有明确规定，转让以出让方式取得的土地使用权合同，只有经过物权登记的，合同才生效。因此，其只能理解为不符合该条规定的转让条件，房地产不能完成过户登记，但合同本身是有效的。

【知识拓展】

《城市房地产法管理法》第 38 条规定："下列房地产，不得转让：①以出让方式取得土地使用权的，不符合本法第 39 条规定的条件的；②司法机关和行政机关依法裁定、决定查封或者以其他形式限制房地产权利的；③依法收回土地使用权的；④共有房地产，未经其他共有人书面同意的；⑤权属有争议的；⑥未依法登记领取权属证书的；⑦法律、行政法规规定禁止转让的其他情形。"第 39 条规定："以出让方式取得土地使用权的，转让房地产时，应当符合下列条件：①按照出让合同约定已经支付全部土地使用权出让金，并取得土地使用权证书；②按照出让合同约定进行投资开发，属于房屋建设工程的，完成开发投资总额的 25% 以上，属于成片开发土地的，形成工业用地或者其他建设用地条件。转让房地产时房屋已经建成的，还应当持有房屋所有权证书。"

根据不动产物权变动的原因与结果相区分原则，《城市房地产管理法》第 38 条规定的转让条件应当理解为房地产变动的结果条件而不是原因条件。不符合该条件时，房地产不得进行转让登记，但转让合同的效力不受影响，转让合同是有效的。该条关于土地转让时投资应达到开发投资总额 25% 的规定，是对土地使用权转让标的物设定的于物权变动时的限制性条件，转让的土地未达到 25% 以上投资，属于合同标的物的瑕疵，并不影响土地使用权转让合同的效力。因此该项规定不是认定土地使用权转让合同效力的法律强制性规定。

案例四：　　　　　　　周某诉物业公司案[1]

原告周某系某小区业主，被告系该小区物业公司。2012 年 5 月～2013 年 6 月，原告一直未缴纳物业费。2013 年 6 月 26 日原告房屋失火，消防员虽及时赶到现场，但消防栓缺水，20 分钟后，被告才打开消防泵供水系统。原告认为，被告未管理好消防设施设备，导致灭火迟延给其造成损失，要求被告赔偿。被告辩称，原告已拖欠 13 个月的物业费，被告有权拒绝为其提供物业服务，对其损失不应承担责任。

【案例分析】

物业服务企业实施物业管理的对象具有整体性和不可分性，当个别业主拖欠物业费时，物业服务企业不能对拖欠物业费的业主的区分共有部分予以特定

---

[1]　载中国裁判文书网，http：//www.court.gov.cn/zgcpwsw/mshz/.

化，故物业服务企业无从行使抗辩权。否则，势必损害其他未拖欠物业费的业主的合法权益。物业服务企业对管理区域内的共用消防设施设备进行维护管理，既是一种合同义务，同时又是一种具有强制性的法定义务。因此，无论是物业服务企业、业主委员会还是业主，都无权通过合同约定方式排除物业服务企业维护、管理物业管理区域内共有消防设施设备的法定职责，即使业主拖欠物业费，存在违反物业服务合同的违约行为，物业服务企业管理、维护共用消防设施设备的法定义务亦不能免除。当个别业主拖欠物业费时，物业服务企业可依《物业管理条例》第 67 条、《最高人民法院关于审理物业服务纠纷案件具体应用法律若干问题的解释》第 6 条的规定向人民法院起诉，但不能行使抗辩权进而拒绝提供物业服务。即使多数业主甚至全体业主均拖欠物业费，物业服务企业虽可依法诉请拖欠物业费的业主支付物业费或诉请业主委员会解除物业服务合同，但在物业服务合同解除之前，物业服务企业对事关全体业主生命、财产安全的消防设施设备仍负有以"善良管理人"身份进行谨慎管理的法定义务。物业服务企业违反该义务而造成业主损失的，应负赔偿责任。

【知识拓展】

一、物业服务企业实施物业管理的对象具有整体性和不可分性

物业服务合同是物业服务企业按约定对同一物业管理区域之内的所有房屋及其配套设施设备和相关场地实施物业管理和服务，业主按约定支付物业服务费的合同。对包括消防设施设备在内的全体业主区分共有的部分实施物业管理，是物业服务企业的合同义务。但是，同一物业管理区域之内，全体业主对配套的公共设施设备、相关场地等共有部分享有的区分共有权，仅有观念层面上的份额多少之分，而不能在具体位置或具体对象上加以区分，即物业服务企业不能区分各个具体的业主其区分共有权所指向的对象。

二、物业服务企业管理消防设施设备的义务具有公共应急性

《物权法》第 81 条规定，物业管理区域内的所有房屋及配套设施设备和相关场地的维护、养护、管理，以及环境卫生和相关秩序的维护，业主既可自行管理，也可委托物业服务企业进行管理。但是，与其他物业配套的设施设备相比，消防设施设备具有一定的特殊性，其建设和配备是为了预防和减少火灾危害，加强应急救援工作，保护人身、财产安全，维护公共安全。基于此，立法在维护管理消防设施设备方面给予了特别关注。《消防法》第 18 条第 2 款规定，住宅区的物业服务企业应当对管理区域内的共用消防设施进行维护管理，提供消防安全防范服务。

三、物业服务企业的权利救济途径具有衡平限定性

从形式上看，物业服务合同的当事人是物业服务企业和业主委员会。根据

合同相对性原则，物业服务企业应向业主委员会主张权利。但从实质上看，业主是物业服务合同项下权利义务的实际享有者和承担者，是物业服务合同的实质当事人。为维护物业服务企业的合法权利，有限突破合同相对性原则，规定物业服务企业可诉请拖欠物业费的业主支付物业费，是落实权利义务相一致原则的必然，不乏权利平衡之意。同时，物业管理涉及同一物业管理区域之内全体业主的人身、财产安全，甚至涉及更大区域、更广范围的公共安全，具有明显的涉众性和公共性，故在业主拖欠物业费或有其他违约行为时，对物业服务企业的权利救济途径进行必要的限制，亦有价值平衡之义。

▶ 探讨案例

购房人不小心购买了小产权房案[1]

2011 年 9 月 18 日，魏某同西拓房地产开发公司签订了《房屋买卖合同》，西拓公司在合同中表明已经依法取得了顺义区 H 村 A 地块 70 年土地使用权，以期房预售的形式将准备在该块土地上建设的兰亭 28 幢 2 单元 308 号出售给魏某。双方合同约定的交房时间为 2012 年 10 月 20 日前。魏某于签约当日交纳了全部购房款 238 000 元。但让魏某想不到的是，2012 年 10 月满心欢喜的他去收房的时候，发现工地依然空旷，西拓公司还没有开工建设。魏某打电话给西拓公司的负责人，答复是手续上暂时出了点问题，马上就会开工。随后，魏某了解到，西拓公司既没有取得土地使用权证，也没有取得房屋的预售许可证。

西拓公司承诺建设的房屋位于农村集体所有的土地上，西拓公司虽然与 H 村签订了合作协议，但该种土地是不允许进行商品房开发建设的，也就是说，魏某购买的房屋实际上是俗称的"小产权房"，该房屋本身就是不合法的。因此，魏某应该摒弃继续等待以准备收房的幻想，尽快通过法律手段挽回自己的损失。于是，魏某向法院提起诉讼，要求确认合同无效，西拓公司退还购房款、支付利息损失，并承担诉讼费用。法院经审理支持了魏某的全部诉讼请求。但是，由于起诉西拓公司的购房人众多，而西拓公司严重资不抵债，导致魏某申请执行后未能全部实现上述债权。我国《土地管理法》明确规定，任何单位和个人进行建设，需要使用土地的，必须依法申请使用国有土地，并规定农民集体所有的土地的使用权不得出让、转让或者出租用于非农业建设。因此，魏某购买的房屋显然是不合法的，如果魏某在购房时提前查验一下开发商是否取得土地证和预售许可证，而不是仅仅图便宜忽略了对开发商售房手续的关注，那

---

[1] "吴某某与澄迈县人民政府宅基地安置补偿纠纷案"，载 110 裁判案例网，http://www.110.com/panli/panli_54848.html.

么魏某的损失完全是可以避免的。

【深度思考】

1. 论述房地产权属制度。

2. 论述房地产交易规则。

3. 论述房地产开发建设管理。

阅　　读

1. 余水生：《房地产全程法律解读和风险防控》，法律出版社2015年版。

2. 申惠文：《房地产法学》，武汉大学出版社2015年版。

相关法津法规

1. 《中华人民共和国城市房地产管理法》（1994年7月5日发布，1995年1月1日起施行，2007年8月30日第一次修正，2009年8月27日第二次修正）

2. 《中华人民共和国物权法》（2007年3月16日公布，2007年10月1日起施行）

3. 《中华人民共和国城乡规划法》（2007年10月28日公布，2008年1月1日起施行，2015年4月24日修正）

4. 《中华人民共和国土地管理法》（1986年6月25日发布，1988年12月29日、1998年8月29日和2004年8月28日分三次修正）

5. 《中华人民共和国建筑法》（1997年11月1日公布，1998年3月1日起施行，2011年4月22日修正）

6. 《中华人民共和国合同法》（1999年3月15日公布，1999年10月1日起施行，2012年12月28日修正）

7. 《建设工程质量管理条例》（国务院，2000年1月10日通过并于2000年1月30日施行）

8. 《城市房屋拆迁管理条例》（国务院，2001年6月6日通过并于2001年11月1日施行，已失效，现行为《国有土地上房屋征收与补偿条例》，国务院，2011年1月21日发布并实施）

9. 《物业管理条例》（国务院，2003年6月8日通过，2007年8月26日修订，2007年10月1日起施行）

10. 《商品房销售管理办法》（建设部，2001年4月4日发布并于2001年6月1日起施行）

11. 《城市商品房预售管理办法》（建设部，1994年11月15日发布并于1995年1月1日施行，2004年7月20日修订）

12. 《城市房地产转让管理规定》（建设部，1995年8月7日发布并于1995年9月1日起施行，2001年8月15日修订）

13.《城市房地产抵押管理办法》（建设部，1997 年 5 月 9 日发布，1997 年 6 月 1 日起施行，2001 年 8 月 15 日修订）

14.《房屋登记办法》（建设部，2008 年 1 月 22 日通过并于 2008 年 7 月 1 日施行）

15.《商品房销售面积计算及公用建筑面积分摊规则（试行）》（建设部，1995 年 9 月 8 日发布，1995 年 12 月 1 日起施行）

16.《最高人民法院关于审理房地产管理法施行前房地产开发经营案件若干问题的解答》（1995 年 12 月 27 日发布并施行）

17.《最高人民法院关于适用〈中华人民共和国合同法〉若干问题的解释（一）》（1999 年 12 月 19 日发布并施行）

18.《最高人民法院关于当前形势下进一步做好房地产纠纷案件审判工作的指导意见》（2009 年 7 月 9 日发布并施行）

第二十一章
银行监管法律制度

▶ **本章提要**

　　银行业监管有广义和狭义两种理解。从狭义上讲，银行业监管是指国家金融监管机构对银行业金融机构的组织及其业务活动进行监督和管理的总称。广义的银行业监管则不仅包括国家金融监管机构对银行业金融机构的外部监管或他律监管，也包括银行业金融机构的内部监管或自律监管。《中华人民共和国银行业监督管理法》于2003年12月27日第十届全国人大常委会第六次会议通过，2004年2月1日起实施。第十届全国人民代表大会常务委员会第二十四次会议对《中华人民共和国银行业监督管理法》进行了修改，于2006年10月31日通过，自2007年1月1日起施行。

▶ **知识要点**

　　1.《银行业监督管理法》的基本问题：银行业金融机构的概念、对银行业金融机构的市场准入监管、对银行业金融机构的审慎监管以及对银行业金融机构的各项具体监管措施。

　　2. 银行业监督管理实务问题：违反《银行业监督管理法》的行为的行政处罚。

▶ **主 案 例**

案例一：　　　上海浦东发展银行股份有限公司信用卡中心
违反审慎经营规则案[1]

　　2011年8月18日，信用卡中心在未获取客户张某某收入证明的情况下，仅通过以卡办卡及薪金表等间接方式对张某某收入进行估算，并向其核发加速积

---

[1]　"中国银行业监督管理委员会上海监管局行政处罚决定书"（沪银监罚〔2014〕22号），载中国银监会网。

分白金卡（卡号：6222 2800 0356 ××××），初始信用额度为 1 万元。2012 年 10 月 26 日，信用卡中心未对持卡人张某某的收入真实状况进行核实，即将其信用额度从 1 万元上调为 1.4 万元。

2010 年 3 月 3 日和 2013 年 7 月 5 日，信用卡中心先后发现客户林某某的 VISA WOW 信用卡（卡号：4564 1800 0173 ××××，信用卡中心于 2007 年 6 月 14 日核发）、张某某的加速积分白金卡（卡号：6222 2800 0356 ××××）在某商户的交易触发了监测系统中的套现规则，存在疑似套现行为，但信用卡中心对两人账户未采取调减授信额度或止付等有效管控措施。

上述行为有信用卡申请材料、信用卡调查审批资料、信用卡中心信用卡制度、事实确认书等证据为证。

【案例分析】

本案中上海浦东发展银行股份有限公司信用卡中心违反了我国《银行业监督管理法》第 21 条规定（银行业金融机构的审慎经营规则，由法律、行政法规规定，也可以由国务院银行业监督管理机构依照法律、行政法规制定。前款规定的审慎经营规则，包括风险管理、内部控制、资本充足率、资产质量、损失准备金、风险集中、关联交易、资产流动性等内容。银行业金融机构应当严格遵守审慎经营规则）。违反了《商业银行内部控制指引》第 41 条规定（商业银行应当强化内部控制评价结果运用，可将评价结果与被评价机构的绩效考评和授权等挂钩，并作为被评价机构领导班子考评的重要依据）。违反了第 92 条规定（商业银行发行贷记卡，应当在全行统一的授信管理原则下，建立客户信用评价标准和方法，对申请人相关资料的合法性、真实性和有效性进行严格审查，确定客户的信用额度，并严格按照授权进行审批）（已修改）。违反了第 93 条规定（商业银行应当对贷记卡持卡人的透支行为建立有效的监控机制，业务处理系统应当具有实时监督、超额控制和异常交易止付等功能。商业银行应当定期与贷记卡持卡人对账，严格管理透支款项，切实防范恶意透支等风险）（已修改）。根据《银行业监督管理法》第 46 条第 5 项的规定，银监局中心作出责令改正，并处罚款人民币 20 万元的决定。

银行业金融机构的审慎经营规则，可以由法律、行政法规规定，也可以由银行监管机构根据法律、行政法规的有关规定制定。审慎经营规则具有很强的专业性和技术性，并可能随着银行业实践和金融创新的发展而随时需要进行修改和完善，而且，有些审慎经营规则并不具有强制性，只是为银行业金融机构的审慎经营提出指导性意见。

【知识拓展】

《银行业监督管理法》第 21 条第 1、2 款规定："银行业金融机构的审慎经营规则，由法律、行政法规规定，也可以由国务院银行业监督管理机构依照法律、行政法规制定。前款规定的审慎经营规则，包括风险管理、内部控制、资本充足率、资产质量、损失准备金、风险集中、关联交易、资产流动性等内容。"

一、审慎经营规则的内容

银行业金融机构的审慎经营规则包括，但不限于：

（一）风险管理

风险管理是指银行业金融机构识别、计量、监测和控制所承担的信用风险、市场风险、流动性风险、操作风险、法律风险和声誉风险等各类风险的全过程。银行业金融机构的风险管理体系应当包括以下四个基本要素：①董事会和高级管理层的有效监控；②完善的风险管理政策和程序；③有效的风险识别、计量、监测和控制程序；④完善的内部控制和独立的外部审计。

（二）内部控制

内部控制是银行业金融机构为实现经营目标，通过制定和实施一系列的制度、程序和方法，对风险进行事前防范、事中控制、事后监督和纠正的动态过程和机制。内部控制通常包含以下五个要素：①内部控制环境；②风险识别与评估；③内部控制措施；④信息交流与反馈；⑤监督评价与纠正。

（三）资本充足率

资本充足率是指银行业金融机构持有的、符合监管机构规定的资本与风险加权资产之间的比率，用以衡量其资本充足程度。资本作为一种风险缓冲剂，具有承担风险、吸收损失、保护银行业金融机构抵御意外冲击的作用，是保障银行业金融机构安全的最后一道防线。资本充足程度直接决定银行业金融机构最终清偿能力和抵御各类风险的能力。

（四）资产质量

银行业金融机构应当根据审慎经营和风险管理的要求，建立完善的资产分类政策和程序，对贷款和其他表内、外资产定期进行审查，并进行分类，以揭示资产的实际价值和风险程度，真实、全面、动态地反映资产质量。银行业金融机构应当对有问题资产进行严密监控，加大回收力度，减少资产损失。

（五）损失准备金

银行业金融机构应当根据审慎会计原则，合理估计资产损失，对可能发生的各项资产损失及时计提足额的损失准备，以提高抵御风险的能力，真实核算经营损益，保持稳健经营和持续发展。

（六）风险集中

银行业金融机构若资产分散程度不足，可能会面临较大的潜在风险，甚至产生巨额损失。因此，银行业金融机构应当限制对单一交易对手或一组关联交易对手的风险暴露，并控制对某一行业或地域的风险暴露。银行监管机构则应当对银行业金融机构管理风险集中的情况进行监督管理，并制定审慎监管限额，特别是对单一交易对手或一组关联交易对手风险暴露的审慎限额，促使其在经营过程中适当地分散风险，防止因风险过度集中而遭受损失。

（七）关联交易

银行业金融机构的关联交易是指银行业金融机构与其关联方之间发生的转移资源或义务的事项，包括授信、租赁、资产转移、提供劳务、研究与开发项目技术和产品的转移等。其中，关联授信包括银行业金融机构向关联方提供的贷款、贷款承诺、承兑、贴现、贸易融资、信用证、保函、透支、同业拆借、担保等。银行业金融机构应当制定关联交易管理制度，对关联交易进行内部授权管理，确保关联交易按照商业原则、以不优于对非关联方同类交易的条件进行，并将关联交易限制在监管机构和自身规定的审慎限额内。

（八）资产流动性

流动性是指银行业金融机构为资产的增长筹集资金和履行合同承诺、支付到期债务的能力。银行业金融机构应当持续、有效地管理资产、负债和表外业务，具备多样化的融资渠道和充足的流动性资产，以有效地监测和控制流动性风险，保持充足的流动性。流动性管理的关键因素是具备良好的管理信息系统、集中的流动性控制、对不同情况下净融资需求的分析、多样性的融资渠道和应急方案。

二、必要性

银行业金融机构属于经营特殊商品的高风险企业，其经营过程必然包含内在的风险，这些风险不能根除，只能加以管理和控制。所以，银行业金融机构应该审慎经营，使所从事业务的性质、规模及所承担的风险水平与其风险管理能力相匹配，从而将业务活动所涉及的风险控制在可以承受的范围内。而银行监管机构对银行业金融机构实施监督管理，就需要基于促使银行审慎经营、控制风险的目的，制定和实施一系列的审慎经营规则。制定审慎经营规则，并据此对银行业金融机构进行持续性监管，体现了监管机构的监管方式从合规性监管向风险监管的转变。在《银行业监督管理法》中具体提出此项要求，也是针对我国银行监管长期存在的只注重对银行的具体经营行为实施行政管制这一问题，促使我国的银行业监管逐步与国际最佳做法接轨，实现从合规性监管向风险监管的转移。

《银行业监督管理法》第46条规定，银行业金融机构有下列情形之一，由国务院银行业监督管理机构责令改正，并处20万元以上50万元以下罚款；情节特别严重或者逾期不改正的，可以责令停业整顿或者吊销其经营许可证；构成犯罪的，依法追究刑事责任：①未经任职资格审查任命董事、高级管理人员的；②拒绝或者阻碍非现场监管或者现场检查的；③提供虚假的或者隐瞒重要事实的报表、报告等文件、资料的；④未按照规定进行信息披露的；⑤严重违反审慎经营规则的；⑥拒绝执行本法第37条规定的措施的。

案例二：　中国工商银行广州大道支行超出服务价目表收取费用和收取个别客户提前还款手续费的违规收费案[1]

一、超出服务价目表收取费用

你支行2014年3月共收取提前还款律师费5笔，合计0.35万元。该费用未在工商银行总行制定的服务价目表范围内。

上述行为有下列证据为证：

1.《其他应收款待清算过渡款项——对公收费系统收入过渡户》；

2.《2014年3月个人客户提前还款服务律师费会计凭证清单》；

3. 中国工商银行特种转账凭证5份；

4. 授权委托书5份；

5.《中国工商银行内部记账凭证》；

6.《中国工商银行服务价目表》（2012年版）及适用时间证据材料；

7. 个人购房借款合同5份。

二、收取个别客户提前还款手续费

你支行分别于2013年9月12日、9月23日和2014年4月11日收取客户何某某、苏甲和苏乙、李某某提前还款手续费1.6万元、3.5万元和2万元，合计7.1万元。你支行于2012年9月10日与何某某签订《个人借款/担保合同》，2012年7月11日与苏甲和苏乙签订《个人购房借款/担保合同》，2013年4月20日与李某某签订《个人借款/担保合同》，上述合同中均未写明提前还款需要由上述人员支付手续费。而上述人员分别于2013年8月26日、9月13日和2014年3月10日提出提前还款时，你支行要求上述客户签订借款合同补充协议并支付个人提前还款补偿金，若客户不支付相应手续费将直接对提前还款行为构成障碍。

上述行为有下列证据为证：

1.《个人借款/担保合同》2份和《个人购房借款/担保合同》1份；

---

[1] "中国银行业监督管理委员会广东监管局行政处罚决定书"（粤银监罚［2014］22号），载中国银监会网。

2. 提前还款手续费业务凭证 3 份；

3. 授权委托书 3 份；

4. 借款合同补充协议 3 份。

【案例分析】

第一点行为违反了《商业银行服务价格管理暂行办法》（已失效）第 9 条 "实行市场调节价的服务价格，由商业银行总行、外国银行分行（有主报告行的，由其主报告行）自行制定和调整，其他商业银行分支机构不得自行制定和调整价格。商业银行制定和调整价格时应充分考虑个人和企事业的承受能力" 的规定，且属于我国银监会《关于进一步推进银行业不规范经营专项治理的通知》（银监发［2012］15 号）第四点 "六类不合理收费问题" 中 "没有公示而收费的" 情形。

第二点行为违反了《商业银行法》第 5 条 "商业银行与客户的业务往来，应当遵循平等、自愿、公平和诚实信用的原则" 和《中国银监会关于整治银行业金融机构不规范经营的通知》（银监发［2012］3 号）第二点 "③公开透明。服务价格应遵循公开透明原则，各项服务必须'明码标价'，充分履行告知义务……确保客户了解充分信息，自主选择" 的规定。

依据《商业银行法》第 50 条 "商业银行办理业务，提供服务，按照规定收取手续费" 以及第 73 条 "商业银行有下列情形之一，对存款人或者其他客户造成财产损害的，应当承担支付迟延履行的利息以及其他民事责任：……④违反本法规定对存款人或者其他客户造成损害的其他行为。有前款规定情形的，由国务院银行业监督管理机构责令改正……没有违法所得或者违法所得不足 5 万元的，处 5 万元以上 50 万元以下罚款" 的规定，对于第一点行为，银监局责令该支行改正相关违规行为，并对你支行作出罚款 5 万元的行政处罚；对于第二点行为，责令该支行改正相关违规行为，并对该支行作出罚款 8 万元的行政处罚。

综上，银监局决定作出罚款合计 13 万元的行政处罚，同时责令支行改正相关违规行为。

平等、自愿、公平和诚实信用原则，是商业银行在其进行业务时始终应当遵循的基本原则。

【知识拓展】

《商业银行法》第 5 条规定："商业银行与客户的业务往来，应当遵循平等、自愿、公平和诚实信用的原则。"

本条所规定的原则即我国民法的基本原则，《民法通则》第 4 条规定："民事活动应当遵循自愿、公平、等价有偿、诚实信用的原则。" 商业银行与客户进行业务活动是民事法律行为，商业银行在进行业务往来时理应遵守民法及商业银行法所规定的基本原则。与商业银行进行业务往来的人，包括自然人和法人，即为客户。所说的"业务往来"包括存款、贷款、转账、通过银行交款以及其他与商业银行进行各种活动的行为。

中国银监会《关于整治银行业金融机构不规范经营的通知》（银监发〔2012〕3号）第二点规定，银行业金融机构要严格遵守国家价格主管部门和监管机构关于金融服务收费的各项政策规定，对现行收费服务价目进行全面梳理检查，及时自查自纠，并严格遵守以下原则：

1. 合规收费。服务收费应科学合理，服从统一定价和名录管理原则。银行业金融机构应制定收费价目名录，同一收费项目必须使用统一收费项目名称、内容描述、客户界定等要素，并由法人机构统一制定价格，任何分支机构不得自行制定和调整收费项目名称等要素。对实行政府指导价的收费项目，严格对照相关规定据实收费，并公布收费价目名录和相关依据；对实行市场调节价的收费项目，应在每次制定或调整价格前向社会公示，充分征询消费者意见后纳入收费价目名录并上网公布，严格按照公布的收费价目名录收费。

2. 以质定价。服务收费应合乎质价相符原则，不得对未给客户提供实质性服务、未给客户带来实质性收益、未给客户提升实质性效率的产品和服务收取费用。

3. 公开透明。服务价格应遵循公开透明原则，各项服务必须"明码标价"，充分履行告知义务，使客户明确了解服务内容、方式、功能、效果，以及对应的收费标准，确保客户了解充分信息，自主选择。

4. 减费让利。银行业金融机构应切实履行社会责任，对特定对象坚持服务优惠和减费让利原则，明确界定小微企业、"三农"、弱势群体、社会公益等领域相关金融服务的优惠对象范围，公布优惠政策、优惠方式和具体优惠额度，切实体现扶小助弱的商业道德。

《商业银行法》第50条规定："商业银行办理业务，提供服务，按照规定收取手续费。收费项目和标准由国务院银行业监督管理机构、中国人民银行根据职责分工，分别会同国务院价格主管部门制定。"

商业银行是以营利为目的的企业法人，它具有一般企业法人的特征。按照企业法人的要求，商业银行实行自主经营、自担风险、自负盈亏的经营机制。效益性是商业银行经营目标的核心，在业务活动中，商业银行同样以追求最大的利润为目的，所以，商业银行除了可以通过存、贷款业务获取利差外，还可以在办理业务、提供服务时收取一定的手续费。

商业银行一般在提供银行中间业务时收取手续费，如办理国内外结算、办理票据承兑、贴现、提供信用证服务及担保、代理收付款项、提供信用卡服务等。但是，商业银行不能随意收取手续费，而是必须按照规定收取。根据本条规定，商业银行的收费项目和标准，按照监管的职责，绝大多数由国务院银行业监督管理机构会同国务院价格主管部门制定，一部分则由中国人民银行会同国务院价格主管部门制定。这是商业银行收取手续费必须遵守的，未经国务院银行业监督管理机构、中国人民银行和国务院价格主管部门的同意，不得私设收费项目或擅自提高收费标准。本条规定的目的是防止商业银行在办理业务、提供服务过程中乱收费，过度增加客户的负担，也为了防止商业银行在服务过程中的恶性竞争，以确保金融市场的稳定运行，减少金融风险。国务院银行业监督管理机构、中国人民银行根据职责分工在分别会同国务院价格主管部门制定手续费的收费标准或者收费项目时应当充分考虑金融市场的基本情况和客户的接受能力。

案例三： 汉口银行违法违规问题案[1]

一、违反高级管理人员准入管理规定

2013 年 3 月 20 日，汉口银行股份有限公司 2012 年度股东大会会议表决通过了关于选举彭某为汉口银行股份有限公司第四届董事会董事的议案。2013 年 6 月 29 日，彭某以董事身份，就"关于北京盛泰世纪电子信息技术有限责任公司转让股权的议案"进行表决签名。执法机构于 2013 年 7 月 17 日才对其任职资格批复（鄂银监复 ［2013］277 号）。

上述行为有下列证据为证：

1. 汉口银行股份有限公司 2012 年度股东大会会议决议；

2. 彭某关于北京盛泰世纪电子信息技术有限责任公司转让股权的议案表决票；

3. 中国银监会湖北监管局关于彭某任职资格的批复。

上述行为违反了《中华人民共和国银行业监督管理法》第 20 条"国务院银行业监督管理机构对银行业金融机构的董事和高级管理人员实行任职资格管理。……"和《中资商业银行行政许可事项实施办法》（银监会令 2006 年第 2 号，已失效）第 121 条"中资商业银行董事长、副董事长、独立董事和其他董事等董事会成员以及董事会秘书，须经任职资格许可……"的规定。根据汉口银行违法行为的事实、性质、情节与社会危害程度，考虑到汉口银行在收到执

---

[1] "中国银行业监督管理委员会湖北监管局行政处罚决定书"（鄂银监罚 ［2014］7 号），载中国银监会网站。

法机构的现场检查意见书后，修订了《公司章程》及配套公司治理制度，完善了高管任职制度，整改较为及时，根据《中华人民共和国银行业监督管理法》第46条第1项和《中华人民共和国行政处罚法》第27条的规定，现对汉口银行给予从轻处罚，作出罚款人民币20万元的行政处罚。

二、贷款挪作银行承兑汇票保证金

1. 汉口银行宜昌分行夷陵支行于2013年8月12日向宜昌萧氏茶叶集团有限公司（账号：611041000011648）发放流动资金贷款2600万元（发放前账户余额为0元），8月12日16时38分支付给宜昌大象印务有限公司在三峡农商行开立的账户（账号：82010000000970032），8月13日11时22分由宜昌大象印务有限公司在三峡农商行的账户（账号：82010000000970032）转回宜昌萧氏茶叶集团有限公司在汉口银行宜昌分行营业部的账户（账号：611011000037166，交易前账户余额为8.33万元）2600万元，8月13日16时45分宜昌萧氏茶叶集团有限公司在宜昌分行营业部开立的账户（账号：611011000037166）转出2600万元至宜昌萧氏茶叶集团有限公司在夷陵支行的账户（账号：611041000011648），8月13日17时39分2600万元进入保证金账户。

2. 2012年3月13日，汉口银行积玉桥支行向十堰阜祥达工贸有限公司发放贷款500万元。该笔贷款当天全部进入企业在汉口银行徐东支行开立的账户（账号：371021000152410）。2012年3月14日，该账户（贷款发放前，账户余额70 551.49元）于15时41分26秒转出1笔，金额480万元，收款人：十堰源禹工贸有限公司，账号：371021000152436（此笔资金转入前，账户余额21 427.47元），开户行：汉口银行徐东支行。当天15时47分53秒，十堰源禹工贸有限公司将480万元转回贷款企业在汉口银行徐东支行存款账户。当天贷款企业从存款账户转存到保证金账户5笔，每笔100万元，合计500万元。

上述行为有下列证据为证：

1. 宜昌萧氏茶叶集团有限公司流动资金借款合同；
2. 宜昌萧氏茶叶集团有限公司转账凭证及账户流水；
3. 宜昌大象印务有限公司转账凭证及账户流水；
4. 十堰阜祥达工贸有限公司流动资金借款合同；
5. 十堰阜祥达工贸有限公司转账凭证及账户流水；
6. 十堰源禹工贸有限公司转账凭证及账户流水。

上述行为违反了《关于银行承兑汇票业务案件风险提示的通知》（银监办发〔2011〕206号）第三部分"加强对保证金来源真实性、合规性的审核和管理，不得降低业务标准。办理业务过程中，必须确保承兑保证金比例适当且及时足额到位，不得以贷款或贴现资金缴存保证金，……"以及《商业银行内部控制指引》（银监会令 2007 年第 6 号，已被修改）第 48 条"商业银行应当严格审查和监控贷款用途，防止借款人通过贷款、贴现、办理银行承兑汇票等方式套取信贷资金，改变借款用途"的规定。根据汉口银行违法行为的事实、性质、情节与社会危害程度，根据《中华人民共和国银行业监督管理法》第 46 条第 5 项的规定，对汉口银行作出罚款人民币 40 万元的行政处罚。

三、贷款转为定期存款

2013 年 1 月 28 日，汉口银行鄂州分行向湖北丰誉焦煤能源有限公司发放贷款 500 万元。该笔贷款当天全部进入企业在汉口银行鄂州分行营业部开立的账户（账号：610011000017474），在贷款发放前，该账户余额 60 640.79 元，当天该账户于 14 时 20 分 52 秒转出 1 笔，金额 500 万元，收款人：鄂州誉丰带钢有限公司（账号：6100110000125871），此笔资金转入前，该账户余额 10 元，开户行：汉口银行鄂州分行营业部。14 时 31 分 03 秒 500 万元资金又转回贷款企业存款账户。当天从贷款企业存款账户转存银行定期存款 1 笔，金额 300 万元。

上述行为有下列证据为证：

1. 湖北丰誉焦煤能源有限公司流动资金借款合同；
2. 湖北丰誉焦煤能源有限公司转账凭证及账户流水；
3. 鄂州誉丰带钢有限公司转账凭证及账户流水。

【案例分析】

根据《商业银行内部控制指引》（银监会令 2007 年第 6 号，已被修改）第 48 条"商业银行应当严格审查和监控贷款用途，防止借款人通过贷款、贴现、办理银行承兑汇票等方式套取信贷资金，改变借款用途"、我国银监会《关于整治银行业金融机构不规范经营的通知》（银监发［2012］3 号）第一部分第 1 项"不得以贷转存。银行信贷业务要坚持实贷实付和受托支付原则，将贷款资金足额直接支付给借款人的交易对手，不得强制设定条款或协商约定将部分贷款转为存款"和《人民币单位存款管理办法》（银发［1997］485 号）第 7 条"财政拨款、预算内资金及银行贷款不得作为单位定期存款存入金融机构"的规定，同时根据汉口银行违法行为的事实、性质、情节与社会危害程度，考虑到该笔贷款已按时收回，汉口银行对责任人进行了员工失职行为违规积分处理，对单位进行了绩效考核扣分处理，并将根据执法机构的处理情况，进一步对责任人进行行政处分，根据《银行业监督管理法》第 46 条第 5 项和《行政处罚法》第 27 条的规定，对汉口银行给予从轻处罚，作出罚款人民币 20 万元的行政处罚。以上三项违法违规事实，共对汉口银行作出罚款人民币 80 万元的行政处罚。

商业银行应当严格审查和监控贷款用途，防止借款人通过贷款、贴现、办理银行承兑汇票等方式套取信贷资金，改变借款用途。商业银行应当建立统一的授信操作规范，明确贷前调查、贷时审查、贷后检查各个环节的工作标准和尽职要求，如贷前调查应做到实地查看，如实报告授信调查掌握的情况，不回避风险点。

贷前调查报告、贷时审查报告和贷后检查报告共同构成了贷款"三查"报告体系，是由信贷管理人员在不同的信贷阶段制作完成的文件。通过对借款人的信用状况、贷款用途、偿还能力及担保情况等综合分析揭示贷款存在的风险点，提出风险控制措施，为审批决策和后续管理提供参考依据。

贷时审查是指审查人员对调查人员提供的资料进行核实、评定，复测贷款风险度，提出审核意见，按规定履行审批手续。贷时审查的基本内容是多方面的。重点有：审批前提是否成立；信贷审批要求、法律意见是否落实；各项信贷文件、资料、手续是否齐全；有关业务合同协议是否全面、正确签订，是否合法有效；各资料、文件或合同之间逻辑关系是否一致、正确，表面是否真实；业务背景是否真实、合理；信贷用途是否符合要求；信贷额度、期限是否存在有效范围；信贷押品是否入账（保证金）、入库或监管（抵押物、其他质物）；信用状况、主体与业务资格、财务状况、人事和法律状况是否有重大变化；操作程序是否正确，各级审批是否越权等。

贷后检查是指贷款发放后，贷款人对借款人执行借款合同情况及借款人的经营情况进行追踪调查和检查。如果发现借款人未按规定用途使用贷款等造成贷款风险加大的情况，可提前收回贷款或采取相关保全措施。

【知识拓展】

《中国银监会关于整治银行业金融机构不规范经营的通知》（银监发〔2012〕3号）

银行业金融机构要认真遵守信贷管理各项规定和业务流程，按照国家利率管理相关规定进行贷款定价，并严格遵守下列规定：

1. 不得以贷转存。银行信贷业务要坚持实贷实付和受托支付原则，将贷款资金足额直接支付给借款人的交易对手，不得强制设定条款或协商约定将部分贷款转为存款。

2. 不得存贷挂钩。银行业金融机构贷款业务和存款业务应严格分离，不得以存款作为审批和发放贷款的前提条件。

3. 不得以贷收费。银行业金融机构不得借发放贷款或以其他方式提供融资之机，要求客户接受不合理中间业务或其他金融服务而收取费用。

4. 不得浮利分费。银行业金融机构要遵循利费分离原则，严格区分收息和收费业务，不得将利息分解为费用收取，严禁变相提高利率。

5. 不得借贷搭售。银行业金融机构不得在发放贷款或以其他方式提供融资时强制捆绑、搭售理财、保险、基金等金融产品。

6. 不得一浮到顶。银行业金融机构的贷款定价应充分反映资金成本、风险成本和管理成本，不得笼统将贷款利率上浮至最高限额。

7. 不得转嫁成本。银行业金融机构应依法承担贷款业务及其他服务中产生的尽职调查、押品评估等相关成本，不得将经营成本以费用形式转嫁给客户。

▶ 探讨案例

十堰市城区农村信用合作联社无真实贸易背景票据承兑和贴现，虚增存贷款案[1]

根据《中华人民共和国银行业监督管理法》《中华人民共和国行政处罚法》等有关规定，银监会对十堰市城区农村信用合作联社（以下简称"十堰市城区联社"）履职情况进行了现场检查，并依法向十堰市城区联社告知了作出行政处罚的事实、理由、依据及依法享有的权利，现已调查终结。

经银监会查明，十堰市城区联社存在着办理无真实贸易背景票据承兑和贴现，虚增存贷款的违法违规行为。

该行为违反了《中华人民共和国银行业监督管理法》第46条第5项"银行业金融机构有下列情形之一，由国务院银行业监督管理机构责令改正，并处20万元以上50万元以下罚款……⑤严重违反审慎经营规则的"的规定。现对十堰市城区联社作出罚款人民币20万元的行政处罚，并责令其停办票据业务，对已办票据业务进行全面清理和风险评估。

十堰市城区联社应自收到本处罚决定之日起15日内，将罚款汇至中国银行业监督管理委员会财务会计部（中央财政汇缴专户），开户银行：中国光大银行北京中关村支行，账号：75080188000020407。

如不服本行政处罚决定，可以在收到本处罚决定书之日起60日内向银监会申请行政复议，也可以在收到本处罚决定书之日起3个月内向有管辖权的人民法院提起诉讼。复议和诉讼期间本决定不停止执行。逾期不履行本决定的，处罚机关将采取以下措施：①每日按罚款数额的3%加处罚款；②申请人民法院强制执行。

十堰市城区联社应及时对违法违规的相关责任人员进行处理，引以为戒，加强内部管理，严格遵守金融法规，促进依法合规经营。

---

[1] "中国银行业监督管理委员会湖北监管局行政处罚决定书"（鄂银监罚〔2010〕16号），载中国银监会网。

【深度思考】

1. 商业银行资产运营监管内容有哪些?

2. 商业银行接管、终止的适用情况有哪些?

3. 商业银行与一般公司企业法人的区别有哪些?

阅　　读

1. 国务院法制办公室:《中华人民共和国金融法典注释法典(新三版)》,中国法制出版社 2016 年版。

2. 强力、王志成:《中国金融法》,中国政法大学出版社 2010 年版。

相关法律法规

1.《中华人民共和银行业监督管理法》(2003 年 12 月 27 日通过,2006 年 10 月 31 日修正)

2.《中华人民共和国商业银行法》(1995 年 5 月 10 日通过,2003 年 12 月 27 日第一次修正,2015 年 8 月 29 日第二次修正)

3.《中华人民共和国人民银行法》(1995 年 3 月 18 日公布并实施,2003 年 12 月 27 日修正)

4.《中华人民共和国公司法》(1993 年 12 月 29 日通过,1994 年 7 月 1 日起施行,1999 年 12 月 25 日第一次修正,2004 年 8 月 28 日第二次修正,2005 年 10 月 27 日第三次修订,2013 年 12 月 28 日第四次修正)

5.《中华人民共和国外资金融机构管理条例》(国务院,2001 年 12 月 20 日公布,2002 年 2 月 1 日起施行,已失效)

6.《金融机构撤销条例》(国务院,2001 年 11 月 14 日通过,2001 年 11 月 23 日公布,2001 年 12 月 15 日起实施)

7.《非法金融机构和非法金融业务活动取缔办法》(国务院,1998 年 6 月 30 日通过,1998 年 7 月 13 日发布并实施,2011 年 1 月 8 日修订)

8.《中华人民共和国人民币管理条例》(国务院,1999 年 12 月 28 日通过并于 2000 年 5 月 1 日施行,2014 年 7 月 29 日修改)

9.《储蓄管理条例》(国务院,1992 年 12 月 11 日通过并于 1993 年 3 月 1 日施行,2011 年 1 月 8 日修订)

10.《个人存款账户实名制规定》(国务院,2000 年 3 月 20 日发布并与 2000 年 4 月 1 日施行)

11.《中国人民银行关于执行〈储蓄管理条例〉的若干规定》(中国人民银行,1993 年 1 月 21 日发布并施行)

12.《教育储蓄管理办法》(中国人民银行,2000 年 3 月 28 日发布并实施)

13.《人民币利率管理规定》(中国人民银行,1999 年 3 月 2 日发布并于

1999 年 4 月 1 日施行）

14.《中国人民银行关于规范住房金融业务的通知》（中国人民银行，2001年 6 月 19 日发布并施行，已失效）

15.《经济适用住房开发贷款管理暂行规定》（中国人民银行，1999 年 4 月 6 日发布并施行，已失效，现行为《经济适用住房开发贷款管理办法》，中国人民银行、中国银行业监督管理委员会，2008 年 1 月 18 日发布，2008 年 2 月 18日施行）

16.《单位定期存单质押贷款管理规定》（中国银行业监督管理委员会，2007 年 7 月 3 日发布并施行）

17.《中华人民共和国外资金融机构管理条例实施细则》（中国人民银行，2002 年 1 月 25 日发布并于 2002 年 2 月 1 日施行，已失效）

18.《最高人民法院关于审理存单纠纷案件的若干规定》（1997 年 12 月 13日公布起施行）

19.《最高人民法院关于对被执行人存在银行的凭证式国库券可否采取执行措施问题的批复》（1998 年 2 月 12 日公布起施行，2008 年 12 月 16 日调整）

20.《最高人民法院关于如何确认公民与企业之间借贷行为效力问题的批复》（1999 年 2 月 13 日起施行）

21.《最高人民法院关于人民法院能否对信用证开证保证金采取冻结和扣划措施问题的规定》（1997 年 9 月 16 日公布起施行）

22.《最高人民法院关于超过诉讼时效期间借款人在催款通知单上签字或者盖章的法律效力问题的批复》（1999 年 2 月 16 日起施行）

23.《最高人民法院、中国人民银行关于依法规范人民法院执行和金融机构协助执行的通知》（2000 年 9 月 4 日起施行）

24.《最高人民法院关于审理涉及金融资产管理公司收购、管理、处置国有银行不良贷款形成的资产的案件适用法律若干问题的规定》（2001 年 4 月 23 日起施行）

第二十二章
证券监管法律制度

本章提要

《证券法》是中国第一部由全国人大专家组织起草，然后提交全国人大常委会审议通过的法律。2003 年 8 月 8 日，全国人大财经委员会《证券法》修改起草组开始向社会征求《证券法》修改意见，邀请中国证券业协会、沪深证券交易所、中国证券登记结算公司以及证券公司、基金管理公司、上市公司、律师事务所、会计师事务所、新闻界以及部分群众代表参加，听取社会各界对《证券法》修改的意见和建议，研讨《证券法》修改的主要问题。2003 年 10 月 20 日，起草组举行第三次全体会议，认为修改工作已取得阶段性成果，根据第十届全国人大常委会 2003 年立法规划，全国人大常委会将于 12 月对最后提交的《证券法》修正案草案进行审议。2005 年 4 月 24 日，历经近两年的起草，《证券法》修订草案首次提请第十届全国人大常委会第十五次会议审议，正式进入全国人大常委会的立法程序。2005 年 10 月 27 日第十届全国人民代表大会常务委员会第十八次会议修订，根据 2013 年 6 月 29 日第十二届全国人民代表大会常务委员会第三次会议《关于修改〈中华人民共和国文物保护法〉等十二部法律的决定》第二次修正，根据 2014 年 8 月 31 日第十二届全国人民代表大会常务委员会第十次会议《关于修改〈中华人民共和国保险法〉等五部法律的决定》第三次修正。

知识要点

1. 《证券法》的基本问题：《证券法》的基本原则、《证券法》的结构、证券发行与交易规则以及违反《证券法》的法律责任。

2. 《证券法》的实务问题：证券发行纠纷的处理、股票交易错误代理赔偿损失处理、股票委托交易越权代理纠纷处理以及挪用客户资金问题的处理。

主 案 例

案例一：　　　　　　　瞿某内幕交易行为行政处罚案[1]

2007年3月下旬，上市公司向其控股股东集团公司报送《产权代表重大事项报告表》（关于2、3号厂房合作方案的报告），提出为落实具体的改造开发工作，拟以2005年11月25日上市公司与深圳市某首饰有限公司签订的《合作开发工业区2、3号厂房合同书》为基础，以成立合资公司的方式进行合作，合作双方各占股50%，上市公司以厂房评估作价入股，首饰公司以现金注资。4月初，集团公司收到上述报告，原则同意该项目。5月28日，上市公司根据集团公司要求上报了《合作改造可行性分析报告》，分析结论称"我司通过与首饰公司的合作，2、3号厂房现已取得房地产证，并使物业的使用期限延至2034年。现物业市值为2443.53万元；租金总收入的现值为3187.51万元，比未与首饰公司合作即办证延期前增加1754.39万元"。"通过对2、3号厂房的改造升级，我公司可分得改造后物业面积9276.78㎡，其中新增物业面积983.37㎡。改造后物业市值6054.75万元，租金总收入的现值为9472万元，比未改造前增加6284.49万元，比未与首饰公司合作即办证延期前增加8038.88万元。"9月底，上市公司向集团公司上报《合作开发利益分配事宜的意见》，对项目利益分配及采用何种方案提出了意见。10月12日，集团公司领导班子召开会议，会议决定"同意上市公司继续履行与首饰公司签订的合作开发厂房协议。协议计划成立合资公司等相关事项，集团投资发展部要按有关程序抓紧报批"。10月22日，集团公司认为该项目具备可行性，并向其控股股东上报。11月30日，上市公司向集团公司上报《关于报送项目有关资料的报告》，该报告附件包括《项目可行性分析报告》《房地产估价报告》等。其中，《可行性报告》的分析结论写明：成立投资公司当年，可为上市公司带来2470万元账上收益；针对该项目的实施，上市公司每年能获得469.46万元的净利润，比改造前增加306.38万元；该项目投资回收期在合理范围之内。12月7日，集团公司向上市公司出具《关于同意成立投资有限公司的批复》。12月11日，上市公司董事会审议通过相关议案。同日，上市公司签订《合作协议书》。12月14日，上市公司公告了上述合作事项。12月31日，上市公司确认以水贝厂房作价投资入股的营业外收入23 321 551.51元。根据上市公司披露的相关定期报告，其2006年净利润为−92 148 791.60元，2007年前三季度净利润为−111 113.13元。

瞿某自2003年5月6日起任特发集团办公室副主任，其工作职责为负责领

---

〔1〕　载法律宣传，http://www.cs.ecitic.com/lawPublic/law06.html.

导班子会议记录，领导讲话、重要文件起草等工作。在集团公司按要求向深圳证监局报送的有关表格中，瞿某被确认为接触上市公司未公开信息的人员之一。2007年10月12日，瞿某列席了特发集团领导班子会议，该会议同意上市公司继续履行与首饰公司签订的合作开发厂房协议，并要求投资发展部按程序报投资控股批准。2007年12月7日，集团公司向上市公司出具《关于同意成立投资有限公司的批复》，集团公司提供的文件流转表上有"已核批复稿。瞿某7/12 07"字样。瞿某向调查人员承认，在2007年12月7日核校集团公司总部对上市公司2007年11月30日上报的《关于报送项目有关资料的报告》的批复稿时，因核校工作需要，通读了上述报告及相关所有附件和其他相关意见。

瞿某有买卖该上市公司股票的行为。在接受调查人员询问时承认，其账户交易都是本人通过电话委托进行的，账户资金来源于本人。2007年12月11日，瞿某使用其办公电话下单，用其证券账户一次性买入该上市公司股票83 700股，买入量居当日该股买入交易排名首位，共使用资金110余万元，占其账户当时总资产的99.76%。2008年3月7日和11日，瞿某通过电话委托交易方将所有股票卖出，扣除相关税费等交易费用后略有亏损。

【案例分析】

本案涉及的上市公司与首饰公司合作开发项目事项，在尚未公开以前，属于《证券法》第75条规定的内幕信息。瞿某在2007年10月12日列席集团公司领导班子会议时，初步知道了有关内幕信息，在2007年12月7日核批有关文件时进一步知悉了内幕信息的具体内容。瞿某作为上市公司控股股东中因工作职责能够接触到内幕信息的人员，在知悉内幕信息后、内幕信息公开以前，一次性大量买入上市公司股票，构成了《证券法》第202条"证券交易内幕信息的知情人或者非法获取内幕信息的人，在涉及证券的发行、交易或者其他对证券的价格有重大影响的信息公开前，买卖该证券"的行为。瞿某在陈述申辩材料中提出，其购买该上市公司股票，没有主观利用内幕信息牟利的恶意或故意，只是非常巧合地因为本人处于能够知悉内幕消息的地位，通过独立判断认为该上市公司有潜力。证监会认为，瞿某的辩解缺乏足够的证据支持，不足以排除对其内幕交易行为的认定。基于上述事实和理由，依据《证券法》第202条的规定，证监会决定对瞿某处以3万元的罚款。

内幕交易行为人为达到获利或避损的目的，利用其特殊地位或机会获取内幕信息进行证券交易，违反了证券市场"公开、公平、公正"的原则，侵犯了投资公众的平等知情权和财产权益。而且，内幕交易丑闻会吓跑众多的投资者，严重影响证券市场功能的发挥。同时，内幕交易使证券价格和指数的形成过程失去了时效性和客观性，它使证券价格和指数成为少数人利用内幕信息炒作的结果，而不是投资大众对公司业绩综合评价的结果，最终会使证券市场丧失优化资源配置及作为国民经济晴雨表的作用。

【知识拓展】

内幕交易是指内幕人员和以不正当手段获取内幕信息的其他人员违反法律、法规的规定，泄露内幕信息，根据内幕信息买卖证券或者向他人提出买卖证券建议的行为。

《证券法》第74条规定，证券交易内幕信息的知情人包括：①发行人的董事、监事、高级管理人员；②持有公司5%以上股份的股东及其董事、监事、高级管理人员，公司的实际控制人及其董事、监事、高级管理人员；③发行人控股的公司及其董事、监事、高级管理人员；④由于所任公司职务可以获取公司有关内幕信息的人员；⑤证券监督管理机构工作人员以及由于法定职责对证券的发行、交易进行管理的其他人员；⑥保荐人、承销的证券公司、证券交易所、证券登记结算机构、证券服务机构的有关人员；⑦国务院证券监督管理机构规定的其他人。

内幕信息是指为内幕人员所知悉、尚未公开的可能影响证券市场价格的重大信息。"信息未公开"指公司未将信息载体交付或寄送大众传播媒介或法定公开媒介发布或发表。如果信息载体交付或寄送传播媒介超过法定时限，即使未公开发布或发表，也视为公开。内幕信息包括：证券发行人订立重要合同，该合同可能对公司的资产、负债、权益和经营成果中的一项或者多项产生显著影响；证券发行的经营政策或者经营范围发生重大变化；证券发行人发生重大的投资行为或者购置金额较大的长期资产的行为；证券发行人发生重大债务；证券发行人未能归还到期债务的违约情况；证券发行人发生重大经营性或非经营性亏损；证券发行人资产遭受到重大损失；证券发行人的生产经营环境发生重大变化；可能对证券市场价格有显著影响的国家政策变化；证券发行的董事长、1/3以上的董事或者总经理发生变化；持有证券发行人5%以上的发行在外的普通股的股东，其持有该种股票的增减变化每达到该种股票发行在外总额的2%以上的事实；证券发行人的分红派息，拉资扩股计划；涉及发行人的重大诉讼事项；证券发行人进入破产、清算状态；证券发行人章程、注册资本和注册地址的变更；证券发行人无支付能力而发生相当于被退票人流动资金的5%以上的大额银行退票；证券发行人更换为其审计的会计师事务所；证券发行人债务担保的重大变更；股票的二次发行；证券发行人营业用主要资产的抵押，出售或者报废一次超过该资产的30%；证券发行人董事、监事或者高级管理人员因其行为可能依法负有重大损害赔偿责任；证券发行人的股东大会、董事会或者监事会的决定被依法撤销；证券监管部门作出禁止证券发行人有控股权的大股东转让其股份的决定；证券发行人的收购或者兼并；证券发行人的合并或者分立；等等。

内幕交易行为在客观上表现为以下几种：内幕人员利用内幕信息买卖证券或者根据内幕信息建议他人买卖证券；内幕人员向他人泄露内幕信息，使他人利用该信息进行内幕交易；非内幕人员通过不正当手段或者其他途径获得内幕信息，并根据该信息买卖证券或者建议他人买卖证券。

案例二：　　　　　　　　　韩某老鼠仓案[1]

2009 年 1 月 6 日，年仅 36 岁的韩某被任命为长城久富基金的基金经理，之前韩某先后担任长城久恒的基金经理和长城基金研究部总经理。2009 年 8 月，深圳证监局对辖区 14 家基金公司的基金经理的执业行为进行了突击检查。韩某在这一次检查中被发现私设老鼠仓。

深圳证监局在检查中发现，景顺长城基金公司基金经理涂某，长城基金公司基金经理韩某、刘某涉嫌利用非公开信息买卖股票，涉嫌账户金额从几十万元至几百万元不等。三位基金经理私设老鼠仓，这是自基金黑幕之后基金业最大的丑闻。

根据已经公布的涂某和刘某的交易细节来看，这两位被行政处罚的基金买卖的股票均以中小盘的权重股为主。从 2009 年 8 月被现场检查之前长城久富公布的一季报和半年报的数据看，韩某掌管的基金均是白马股，不存在 ST 股或者重组股。

从前十大重仓股可以看出，一季报跟半年报中有 5 只股票相同，尤其是韩某接手长城久富之后开始大举增仓汽车股，一汽富维和华域汽车一跃成为第六和第八重仓股，分别持有 1.15 亿元和 1.09 亿元。而从 2009 年半年报的交易数据来看，一汽富维和华域汽车也是其买入金额的第四名和第五名，从中可以看出韩某对这两只股票非常看好。尽管无法获悉韩某亲属账户的交易信息，但这不排除其存在买卖这两只股票的可能性。

证监会在得到深圳证监局的检查结果后，立即对韩某等三人进行了立案稽查。2009 年 9 月 22 日，韩某被停职。2010 年 9 月 6 日，证监会宣布，韩某因在担任基金经理期间，利用任职优势，与他人共同操作其亲属开立的证券账户，先于或同步于韩某管理的久富基金多次买入、卖出相同个股，获利较大，证监会将涉嫌犯罪的证据材料移送至司法机关，追究刑事责任。

---

[1]　载法律宣传，http://www.cs.ecitic.com/lawPublic/law07.html.

【案例分析】

韩某上述行为违反了《基金法》（2003 年）第 18 条以及《证券法》（2005 年）第 43 条的规定，构成了《基金法》第 97 条以及《证券法》第 199 条所述违法行为。同时，韩某在 2009 年 2 月 28 日至 8 月 21 日期间的行为还构成《中华人民共和国刑法》第 180 条第 4 款规定的利用未公开信息交易罪。经广东省深圳市福田区人民法院公开开庭审理，韩某犯利用未公开信息交易罪，被依法判处有期徒刑 1 年，并处罚金 310 000 元；赃款 303 274.46 元予以没收。中国证监会依据《基金法》第 97 条的规定，取消韩某的基金从业资格。韩某案是首例涉嫌违反《中华人民共和国刑法》中规定的"利用未公开信息交易罪"，被移送公安机关追究刑事责任的案件。

基金行业"老鼠仓"的不断出现，主要在于基金行业的道德风险较难控制。一般而言，影响基金资产安全的有两类风险：一是市场风险，二是道德风险。市场风险主要来自基金经理的专业素质、投资理念、市场经验，此类风险会随着资本市场进一步发展逐步被解决。

【知识拓展】

老鼠仓是一种无良经纪对客户不忠的"食价"做法。具体指，庄家在用公有资金拉升股价之前，先用自己个人（机构负责人、操盘手及其亲属、关系户）的资金在低位建仓，待用公有资金拉升到高位后个人仓位率先卖出获利。

《中华人民共和国证券投资基金法》（2003 年 10 月 28 日第十届全国人民代表大会常务委员会第五次会议通过，2012 年 12 月 28 日第十一届全国人民代表大会常务委员会第三十次会议修订，自 2013 年 6 月 1 日起施行，根据 2015 年 4 月 24 日第十二届全国人民代表大会常务委员会第十四次会议《全国人民代表大会常务委员会关于修改七部法律的决定》修正）第 17 条规定："公开募集基金的基金管理人的董事、监事、高级管理人员和其他从业人员、其本人、配偶、利害关系人进行证券投资，应当事先向基金管理人申报，并不得与基金份额持有人发生利益冲突。公开募集基金的基金管理人应当建立前款规定人员进行证券投资的申报、登记、审查、处置等管理制度，并报国务院证券监督管理机构备案。"

第一，基金管理人的董事、监事、经理和其他从业人员，不得担任基金托管人的任何职务。这是不相容职责相互分离的规则。基金管理人与基金托管人是共同受托人，共同负有维护基金份额持有人利益的义务；基金托管人还负有监督基金管理人投资运作的职责，如果允许基金管理人的董事、监事、经理及其他业务人员担任基金托管人的职务，则可能导致由被监督者履行监督自己的职责，从而使得监督制约机制失去作用。因此，为了保证监督的有效性，基金管理人的有关人员不得兼任基金托管人的任何职务。

第二，基金管理人的董事、监事、经理及其他从业人员，不得担任其他基金管理人的任何职务。这是一项竞业禁止规则。竞业禁止是担任某种特定职务或者从事某种业务的人，不得另外从事与其所从事的业务相竞争的营业，是保证当事人忠实履行职责、防止不公平竞争和利益冲突的一项重要规则。许多国家有关公司、证券方面的法律都对竞业禁止规则作了规定。比如，日本《证券交易法》规定，证券公司的董事、监察人及其他类似职务者或者使用人，除经大藏大臣许可外，不得兼任其他证券公司的董事、监察人或者使用人。证券公司的董事、监察人或者使用人违反《证券交易法》关于竞业禁止的规定，大藏大臣可以命令该证券公司将其解任。韩国《证券和交易法》规定，除非经证券交易委员会特准，证券公司的所有高级职员都不得从事另一公司的实际业务管理或者从事其他业务。因违反规定在其他证券公司兼职给所任职公司造成损害的，应当依法承担赔偿责任。我国《公司法》和《证券法》中也分别对此作出了规定。《公司法》第148条第5款规定："董事、高级管理人员未经股东会或者股东大会同意，利用职务便利为自己或者他人谋取属于公司的商业机会，自营或者为他人经营与所任职公司同类的业务，董事、高级管理人员违反前款规定所得的收入应当归公司所有。"《证券法》第133条规定："国家机关工作人员和法律、行政法规规定的禁止在公司中兼职的其他人员，不得在证券公司中兼任职务。"由此可见，竞业禁止规则是公司董事、经理等相关人员应当普遍遵守的行为规则。基金管理人是基金财产的受托人，其董事、监事、经理及其他从业人员对基金管理人所管理的基金财产，同样负有忠实义务。但是，由于不同的基金管理人在证券交易中所处的地位不同，利益也有所不同，买方期望价格下降，卖方则愿意价格提高，价格的涨跌给买卖双方的利益带来不同的影响，如果允许基金管理人的董事、监事、经理或者其他从业人员担任其他基金管理人的职务，则当两支基金的利益发生冲突时，上述人员无法同时维护双方基金份额持有人的利益，只能使一方获利，而使另一方的利益受到损失，这样与上述人员所承担的忠实义务是相悖的。因此，为了保证基金管理人的董事、监事、经理及其他从业人员严格履行忠实义务，更好地保护基金份额持有人的利益，禁止基金管理人的董事、监事、经理及其他从业人员担任其他基金管理人的任何职务，是非常必要的。上述人员如果违反竞业禁止规则，将要承担相应的法律责任。

第三，基金管理人的董事、监事、经理和其他从业人员，不得从事损害基金财产和基金份额持有人利益的证券交易及其他活动。这是一项防止利益冲突的规则。基金管理人受托管理基金财产，应当履行忠实义务，其董事、监事、经理及其他从业人员在执行职务或者办理业务过程中，个人不得利用所处地位从事与基金份额持有人的利益相冲突的活动。为此，应当确立相应的法律规则，以规范他们的个人行为特别是证券投资行为。在制定《基金法》的过程中，对于如何规定这项规则主要有两种不同意见。一种意见认为，基金管理人受托管理基金财产，其董事、监事、经理及其他从业人员对基金份额持有人，同样负有忠实义务，当发生利益冲突时，应当为基金份额持有人的利益牺牲自己的利益，所以，应当禁止上述人员持有或者买卖股票。另一种意见认为，禁止上述人员持有、买卖股票，在实际中很难操作。国外一般不采用绝对禁止的做法，而是通过对有关人员持有、买卖股票的种类、数量、期限和交易情况等作出严格的限制，并规定严格的信息披露和申报备案制度，对上述人员的证券投资行为进行有效的监控。我们应当借鉴国际上的通行做法。现行《证券法》已作出了相关规定，即：证券交易所、证券公司、证券登记结算机构工作人员和法律、行政法规规定参与股票交易的其他人员，在任期或者法定限期内，不得直接或者以化名、借他人名义持有、买卖股票，也不得收受他人赠送的股票。任何人在成为前款所列人员时，其原已持有的股票，必须依法转让（《证券法》第43条）。

《证券法》第43条规定："证券交易所、证券公司和证券登记结算机构的从业人员、证券监督管理机构的工作人员以及法律、行政法规禁止参与股票交易的其他人员，在任期或者法定限期内，不得直接或者以化名、借他人名义持有、买卖股票，也不得收受他人赠送的股票。任何人在成为前款所列人员时，其原已持有的股票，必须依法转让。"

证券交易活动必须实行公开、公平、公正的原则，而公平的证券市场应当具备两个因素：一是使所有的投资者能够最大限度地获得市场信息；二是所有投资者获得信息的机会应当是平等的。但有些人员由于其地位、职务等便利条件，有先于其他投资者获得相关信息的机会。为了保证证券交易的公开、公平、公正，本条禁止有关人员持有、买卖或者获得股票。

一、禁止持有、买卖股票或者获得股票的主体

本条规定的禁止持有、买卖股票或者获得股票的主体有以下几种：

1. 证券交易所、证券公司和证券登记结算机构的从业人员。证券交易所、证券公司、证券登记结算机构的从业人员因其所属机构或组织是专业从事证券交易和证券经营业务的单位，他们不仅有获得信息的便利条件，而且有业务上的优势。为防止他们利用其业务和信息优势参与股票交易而不利于其他投资者，保证证券交易活动的公开、公正，本条将他们列入禁止持有、买卖股票或者获得股票的主体范围。

2. 证券监督管理机构的工作人员。证券监督管理机构工作人员因其参与对证券活动的监督管理，其中包括拟定和制定有关证券市场监督管理的规章、规则，参与对股票公开发行的审核，以及对证券活动实施调查和检查等，如果允许其参与证券交易活动，将与其所担负的职责发生利益冲突，有失公正。因此，本条将证券监督管理机构工作人员列入禁止持有、买卖股票或者获得股票的主体范围。

3. 法律、行政法规禁止参与股票交易的其他人员。除上述两类人员以外，还有其他一些人员，因其地位、职务和与有关人员的关系，而被法律、行政法规禁止参与股票交易，他们也属于禁止持有、买卖股票或者获得股票的主体范围。

二、禁止上述人员在任期或者法定期限内以任何形式持有、买卖或者获得股票

禁止持有、买卖股票或者获得股票的人员，在任期或者法定的期限内，不得以自己的名义持有股票或者买卖股票；不得以虚假的名字持有股票或者买卖股票；不得实际是自己但却以家庭成员或者其他人员的名义持有股票或者买卖股票；不得接受他人无偿赠送的股票。在这里，"股票"是指所有的股票，而不是特指某一种股票。

三、上述人员原已持有的股票必须依法转让

上述人员的身份，并不是与生俱来的，他们在到证券交易所、证券公司、证券登记结算机构、证券监督管理机构任职前，或者在成为法律、行政法规禁止参与股票交易的人员之前，可能已经依法认购和收受了股票。这些股票在他们成为禁止范围的人员时，应当依法转让。

《中华人民共和国刑法修正案（七）》首次规定，证券公司、期货经纪公司、基金管理公司等金融机构的从业人员，利用因职务便利获取内幕信息以外的其他未公开的信息，违反规定从事与该信息相关的证券、期货交易活动，或者明示、暗示他人从事相关交易活动的，依照内幕交易犯罪的规定处罚，情节严重的，处5年以下有期徒刑或者拘役，并处罚金。

案例三： **顾某某证券市场禁入案**[1]

当事人：顾某某、严某某、张某、李某某、姜某某、晏某某、方某某。

科龙电器披露的2002、2003、2004年年度报告存在以下虚假记载、重大遗

---

[1] "关于对顾某某等人实施市场禁入的决定"，载网易财经，http://money.163.com/08/0617/134EL5IM6I00252OSB.html.

漏等违法事实：

1. 2002~2004 年，科龙电器采取虚构主营业务收入、少计坏账准备、少计诉讼赔偿金等手段编造虚假财务报告，导致其 2002 年年度报告虚增利润 11 996.31 万元，2003 年年度报告虚增利润 11 847.05 万元，2004 年年度报告虚增利润 14 875.91 万元。

2. 科龙电器 2003 年年度报告现金流量表披露存在重大虚假记载。2003 年，科龙电器将产品在科龙电器及其子公司之间互相买卖，并以此贸易背景开具银行承兑票据和商业承兑票据到银行贴现，获取大量现金。科龙电器的现金流量汇总表并未如实反映上述现金流。经统计，科龙电器 2003 年年度报告合并现金流量表少计借款所收到的现金 302 550 万元，少计偿还债务所支付的现金 213 573 万元，多计经营活动产生的现金流量净额 88 976 万元。

3. 科龙电器 2002~2004 年未披露会计政策变更等重大事项，也未披露与关联方共同投资、购买商品等关联交易事项。报告未披露珠海科龙电器股份有限公司（以下简称珠海科龙）与关联方珠海格林柯尔（工业园）有限公司（以下简称珠海格林柯尔）共同投资事项。

顾某某、严某某、张某、方某某在审议通过科龙电器 2002、2003、2004 年年度报告正文及摘要的董事会决议上签字，姜某某在审议通过科龙电器 2002、2003 年年度报告正文及摘要的监事会决议上签字。顾某某、李某某、晏某某在科龙电器 2002、2003、2004 年年度报告中分别作为企业负责人、主管会计工作负责人、会计机构负责人签字。顾某某为科龙电器时任董事长；严某某为科龙电器时任董事、营销副总裁，广东科龙空调器有限公司董事长；张某为科龙电器时任董事，江西科龙实业发展有限公司董事长、总裁；李某某为科龙电器时任财务总监、公司秘书；姜某某为科龙电器时任首席财务官、财务督察、监事会主席；晏某某为科龙电器时任财务资源部副总监；方某某为科龙电器时任董事。顾某某组织、领导、策划、指挥了科龙电器上述全部违法行为，是直接负责的主管人员。严某某、张某、李某某、姜某某、晏某某、方某某分别对其参与、知悉的违法行为或者审议通过的相关年度报告负责，是其他直接责任人员。

【案例分析】

顾某某等人的行为违反了《证券法》第 63 条（发行人、上市公司依法披露的信息，必须真实、准确、完整，不得有虚假记载、误导性陈述或者重大遗漏）和《证券法》第 68 条的规定（上市公司董事、高级管理人员应当对公司定期报告签署书面确认意见。上市公司监事会应当对董事会编制的公司定期报告进行审核并提出书面审核意见。上市公司董事、监事、高级管理人员应当保证上市公司所披露的信息真实、准确、完整）。依据《证券法》第 193 条第 1、2 款的规定，发行人、上市公司或者其他信息披露义务人未按照规定披露信息，或者所披露的信息有虚假记载、误导性陈述或者重大遗漏的，责令改正，给予警告，并处以30万元以上60万元以下的罚款。对直接负责的主管人员和其他直接责任人员给予警告，并处以3万元以上30万元以下的罚款。发行人、上市公司或者其他信息披露义务人未按照规定报送有关报告，或者报送的报告有虚假记载、误导性陈述或者重大遗漏的，责令改正，给予警告，并处以30万元以上60万元以下的罚款。对直接负责的主管人员和其他直接责任人员给予警告，并处以3万元以上30万元以下的罚款。

同时，依据《证券市场禁入暂行规定》（已失效）第4条"上市公司的董事、监事、经理和其他高级管理人员有下列行为之一或对该行为负有直接责任或直接领导责任的，除依法给予行政处罚外，中国证监会将视情节，认定其为市场禁入者：……②公司不履行信息披露义务或在信息披露时有虚假、严重误导性陈述或者重大遗漏的行为，严重损害投资者利益的"，第5条第1款"被认定为市场禁入者的上市公司董事、监事、经理及其他高级管理人员，自中国证监会宣布决定之日起3~10年内不得担任任何上市公司和从事证券业务机构的高级管理人员职务；情节特别严重的，永久性不得担任任何上市公司和从事证券业务机构的高级管理人员职务"。

最终，证监会决定：

1. 认定顾某某为市场禁入者，自本会宣布决定之日起，永久性不得担任任何上市公司和从事证券业务机构的高级管理人员职务；

2. 认定严某某、张某为市场禁入者，自本会宣布决定之日起，10年内不得担任任何上市公司和从事证券业务机构的高级管理人员职务；

3. 认定李某某、姜某某、晏某某、方某某为市场禁入者，自本会宣布决定之日起，5年内不得担任任何上市公司和从事证券业务机构的高级管理人员职务。

【知识拓展】

市场禁入制度，是指在一定期限内直至终身不得从事证券业务或者不得担任上市公司董事、监事、高级管理人员的制度。我国的证券市场属于新兴市场，市场行为和市场管理都不是很规范，存在着许多问题。如包装上市、内幕交易、非法操纵股票价格等，严重扰乱了证券市场秩序，损害了广大投资者的利益，使许多公众投资者丧失了对证券市场的信心。因此，对于各种证券违法行为，必须严厉打击。《证券法》修改时，加重了对有关证券违法行为的打击力度，加重了其法律责任，并特别规定了市场禁入制度，限制或者剥夺有关责任人员在证券市场中活动的资格。

市场禁入制度，在实践中早就已经得到实施。1996 年国务院批转国务院证券委员会、中国证券监督管理委员会《关于进一步加强期货市场监管工作请示的通知》中就明确要求，各期货交易所要结合各自的具体情况建立"市场禁止进入制度"。对于操纵市场或者进行期货欺诈造成严重后果的机构和个人，一经查实，要宣布其为"市场禁入者"，并报证监会，由证监会通报各交易所；除平仓指令外，各期货交易所和期货经纪机构要立即停止接受其新的交易指令；对触犯刑法的，移交司法机关追究刑事责任。对受到证监会通报的"市场禁入者"，各期货交易所和期货经纪机构 3 年内不得为其办理期货交易开户手续。2004 年国务院《关于推进资本市场改革开放和稳定发展的若干意见》中，也提出：要按照健全现代市场经济社会信用体系的要求，制定资本市场诚信准则，维护诚信秩序，对严重违法违规、严重失信的机构和个人坚决实施市场禁入措施。2005 年国务院证券监督管理委员会颁布的《上市公司股权分置改革管理办法》第 53 条也明确规定：公司及其非流通股股东、基金管理公司、证券公司、保险公司、资产管理公司，利用不正当手段干扰其他投资者正常决策，操纵相关股东会议表决结果，或者进行不正当利益交换的，中国证监会责令其改正；情节严重的，认定主要责任人员为市场禁入者，一定时期或者永久不得担任上市公司和证券业务机构的高级管理职务。

将实践中行之有效的市场禁入制度上升为法律，限制违反《证券法》的有关责任人员在一定期限内甚至终身从事证券业务或者担任上市公司董事、监事、高级管理人员，将有利于进一步打击证券违法行为，维护广大投资者的利益。

《证券法》第 63 条规定："发行人、上市公司依法披露的信息，必须真实、准确、完整，不得有虚假记载、误导性陈述或者重大遗漏。"

信息披露是对证券市场监管的有效手段，也是公开原则的具体体现。具体来讲有三层含义：一是证券发行要进行信息披露；二是证券上市交易要进行信息披露；三是与证券发行、上市交易有关的信息要披露。信息披露一般来说包括证券发行时初次信息披露和证券交易中的信息披露。证券发行时初次信息披露是指证券首次公开发行时对发行人、拟发行的证券以及与发行证券有关的信息进行披露；证券交易中的信息披露是指证券上市交易过程中发行人、上市公司对证券上市交易及与证券交易有关的信息要进行持续的披露。这里的"发行人、上市公司依法披露的信息"，主要是指发行人、上市公司在依法发行股票、公司债券时公告的招股说明书、公司债券募集办法、财务会计报告；在上市交易前公告的证券上市的有关文件；证券上市交易后，持续披露的年度报告、中期报告、临时报告以及其他信息披露资料；等等。这里的"真实"，是指披露的信息内容必须如实反映发行人、上市公司和证券交易有关的实际情况，不得有虚假记载。这里的"准确",是指披露信息的文件应当按照规定的格式制作,对有关情况所作的陈述和提供的数据与实际情况应当符合,或者是合乎逻辑的推测,不得有误导性陈述。这里的"完整",是指披露信息的文件应当齐全,符合法定要求,每份文件的内容应当完整,不得有重大遗漏。信息披露是发行人、上市公司与投资者和社会公众全面沟通信息的桥梁。投资者和社会公众在获取这些信息后,可以作为投资抉择的主要依据。如果披露的信息有虚假记载、误导性陈述或者重大遗漏,那么,就会使社会公众作出错误的判断,从而导致其利益受到损害,破坏正常的交易秩序,甚至会影响到社会的稳定。因此,发行人、上市公司披露的信息,必须真实、准确、完整,不得有虚假记载、误导性陈述或者重大遗漏。

《证券法》第68条规定:"上市公司董事、高级管理人员应当对公司定期报告签署书面确认意见。上市公司监事会应当对董事会编制的公司定期报告进行审核并提出书面审核意见。上市公司董事、监事、高级管理人员应当保证上市公司所披露的信息真实、准确、完整。"

上市公司董事、监事会、高级管理人员应当对定期报告签署意见或者提出审核意见。公司的定期报告主要是指公司的年度报告、中期报告和季度报告。上市公司董事、高级管理人员应当对公司定期报告签署书面确认意见,监事会应当对董事会编制的公司定期报告进行审核并提出书面审核意见。这就要求上市公司董事、监事、高级管理人员须负有诚信义务,应当忠实、勤勉履行职责,对上市公司披露信息的真实、准确、完整承担法律责任。上市公司董事、监事、高级管理人员应当保证上市公司所披露的信息真实、准确、完整。上市公司所披露的信息主要是指上市公司以招股说明书、公司债券募集办法、财务会计报告、上市报告文件、年度报告、中期报告、临时报告以及其他信息披露资料等形式,向投资者和社会公众公开披露的信息及与公司相关的信息。只有上市公司所披露的信息真实、准确、完整,投资者才可以通过阅读上市公司的信息,对少数公司信息披露中存在的问题有所发现,避免一些投资失误。因此,上市公司的董事、监事、高级管理人员应当保证上市公司所披露的信息真实、准确、完整,否则,由证券监督管理机构责令改正,对上市公司处以30万元以上60万元以下的罚款,对直接负责的主管人员和其他直接责任人员给予警告,并处以3万元以上30万元以下的罚款。

案例四：　　　　　　　**河北证券挪用客户资金案**[1]

2002 年 1 月 14 日~2005 年 12 月 31 日，河北证券累计挪用客户交易结算资金 570 458 763.15 元。其中，河北证券直接挪用客户交易结算资金 291 559 130.11元，2002 年以前历史遗留占用客户交易结算资金 99 700 000.00 元，涉嫌个人犯罪挪用 93 000 000.00 元，透支占用 86 199 633.04 元。截至 2006 年 1 月 13 日，河北证券客户交易结算资金缺口数为 3.47 亿元。

2000 年 2 月 15 日~2005 年 12 月 31 日，河北证券北京首体南路营业部存在为客户证券交易融资的行为。截至 2005 年 12 月 31 日，共向 14 名客户提供融资，金额 40 688 814.22 元。1998 年 7 月 31 日~2004 年 8 月 4 日，河北证券北京首体南路营业部共 5 次与北京博尔节能技术开发有限责任公司签订国债投资合作协议，约定金额 2 次 8 000 000.00 元、约定年回报率 9.6%；3 次 10 000 000.00元、约定年回报率 7.6%，存在承诺收益的行为。河北证券北京首体南路营业部自 2002 年 7 月 4 日、2002 年 7 月 10 日、2002 年 8 月 5 日起分别在三个资金账户下挂个人股东账户进行自营，存在假借他人或个人名义进行自营的行为。

【案例分析】

河北证券及其营业部的前述违法行为，违反了《证券法》第 79 条规定："禁止证券公司及其从业人员从事下列损害客户利益的欺诈行为：①违背客户的委托为其买卖证券；②不在规定时间内向客户提供交易的书面确认文件；③挪用客户所委托买卖的证券或者客户账户上的资金；④未经客户的委托，擅自为客户买卖证券，或者假借客户的名义买卖证券；⑤为牟取佣金收入，诱使客户进行不必要的证券买卖；⑥利用传播媒介或者通过其他方式提供、传播虚假或者误导投资者的信息；⑦其他违背客户真实意思表示，损害客户利益的行为。欺诈客户行为给客户造成损失的，行为人应当依法承担赔偿责任。"违反了《证券法》第 221 条规定："提交虚假证明文件或者采取其他欺诈手段隐瞒重要事实骗取证券业务许可的，或者证券公司在证券交易中有严重违法行为，不再具备经营资格的，由证券监督管理机构撤销证券业务许可。"根据《证券法》第 211 条的规定，"证券公司、证券登记结算机构挪用客户的资金或者证券，或者未经客户的委托，擅自为客户买卖证券的，责令改正，没收违法所得，并处以违法所得 1 倍以上 5 倍以下的罚款；没有违法所得或者违法所得不足 10 万元的，处以 10 万元以上 60 万元以下的罚款；情节严重的，责令关闭或者撤销相关业务许

---

[1] 载中国证券网，http://www.cnstock.com/toubao/tbtbal/201205/1988723.htm.

可。对直接负责的主管人员和其他直接责任人员给予警告，撤销任职资格或者证券从业资格，并处以 3 万元以上 30 万元以下的罚款"。

根据以上相关法律，中国证监会对河北证券及武某某等 8 名责任人作出行政处罚。证监会吊销相关责任人武某某、谢某某、唐某某、王某某、李某某的从业资格证书；对王某某给予警告，并处以 5 万元的罚款；对周某某、刘某某分别给予警告，并各处以 3 万元的罚款，同时分别吊销从业资格证书。

欺诈客户行为的民事责任主要是合同责任，应当由《合同法》调整，欺诈客户行为给客户造成损失的，应当依照《合同法》的规定承担赔偿责任。但是，在特定情况下，欺诈客户行为可能会涉及侵权责任。因此，对于行为人的欺诈行为，客户既可以追究行为人的合同责任，在必要时也可以追究行为人的侵权责任，从而保证使客户所受到的损失能得到全面的赔偿。

【知识拓展】

《证券法》第 79 条规定："禁止证券公司及其从业人员从事下列损害客户利益的欺诈行为：①违背客户的委托为其买卖证券；②不在规定时间内向客户提供交易的书面确认文件；③挪用客户所委托买卖的证券或者客户账户上的资金；④未经客户的委托，擅自为客户买卖证券，或者假借客户的名义买卖证券；⑤为牟取佣金收入，诱使客户进行不必要的证券买卖；⑥利用传播媒介或者通过其他方式提供、传播虚假或者误导投资者的信息；⑦其他违背客户真实意思表示，损害客户利益的行为。欺诈客户行为给客户造成损失的，行为人应当依法承担赔偿责任。"

欺诈客户，是指在证券交易中，证券公司及其从业人员从事违背客户真实意愿，严重损害客户利益的违法行为。在证券交易活动中，证券公司受客户的委托，代理客户进行证券买卖，证券公司与客户之间是一种行纪法律关系，证券公司应当对客户尽信赖义务和善良管理人的责任，诚实信用地履行受托义务。证券公司的从业人员，在其履行职责时与证券公司之间是一种职务代理行为，证券公司对客户负的义务也就是其从业人员应当对客户履行的义务。证券公司及其从业人员欺诈客户的行为，理应为法律所禁止。按照本条规定，欺诈客户的行为主要有以下具体表现：

第一，违背客户的委托为其买卖证券。这种行为的构成有三个要件：客户下达了买入或卖出证券的委托；证券公司为客户买入了或者卖出了证券；证券交易结果不符合委托的内容。

第二，不在规定时间内向客户提供交易的书面确认文件。这主要是指买卖成交后证券公司没有在规定时间内制作买卖成交报告单并交付客户。

第三，挪用客户所委托买卖的证券或者客户账户上的资金。这主要是指证券公司或者其从业人员擅自将客户账户上的证券或资金挪作他用，如将客户账户上的证券用于质押，将客户账户上的资金用于自营或者转借给他人等。

第四，未经客户的委托，擅自为客户买卖证券，或者假借客户的名义买卖证券。擅自为客户买卖证券是指证券公司或者其从业人员未经客户委托授权，擅自为客户买入证券或者卖出客户账户上的证券。假借客户的名义买卖证券，是指不动用客户账户上的证券和资金，而是借客户的账户为自己或者他人进行证券买卖。

第五，为牟取佣金收入，诱使客户进行不必要的证券买卖。所谓不必要的交易，是指对客户的经济利益来说是没有什么必要，既不能获得多少利润，也不能减少多少损失的交易。

第六，利用传播媒介或者通过其他方式提供、传播虚假或者误导投资者的信息。

第七，其他违背客户真实意思表示，损害客户利益的行为。这是一项概括性的规定，主要是考虑实践中证券欺诈行为多样，情况复杂，本法难以一一列举，行政法规和国务院证券监督管理机构可以对此作出补充规定，以有效防止和打击各种欺诈客户的行为。

《证券法》第221条规定："提交虚假证明文件或者采取其他欺诈手段隐瞒重要事实骗取证券业务许可的，或者证券公司在证券交易中有严重违法行为，不再具备经营资格的，由证券监督管理机构撤销证券业务许可。"

根据《证券法》的有关规定，设立证券公司，必须具备下列条件：①有符合法律、行政法规规定的公司章程；②主要股东具有持续盈利能力，信誉良好，最近3年无重大违法违规记录，净资产不低于人民币2亿元；③有符合《证券法》规定的注册资本；④董事、监事、高级管理人员具备任职资格，从业人员具有证券从业资格；⑤有完善的风险管理与内部控制制度；⑥有合格的经营场所和业务设施；⑦法律、行政法规规定的和经国务院批准的国务院证券监督管理机构规定的其他条件。同时，按照本法的有关规定，证券公司经营相关的证券业务必须满足法定的注册资本要求。只有具备了上述各项条件的要求，才可以凭各种证明文件向国务院证券监督管理机构提出设立证券公司并从事相关业务的申请；国务院证券监督管理机构通过审查所提交的证明文件来批准证券公司的设立并颁发经营相关证券业务的许可证。

依据有关规定，在申请设立证券公司和相关证券业务许可时，所提交的证明文件至少应包括由依法设立的注册会计师事务所等法定验资机构对申请人的出资所出具的验资报告、验资证明等材料；主要管理人员和业务人员的任职资格证书和证券从业资格证书；固定经营场所的所有权或使用权证明和交易设施的合格证明；管理制度健全的证明文件等。如果所提交的上述文件是虚假的而不是真实的，或者采取其他欺诈手段隐瞒重要事实骗取了证券业务许可，那么就破坏了国家对证券公司的管理制度，不仅存在着巨大的经营风险，而且也极易损害投资者的权益，因此是一种严重的违法行为，依法应承担相应的法律责任。

批准设立证券公司并允许从事相关证券业务，属于一种许可行为，按照《行政许可法》的规定，被许可人以欺骗、贿赂等不正当手段取得行政许可的，应当予以撤销。因此，本条规定，提交虚假证明文件或者采取其他欺诈手段隐瞒重要事实骗取证券业务许可的，由证券监督管理机构撤销其相关证券业务许可。

证券公司在证券交易中可能出现很多违法行为，例如，证券公司假借他人名义或者以个人名义从事自营业务的；证券公司未经客户委托买卖、挪用、出借客户账户上的证券或者将客户的证券用于质押的，或者挪用客户账户上的资金的；证券公司超出业务许可范围经营证券业务的；证券公司同时经营证券经纪业务、证券自营业务、证券承销业务、资产管理业务，不依法分开办理，混合操作的；等等。证券公司在证券交易中有本法规定的严重违法行为，应受到证券监督管理机构的处罚，而使其不再具备经营资格的，依照本条规定，也应由证券监督管理机构撤销证券公司的证券业务经营资格，使其不得进行相关的证券业务经营活动。

▶ **探讨案例**

代某违反证券法律法规行为案[1]

当事人：代某，男，1978 年 9 月出生，住址：上海市浦东新区花木镇梅花路。

依据《中华人民共和国证券法》（以下简称《证券法》）的有关规定，证监会对代某提供虚假资料，伪造、篡改交易记录案进行了立案调查、审理，并依法向当事人告知了作出行政处罚的事实、理由、依据及当事人依法享有的权利。当事人未提出陈述、申辩意见，也未要求听证。本案现已调查、审理终结。

经查明，代某存在以下违法事实：

代某于 2001 年 7 月起在银河证券上海张杨路证券营业部（以下简称张杨路营业部）工作，2004 年取得证券投资咨询业务（投资顾问）资格，曾任该营业部客户经理，2009 年 4 月起待岗。上海瑞达房地产开发经营有限公司（以下简

---

[1] "中国证监会行政处罚决定书（代某）"（中国证监会 [2014] 16 号），载中国证监会网。

称瑞达房产）、上海八达实业有限公司（以下简称八达实业）均是周某实际控制与经营管理的企业。2007 年，八达实业、瑞达房产先后在张杨路营业部开立账户。

2007 年 12 月～2009 年 4 月，代某接受周某口头委托，操作"八达实业""瑞达房产"账户交易股票期间，为掩盖亏损，向周某出具了 6 份虚假对账单和 6 份虚假交割单。

一、虚假对账单

2008 年 1、2 月，代某操作"八达实业"账户买入 114 万股"天地源"股票后，该股股价下跌。为掩盖大额亏损，以期股价回升，代某分别于 2008 年 3 月 7 日、2008 年 8 月 11 日、2008 年 11 月 10 日、2009 年 3 月 27 日向周某提供了 4 份伪造的八达实业当日单户对账单，均未加盖张杨路营业部印鉴。代某将 2008 年 3 月 7 日对账单中"天地源"的记录修改成"福晶科技"，2008 年 8 月 11 日对账单中"天地源"的记录修改成"陕天然气"，2008 年 11 月 10 日和 2009 年 3 月 27 日对账单中"天地源"的记录修改成"江铜发债"。

代某操作"瑞达房产"账户买入 80 万份上证 50ETF 后，进行波段操作造成亏损。为掩盖亏损，代某分别于 2008 年 8 月 11 日、2008 年 11 月 10 日向周某提供了 2 份伪造的瑞达房产当日单户对账单，均未加盖张杨路营业部印鉴。代某将 2008 年 8 月 11 日对账单中上证 50ETF 的持仓数改成 80 万份，增加了现金余额和"中国南车"持仓记录，将 2008 年 11 月 10 日对账单中的上证 50ETF 的持仓数量改成 80 万份并增加了"江铜发债"的记录。

二、虚假交割单

2008 年 12 月 11 日，代某向周某提供了 2 份伪造的八达实业交割单，虚构该账户手工转入上证 50ETF 共 298 139 份和"江铜发债"2300 份。上述 2 份交割单均未加盖张杨路营业部印鉴。2008 年 12 月 16 日，代某向周某提供了伪造的 2 份八达实业交割单和 2 份瑞达房产交割单，虚构当日"瑞达房产"账户手工转出上证 50ETF 共 80 万份和"江铜发债"2300 份，"八达实业"账户手工转入上证 50ETF 共 80 万份和"江铜发债"2300 份。

以上事实，有涉案人员询问笔录和账户交易记录等证据证明，足以认定。

代某的上述行为，违反了《证券法》第 147 条的规定，构成《证券法》第 200 条所述违法行为。

根据当事人违法行为的事实、性质、情节与社会危害程度，依据《证券法》第 200 条的规定，证监会决定：撤销代某的证券从业资格，并处以 8 万元罚款。

【深度思考】

1. 如何认定内幕交易？

2. 上市公司信息披露的相关规定有哪些？

3. 证券监管基本原则有哪些？

阅　读

1. 王萍：《证券交易与监管法律研究》，中国政法大学出版社2015年版。

2. 葛伟军、张亦昆：《证券法一本通：中华人民共和国证券法总成》，法律出版社2015年版。

相关法律法规

1.《中华人民共和证券法》（1998年12月29日通过，1999年7月1日起施行，2004年8月28日第一次修正，2005年10月27日第二次修订，2013年6月29日第三次修正，2014年8月31日第四次修正）

2.《中华人民共和国证券投资基金法》（2003年10月28日通过，2004年6月1日起施行，2012年12月28日第一次修订，2015年4月24日第二次修正）

3.《中华人民共和国公司法》（1993年12月29日发布，1994年7月1日起施行，1999年12月25日第一次修正，2004年8月28日第二次修正，2005年10月27日修订，2013年12月28日第四次修正）

4.《中国证券监督管理委员会股票发行审核委员会暂行办法》（中国证券监督管理委员会，2003年11月24日起施行）

5.《国务院关于进一步加强在境外发行股票和上市管理的通知》（国务院，1997年6月20发布并施行）

6.《关于严禁国有企业和上市公司炒作股票的规定》（国务院批转国务院证券委、中国人民银行、国家经贸委，1997年5月21日发布并施行）

7.《深圳证券交易所股票上市规则》（中国证券监督管理委员会，2014年10月19日发布，2014年11月16日起施行）

8.《上海证券交易所股票上市规则》（中国证券监督管理委员会，2014年10月17日发布，2014年11月16日起施行）

9.《最高人民法院关于对与证券交易所监管职能相关的诉讼案件管辖与受理问题的规定》（2004年11月18日通过，2005年1月31起施行）

10.《最高人民法院关于冻结、扣划证券交易结算资金有关问题的通知》（2004年11月9日发布并施行）

11.《最高人民法院关于审理证券市场因虚假陈述引发的民事赔偿案件的若干规定》（2002年12月26日通过，2003年2月1日起施行）

第二十三章
保险业监管法律制度

本章提要

　　保险监管是指一个国家对本国保险业的监督管理。一个国家的保险监管制度通常由两大部分构成：一是国家通过制定保险法律法规，对本国保险业进行宏观指导与管理；二是国家专门的保险监管职能机构依据法律或行政授权对保险业进行行政管理，以保证保险法规的贯彻执行。保险业是经营风险的特殊行业，是社会经济补偿制度的一个重要组成部分，对社会经济的稳定和人民生活的安定负有很大的责任。保险经营与风险密不可分，保险事故的随机性、损失程度的不可知性、理赔的差异性使得保险经营本身存在着不确定性，加上激烈的同业竞争和保险道德风险及欺诈的存在，使得保险成了高风险行业。保险公司经营亏损或倒闭不仅会直接损害公司自身的存在和利益，还会严重损害广大被保险人的利益，危害相关产业的发展，从而影响社会经济的稳定和人民生活的安定。

知识要点

　　1.《保险业监督管理》的基本问题：市场准入监管、公司股权变更监管、公司治理监管、内部控制监管、资产负债监管、资本充足性及偿付能力监管、保险交易行为监管、网络保险监管、再保险监管、金融衍生工具监管等。

　　2. 保险业监督管理实务问题：违反《保险法》行为的行政处罚。

主案例

案例一：　　　　　　　　人保财险涉嫌违法案[1]

　　2014 年 3 月，人保财险向保监会备案"空气污染健康保险"条款费率。3 月 17～22 日，人保财险在官方网站销售该产品 27 份（含退保 5 份），实现保费

---

〔1〕 "中国保险监督管理委员会行政处罚决定书"（保监罚〔2014〕9 号），载保监会网。

收入2629.16元。在已售的有效保单中，人保财险均通过保单上的"特别约定"改变了经备案条款中的保险责任。

该公司经保监会备案的条款中，"保险责任 保障Ⅰ"为"保险期间内，自保险期间开始之日起经过保险合同所约定的等待期后，被保险人所在的指定区域的空气质量指标、持续时间等空气污染指标均达到保险合同约定的条件，对被保险人健康造成损害并需要治疗、护理的，保险人依照空气污染健康津贴保险金额及免赔额、给付比例、每人最高给付限额、每次事故给付限额等给付标准，给付空气污染健康津贴保险金"。而在销售的保险单上，"特别约定"删除了"对被保险人健康造成损害并需要治疗护理"的内容，改变了备案条款的保险责任。人保财险未按规定销售"空气污染健康保险"的行为，造成了不良的社会影响，危害后果较为严重。时任意外健康险部副总经理沈某某，对上述违法行为负有直接责任。

上述事实，有现场检查事实确认书、备案条款和相关备案文件、涉案保单、公司内部职责分工文件、相关人员调查笔录以及任职文件等证据证明，足以认定。

【案例分析】

人保财险未按规定使用经备案的保险条款的行为，违反了《保险法》第135条第1款的规定："关系社会公众利益的保险险种、依法实行强制保险的险种和新开发的人寿保险险种等的保险条款和保险费率，应当报国务院保险监督管理机构批准。国务院保险监督管理机构审批时，应当遵循保护社会公众利益和防止不正当竞争的原则。其他保险险种的保险条款和保险费率，应当报保险监督管理机构备案。"根据该法第161条的规定，保险公司有下列行为之一的，由保险监督管理机构责令改正，处5万元以上30万元以下的罚款；情节严重的，限制其业务范围、责令停止接受新业务或者吊销业务许可证：①欺骗投保人、被保险人或者受益人；②对投保人隐瞒与保险合同有关的重要情况；③阻碍投保人履行本法规定的如实告知义务，或者诱导其不履行本法规定的如实告知义务；④给予或者承诺给予投保人、被保险人、受益人保险合同约定以外的保险费回扣或者其他利益；⑤拒不依法履行保险合同约定的赔偿或者给付保险金义务；⑥故意编造未曾发生的保险事故、虚构保险合同或者故意夸大已经发生的保险事故的损失程度进行虚假理赔，骗取保险金或者牟取其他不正当利益；⑦挪用、截留、侵占保险费；⑧委托未取得合法资格的机构从事保险销售活动；⑨利用开展保险业务为其他机构或者个人牟取不正当利益；⑩利用保险代理人、保险经纪人或者保险评估机构，从事以虚构保险中介业务或者编造退保等方式套取费用等违法活动；⑪以捏造、散布虚假事实等方式损害竞争对手的商业信誉，或者以其他不正当竞争行为扰乱保险市场秩序；⑫泄露在业务活动中知悉的投保人、被保险人的商业秘密；⑬违反法律、行政法规和国务院保险监督管理机构规定的其他行为。根据该法第171条的规定，保险公司、保险资产管理公司、保险专业代理机构、保险经纪人违反本法规定的，保险监督管理机构除分别依照本法第160～170条的规定对该单位给予处罚外，对其直接负责的主管人员和其他直接责任人员给予警告，并处1万元以上10万元以下的罚款；情节严重的，撤销任职资格或者从业资格。保监会决定对人保财险罚款50万元，对沈某某警告并罚款5万元。

新规定有三层意思：其一，保险监管机构今后不再制定任何保险条款和费率了；其二，即使是审批，也只是针对关系社会公众利益的保险、强制保险和新开发寿险三类险种，并且审批的原则也只是保护社会公众利益和防止不正当竞争；其三，今后大部分险种的条款和费率只要报监管机构备案即可。

【知识拓展】

《保险法》第135条规定："关系社会公众利益的保险险种、依法实行强制保险的险种和新开发的人寿保险险种等的保险条款和保险费率，应当报国务院保险监督管理机构批准。国务院保险监督管理机构审批时，应当遵循保护社会公众利益和防止不正当竞争的原则。其他保险险种的保险条款和保险费率，应当报保险监督管理机构备案。"

对于保险公司而言，保险条款（简称条款）是保险公司的产品，保险费率（简称费率）是保险产品的价格。保险公司的生存、发展和经济效益的获得，都要求保险公司必须设计、开发适合社会需要的产品。保险监管机关对条款、费率的监管方式包括以下两项：①审批制。关系社会公众利益的保险险种、依法实行强制保险的险种和新开发的人寿保险险种等的保险条款和保险费率，应当报保险监督管理机构审批。保险监督管理机构审批时，遵循保护社会公众利益和防止不正当竞争的原则。审批的范围和具体办法，由保险监督管理机构制定。②备案制。除须经审批的险种的保险条款和保险费率，应当报保险监督管理机构备案。目前保险条款、费率备案的操作程序是，保险公司将其设计的条款、费率的主要内容填写备案表，然后附上条款全文和费率表，向中国保监会报备。中国保监会接到备案申请后进行详细审查，经审查同意备案后在备案表上签署同意的意见，保险公司收到中国保监会同意备案的通知后，才能将该条款、费率投入使用。

在某些发达国家，保险监管机关并不将保险条款、费率作为监管内容，既不制订保险条款、费率，也不接受条款、费率的备案。这些国家把保险监管的重点放在偿付能力上，主要监督保险公司的偿付能力是否充足。保险条款、费率是保险合同的内容，合同应由当事人自主订立，只要不与法律相抵触，就产生法律效力，而保险公司所采用的条款、费率如果不适当，最终会表现为偿付能力不足。在这种体制下，对同一险种，各保险公司可采用不同的条款和费率，各保险公司之间存在产品和价格的竞争。通过竞争和市场规律的作用，价格会稳定在一个相对合理的水平。在另外一些国家，包括一些发达国家和发展中国家，保险监管机关既对条款、费率进行监管，也对保险公司的偿付能力进行监管。我国即属这种体制。而有些国家或地区保险条款、费率由保险公司或保险同业公会拟订，报经保险监管机关备案或批准后才能投入使用。我国目前也采用这种体制。在这种体制下，同一险种，各保险公司使用的条款、费率完全相同或基本相同，产品和价格竞争的空间十分有限。例如，在我国，由保险监管机关制订的主要险种的基本条款、费率，各保险公司都必须执行，无价格竞争的余地；各保险公司自行拟订向监管机关备案的条款、费率，因监管机关统一掌握备案的尺度，各公司之间相差不大，价格竞争的空间也很小。

对保险条款、费率实行较严格监管的体制，其目的是可以防止保险公司之间在价格上进行恶性竞争，从源头上保证了保险公司不会因费率过低而导致经营状况恶化和偿付能力不足。但这种体制的弊端是：①加大了保险监管机关的工作量和责任，同时自然也增加了监管成本；②有可能使保险费率偏高，使保险公司获得垄断利润，损害投保人的利益；③不能最终保证保险公司经营状况良好和偿付能力充足，因为保险公司如果在资金运用中形成大量不良资产，或未及时对超自留额的保险单办理分出再保险与费用开支过大等都有可能导致经营状况恶化和偿付能力不足。从理论上讲，保险费率是保险商品的价格，价格应该通过市场形成和调节，保险监管机关不应过多干预。但在我国目前情况下，因保险公司自我约束能力较差，以保险公司偿付能力为核心的监管机制尚未建立，如果保险监管机关不对条款、费率实行监管，很有可能会出现在费率上的恶性竞争，产生一些不利甚至严重后果。所以，从近期看，在我国对条款、费率的监管还是必要的。但是，当未来条件逐步具备后，即市场发育比较成熟，保险公司的自我约束能力和保险行业自律机制提高之后，可以逐步放松对保险条款、费率的监管，而将保险监管的重点放到偿付能力上。因此，《保险法》修改对保险条款、费率的报备制度进行了改革，使之更加合理、科学、切合实际。

原《保险法》第106条规定："商业保险的主要险种的基本保险条款和保险费率，由金融监督管理部门制定。保险公司拟定的其他险种的保险条款和保险费率，应当报金融监督管理部门备案。"这种制度不利于充分发挥市场机制的调节作用。保险监管机构制定保险条款和费率，不利于保险公司开发新险种。随着我国保险市场的发展，保险条款和费率应由保险公司自主制定，保险监管机构只需对其中关系社会公众利益的险种和新开发的人寿保险险种的保险条款和费率，按照保护公众利益和防止不正当竞争的原则进行审批，对其他险种的保险条款和费率以实行备案管理为宜。因此，2002 年《保险法》修订后的第 107条第 1 款将上述规定修改为："关系社会公众利益的保险险种、依法实行强制保险的险种和新开发的人寿保险险种等的保险条款和保险费率，应当报保险监管管理机构审批。保险监管管理机构审批时，遵循保护社会公众利益和防止不正当竞争的原则。审批的范围和具体办法，由保险监督管理机构制定。"

案例二： **平安产险涉嫌违法案**[1]

2012 ~ 2013 年，平安产险大量团体财产险业务签单日期晚于保单起期时间，其中进入系统滞后时间超过 180 天、签单保费超过 5 万元的有 185 件保单，签单保费合计 8723.04 万元，主要存在四种情况：一是暂保单信息未及时录入业务系统；二是业务员人为延迟提交核单；三是部分业务员离开公司时未及时交接业务；四是销售团队出于业绩考虑故意拖延出单时间。上述行为导致保费收入及准备金数据不真实：一是本应于 2012 年之前确认的保费收入 7367.64 万元延迟到 2012 年确认，本应于 2012 年确认的保费收入 1355.4 万元延迟到 2013 年确认。二是未到期责任准备金不真实，2011 年底再保后未到期责任准备金少提571.1 万元；2012 年底再保后未到期责任准备金少提 145.4 万元。

该项违法行为主要是由于团体财产险业务的核保部门疏于管控导致。先后承担相关核保职能的是企财工程险部、团体财产险部（2012 年 10 月，企财工程险部与其他部门整合为团体财产险部），分管团体财产险业务的时任副总经理史某某、时任企财工程险部副总经理胡某某（主持工作）、时任团体财产险部副总经理保某某（主持工作）对上述违法行为负有直接责任。

平安产险贵州分公司承保并核保通过的毕节至都格高速公路 7 个标段的建工一切险业务（起保日期在 2012 年 9 ~ 11 月），将 7 个标段划分为 7 个危险单位。根据保监会相关规定，上述 7 个标段应当合并为 3 个危险单位。平安产险《关于进一步规范按照危险单位出单的通知》等内部制度也规定，分公司认为需要合并危险单位，且合并后超出对应风险等级溢额合约承保能力的，应当上报总公司审核并进行合并处理。在上述项目中，平安产险贵州分公司团体财产险部负责人认为应当进行危险单位合并，并与总公司进行了沟通，总公司团体财产险部也给予了合并指示，但直至检查日，上述项目未实际执行危险单位合并上报与审核流程，导致未按规定划分危险单位。

---

[1] "中国保险监督管理委员会行政处罚决定书"（保监罚〔2014〕8 号），载保监会网。

平安产险团体财产险部负责上述危险单位合并审核，该部门明知贵州分公司承保了需要合并危险单位的业务，但未督促其履行危险单位合并报审程序，导致未按规定划分危险单位。时任团体财产险部副总经理保某某（主持工作）、贵州分公司团体财产险部负责人李某对上述行为负有直接责任。

上述事实，有现场检查事实确认记录、相关人员调查笔录、涉案保单清单、部门职责说明等证据证明，足以认定。

【案例分析】

平安产险倒签单导致保费收入、准备金等数据不真实，违反了《保险法》第86条的规定："保险公司应当按照保险监督管理机构的规定，报送有关报告、报表、文件和资料。保险公司的偿付能力报告、财务会计报告、精算报告、合规报告及其他有关报告、报表、文件和资料必须如实记录保险业务事项，不得有虚假记载、误导性陈述和重大遗漏。"根据该法第170、171条，保监会决定对其罚款50万元；对史某某警告并罚款10万元，对胡某某警告并罚款10万元，对保某某警告并罚款5万元。

平安产险未执行关于危险单位划分的内控制度与流程、未加强内部管理的行为，违反了《保险公司管理规定》第55条的规定："保险公司应当建立健全公司治理结构，加强内部管理，建立严格的内部控制制度。"根据该法第69条的规定，"保险机构或者其从业人员违反本规定，由中国保监会依照法律、行政法规进行处罚；法律、行政法规没有规定的，由中国保监会责令改正，给予警告，对有违法所得的处以违法所得1倍以上3倍以下罚款，但最高不得超过3万元，对没有违法所得的处以1万元以下罚款；涉嫌犯罪的，依法移交司法机关追究其刑事责任"。保监会决定对平安产险警告并罚款1万元，对保某某警告并罚款1万元，对李某警告并罚款1万元。

保险公司必须依法报送并公布保险公司的偿付能力报告、财务会计报告、精算报告、合规报告及其他有关报告、报表、文件、资料和数据。其中最常见的是年度营业报告、财务会计报告及有关报表。

【知识拓展】

《保险法》第86条规定："保险公司应当按照保险监督管理机构的规定，报送有关报告、报表、文件和资料。保险公司的偿付能力报告、财务会计报告、精算报告、合规报告及其他有关报告、报表、文件和资料必须如实记录保险业务事项，不得有虚假记载、误导性陈述和重大遗漏。"

保险公司必须依法报送并公布保险公司的偿付能力报告、财务会计报告、精算报告、合规报告及其他有关报告、报表、文件、资料和数据。其中最常见的是年度营业报告、财务会计报告及有关报表。保险公司营业报告、财务会计报告及有关报表是反映保险公司业务经营成果和财务状况的总结性的书面文件。它不仅是保险公司财产和经营状况的重要途径，也是保险监督管理机构对保险公司实施监管的重要手段。因此，《保险法》要求保险公司于每一会计年度将有关报表报送保险监督管理机构，并依法公布。根据《会计法》的规定，我国的会计制度为公历1月1日~12月31日，因此保险公司应当在下一年度的3月底之前向保险监督管理机构报送年度营业报告、财务会计报告及有关报表，并按照保险监督管理机构规定的方式予以公布。保险公司报送并公布的年度营业报告、财务会计报告及有关报表的内容包括：

1. 财务会计报告。保险公司的财务会计报告又包括下列财务会计报表和附属明细表：①资产负债表，是反映保险公司在某一特定时期财务状况的报表，是静态会计报表。它是根据资产、负债和所有者权益之间的相互关系，按照一定的分类标准和一定的顺序，把保险公司一定日期的资产、负债、所有者权益各项目予以适当排列，并且对日常工作中形成的大量数据进行整理后编制而成的。②损益表，是反映保险公司在一定期间的经营成果及其分配情况的报表。损益表把一定期间的营业收入与其同一会计期间的净收益或者净亏损反映出来，是动态会计报表。通过损益表反映的收入、费用等情况，能够反映公司生产、经营的收益和成本费用情况，表明保险公司的生产经营成果。③财务状况变动表，是综合反映一定会计期间内营运资金来源和运用及其增减变动情况的会计报表。它是根据保险公司在一定时期内各种资产、负债和所有者权益的增减变化，来分析资金的取得来源和资金的流出用途，说明财务动态的会计报表，是沟通资产负债表和损益表的桥梁。④财务情况说明书，主要说明保险公司的经营情况、利润实现和分配情况、资金增减和周转情况、税金缴纳情况、各项财产物资变动情况；对本期或者下期财务状况发生重大影响的事项，资产负债表编制日后至报出财务报告前发生的公司财务状况有重大影响的事项；以及需要说明的其他事项属于附属明细表。⑤利润分配表，是反映保险公司利润分配情况和年末未分配利润情况的会计报表，是损益表的附属明细表。利润分配表分为三个层次：一是计算出当年税后利润；二是计算出可供股东分配的利润；三是计算出公司累积尚未分配的利润。

2. 营业报告。营业报告是指保险公司根据公司财务会计报表及其他经营情况，对其经营状况和经营成果进行总结、分析及评价后提供的总结性书面文件。

3. 其他有关报表。它是指除营业报告、财务会计报告以外的根据其他法律、新增法规或者保险监督管理机构的规定，需要由保险公司向保险监督管理机构报送的其他有关报表。

另外，保险公司还应当于每月月底前将上一月的营业统计报表报送保险监督管理机构。保险公司月度营业统计报表是反映保险公司上一月度营业状况和财务状况的书面文件。相对于保险公司的年度营业报告和财务会计报告来讲，保险公司月度营业统计报表反映的保险公司的经营状况的项目较少，内容较为简略，一般由新增保户数量、保费收入、资金运用收入、赔款及保险金给付金额、费用支出、盈利状况等主要指标组成。保险公司的营业统计报表的编制和报送，除了要遵守《保险法》的规定和保险监督管理机构的要求外，还要遵守国家统计制度的规定。要求保险公司向保险监督管理机构报送月度营业统计报表，对于保险公司来讲，可以促进保险公司对其经营情况进行长时期的、系统的统计和分析，总结保险经营的内在规律和经营管理经验，从而完善保险条款，有针对性地开展防灾防损的工作，科学地制订保险费率，有效控制经营成本，及时调整经营策略，从而促进本公司的健康发展；对于保险监督管理机构来讲，既可以了解和掌握每家保险公司的经营及财务状况，监督保险公司的行为，又能够从整体上把握保险业的运作情况，为其制定保险业发展规划及宏观政策提供依据。保险公司应当在规定的时间内，即每月月底前将上一月的营业统计报表报送保险监督管理机构。

本条是对保险公司的披露义务的规定：

1. 保险公司的偿付能力报告、财务会计报告、精算报告、合规报告及其他有关报告、报表、文件、资料和数据是保险公司营业信息、会计信息的载体，是记录和反映保险公司业务状况、财务状况及精算状况的证据和资料，也是保险监督管理机构对保险公司实施监督检查、查处违法行为的重要依据和证据。保险公司无论是在填制凭证，登记账簿，编制保险公司的偿付能力报告、财务会计报告、精算报告、合规报告及其他有关报告、报表、文件、资料和数据，还是在编制精算报告的过程中，都应当客观、完整地记录已经发生的保险业务事项。

2. 保险公司的偿付能力报告、财务会计报告、精算报告、合规报告及其他有关报告、报表、文件、资料和数据不得有虚假记载、误导性陈述和重大遗漏。"不得有虚假记载"，是指保险公司编制或者报送的有关报告、报表、文件和资料应当真实、准确，客观地记录和反映保险业务状况，不得记载未曾发生的业务情况，不得作出与实际发生的业务情况不相符的记录。不得有"误导性陈述"，是指保险公司编制或者报送的有关报告、报表、文件和资料的分析、总结性语言、陈述、结论、预测等应当清楚、明了，不得含混、模糊，给社会公众及监督机构以误解。不得有"重大遗漏"，是指按照法律、行政法规及国家有关规定应当在保险公司编制或报送的有关报告、报表、文件和资料中记载、提供或者公布的事项，应当全面、完整地予以记载，不得隐瞒、遗漏重大事项。

《保险公司管理规定》第 55 条规定："保险公司应当建立健全公司治理结构，加强内部管理，建立严格的内部控制制度。"第 69 条规定："保险机构或者其从业人员违反本规定，由中国保监会依照法律、行政法规进行处罚；法律、行政法规没有规定的，由中国保监会责令改正，给予警告，对有违法所得的处以违法所得 1 倍以上 3 倍以下罚款，但最高不得超过 3 万元，对没有违法所得的处以 1 万元以下罚款；涉嫌犯罪的，依法移交司法机关追究其刑事责任。"

案例三：　　　　　　　　　　**民安财险涉嫌违法案**[1]

一、偿付能力报告编制不符合监管规定，导致数据不真实

民安财险将质押在某银行的 10.1 亿元存款计入认可资产，不符合保监会《保险公司偿付能力报告编报规则第 2 号：投资资产》关于"被质押资产不得作为认可资产"的有关规定，导致公司 2012 年度偿付能力报告认可资产虚增。时任民安财险董事长兼总经理王某某、时任民安财险分管计划财务部负责人王某，对上述违法行为负有直接责任。

二、在不符合监管规定资质的银行存款并将部分存款质押

2011 年 11 月底~2012 年末，民安财险在不符合保监会规定资质的两家银行存款，并于 2012 年 9~11 月，将在其中一家银行的存款进行质押，为某公司借款提供担保。民安财险的上述行为，不符合保监会《保险资金运用管理暂行办法》关于"保险资金应当选择信用评级良好的银行办理存款"以及"保险资金不得向他人提供担保"的有关规定。时任民安财险董事长兼总经理王某某、时任民安财险分管计划财务部负责人王某，对上述违法行为负有直接责任。

三、内部管控不严格

1. 公司治理和内部控制方面。2011 年以来股东会的议事事项未包含经营方针、投资计划、审议年度财务预决算方案等议案，股东会资料不完整；监事会人数不符合公司规定，2011 年以来未召开监事会会议；2011 年 11 月以来多名高级管理人员离任未审计；支付有关大额预付购房款和设备采购款未经董事会或股东会批准；等等。

2. 业务和财务管理方面。2012 年，向不符合保监会监管要求的财险公司分出再保险业务；对业务数据未及时更新，导致 2012 年第 4 季度商业车险再保后已决赔款的财务口径与业务口径不一致；2011 年 6 月，未经保监会批准，将作为资本保证金的定期存款变更为活期存款等。

3. 资金运用方面。民安财险未按照保监会监管要求建立保险资金运用信息

---

[1]　"中国保险监督管理委员会行政处罚决定书"（保监罚〔2014〕1 号），载保监会网。

系统；2012 年 9 月，民安财险在偿付能力充足率低于 120% 的情况下，修改委托投资指引的有关规定，增加了对无担保非金融企业（公司）债券的投资比例。

上述事实，有现场检查事实确认书、2012 年度偿付能力有关报告、公司关于存款银行资质说明、董事会、监事会运作情况说明、询问笔录等证据证明，足以认定。

【案例分析】

民安财险偿付能力报告编制不符合监管规定，导致数据不真实的行为，违反了《保险法》第 86 条规定："保险公司应当按照保险监督管理机构的规定，报送有关报告、报表、文件和资料。保险公司的偿付能力报告、财务会计报告、精算报告、合规报告及其他有关报告、报表、文件和资料必须如实记录保险业务事项，不得有虚假记载、误导性陈述和重大遗漏。"根据该法第 170 条规定："违反本法规定，有下列行为之一的，由保险监督管理机构责令改正，处 10 万元以上 50 万元以下的罚款；情节严重的，可以限制其业务范围、责令停止接受新业务或者吊销业务许可证：①编制或者提供虚假的报告、报表、文件、资料的；②拒绝或者妨碍依法监督检查的；③未按照规定使用经批准或者备案的保险条款、保险费率的。"保监会决定对民安财险罚款 20 万元。根据该法第 171 条规定："保险公司、保险资产管理公司、保险专业代理机构、保险经纪人违反本法规定的，保险监督管理机构除分别依照本法第 160～170 条的规定对该单位给予处罚外，对其直接负责的主管人员和其他直接责任人员给予警告，并处 1 万元以上 10 万元以下的罚款；情节严重的，撤销任职资格。"保监会决定对王某某、王某分别警告并各罚款 2 万元。

民安财险在不符合监管规定资质的银行存款并将部分存款质押的行为，违反了《保险法》第 106 条规定："保险公司的资金运用必须稳健，遵循安全性原则。保险公司的资金运用限于下列形式：①银行存款；②买卖债券、股票、证券投资基金份额等有价证券；③投资不动产；④国务院规定的其他资金运用形式。保险公司资金运用的具体管理办法，由国务院保险监督管理机构依照前两款的规定制定。"根据《保险法》第 164 条的规定，有下列行为之一的，由保险监督管理机构责令改正，处 5 万元以上 30 万元以下的罚款；情节严重的，可以限制其业务范围、责令停止接受新业务或者吊销业务许可证：①未按照规定提存保证金或者违反规定动用保证金的；②未按照规定提取或者结转各项责任准备金的；③未按照规定缴纳保险保障基金或者提取公积金的；④未按照规定办理再保险的；⑤未按照规定运用保险公司资金的；⑥未经批准设立分支机构或者代表机构的；⑦未按照规定申请批准保险条款、保险费率的。保监会决定对民安财险罚款 10 万元；根据该法第 171 条，保监会决定对王某某、王某分别警告并各罚款 1 万元。

民安财险内部管控不严格的行为，违反了《保险公司管理规定》第 55 条规定："保险公司应当建立健全公司治理结构，加强内部管理，建立严格的内部控制制度。"根据该规定第 69 条规定："保险机构或者其从业人员违反本规定，由中国保监会依照法律、行政法规进行处罚；法律、行政法规没有规定的，由中国保监会责令改正，给予警告，对有违法所得的处以违法所得 1 倍以上 3 倍以下罚款，但最高不得超过 3 万元，对没有违法所得的处以 1 万元以下罚款；涉嫌犯罪的，依法移交司法机关追究其刑事责任。"保监会决定对民安财险警告并罚款 1 万元。

为防范保险资金运用风险，修订后的《保险法》也通过授权性条款的形式，授权国务院保险监管机构制定保险资金运用的管理办法，包括对保险公司投资某一具体项目的资金占其资金总额的具体比例作出规定。

【知识拓展】

《保险法》第 106 条规定："保险公司的资金运用必须稳健，遵循安全性原则。保险公司的资金运用限于下列形式：①银行存款；②买卖债券、股票、证券投资基金份额等有价证券；③投资不动产；④国务院规定的其他资金运用形式。保险公司资金运用的具体管理办法，由国务院保险监督管理机构依照前两款的规定制定。"

本条是关于保险公司资金运用的规定。本条删除了旧条文中"保证资产的保值增值"的规定。考虑到保险资金运用既要满足行业和经济发展的需要，又应兼顾安全和稳健原则，修订后的《保险法》适当拓宽了保险资金的运用渠道。比如，将 2002 年《保险法》规定的"买卖政府债券、金融债券"，修改为"买卖债券、股票、证券投资基金等有价证券"；增加了保险资金可以投资"不动产"的规定。本条删除了原《保险法》第 105 条第 3 款"保险公司的资金不得用于设立证券经营机构，不得用于设立保险业以外的企业"的规定。为防范保险资金运用风险，修订后的《保险法》也通过授权性条款的形式，授权国务院保险监管机构制定保险资金运用的管理办法，包括对保险公司投资某一具体项目的资金占其资金总额的具体比例作出规定。

一、保险公司资金运用的原则

保险公司的资金包括业主权益及各种责任准备金。业主权益，包括保险公司的资本金、公积金及未分配盈余等，属于保险公司的自有资金；各种责任准备金是为了保证保险公司的偿付能力而由保险公司按照规定提取的以备给付保险金、履行赔偿义务的资金，属于保险公司的负债。保险资金如何运用，关系到保险业的生存和发展，关系到被保险人的权益，甚至关系到国家社会的安定。

因此，应当在法律上对保险资金的运用的原则作出规定。根据本条规定，保险资金的运用应当遵循以下四项基本原则：

1. 安全性。保险公司对被保险人的主要义务是履行各项赔款和给付责任，确保资金投放安全才能保证保险公司具有足够的偿付能力。保险公司虽然拥有巨额资金，但这些资金大部分最终将以各种形式返还给被保险人，因此保险资金的特点决定了保险资金运用最主要、最核心的原则就是安全性原则。只有在保证安全的前提下，才能考虑其他原则。要实现投资安全性，其方法有回避政策和分散政策。回避政策指保险投资应在健全的财务机构组织下，基于科学的有组织的调查分析的基础进行投资，借以回避危机的发生。换言之，保险投资应避免依赖直觉或经验，而应基于经济状况、产业政策及各种企业的实态来把握投资方向，并作适当的选择。分散政策，包括类别分散和区域分散两种。所谓"类别分散"，指资金投放的种类多样化。所谓"区域分散"，即资金的运用不是集中于某一地区，而是分散于各个不同的地区，甚至不同的国家。所以在决定投资之时，应选择最有利的方式和途径，以期获得最大的收益。

2. 效益性。资金运用的主要目的是取得经济效益，所以效益性同样是保险资金运用的主要原则。在人寿保险方面，人寿保险保费中按预定利率获得的资金效益已折归被保险人享有，所以寿险资金投放必须取得超过预定利率的效益率，否则将使保险人届时无力履行给付责任。在非寿险方面，效益的高低也直接影响其偿付能力和竞争能力。虽然在计算非寿险费率时，并不直接考虑投资收入，但也需要获得一个满意的利润。因此，无论寿险还是非寿险业务的资金运用都以追求效益为目的，这是不言而喻的。

3. 流动性。资金运用的流动性也称变现性或市场性。资金运用应使资金能够保持一定的流通性，保证在必要时能随时兑现，用以支付各项赔款和给付，保证被保险人或受益人在申请损失补偿、保险满期给付、中途退保或保险单提款时能随时取得现金。资金运用的流动性，应视各种保险业务的性质而决定其适用方法。在人寿保险方面，大量的满期给付是可以预先核定的，出现支付巨额保险金的机会较少，对其资金的流动性的要求较低，所以可用作长期投资，以获得更多的收益。在财产保险方面，则性质相反，保险事故发生的偶然性较大，所以其资金运动的流动性更为重要，应偏重于短期投资，以使保险人在需要支付大量赔款时能迅速获得现金，不致发生资金周转困难。再者，对于债券投资与抵押放款的到期日也应有适当的分配，使资金流动能平均于各个时期，一方面仍可运用于再投资或其他用途；另一方面可减少临时需要匆促变现所发生的损失。

4. 分散性。保险公司的资金运用必须安全可靠和有效益，而分散投资则是取得安全和效益的重要保证。保险公司持有可运用的资金金额较高，市场供保险公司选择的投资渠道和项目种类繁多，每一种投资方式或项目既可为投资人带来利润，也可能带来亏损，即使同一项目在不同时间或地点也可能出现盈余或亏损的局面。例如，股票市场，行情经常大起大落，瞬息万变，如果保险公司将主要资金购置股票，孤注一掷，毫无安全可言。为了正确处理好资金运用，保险公司应深入研究投资市场，分析各类投资和项目的情况及其走势，制订长、短期的投资计划和安排，将可运用的资金投资于多种渠道和不同项目，合理搭配，综合平衡。只有如此，才能使保险公司的资金运用立于不败之地。

在上述保险资金运用的几项原则中，安全性与效益性之间存在着一定的矛盾。这种矛盾主要表现在：保险投资的安全性与效益性成反比，安全性越大，效益性越低；风险性越大，效益性越高。保险投资因而分为"稳健型"与"激进型"两种风格。"稳健型"指保险人在投资过程中以安全性为第一原则，避免由于风险过大影响保险业务的正常运行。"激进型"指保险人以资金的增值和投资收益的最大化为追求目标。由于我国保险业处于起步阶段，经验不足，加之市场体系不健全，缺乏高效、安全的投资工具，因此我国保险业的资金运用应选择"稳健型"的风格。本条第1款规定，"保险公司的资金运用必须稳健，遵循安全性原则。"删除了2002年《保险法》第105条第1款中"保证资产的保值增值"的规定，从法律上明确了保险公司的资金运用必须采用"稳健型"。

二、保险公司资金运用方式

在西方国家，由于保险发展已有数百年的历史，保险公司积累的资金已成为国际金融市场一个重要组成部分，所创造的利润远远超过承保利润。另一方面，由于市场竞争剧烈，承保效益不断下降，甚至出现亏损，保险公司在每年会计决算时，以投资利润来弥补承保亏损，已属正常的业务做法。资金运用对保险公司经营的重要性可见一斑。根据国际市场的做法，保险公司资金运用的方式主要有银行存款、债券、股票、不动产、贷款等项目。考虑到保险资金运用既要满足行业和经济发展的需要，又应兼顾安全和稳健原则，修订后的《保险法》适当拓宽了保险资金的运用渠道。例如，将原《保险法》规定的"买卖政府债券、金融债券"，修改为"买卖债券、股票、证券投资基金等有价证券"；增加了保险资金可以投资不动产的规定。在我国，保险公司的资金运用有以下几种运用形式：

1. 银行存款。保险公司的资金用于银行存款，风险较小，安全性好，可以获得较为固定的收入，可以及时提取并用于支付保险金，是保险公司的资金最常用的运用形式。

2. 买卖债券、股票、证券投资基金份额等有价证券。债券是政府、金融机构、工商企业等机构直接向社会筹措资金时，向投资者发行，并且承诺按一定利率支付利息并按约定条件偿还本金的债权凭证，包括政府债务和金融债券。政府债券又称国债，是政府根据需要，以发行债券的形式举借债务，债务人是国家。与其他债券相比，政府债券由国家信用担保，风险较低，在我国，政府债券的收益率也较高，是保险公司较为理想的投资对象。金融债券是由银行或者其他金融机构为筹措资金而向债权人发行的债券。在我国，金融债券的信用可靠，有较好的安全性和流动性，较适宜保险资金的投资。股票是股份有限公司在筹集资金时向出资人发行的股份凭证。股票代表着其持有者（即股东）对股份公司的所有权。证券投资基金是指通过发售基金份额，将众多投资者的资金集中起来，形成独立资产，由基金托管人托管、基金管理人管理，以投资组合的方式进行证券投资的一种利益共享、风险共担的集合投资方式。

3. 不动产。按照规定保险资金可以投资不动产。"不动产"是一个涵盖很广的概念，除了房地产，还包括桥梁、公路等基础设施。相比较而言，基础设施比较稳健，保险资金的介入，会更符合保险资金长期性和规模性的特点。事实上，早在 2006 年《保险资金间接投资基础设施项目试点管理办法》中，保险公司投资基础设施的"枷锁"便已松动，但无论是国务院批复的 120 亿元试点额度，还是保险军团集体取得的京沪高铁的部分股权，均采取的是特事特批的方式。《保险法》的修订给了保险资金投资基础设施一个正式"名分"。修订后的《保险法》并没有明确规定，允许保险公司如何进入房地产业，是在二级市场购买，还是允许进行房地产开发。从法律上明确保险公司可以投资不动产，为今后保险监管部门出台相关办法量化规范管理，是非常有意义的。

4. 国务院规定的其他资金运用形式。从国外立法来看，一般允许的保险资金的运用形式较为广泛，除用于银行存款、买卖政府债券、金融债券外，还允许用于买卖公司股票、债券即其他有价证券、购买不动产、贷款等投资领域。由于我国的社会主义市场体制正处于发展完善阶段，保险业及相关投资市场还很不成熟，保险公司从事投资的经验还较少，风险控制能力较弱。根据以上考虑，在制定《保险法》时对保险资金的运用限制得较为严格。同时，又授权国务院根据我国的经济社会及保险市场的发展状况，在时机成熟时决定保险资金运用的其他形式。近些年，国务院为适应保险业发展的需要，已经决定允许一定比例的保险资金用于购买证券投资基金、同业短期拆借、购买指定的中央企业债券等资金运用形式。

本条删除了原《保险法》第 105 条第 3 款"保险公司的资金不得用于设立证券经营机构""不得用于设立保险业以外的企业"的规定。上述规定的不合理之处有三：其一，对保险资金运用范围和渠道规定过于狭窄，造成目前约有一半保险资金以银行存款的形式"运用",安全性有余而收益性不足。其二,该条第3款可被看作是对保险资金投资实业的限制,但其使用了"设立""企业"等用语,造成了一定的法律漏洞。"设立"企业,在我国《公司法》等有关法律中应当是指作为发起人之一,不属发起人仅是作为战略投资者或一般投资者参股,应该不算是"设立"企业,而这明显与该条款立法本意相悖。其三,"保险公司的资金不得用于设立证券经营机构"与"不得用于设立保险业以外的企业"语义重复。由于上述这些规定已不适应保险业发展和国家养老、医疗及金融体制改革的需要,修订后的《保险法》完全删除了"保险公司的资金不得用于设立证券经营机构""不得用于设立保险业以外的企业"的规定,扩大了保险公司经营范围,为"金融混业"留出发展空间,为保险资金投资部分实业领域提供法律依据。

▶ 探讨案例

都邦财险涉嫌违法案[1]

当事人:都邦财产保险股份有限公司(以下简称都邦财险)

住所:北京市海淀区玉渊潭南路晾果厂6号都邦大厦

法定代表人:刘某某

当事人:高某某

身份证号:22010419610824××××

住址:广东省深圳市福田区南天大厦

依据《中华人民共和国保险法》(以下简称《保险法》)的有关规定,保监会对都邦财险涉嫌违法一案进行了调查、审理,并依法向当事人都邦财险、高某某告知了作出行政处罚的事实、理由、依据以及当事人依法享有的权利。当事人都邦财险、高某某在法定期限内未提出陈述、申辩意见。本案现已审理终结。经查,都邦财险存在多项违法行为,违法事实如下:

一、未严格执行监管函

一是违反保监会监管函[2010]24号禁购汽车的规定,购置汽车2辆。二是违反保监会监管函[2010]24号禁止商业性广告支出的规定,与中篮盈方广告(北京)有限公司、《证券日报》等单位发生商业性广告支出。三是违反保监会监管函[2011]6号要求控制业务发展规模的规定,2011年未将原保险保费收入的总规模控制在2010年的90%以内。四是违反保监会监管函[2010]24号和[2011]6号限制高管人员薪酬的规定,2010、2011年各高管人员的税前

---

[1] "中国保险监督管理委员会行政处罚决定书"(保监罚[2013]17号),载保监会网。

薪酬均未控制在其 2009 年个人税前薪酬的 60% 以内。

高某某在上述违法行为发生期间实际履行总经理职责，对上述行为承担直接责任。

二、未按照规定使用经批准或者备案的保险条款、保险费率

一是 2011 年商业车险承保车辆使用性质与实际不符以及商业车险滥用费率浮动系数。二是 2010 年 1 月～2012 年 3 月，累计销售的多种激活卡产品面值与报备的条款费率不一致。三是 2011 年未按照规定使用团体意外险条款承保。四是 2011 年有关团体意外险承保时不执行条款费率，降费承保。

上述事实，有现场检查事实确认书、财务凭证复印件、会议纪要、薪酬明细表、相关情况说明及内部签报等证据在案证明，足以认定。

综上，保监会作出如下处罚：

第一，都邦财险未严格执行监管函的行为，违反了《保险法》第 156 条。根据《保险法》第 172 条，保监会决定对都邦财险罚款 15 万元；根据《保险法》第 173 条，保监会决定对高某某警告并罚款 2 万元。

第二，都邦财险未按照规定使用经批准或者备案的保险条款、保险费率的行为，违反了《保险法》第 136 条。根据《保险法》第 172 条，保监会决定对都邦财险罚款 15 万元。

当事人应当在接到本处罚决定书之日起 15 日内将罚款缴至中国保险监督管理委员会（开户银行：中信银行北京万达广场支行，账号：7112410189800000130），并将注有当事人名称的付款凭证复印件送中国保险监督管理委员会稽查局备案，逾期将每日按罚款数额的 3% 加处罚款。

当事人如对本处罚决定不服，可在收到本处罚决定书之日起 60 日内向中国保险监督管理委员会申请行政复议，也可在收到本处罚决定书之日起 3 个月内直接向有管辖权的人民法院提起行政诉讼。复议和诉讼期间，上述决定不停止执行。

【深度思考】

1. 保险公司设立的条件有哪些？

2. 保险监管的原则有哪些？

3. 保险公司的业务范围有哪些？

▶ 阅 读

1. 贾林清：《保险法》，中国人民大学出版社 2014 年版。

2. 樊启荣：《保险法诸问题与新展望》，北京大学出版社 2015 年版。

▶ 相关法律法规

1.《中华人民共和国保险法》（1995 年 6 月 30 日通过，2002 年 10 月 28 日

修正，2009 年 2 月 28 日修订，2014 年 8 月 31 日、2015 年 4 月 24 日分别修正）

2.《中华人民共和国公司法》（1993 年 12 月 29 日发布，1994 年 7 月 1 日起施行，1999 年 12 月 25 日第一次修正，2004 年 8 月 28 日第二次修正，2005 年 10 月 27 日第三次修订，2013 年 12 月 28 日第四次修正）

3.《中华人民共和国外资保险公司管理条例》（国务院，2001 年 12 月 12 日公布，2002 年 2 月 1 日起施行，2013 年 5 月 30 日修订）

4.《农业保险条例》（国务院，2012 年 10 月 24 日通过，2013 年 3 月 1 日起实施，已被修改）

5.《关于修改〈机动车交通事故责任强制保险条例〉的决定》（国务院，2012 年 12 月 17 日公布，2013 年 3 月 1 日起施行）

6.《机动车交通事故责任强制保险条例》（国务院，2006 年 3 月 1 日通过，2006 年 7 月 1 日起施行，2012 年 3 月 30 日第一次修订，2012 年 12 月 17 日第二次修订）

7.《保险违法行为举报处理工作办法》（保险监督管理委员会，2014 年 12 月 25 日通过并于 2015 年 3 月 1 日施行）

8.《保险公司股权管理办法》（保险监督管理委员会，2014 年 4 月 15 日修订并于 2014 年 4 月 15 日施行）

9.《保险资金运用管理暂行办法》（保险监督管理委员会，2014 年 4 月 4 日修订并于 2014 年 4 月 4 日施行）

10.《中国保险监督管理委员会行政许可实施办法》（保险监督管理委员会，2014 年 2 月 14 日修改通过并于 2014 年 7 月 1 日施行）

11.《保险公司董事、监事和高级管理人员任职资格管理规定》（保险监督管理委员会，2014 年 1 月 23 日修改通过并施行）

12.《保险公估机构监管规定》（保险监督管理委员会，2015 年 10 月 19 日修改通过并于 2009 年 10 月 1 日施行）

13.《保险专业代理机构监管规定》（保险监督管理委员会，2015 年 10 月 19 日修改通过并于 2009 年 10 月 1 日施行）

14.《保险经纪机构监管规定》（保险监督管理委员会，2015 年 10 月 19 日修改通过并于 2009 年 10 月 1 日施行）

15.《保险公司管理规定》（保险监督管理委员会，2015 年 10 月 19 日修改通过并于 2009 年 10 月 1 日施行）

第二十四章
期货监管法律制度

本章提要

所谓期货，一般是指期货合约，即由期货交易所统一制定的、在将来某一特定时间和地点交割一定数量标的物的标准化合约。这个"标的物"，又叫基础资产，对期货合约所对应的现货，可以是某种商品，如铜或原油，也可以是某个金融工具，如外汇、债券，还可以是某个金融指标，如3个月同业拆借利率或股票指数。期货交易是市场经济发展到一定阶段的必然产物。《期货交易管理条例》于2007年3月6日以中华人民共和国国务院令第489号公布，根据2012年10月24日中华人民共和国国务院令第627号公布的《关于修改〈期货交易管理条例〉的决定》进行第一次修订，根据2013年7月18日《关于废止和修改部分行政法规的决定》进行第二次修订。该条例分总则、期货交易所、期货公司、期货交易基本规则、期货业协会、监督管理、法律责任、附则8章87条，自2007年4月15日起施行。1999年6月2日国务院发布的《期货交易管理暂行条例》被废止。

知识要点

1. 《期货交易管理条例》的基本问题：期货交易主体、期货交易规则、期货交易所制度、期货经纪公司制度以及期货交易的监管制度。

2. 期货监管的实务问题：期货经纪公司违法问题、期货违法对外担保问题以及使用假名交易问题。

▶ 主 案 例

案例一：　　　　　　　三隆期货违规挪用客户保证金及
**　　　　　　　　　　　　从事期货自营业务案**[1]

当事人：邹甲，男，1957 年 8 月出生，时任山东三隆实业集团有限公司（以下简称三隆集团）董事长、三隆期货经纪有限公司（以下简称三隆期货）董事长、山东北方渔市股份有限公司（以下简称北方渔市）董事长，住址：山东省威海市环翠区菊花顶东区 25 号内 202 号。

邹乙，女，1969 年 8 月出生，时任三隆期货副总经理，住址：山东省威海市火炬高科技开发区管委文化西路 198 号。

鲁某，男，1969 年 1 月出生，时任三隆期货总经理，住址：山东省威海市火炬高科技开发区青铜街 112 号内 601 号。

日前，三隆期货违规挪用客户保证金及从事期货自营业务一案已由证监会调查、审理完毕。证监会依法向当事人告知了作出行政处罚的事实、理由、依据及当事人依法享有的权利，并应当事人的要求举行了听证会。本案现已调查、审理终结。

经查明，三隆期货存在以下违法行为：

一、挪用客户保证金

2003 年 10 月～2006 年 7 月，三隆期货每月均调整客户权益，先后共调整了 668 个客户出入金。截至 2006 年 7 月底，尚有 295 个客户的账面保证金金额与实际资金不一致。根据三隆期货提供的相关数据，客户保证金缺口由 2003 年 10 月底的 20 850 717.10 元增加至 2006 年 9 月 30 日的 48 499 590.87 元。其中，三隆集团占用资金 19 859 309.76 元。2003 年 11 月～2006 年 9 月，三隆期货先后通过报备的工商银行 26 407 户、01 729 户、06 394 户、农业银行 2313 户和交通银行 1466 户等 5 个保证金账户，以直接或间接划款的方式，挪用客户保证金供三隆集团周转使用，累计发生额达 276 700 367.26 元。

2006 年 12 月 31 日，三隆期货通过北方渔市股权融资取得的资金和自有资金将保证金缺口全部弥补，并在 2007 年 1 月 26 日～2 月 12 日期间将全部客户转移至鲁证期货经纪有限公司。

二、从事期货自营业务

2004～2005 年期间，三隆期货利用公司控制的两个期货账户进行铜、大豆、

---

[1]　"中国证监会行政处罚决定书（三隆期货邹甲、邹乙、鲁某）"（中国证监会 [2009] 14 号），载中国证监会网。

豆粕等品种的期货交易，构成期货自营行为，自营亏损 9 985 500.00 元，产生手续费 111 420.00 元，共亏损 10 096 920.00 元。

上述事实，有询问涉案人员的谈话记录、三隆期货相关时点财务数据、银行对账单、银行存款余额调节表、三隆期货关于自营情况的说明、交易、交割、结算流水等证据在案证明，足以认定。

【案例分析】

三隆期货挪用客户保证金的行为，违反了《期货交易管理暂行条例》（已失效）第 36 条的规定，构成了《期货交易管理暂行条例》第 60 条"挪用客户保证金"的行为；三隆期货从事期货自营的行为违反了《期货交易管理暂行条例》第 25 条"期货经纪公司不得从事或者变相从事期货自营业务"的规定，构成了《期货交易管理暂行条例》第 59 条"从事期货自营业务或者违反本条例规定的其他业务"的行为。

2007 年实施的《期货交易管理条例》第 17 条规定，期货公司业务实行许可制度，由国务院期货监督管理机构按照其商品期货、金融期货业务种类颁发许可证。期货公司除申请经营境内期货经纪业务外，还可以申请经营境外期货经纪、期货投资咨询以及国务院期货监督管理机构规定的其他期货业务。期货公司不得从事或者变相从事期货自营业务。第 66 条规定，期货公司有从事或者变相从事期货自营业务的责令改正，给予警告，没收违法所得，并处违法所得 1 倍以上 3 倍以下的罚款；没有违法所得或者违法所得不满 10 万元的，并处 10 万元以上 30 万元以下的罚款；情节严重的，责令停业整顿或者吊销期货业务许可证。

邹甲既是三隆期货、三隆集团的实际控制人，又是这两个公司的董事长，是对三隆期货该两项违法行为直接负责的主管人员；邹乙作为三隆期货副总经理，连续多次在有关资金调拨令上签字，直接操作了公司的挪用客户保证金行为，知悉并参与了三隆期货违法从事的期货自营业务，是三隆期货该两项违法行为的其他直接责任人员；鲁某作为三隆期货总经理，负责操作了三隆期货违法从事的期货自营业务，是该项违法行为的其他直接责任人员。

证监会认为，三隆期货及上述有关责任人，对期货监管法规的禁止性规定熟视无睹，在较长时间内，通过多个账户、多次以直接或间接划款的方式挪用客户保证金，涉案金额比较巨大，同时还违法从事期货自营业务，情节比较严重。

同时，三隆期货及有关责任人员在案发后能主动交代保证金存在缺口的情况，在监管部门要求下最终采取措施弥补了保证金缺口且已将全部客户转移至鲁证期货经纪有限公司，以及在稽查过程中能够比较好地与监管部门配合，违规自营业务亏损等情况。

期货保证金交易制度具有一定的杠杆性，投资者不需要支付合约价值的全额资金，只需要支付一定比例的保证金就可以交易。保证金制度的杠杆效应在放大收益的同时也成倍地放大风险，在发生极端行情时，投资者的亏损额甚至有可能超过所投入的本金。

【知识拓展】

保证金制度（Margin System），也称押金制度，指清算所规定的达成期货交易的买方或卖方，应交纳履约保证金的制度。在期货交易中，任何交易者必须按照其所买卖期货合约价格的一定比例（通常为5%～10%）缴纳资金，作为其履行期货合约的财力担保，然后才能参与期货合约的买卖，并视价格确定是否追加资金，这种制度就是保证金制度，所交的资金就是保证金。

案例二：　　　　　　　寰宇期货违反期货法律法规案[1]

当事人：寰宇期货经纪有限公司（以下简称寰宇期货或公司，2006年5月起更名为中晟期货经纪有限公司），住所：北京市海淀区花园路2号3号楼3层，时任公司法定代表人李某某。

施某某，男，1965年出生，住址：上海市普陀区梅岭北路1101弄7号603室，时任公司总经理。

依据《期货交易管理条例》的有关规定，证监会对寰宇期货违反期货法律法规的行为进行了立案调查、审理，并依法向当事人告知了作出行政处罚决定的事实、理由、依据及当事人依法享有的权利，现已调查、审理终结。

经查明，寰宇期货存在以下违法事实：

一、允许客户在保证金不足的情况下进行期货交易

2004年1月6日～2004年5月11日期间，寰宇期货在周某某、夏某某等共计12个客户出现保证金不足且呈持续状态的情况下，允许其中11个客户继续进行期货交易，其交易合约总量为6213手。同年3～10月期间，寰宇期货陆续对上述客户强行平仓并发生客户穿仓损失，截至2004年10月31日，穿仓损失达4 560.04万元。寰宇期货在上述交易及相应合约平仓中共非法获取手续费153 176.80元，其中开仓手续费收入73 818.02元。

二、未按规定履行报告义务

1. 虚报穿仓损失。寰宇期货在2004年4月末发生客户穿仓损失的余额为

〔1〕 "中国证监会行政处罚决定书（寰宇期货、施某某）"（中国证监会〔2008〕11号），载中国证监会网。

4353.30万元，同年5、6、7月各月末客户穿仓损失的余额均为4373.92万元，同年8、9月末客户穿仓损失的余额均为4673.92万元。但该公司于2004年4~9月报送监管部门的《期货经纪机构主要交易指标表》中列示的穿仓损失量均为0。

2. 未及时对巨额穿仓损失进行会计核算，导致2004年5~9月报表不实。2004年4月，寰宇期货在周某某、夏某某等客户出现巨额穿仓损失并未追加保证金情况下，未能及时采取相关措施和未进行相应的会计核算。同时在报送监管部门的财务报表中也未对客户巨额穿仓情况及由此形成的债权债务进行报告。2004年5月份，又增加穿仓客户徐某某户。直至2004年10月，监管部门在现场检查中发现其问题后，寰宇期货才对4560.04万元穿仓损失进行了会计处理，在报送监管部门的财务报表中进行了列报。

上述事实，有公司相关客户开户资料、资金对账单、交易汇总、开仓情况表、客户结算单、客户交易手续费收入统计表、财务报表及公司相关人员的谈话笔录等证据证明。

【案例分析】

寰宇期货的上述行为违反了《期货交易管理条例》第35条规定："期货交易所会员的保证金不足时，应当及时追加保证金或者自行平仓。会员未在期货交易所规定的时间内追加保证金或者自行平仓的，期货交易所应当将该会员的合约强行平仓，强行平仓的有关费用和发生的损失由该会员承担。客户保证金不足时，应当及时追加保证金或者自行平仓。客户未在期货公司规定的时间内及时追加保证金或者自行平仓的，期货公司应当将该客户的合约强行平仓，强行平仓的有关费用和发生的损失由该客户承担。"违反了《期货经纪公司管理办法》（已失效）第44条规定："期货经纪公司应当按照中国证监会的规定建立、健全财务安全评估和管理体系，并按照中国证监会的要求报送有关资料。期货经纪公司的财务会计工作和结算工作必须分设部门进行。"以及第45条规定："期货经纪公司向中国证监会及其派出机构提交的申请材料或者备案材料，必须真实、准确、完整。"根据《期货交易管理条例》第59条、《期货经纪公司管理办法》第60条的有关规定，结合寰宇期货违法行为及相关当事人的违法事实、性质、情节与社会危害程度，证监会决定如下：①给予寰宇期货警告；②对施某某处以4万元的罚款。

强平应当准确地被界定为一种权利，我们不能混淆实施期货交易风险控制职能法律行为和从事期货交易法律行为以及从事这两种法律行为所应承担的不同的法律后果。实施期货市场风险控制的职能，是国家政策和法律赋予期货交易所和期货公司的权利，与实际从事期货交易是两回事。实施前者法律行为的后果是承担相关的行政法律后果，而从事期货交易应承担其交易的民事法律后果，因为期货交易所与期货公司存在一个服务合同，期货公司与客户之间存在一种行纪代理合同，强平主体未恰当地履行合同义务，相当于未及时地减少期货公司或客户的损失而应承担一种违约民事责任。

【知识拓展】

《期货交易管理条例》第 35 条规定：期货交易所会员的保证金不足时，应当及时追加保证金或者自行平仓。会员未在期货交易所规定的时间内追加保证金或者自行平仓的，期货交易所应当将该会员的合约强行平仓，强行平仓的有关费用和发生的损失由该会员承担。客户保证金不足时，应当及时追加保证金或者自行平仓。客户未在期货公司规定的时间内及时追加保证金或者自行平仓的，期货公司应当将该客户的合约强行平仓，强行平仓的有关费用和发生的损失由该客户承担。从上述规定，我们可以得出强平是强平主体的一种权利，既然是权利，则具有实施的可选择性，可以采取也可以不采取。但是《最高人民法院关于审理期货纠纷案件若干问题的规定》第 32 条规定：期货公司的交易保证金不足，期货交易所未按规定通知期货公司追加保证金的，由于行情向持仓不利的方向变化导致期货公司透支发生的扩大损失，期货交易所应当承担主要赔偿责任，赔偿额不超过损失的 60%。客户的交易保证金不足，期货公司未按约定通知客户追加保证金的，由于行情向持仓不利的方向变化导致客户透支发生的扩大损失，期货公司应当承担主要赔偿责任，赔偿额不超过损失的 80%。第 34 条规定：期货交易所允许期货公司开仓透支交易的，对透支交易造成的损失，由期货交易所承担主要赔偿责任，赔偿额不超过损失的 60%。期货公司允许客户开仓透支交易的，对透支交易造成的损失，由期货公司承担主要赔偿责任，赔偿额不超过损失的 80%。第 35 条规定：期货交易所允许期货公司透支交易，并与其约定分享利益，共担风险的，对透支交易造成的损失，期货交易所承担相应的赔偿责任。期货公司允许客户透支交易，并与其约定分享利益，共担风险的，对透支交易造成的损失，期货公司承担相应的赔偿责任。从这些关于强平主体在透支交易过程中承担的民事责任来看，国家为了有效地控制期货市场的风险，一定限度地维护交易者的利益，给强平主体设定了一定的法律义务，所以，现阶段，我国法律法规偏重于将强平界定为强平主体的权利兼义务，这或许是考虑到期货市场中的交易者对期货风险认识能力不够，对期货交易知识掌握不到位。我们相信，随着期货交易的不断普及，期货交易也会像证券市场交易一样，不会让国家有形之手过度伸向私法领域。这些都需要市场交易者充分认识自己的交易风险，及时了解市场动态，对自己的交易情况了然于胸，所以，规定强平主体不正当履行其职责，应当承担相应的民事责任也是为了更好地促使相关被授权主体在控制市场风险中发挥其职能作用。但我们不能就此推断说强平是强平主体对于交易者的一种义务。

案例三：　　　　　　　　**陈某期货违法行为案**[1]

当事人：陈某，男，38 岁，住所为北京市朝阳区光华西里 2 楼 2 单元 7 号，原海南昌洁期货经纪有限公司总经理。

当事人陈某期货违法行为一案，现已调查、审理终结，证监会依法向当事人告知了作出行政处罚的事实、理由及依据。应当事人要求，证监会于 2004 年 9 月 6 日依法举行听证，听取了当事人及其代理人的陈述与申辩。

经查明，当事人陈某存在如下行为：

1994 年 10 月 20 日，陈某代表原海南昌洁期货经纪有限公司为客户谭某开立期货交易账户。当时谭某未以本人名义开户，而以其他人"申某"的名义在公司开立"2041"账户，并以此人名义由陈某为其进行期货交易。1994 年 11 月 7 日，《期货经营机构从业人员管理暂行办法》发布后，陈某继续为谭某以"申某"的名义进行期货交易。

以上事实有有关开户资料、申某本人在 1996 年 5 月 30 日在司法调查期间所作的关于其身份证遗失的证言、海口市人民检察院关于陈某笔迹的检察技术鉴定书、海口市龙华区人民检察院关于 2041 账号的证明、相关期货交易资料等主要证据在案佐证。各项证据充分、确实，足以认定。

【案例分析】

陈某作为期货经营机构从业人员，其为谭某以"申某"的名义进行期货交易的行为构成《期货经营机构从业人员管理暂行办法》（已失效）第 21 条第 6 项规定的"用假名进行交易"的违法行为。根据《期货经营机构从业人员管理暂行办法》第 21 条之规定，证监会决定对陈某处以警告。

《期货从业人员管理办法》已经中国证券监督管理委员会第 207 次主席办公会议审议通过，2007 年 7 月 4 日公布并施行。

【知识拓展】

期货，通常指的是期货合约，是一份合约。由期货交易所统一制定的、在将来某一特定时间和地点交割一定数量标的物的标准化合约。这个标的物，又叫基础资产，对期货合约所对应的现货，可以是某种商品，如铜或原油，也可以是某个金融工具，如外汇、债券，还可以是某个金融指标，如三个月同业拆借利率或股票指数。期货交易是市场经济发展到一定阶段的必然产物。

---

[1]　"中国证监会行政处罚决定书（陈某）"（中国证监会［2004］35 号），载中国证监会网。

期货交易，是期货合约买卖交换的活动或行为。注意区分，期货交割是另外一个概念，期货交割，是期货合约内容里规定的标的物（基础资产）在到期日的交换活动或行为。

▶ 探讨案例

挪用保证金案[1]

当事人：中谷期货经纪有限公司（以下称"中谷期货"），注册地为上海市浦东新区浦电路500号18层，法定代表人范某某；

沈某某，男，60岁，住址为北京市海淀区恩济花园29号楼1门501号，中谷期货原董事长；

范某某，男，50岁，住址为北京市西城区木樨地北里11楼1605号，中谷期货原总经理、现董事长。

当事人中谷期货期货违法行为一案，证监会现已调查、审理终结，并依法向当事人告知了作出行政处罚的事实、理由及依据。

经查明，中谷期货存在以下违反行政法规行为：

一、允许客户在保证金不足的情况下进行期货交易

经调查，自2002年5月8日～12月31日，中谷期货允许客户梁某等10个客户在保证金不足的情况下进行透支，个别客户日透支额高达3 037 425元。

上述违规事实有中谷期货部分客户结算单、中谷期货出具的关于客户透支情况的说明等在案佐证。

二、混码交易

经调查，中谷期货从2002年9月～2003年1月存在混码交易行为，涉及11个客户，其中2个法人户、9个个人户。该11个客户分别在仲某等5个客户的交易编码下进行混码交易。混码交易单边共计46笔、2824手，其中在上海期货交易所单边计24笔、850手，在郑州商品交易所单边计22笔、1974手。上述交易中中谷期货手续费净收入57 633元。中谷期货在2002年8～12月期间有2个法人户、2个个人户共4个客户，分别在不同时间借用无交易客户良丰谷物、延大实业在大商所的交易编码进行混码交易，单边共计25笔、9295手。上述交易中中谷期货手续费净收入89 040元。

上述违规事实有中谷期货开户资料、客户借码申请、借码交易明细及结算单据、成交记录等在案佐证。

以上各项证据充分、确实，足以认定当事人各项违规行为。

---

[1] "中国证监会行政处罚决定书（中谷）"（中国证监会〔2014〕06号），载中国证监会网。

证监会认为，中谷期货第一项行为违反了《期货交易管理暂行条例》（已失效）第 41 条"期货经纪公司在客户保证金不足而客户又未能在期货经纪公司统一规定的时间内及时追加时，应当将该客户的期货合约强行平仓"的规定，构成第 59 条第 1 款第 4 项"允许客户在保证金不足的情况下进行期货交易的"行为。中谷期货上述第二项行为违反了《期货交易管理暂行条例》第 36 条"期货经纪公司应当为每一个客户单独开立专门账户、设置交易密码，不得混码交易"的规定，构成第 59 条第 1 款第 13 项"违反规定进行混码交易的"行为。对上述违规行为直接负责的主管人员为中谷期货原董事长沈某某和原总经理范某某。

根据《期货交易管理暂行条例》（已失效）第 59 条的规定，证监会作出处罚决定如下：①对中谷期货处以警告；②就中谷期货第一项违规行为，对中谷期货罚款 10 万元；就中谷期货第二项违规行为，没收违法所得总计 146 673 元，并处罚款 146 673 元；③对中谷期货原董事长沈某某和原总经理范某某分别处罚款 3 万元。

2007 年实施的《期货交易管理条例》第 34 条也作了同样的规定："期货交易所会员的保证金不足时，应当及时追加保证金或者自行平仓。会员未在期货交易所规定的时间内追加保证金或者自行平仓的，期货交易所应当将该会员的合约强行平仓，强行平仓的有关费用和发生的损失由该会员承担。客户保证金不足时，应当及时追加保证金或者自行平仓。客户未在期货公司规定的时间内及时追加保证金或者自行平仓的，期货公司应当将该客户的合约强行平仓，强行平仓的有关费用和发生的损失由该客户承担。"

【深度思考】

1. 期货监管的原则有哪些？
2. 期货交易中的风险监管制度是什么？
3. 期货经纪公司平仓的权利有哪些？

阅　　读

1. 朱大旗：《金融法》，中国人民大学出版社 2015 年版。
2. 岳彩申、盛学军：《金融法学》，中国人民大学出版社 2015 年版。

相关法律法规

1. 《中华人民共和证券法》（1998 年 12 月 29 日发布，1999 年 7 月 1 日起施行，2004 年 8 月 28 日第一次修正，2005 年 10 月 27 日第二次修订，2013 年 6 月 29 日第三次修正，2014 年 8 月 31 日第四次修订）

2. 《中华人民共和国公司法》（1993 年 12 月 29 日发布，1994 年 7 月 1 日起施行，1999 年 12 月 25 日第一次修正，2004 年 8 月 28 日第二次修正，2005 年 10 月 27 日第三次修订，2013 年 12 月 28 日第四次修正）

3.《中华人民共和国证券投资基金法》(2003 年 10 月 28 日通过, 2004 年 6 月 1 日起施行, 2012 年 12 月 28 日第一次修订, 2015 年 4 月 24 日第二次修正)

4.《国务院办公厅批转 1996 年证券期货工作安排意见》(国务院, 1996 年 10 月 2 日发布并施行)

5.《期货交易管理条例》(国务院, 2007 年 3 月 6 日公布, 2012 年 10 月 24 日第一次修订, 2013 年 7 月 18 日第二次修改)

6.《期货投资者保障基金管理暂行办法》(中国证券监督管理委员会、财政部, 2007 年 4 月 19 日通过并于 2007 年 8 月 1 日施行)

7.《期货交易所管理办法》(中国证券监督管理委员会, 2007 年 4 月 9 日通过并于 2007 年 4 月 15 日施行)

8.《期货公司董事、监事和高级管理人员任职资格管理办法》(中国证券监督管理委员会, 2007 年 7 月 4 日通过并施行)

9.《期货从业人员管理办法》(中国证券监督管理委员会, 2007 年 7 月 4 日通过并施行)

后 记

作为西北地区法学研究的中心、人文社会科学研究的重要基地，西北政法大学近年来尤为重视实践课程的建设。经济法案例评析课程作为一门面向法学本科专业开设的选修课程，每年都吸引着大量的学生，同学们在与授课教师的积极互动和交流中度过了一个个难忘的时刻，本身就说明了实践课程独有的魅力和旺盛的生命力。然而，教材是实现教育功能的重要工具和媒介，是规范教学内容、提高教学质量的关键，教材的缺乏已成为阻碍经济法案例评析课程长足发展的掣肘。有鉴于此，义海忠教授、倪楠副教授、薛亮副教授在参阅我国内地以及港澳地区大量案例评析教材的基础上，结合经济法学以及相关部门法学的授课经验，因循实践课程本身的特点和学生的认知规律，并就该教材体例安排和基本撰写思路达成共识的前提下，共同完成了本书的撰写。同时也对西北政法大学经济法专业硕士研究生宜建林在本书撰写中所做的大量材料整理工作表示感谢。全书分为"经济法总论""经济法主体制度""宏观调控法"和"市场规制法"，共 4 编 24 章。

在本书的撰写过程中我们发现，实践中发生的法律问题的解决既是多个部门法合力的结果，也是实体法和程序法并用的结果。然而，限于篇幅和体例，我们撰写的教材并没有完全做到这一点，也许一部优秀教材的撰写本身就是一个"止于至善"的过程，因此，我们热切地期盼各位同仁和广大读者大力斧正！

编 者
2016 年 4 月